WOLFGANG GEIERHOS: DAS KRÄFTEVERHÄLTNIS

D1734467

WOLFGANG GEIERHOS

DAS KRÄFTEVERHÄLTNIS

DIE NEUE GLOBALSTRATEGIE DER
SOWJETUNION

OST-AKADEMIE LÜNEBURG
1980

SCHRIFTEN DER OST-AKADEMIE LÜNEBURG

Band 4

Meiner Frau

ISBN 3-922 799-01-9

INHALTSVERZEICHNIS

"The ideas concerning the balance of power,
then introduced or rendered general,
still influence the councils of nations".

D.D. Robertson 1792–1794 in der Arbeit über Karl V.[1]

I. EINLEITUNG

Die außenpolitische Orientierung der Sowjetunion befindet sich an einer Zäsur. Der Anspruch, eine Weltmacht zu sein, wird in die Tat umgesetzt. Er drückt sich aus in einer global angelegten Politik. Dieser neuen Politik in all ihren Bereichen der Außen- und Sicherheitspolitik, der Parteibeziehungen, der Gesellschaftspolitik die gemeinsame theoretische Grundlage und Ausformulierung zu geben, ist Absicht der Theorie des "Kräfteverhältnisses in der Welt" (sootnošenie sil v mire).

Diese Theorie, die durch ihre politische Relevanz die neue Globalstrategie der Sowjetunion darstellt, soll hier erstmals umfassend aufgezeigt, an der sowjetischen Außenpolitik überprüft und mit anderen sozialistischen Theorien konfrontiert werden. Zum Schluß wird versucht, mit Hilfe westlicher Globaltheorien eine Antwort auf die sowjetische Herausforderung zu geben.

Diese außenpolitische Strategie darzustellen, erscheint besonders notwendig in einer Zeit, in der, wie auch Schulz für die Sowjetunion feststellte, "wissenschaftliche Analysen . . . bei der Vorbereitung von Entscheidungen der Politiker eine zunehmende Rolle spielen"[2].

So erstaunt es nicht, daß Historiker und Politologen bei der Interpretation außenpolitischer oder militärpolitischer Entscheidungen der Sowjetunion nachgerade versagen, wenn sie die einzelnen Erscheinungen in einem größeren Zusammenhang einer Ordnung zuführen sollen. So vermeinte noch 1978 Eckardt Opitz der "Kremlastrologie" ein weites Feld zuweisen zu können, wenn er bei der Kommentierung Gorškovs nicht ausmachen kann, ob hinter der gewaltigen maritimen Kraftanstrengung ein umfassender Plan steckt, ob sie von einem einheitlichen strategischen Willen bestimmt wird[3]. Einen "Master-Plan" bzw. "Meisterplan" suchen auch Peer Lange und Volker Matthies vergeblich[4]. Mit zunehmender Nähe zur Politik wächst auch die Bereitschaft, hinter den sowjetischen Aktionen eine Koordinierung zu vermuten. Admiral Poser schließt so schon "auf eine Art Generalplan", wenn er das "sich nun schon über einen langen Zeitraum erstreckende systematische

Zusammenwirken von Diplomatie, Ideologie und Militärmacht" beobachtet und aus den sie ergänzenden öffentlichen Erklärungen der Partei- und Staatselite "Übereinstimmung in den Mitteln und der Zielsetzung zu erkennen glaubt, das Gleichgewicht der Kräfte in der Welt zugunsten der 'sozialistischen Gemeinschaft' zu ändern"[5].

Eine globale Verschiebung als die Summe der einzelnen Veränderungen stellt denn auch der ehemalige Außenminister der USA Kissinger fest, wenn er äußert: "In den sechziger Jahren begann sich das Kräftegleichgewicht zu verschieben, erst unmerklich, in der jüngsten Zeit immer rascher", und fordert: "Es ist höchste Zeit, daß wir diesen gefährlichen Trend erkennen und korrigieren"[6].

Um "das Allgemeine" und "das Besondere" der neuen sowjetischen Globalstrategie zu erkennen, muß man mit dem Schlüssel Maksimovas herangehen, den sie für sich selbst in Anspruch nimmt: "Das Grundprinzip der marxistisch-leninistischen Analyse besteht in der Fähigkeit, das Allgemeine und das Besondere, das Ganze und den Teil, das Globale und das Konkrete zu sehen. Nur mit diesem Herangehen kann man die Natur und die Ursache der globalen Probleme aufhellen, ihre spezifische Erscheinung in den verschiedenen Teilen und Gebieten der Welt, unter den verschiedenen sozial-ökonomischen Bedingungen"[7].

In den sowjetischen Beurteilungen der globalen außenpolitischen Position der UdSSR, besonders aber in der bipolaren Betrachtung gegenüber den USA, nimmt der Begriff des Kräfteverhältnisses eine zentrale Stellung ein. Wie sehr die Entspannungspolitik von der Ausgewogenheit des Kräfteverhältnisses abhängt, zeigt der Artikel Arbatovs in der Pravda von Anfang August 1977[8], in dem er westliche Ansichten, das Kräfteverhältnis in der Welt beginne sich zugunsten der USA zu verlagern und die USA könnten wieder "aus einer Position der Stärke" heraus zu sprechen beginnen, entschieden zurückweist. Auch in einem Dokument des ungarischen Nationalkomitees für Sicherheit und Zusammenarbeit in Europa, das zum zweiten Jahrestag der KSZE erschien, heißt es: "Die Schlußdokumente (der KSZE – W. G.) sind die Erfolge der konsequenten Friedenspolitik der Sowjetunion und der sozialistischen Länder, der Veränderung der internationalen Kräfteverhältnisse zugunsten des Sozialismus und der internationalen Entspannung"[9].

Die Theorie des Kräfteverhältnisses in der Welt blieb keine Theorie der Sowjetunion allein, sondern wurde inzwischen Allgemeingut aller moskauorientierten kommunistischen Parteien. Selbst im neuen Parteiprogramm der DKP ist sie zu finden[10].

Um so mehr verwundert, daß unter den westlichen Wissenschaftlern Entstehung und Ausformulierung dieser – wie wir sehen werden – neuen Globalstra-

10

tegie der Sowjetunion so gut wie unbeachtet geblieben ist. Nur der Amerikaner Deane war im Rahmen eines größeren Projektes über "Correlation of forces" darauf gestoßen[11].

Spätestens seit der sowjetischen Invasion Afghanistans, der Besetzung der amerikanischen Botschaft in Teheran und den Sanktionen Präsident Carters gegen die Sowjetunion ist auch den Nicht-Ost-Experten klar geworden, daß ein direkter Zusammenhang zwischen der Entspannungspolitik und den Ereignissen in der sogenannten 3. Welt besteht. In erster Linie muß dieser Zusammenhang aber für die agierende Seite, die Sowjetunion bestehen, sie muß über eine Entspannungspolitik und Expansion umfassende "Doktrin" verfügen. Die auf dieser Erkenntnis aufbauende Darstellung Helmut Dahms "Das Unternehmen Afghanistan als Lehrstück der politischen und militärischen Doktrin Sowjetrußlands"[12] zeigt zwar einzelne Phänomene und Aspekte der sowjetischen Strategie auf, dringt aber nicht zur von den Sowjets selbst formulierten Globalstrategie vor. Aufgrund ihres Forschungsansatzes mußte auch der Erklärungsversuch Astrid von Borckes scheitern, die Interpretation ausschließlich "im Lichte innersowjetischer Entscheidungsprozesse" aufzuhellen[13].

Solche Analysen können erst der zweite Schritt sein, nachdem die globalen Intentionen offen liegen. Das Osteuropa-Handbuch Sowjetunion–Außenpolitik I–III geht leider über das Jahr 1973 nicht hinaus, so daß gerade der Wandel der sowjetischen Außenpolitik, wie er sich in der Strategie des Kräfteverhältnisses in der Welt manifestiert, nicht mehr berücksichtigt werden konnte[14].

Dagegen erkennt Hoensch in seiner Arbeit "Sowjetische Osteuropa-Politik 1943–1975" schon diesen sich anbahnenden Wandel, wenn er schreibt: "Die Entspannungskonzeption, wie sie Brežnev bis dahin vertreten hatte, war seit dem Budapester Appell der Warschauer Paktstaaten vom März 1969 stärker auf eine langfristige Zusammenarbeit angelegt, die eine bestimmte Stabilität des Partners voraussetzte. Die wirtschaftlichen Schwierigkeiten der westlichen Welt, die sich seit dem Jom-Kippur-Krieg und durch die Ölkrise ergaben, haben offenbar bei einem Teil der Sowjetführung Hoffnungen geweckt, daß der Kommunismus sowjetischer Prägung in anderen Teilen der Welt durch revolutionäre Aktionen gewaltsam die Macht erringen könne"[15]. Hoensch verweist speziell auf eine Rede Ponomarevs 1974, als dieser die These aufstellte, daß als Folge der Ölkrise eine Krise der ökonomischen Basis des Imperialismus ausgebrochen sei, die Schärfe der Klassenwidersprüche im kapitalistischen System insgesamt, die Instabilität der Lage und die Unzufriedenheit der Massen einen Grad erreicht hätten, "daß jeden Augenblick in irgendeinem Teilstück dieses Systems eine Situation eintreten kann, die den

Weg zu grundlegenden Umgestaltungen ebnet". Ponomarevs Schlußfolgerung, die Kommunistischen Parteien müßten die sich aus dieser Krise des
Kapitalismus ergebenden revolutionären Möglichkeiten besser nutzen, interpretiert Hoensch richtig als "eine wesentliche Modifizierung der bisherigen
außenpolitischen Linie"[16].

Es ist nicht bei einer Modifizierung der außenpolitischen Linie geblieben, die
gesamte globale Strategie wurde neu formuliert, so daß mit Recht von einer
Zäsur gesprochen werden muß.

Ziel dieser Arbeit soll deshalb nicht sein, eine eigene, persönliche Theorie zur
sowjetischen Außenpolitik zu entwickeln, sonder die sowjetische Definition
und Ausformulierung exakt aufzuzeichnen. Analyse, Interpretation und
Kritik stellen danach erst sekundäre Schritte dar.

Den sowjetischen Standpunkt exakt wiederzugeben ist wichtig, um das
sowjetische Selbstverständnis zu begreifen, das sowjetische strategische Denken nachvollziehbar zu gestalten. Von Bedeutung ist auch nicht, ob der
westliche Beobachter die sowjetische Strategie als stringent ansieht beziehungsweise ihr Fehler nachweist, relevant für die politische Bewertung der
Strategie ist primär, ob die sowjetischen Führer selbst ihre Strategie für
tragfähig genug ansehen, um darauf politische Entscheidungen aufzubauen.
Gerade daran kann aber seit der Invasion Afghanistans kein Zweifel mehr
bestehen. Durch die Strategie des Kräfteverhältnisses in der Welt wird das
sowjetische Vorgehen gegenüber diesem früher blockfreien Land erst richtig
interpretierbar.

Daß die genaue Analyse der sowjetischen globalen Strategie die Basis für eine
Gegenstrategie des Westens beziehungsweise der westlichen Staaten sein muß,
bedarf keiner Hervorhebung.

Meinen Freunden Dr. Joginder Malhotra, Hamburg, und Dr. Brian Tracy,
Göttingen, möchte ich für die vielen Gespräche und Diskussionen über das
Problem der "Correlation of forces", die schließlich den Anstoß zum
Schreiben dieser Arbeit gaben, herzlich danken.

II. DIE THEORIE

1. Vorstellung des Begriffes

1974 setzte mit dem Aufsatz von Šachnazarov eine Beschreibung des Begriffes "Kräfteverhältnis in der Welt" ein[1], die inzwischen durch andere Autoren bereichert, von ihm selbst erst 1977 weiter ausgeführt wurde[2]. Neben Šachnazarov ist noch Martin (DDR) zu nennen[3]. Beide berufen sich, um die Kontinuität des Begriffes zu beweisen, auf Lenin; das enthebt die Autoren aber nicht der Feststellung, daß dem Begriff heute eine völlig neue Bedeutung zukomme. Dafür spricht auch, daß der Begriff "Kräfteverhältnis" (sootnošenie sil) in keiner der ersten Sowjetenzyklopädien auftauchte; erst in der neuesten, 3. Ausgabe, die seit 1970 herausgegeben wird, erscheint er im Kontext mit dem Begriff "Friedliche Koexistenz"[4]. Es ist dabei kein Zufall, daß es sich beim Autor dieses Artikels, Bovin, um den ersten stellvertretenden Chefredakteur der Izvestija und einen den politischen Entscheidungsträgern des Kreml nahestehenden Theoretiker handelt.

Garthoff und vor allem Zimmermann gebührt das Verdienst, den Begriff "Kräfteverhältnis" und die verwandten Begriffe "Kräftevergleich", "Gleichgewicht der Kräfte", "Kräftedisposition", "Kräftegruppierung", "Machtpolitik", "Kräfteübergewicht" in ihrer historischen Anwendung und politischen Bedeutung aufgespürt und dargestellt zu haben[5]. Zimmermann weist darüber hinaus auf einen ständigen, von der weltpolitischen Lage abhängigen Wechsel dieser Begriffe hin, der z.T. verbunden ist mit einem Bedeutungswandel[6].

Wenn, wie nach dem ersten Sputnik, z.B. von Il'ičev von einer Wandlung im Kräfteverhältnis zwischen Sozialismus und Kapitalismus gesprochen wird[7], so immer nur, um auf eine Veränderung zugunsten des Sozialismus hinzuweisen. Daß die amerikanische Überlegenheit auf dem Rüstungssektor durch die sowjetischen Interkontinentalraketen (ICBM) nun gebrochen sei, weist aber auf ein bis dahin vorhanden gewesenes Bewußtsein der Unterlegenheit bei den Sowjets hin[8]. Jetzt aber sollte die Basis für einen Wendepunkt hin zur Politik der friedlichen Koexistenz gegeben sein[9].

Das spezifisch Neue an diesem Begriff ist, daß er nicht mehr allgemein als das Kräfteverhältnis, sondern als das "Kräfteverhältnis in der Welt" angewandt

13

wird. Er erhält damit programmatischen Charakter als Ausdruck des Selbstverständnisses der sowjetischen globalen strategischen Position.

Vergleicht man den heutigen Anspruch der Sowjetunion, der sich aus dieser Theorie ableiten läßt, mit dem Warschauer Brief der späteren fünf Interventionsmächte in die ČSSR, in dem sie betonen: "Wir werden niemals zulassen, daß der Imperialismus auf friedlichem oder unfriedlichem Wege, von innen oder von außen eine Bresche in das sozialistische System schlägt und das Kräfteverhältnis in Europa zu seinen Gunsten verändert"[10], so erkennt man deutlich die heutige geographische Ausweitung im Gebrauch des Begriffes von Europa auf die Welt. Stellte der damalige Bundesverteidigungsminister und heutige Bundeskanzler Schmidt 1970 noch fest, daß sich der Inhalt der Brežnev-Doktrin zum Teil offensichtlich noch im Diskussionsstadium befinde[11], so untersuchte Lewytzkyj sechs Jahre später den sowjetischen Übergangsbegriff der "Umgestaltung der internationalen Beziehungen" (perestrojka meždunarodnych otnošenij)[12], den er als neue aktuelle Konzeption deutete und darstellte. Er stützte sich dabei vor allem auf Kapčenko, Stepanov und Sanakoev[13]. Zwar zitiert er auch die Aufsätze von Sanakoev und Tjuškevič, die das Kräfteverhältnis in der Welt neben Šachnazarov schon 1974 thematisierten[14], die neue Strategie des Kräfteverhältnisses in der Welt, die 1974 gerade entsteht, wird von ihm aber noch nicht anerkannt. Den bereits im März 1974 erschienenen Aufsatz von Šachnazarov hat er deshalb auch nicht wahrgenommen. Gerade Šachnazarovs Aussagen kommt aufgrund seiner Stellung als stellvertretender Abteilungsleiter im ZK der KPdSU besondere Bedeutung zu. Seine Arbeiten sind nicht nur wissenschaftliche Analysen, sondern politische Programme! Seine Strategie ist Politik! Im Verlauf der Analyse und Darstellung der neuen sowjetischen Globalstrategie wird deshalb vorrangig auf die wissenschaftlichen und politischen Arbeiten der Männer in vergleichbarer Position wie Šachnazarov verwiesen, die stellvertretenden Abteilungsleiter im ZK Zagladin und Ul'janovskij.

Der besseren sprachlichen Zugänglichkeit wegen und um die Verbreitung der sowjetischen Strategie des Kräfteverhältnisses in der Welt aufzuzeigen, wird auch die neueste DDR-Literatur herangezogen, wobei gleich darauf hingewiesen wird, daß die in der DDR übliche Übersetzung von "sootnošenie sil v mire" in "internationales Kräfteverhältnis" den Begriffsinhalt genau so wenig trifft wie die englische Übersetzung in "correlation of forces".

Sanakoev zitiert Helmut Schmidts Vorstellungen einer Strategie des Gleichgewichts[15], um die westliche Strategie der "balance of power" zu beleuchten. Im Gegensatz zu dieser Strategie besteht die sowjetische nicht in der Herstellung eines Gleichgewichts, sondern in dessen Veränderung.

2. Die Methode

Die Theorie des Kräfteverhältnisses in der Welt ist eine Theorie in statu nascendi, die ihre Ausformulierungen noch sucht. Die Denkprozesse lassen sich deshalb viel klarer nachvollziehen als bei einer ausformulierten Darstellung, etwa Zagladins "Kommunistischer Weltbewegung".
Da diese Theorie als Strategie eine Anleitung zum politischen Handeln darstellt, ergibt sich von selbst, daß sie mit dem sowjetischen politischen Verhalten verglichen werden muß, soll sie auf ihren Wahrheitsgehalt hin abgeklopft werden (siehe Kapitel III).

Im Vergleich mit anderen sozialistischen und westlichen globalen Theorien läßt sich der spezifisch sowjetische Standpunkt besonders deutlich herausarbeiten und relativieren.

Westliche Correlation of forces – Theorien verhalten sich zur sowjetischen Theorie des Kräfteverhältnisses wie Statik zu Dynamik. D.h. die sowjetische Theorie enthält zwar auch die westliche Theorien vor allem auszeichnenden Elemente des weitgehend meßbaren Vergleichs ökonomischer, militärischer, sozialer Faktoren, deren Berücksichtigung durch den sowjetischen Theoretiker erhält dagegen stets nur punktuell, d.h. für einen bestimmten Augenblick Relevanz, während andere Faktoren, die nicht statisch meßbar, sondern in ihrer Dynamik, als Prozeß zu begreifen sind, wesentlich höher eingeschätzt werden[16].

Durch vier Faktoren wird die sowjetische Theorie des Kräfteverhältnisses in der Welt definiert:
1. durch ihren globalen Charakter
2. durch die historische Dimension der Argumentation
3. durch die Verknüpfung von ökonomischen und militärischen Kategorien mit Kriterien der sozialen und nationalen Dynamik
4. durch die behauptete Irreversibilität der Veränderung des Kräfteverhältnisses in Richtung Sozialismus.

Nach Šachnazarovs Urteil befindet sich die Frage nach dem Kräfteverhältnis in der Welt jetzt im Zentrum des ideologischen Kampfes. Festgestellt werden, gestützt auf ernst zu nehmende sowjetische Untersuchungen, vor sich gehende Veränderungen in der Weltarena und ein sich herausbildendes Gleichgewicht der politischen Kräfte[17].

Zur genauen Beurteilung dieser Aussage ist zunächst aber die genaue sowjetische Definition von "Kraft" zu leisten.

Der Begriff Kräfteverhältnis entstammt den Begriffen der Militärstrategie: Angriff und Verzögerung, Attacke und Contreattacke, versteckte Reserven,

15

Gleichgewicht oder Übermacht. Ohne Studium der Militärstrategie und ihrer Regeln konnte das militärische Kräfteverhältnis nicht bestimmt werden. Diese Regeln sind auch auf andere Formen der Konfrontation in der Weltarena anwendbar – Ökonomie, Politik, Ideologie. Zwar wurden sie das bisher auch schon, aber immer nur als Mittel zum Zweck, nämlich um die militärische Macht eines Staates auszudrücken[18].

Dagegen setzt Martin, Šachnazarov ergänzend, die sozialistische Definition von Macht. Zwar haben, schreibt er, Macht und Gewalt in den internationalen Beziehungen stets eine wichtige Rolle gespielt, aber

1. hat es nie eine abstrakte Macht und nie eine Gewalt im allgemeinen gegeben. Macht ist immer Macht bestimmter Klassen, und revolutionäre Gewalt ist von anderer Natur als konterrevolutionäre Gewalt. Entsprechend unterscheiden sich auch das Wesen, die Funktion und die Wirkungsweise der Macht zwischen den herrschenden Klassen sozialistischer und imperialistischer Staaten.
2. Gewalt ist niemals der primäre Faktor in der Geschichte gewesen.
3. Macht und Gewalt dürfen nicht gleichgesetzt werden. Der Sozialismus verfügt auch über Mittel der Gewalt, doch seine Macht zeichnet sich gerade dadurch aus, daß sie der Verhinderung der Gewaltanwendung in den internationalen Beziehungen dient. (Martin meint hier: Sie hindere die westlichen Staaten, Pressionen auszuüben.)
4. Die militärische Macht ist nur eine Komponente der Macht der Sowjetunion. Die tatsächliche Macht ist nur unter Berücksichtigung des gesamten "Parallelogramms der Kräfte" zu ermitteln[19].

So muß die Konzeption einer internationalen Rangordnung, basierend auf Resourcen, Stand der Ökonomie und Technologie, wie sie Gerda Zellentin entwirft[20], angesichts der sowjetischen Definition von Macht versagen, denn diese sperrt sich der Etikettierung von Staaten in Topdog- und Underdog-Länder. Sie läßt nur eine Unterscheidung zu: "den historischen Rang zwischen den Staaten der alten, kapitalistischen und Staaten der neuen, sozialistischen Ordnung"[21]. Entsprechend ist die Sowjetunion "primus inter pares", "was nichts mit Hegemonie zu tun hat"[22]. Dieser neue Typ von Rangunterschied begründet keine neue Hierarchie, ist aber die Grundlage, auf der sich die Veränderung des Kräfteverhältnisses in der Welt vollzieht[23].

Das gesamte Problem des Kräfteverhältnisses in der Welt entstand also durch die Existenz antagonistischer Klassen. Sie bestimmt Inhalt, Ablauf und Dynamik des internationalen Kräfteverhältnisses; dieses ist also eine Kategorie des Klassenkampfes.

Innerhalb dieser Theorie werden, gestützt auf Lenin, zwei Arten von Kräften unterschieden:

1. Gruppen, Parteien, Klassen, Massen, Staaten, Staatengruppierungen und internationale Bewegungen insgesamt. Sie werden in erster Linie in ihrer künftigen Aktionsmöglichkeit gesehen, deshalb als Potential definiert.
2. Das Verhältnis der realen Kräfte aller Klassen in allen Staaten im Sinne ihrer Stärke, Macht, Möglichkeiten, deshalb als Potenzen bezeichnet.

Die richtige Beurteilung des Zusammenhanges von Art, Konstellation, Potential und Potenzen der gesellschaftlichen (d.h. Klassen-)Kräfte, des Mechanismus ihrer Wechselwirkung, bildet den Schlüssel für die exakte Einschätzung des internationalen Kräfteverhältnisses[24]. Wichtig ist also zu erkennen, welche Kräfte sich gegenüberstehen, und zu analysieren, worum es in ihrem Kampf geht.

Im Unterschied zu westlichen Methoden des Kräftevergleichs geht es der sowjetischen Theorie des Kräfteverhältnisses nicht in erster Linie darum, vergleichbare Faktoren nebeneinander zu stellen (Militär, Ökonomie, Bevölkerung), sondern darum, zu analysieren, wer in welchem Maße über sie verfügt.

Nur konsequent ist demnach die Feststellung, daß es grundlegende Unterschiede in den Kriterien und Wirkungen des Kräfteverhältnisses zwischen "imperialistischen Staaten" untereinander und dem Kräfteverhältnis zwischen Sozialismus und Imperialismus gibt.

Die Begriffe "imperialistische Staaten" und "Imperialismus" werden hier nicht analog westlicher Definitionen gebraucht, sondern bedeuten die sprachliche Übernahme der sowjetischen Bezeichnung für die westlichen Demokratien und damit der synonymen Anwendung der Begriffe Kapitalismus und Imperialismus. Die sowjetische Definition wird nicht übersetzt, da das sowjetische bipolare Denken, als wesentlicher Bestandteil der Strategie des Kräfteverhältnisses in der Welt, dadurch unmittelbar veranschaulicht werden kann. (Siehe das Kapitel "Die Bipolarität").

Jetzt ist der Weg frei zur Aktualisierung. Das Kräfteverhältnis zwischen Sozialismus und "Imperialismus" bedingt den Grundwiderspruch unserer Epoche (d.h. seit 1917 – W. G.). Im Weltmaßstab äußert sich dieser als das antagonistische Verhältnis der Hauptkräfte im internationalen Klassenkampf. Auf der einen Seite stehen "die drei Hauptströme im internationalen Klassenkampf, nämlich
– das sozialistische Weltsystem
– die internationale Arbeiterklasse in den kapitalistischen Ländern
– die Völker, die gegen Kolonialismus und Neokolonialismus, für nationale Unabhängigkeit kämpfen.
Auf den anderen Seite steht der Imperialismus".

17

Es werden hier also nicht nur die Potenzen der einzelnen Staaten bzw. Staatensysteme aneinander gemessen, sondern auch die gesellschaftlichen Kräfte wie die Arbeiterbewegung, die nationale Befreiungsbewegung, denen auch die Weltfriedensbewegung zugeordnet wird. Jedoch werden die einzelnen Faktoren unterschiedlich gewichtet; da nämlich Sozialismus und Imperialismus den Grundwiderspruch der Epoche bilden, "bedingt das Kräfteverhältnis der beiden Systeme, zwischen den Staaten der beiden Systeme und seine Veränderung objektiv die Gruppierung aller übrigen Kräfte in der Welt"[25].

Im Rahmen dieses allgemeinen "internationalen Kräfteverhältnisses" wird dem Verhältnis zwischen der UdSSR und den USA besondere Bedeutung zugeschrieben[26]. Da sich aber die Dynamik auf seiten des Sozialismus befindet, geht, so Axen, von der UdSSR eine ausschlaggebende Wirkung auf das "internationale Kräfteverhältnis" aus[27].

Die sowjetische Theorie des Kräfteverhältnisses in der Welt geht also vom historischen Materialismus aus. Sie postuliert den Klassenkampf als Grundmerkmal historischer Entwicklung, die sich ausdrückt im Kampf zwischen Sozialismus und Imperialismus im Weltmaßstab. Der Sowjetunion als Führerin des Sozialistischen Weltsystems kommt dabei initiatorische Funktion zu. Die sowjetische Theorie ist also schon vom Ansatz her nicht auf exakt meßbare und vergleichbare Kriterien festzulegen, sondern stützt sich gerade auf westliche Kräftevergleichsmethoden übergreifende Bewegungen.

Wie stark die Sowjetunion auch mit ideologischen Faktoren rechnet, zeigt die Äußerung Arbatovs: "In unserer Epoche ist die Fähigkeit, den Einfluß der eigenen Ideen durchzusetzen, zu einer neuen Quelle der Macht und des Einflusses der Staaten auf internationaler Ebene geworden"[28].

3. Die historische Ableitung

Ein wesentlicher Bestandteil der Theorie des Kräfteverhältnisses besteht in ihrer historischen Ableitung. Da der sowjetische Betrachter Geschichte und Zukunft von einem quasi erhöhten Standpunkt aus überblickt, dabei die gleichen Gesetze in Vergangenheit wie Zukunft walten sieht, erhält die Darstellung der überprüfbaren Vergangenheit die Qualität des Beweises für eine auch in der Zukunft wirkende Gesetzmäßigkeit. Die Bedeutung der Theorie des Kräfteverhältnisses in der Welt liegt gerade darin, daß der sowjetische Betrachter sich heute, aktuell, am Scheitelpunkt einer neuen historischen Periode befindet, in der der Sowjetunion eine neue Qualität innerhalb der Kräfte der Welt zukommt.

18

Auch die Betrachtung der bisherigen historischen Entwicklung war selbst einer Evolution unterworfen. Während Inozemcev, der Direktor des Instituts für Weltwirtschaft und internationale Beziehungen (IMEMO), auf den sich Deane stützt[29], drei Perioden anführt[30], Šachnazarov in seinem Aufsatz von 1974 vier Perioden nennt[31], erweitert er sie in seiner neueren Darstellung von 1977 um eine fünfte[32]. Ihr folgt, sehr detailliert, Martin[33], der die einzelnen Perioden darüberhinaus exakt zu datieren versucht.

Bestimmte nach Ansicht der genannten Autoren die militärische Stärke der Staaten das Kräfteverhältnis in der Zeit vor der Oktoberrevolution 1917, und bildeten Einvernehmen und Rivalität der Mächte die ständige Achse der Weltpolitik, die sich in der politischen Theorie der Großmachtkonzeption artikulierte, verkörperten die Staaten mit der Aufteilung der Welt in zwei antagonistische Gesellschaftssysteme nicht nur eine nationale, sondern auch eine soziale Qualität.

Damit begann eine neue Epoche der Weltgeschichte, die des Übergangs vom Kapitalismus zum Sozialismus, gegliedert seitdem in die genannten fünf Perioden, wobei der Übergang von einer Periode zur anderen in Sprüngen erfolgt.

– Die erste Periode 1917–1941. In dieser Zeit stand die Sowjetunion als einziger sozialistischer Staat den imperialistischen Mächten gegenüber, deren wirtschaftliches, politisches und militärisches Potential das der Sowjetunion um ein Vielfaches übertraf. Auf das internationale Parkett konnte die Sowjetunion erst allmählich einen Fuß setzen. Die Verschärfung der Widersprüche zwischen den imperialistischen Mächten machten jedoch die Bestrebungen zur Bildung einer Einheitsfront zunichte. Am Vorabend des zweiten Weltkrieges war die Stellung der Sowjetunion bereits so weit gefestigt, daß keine wichtige Frage der Weltpolitik ohne ihre Beteiligung gelöst werden konnte[34].

– In der zweiten Periode, 1941–1945, wurde in der Anti-Hitler-Koalition schon eine besondere Form des Zusammenwirkens von Staaten unterschiedlicher Gesellschaftsordnung praktiziert, und der Einfluß der Sowjetunion auf die internationalen Beziehungen wuchs sprunghaft an. Der Imperialismus stellte schon nicht mehr die dominierende Kraft in den internationalen Beziehungen dar. Der Sieg der Sowjetunion im zweiten Weltkrieg führte dann zu den bedeutendsten Veränderungen im Kräfteverhältnis in der Welt seit der Oktoberrevolution.

Nach Martin sind die völkerrechtlichen Hauptdokumente der Anti-Hitler-Koalition, die Satzung der Vereinten Nationen und das Potsdamer Abkommen, bereits von den Prinzipien der friedlichen Koexistenz geprägt. Wie noch zu zeigen sein wird, entgeht Martin jedoch die Evolution dieses Begriffs[35].

19

– Die dritte Periode, 1945 bis zur zweiten Hälfte der 50er Jahre, ist geprägt durch die Ausbreitung des Sozialismus auch auf andere Staaten und die Bildung des Weltsystems sozialistischer Staaten. Damit hatte, schreibt Martin, "der Imperialismus endgültig aufgehört, die dominierende Kraft in den internationalen Beziehungen zu sein"[36]. Diese Periode ist auch geprägt durch das Entstehen der Militärbündnisse NATO und Warschauer Pakt und die Politik des "Kalten Krieges" mit ihrer 'roll back-Strategie'.

Den Kalten Krieg betrachtet die Sowjetunion als ihr von den USA aufgezwungen. Daß er nicht in einen heißen umschlug, sei nur der wachsenden Stärke des Sozialismus zu verdanken, denn solange die USA das Kernwaffen- und Raketenmonopol besaßen, waren Anzahl und Stärke der Nuklearwaffen zu gering, um die sozialistischen Staaten zu besiegen, als sie ihre nukleare Kapazität dann erhöht hatten, besaßen sie freilich das Monopol nicht mehr.

Diese Sicht ist zu grob, um hier detailliert widerlegt zu werden. Erinnert sei nur an die amerikanische Abrüstung nach dem II. Weltkrieg, die jeder Aggressionstheorie widerspricht, sowie daran, daß auch Ende der 50er Jahre die Sowjetunion nicht über das erforderliche Kernwaffen- und Raketenpotential verfügte, um, wie Martin schreibt, "jeden Aggressor, wo er sich auch befinde, im Gegenschlag zu vernichten". Andererseits war die Sowjetunion zur Strategie der massiven Vergeltung gezwungen, da sie zur flexible response nicht fähig war[37].

– Die vierte Periode, Ende der 60er Jahre, war bestimmt durch die reale Möglichkeit, einen Weltkrieg zu verhindern. Der gestärkte Sozialismus wirkte als Staatengemeinschaft, der Kapitalismus war in eine allgemeine Krise geraten, seine Politik der Stärke gescheitert, die nationalen Befreiungsbewegungen der Völker Afrikas und Asiens errangen entscheidende Erfolge, das Kolonialsystem brach bis auf Überreste zusammen.

Die Entwicklung neuer Technologien, die besonders das Militärwesen veränderten, riefen "ernsthafte Wandlungen im objektiven Inhalt und den Perspektiven der Beziehungen zwischen den sozialistischen und kapitalistischen Staaten" hervor[38]. Aber nach wie vor weigerten sich die kapitalistischen Staaten, "die Realität in der Welt anzuerkennen und auf die sozialistische Politik der friedlichen Koexistenz einzugehen"[39].

Im Gegenteil, lautet der Vorwurf, wurde versucht, mit ökonomischen und ideologischen Mitteln die sozialistische Ordnung von innen her zu schwächen und Breschen in die sozialistische Gemeinschaft zu schlagen. Diesem Verhalten werden die "Spaltungspolitik der chinesischen Führer sowie rechtsopportunistische und nationalistische Strömungen in der kommunistischen Weltbewegung" zugeordnet.

Als Zäsur wird also der Einmarsch der WVO-Truppen (außer Rumänien) in die ČSSR angesehen, in dem der "Sozialismus nicht nur in Gestalt seiner Einzelstaaten, sondern als Staatengemeinschaft endgültig gesiegt hatte".

Noch immer aber hätten sich die westlichen Staaten geweigert, auf die sozialistische Politik der friedlichen Koexistenz einzugehen, und die USA hätten versucht, das militärische Übergewicht über die UdSSR wiederzuerringen.

– Die fünfte Periode begann mit dem Übergang vom "Kalten Krieg" zur "friedlichen Koexistenz". Die Voraussetzung dazu war, so die sozialistischen Autoren, durch die Stärkung des Sozialismus in allen Bereichen sowie durch die verstärkte Koordinierung und Integration der Wirtschaft, Politik, Verteidigung, Ideologie im Rahmen der sozialistischen Staatengemeinschaft gelegt worden. Die sowjetische Überlegenheit auf mehreren Gebieten der Militärtechnologie wird dabei besonders hervorgehoben. Auch die anderen Kräfte, die Arbeiterbewegung in den kapitalistischen Ländern, die vom Kolonialjoch befreiten Völker, die "antiimperialistischen Bewegungen insgesamt", hätten ihre Positionen gefestigt.

Die historische Entwicklung mündet in den Beginn der 70er Jahre, die den sozialistischen Staaten die Anerkennung ihrer Nachkriegsgrenzen und das SALT-I-Abkommen brachte, interpretiert als "Wendepunkt in der Weltpolitik", als "neue Etappe in der Entwicklung der internationalen Beziehungen"[40].

Entspannungspolitik besagt demnach, daß jetzt, wie Surin sich ausdrückt, "der Sozialismus in der Lage ist, die Hauptendenzen der internationalen Entwicklung zu bestimmen, und darüberhinaus die Kraft besitzt, auch auf allen Seiten der Weltpolitik den bestimmenden Einfluß auszuüben"[41].

Angestrebt werden soll nun die Ausdehnung der Entspannung auf den militärischen Bereich und die Stabilisierung des Bestehenden.

Šachnazarov verknüpft die Politik der friedlichen Koexistenz mit der Erkenntnis der herrschenden Kreise der westlichen Ländern, daß die absolute militärische Übermacht verloren sei. Die atomare Sackgasse, d.h. die Fähigkeit jeder Seite, den Gegner total zu vernichten, setzt der Anwendung militärischer Gewalt Grenzen, so daß man nun von einer Verlagerung der Auseinandersetzung zwischen den Blöcken auf die Ebene des ökonomischen Wettbewerbs und des ideologischen Kampfes sprechen könne[42].

4. Die Verknüpfung

Obwohl der Westen ökonomisch und militärisch jahrzehntelang wesentlich stärker war als der Sozialismus, so die sowjetische Meinung, konnte er die Entwicklung des revolutionären Weltprozesses nicht abbremsen. Die Ursachen werden in den antagonistischen Widersprüchen der Klassen und Schichten, in der historischen Überlebtheit des kapitalistischen Systems gesehen. Offensichtlich muß aber unterschieden werden zwischen dem Potential, d.h. der Größe, Qualität der Produktion, Zahl und Bewaffnung der Truppen usw., und den effektiven Potenzen der beiden Weltsysteme, d.h. der tatsächlichen Wirkung der Potentiale. Martin führt als Beispiel den Vietnam-Krieg an. Die EDV-Berechnungen für die Truppenstärke mögen mathematisch fehlerfrei gewesen sein, dennoch waren sie falsch programmiert: das Verhältnis der "materiellen" zu den moralischen und politischen Faktoren war mit 10 : 1 angesetzt[43].

Im internationalen Kräfteverhältnis müssen also die qualitativen Kriterien wesentlich höher bewertet werden als die quantitativen. Es genügt nicht, die Potenzen der einzelnen Staaten zu vergleichen; große und wachsende Bedeutung besitzen eben auch die gesellschaftlichen Kräfte wie die internationale Arbeiterbewegung, die nationale Befreiungsbewegung und die Weltfriedensbewegung.

Wenn behauptet wird, der politische Einfluß des Sozialismus übertraf immer seine ökonomische Stärke, kann auch ein quantitativer Kräftevergleich zugelassen werden. Er ist insofern nicht auszuschließen, als quantitative Veränderungen in qualitative umschlagen können und es nicht nur darauf ankommt, materielles Potential zu besitzen, sondern auch darauf, es für die Auseinandersetzung mobilisieren und einsetzen zu können.

Während historische Ableitung und Periodisierung dazu dienten, den langfristigen Prozeß der gesellschaftlichen und internationalen Entwicklung einer ganzen Epoche zu beschreiben, zielt die konkrete Analyse der ökonomischen, militärischen, politischen Kräfte darauf, kurzfristige, auf einen bestimmten Zeitpunkt abgestellte Prognosen zu treffen[44]. Denn die tatsächliche Macht eines Staates ist, so Martin, nur unter Berücksichtigung des gesamten "Parallelogramms der Kräfte" zu ermitteln[45].

Ein Komplex von vier Faktoren wird als ausschlaggebend für den Vergleich der relativen Stärke von Sozialismus und Imperialismus, den beiden Antipoden, angesehen.

– Das ökonomische Kräfteverhältnis. *Der ökonomische Wettbewerb der beiden Systeme ist der wichtigste Bereich der Auseinandersetzung. In ihm wird letzlich der internationale Klassenkampf entschieden.* Aufbauend auf der Stärkung des ökonomischen Potentials vollzieht sich jede andere Veränderung im internationalen Kräfteverhältnis. Qualitative und quantitative Indikatoren zeigen die Stärke dieses ökonomischen Kräfteverhältnisses an: der Charakter der Produktionsverhältnisse, ihre Übereinstimmung bzw. Nichtübereinstimmung mit dem Entwicklungsstand der Produktivkräfte, der Grad der Technologie, die Struktur der Volkswirtschaft, die Qualität der Planung und Leitung, Höhe der Investition, Volksbildung, Grad und Effektivität der ökonomischen Integration der Staaten im jeweiligen System und Ressourcen.

Dazu kommen Arbeitsproduktivität, Produktion pro Kopf der Bevölkerung, Anteil an der Weltindustrieproduktion, Nutzeffekt der Investitionen, Ausgaben für Forschung und Lebensstandard.

– Das militärische Kräfteverhältnis bleibt eine der entscheidenden Komponenten. Wesentlich in der Bestimmung ist jedoch die Frage, welche Klasse das Militärpotential kontrolliert und welche Funktion es zu erfüllen hat. Dann erst ist zu fragen nach der Moral in der Armee, Qualität, Organisation und Führung, Zahl und Ausbildung der Truppen, Bewaffnung und Ausrüstung, Grad der Gefechtsbereitschaft und der Beweglichkeit der militärischen Verbände, Charakter der Militärwissenschaft und Militärdoktrin, strategische, operative und taktische Denkmethoden, Charakter und Stabilität der militärischen Zusammenarbeit der Staaten der beiden Systeme.

– Die politischen, moralischen und ideologischen Faktoren nehmen ständig zu, da sie sich auf eine gestärkte materielle Basis des Sozialismus stützen können, überdies die Rolle der Volksmassen bei der Gestaltung der internationalen Beziehungen ständig wächst und letzlich der Imperialismus gerade durch das veränderte Kräfteverhältnis gezwungen ist, seine Einwirkungsversuche auf diese Bereiche zu verlagern[46]. Konkret genannt werden folgende Faktoren: Stabilität der politischen Machtverhältnisse, verfassungsmäßige Regelung des Verhältnisses zwischen Regierung und Legislative, die Möglichkeit der Annahme operativer Entscheidungen, Charakter der Politik eines Staates, Beziehungen zwischen den Hauptklassen, die die betreffende Gesellschaft bilden, Grad und Art des Rückhalts der Innen- und Außenpolitik des Staates bei der Bevölkerung, der moralisch-politische Zustand der Gesellschaft überhaupt, Integrationsgrad eines Staates im Bündnis, sein internationales Ansehen, die Wissenschaftlichkeit und Humanität der Ideologie und ihre Wirkung auf die breiten Volksmassen.

Als letztes Kriterium wird die Stärke einer internationalen Bewegung genannt. Dabei ist ihre zahlenmäßige Größe, ihr Verhältnis zu den Massen, ihre

Stellung im politischen Leben eines Landes, die Prinzipien und Normen der Beziehungen ihrer einzelnen Abteilungen zueinander sowie der Grad ihrer Geschlossenheit zu bewerten.

Martin, der dieses Kriterium nicht nennt, führt dagegen noch die geographische Lage eines Staates, die Bevölkerungszahl und den Reichtum an Naturschätzen an.

Bei den genannten Faktoren näherte sich die Definition Šachnazarovs und Martins der westlichen Kräfte-Vergleichs-Maßstäbe an. Durch die Unterscheidung zwischen Potential und Potenz versuchten die beiden Autoren schon einer reinen Gegenüberstellung auszuweichen. Im Gegenteil wird, aus der Summe der oben genannten Kriterien heraus erklärt, eine qualitative Erhöhung des Einflusses aufgrund des ökonomischen Potentials gelte nur für den Sozialismus. Bei den kapitalistischen Ländern dagegen führe eine Erhöhung der Produktion zwangsläufig zu einer Vertiefung des Grundwiderspruches der Produktionsweise, die sich äußere in Inflation, Arbeitslosigkeit, Kriminalität, Umweltverschmutzung sowie "Zuspitzung der Widersprüche zwischen den imperialistischen Mächten"[47].

Das schwäche die Positionen des Westens und zwinge ihn zu stärkerer Konzentration auf seine inneren Probleme.

Als Beispiel wird die Aufrüstung der USA genannt. Sie habe nicht zu einer Verbesserung der amerikanischen Position in der Welt beigetragen. Nur so ist deshalb die Behauptung aufrecht zu halten, auch bei einem absoluten Anwachsen des materiellen Potentials verringerten sich langfristig dennoch die effektiven Potenzen des Imperialismus[48].

Das entscheidende Kriterium in der politischen Bewertung der einzelnen bisher genannten Faktoren besteht aber in der Verknüpfung der Begriffe "Frieden" und "Sozialer Fortschrift". Dem richtigen Verständnis dieser sowjetischen Begriffe kommt dabei ausschlaggebende Bedeutung zu.

Unter Frieden wird ein Zustand verstanden, der erst dann eintritt, wenn die bisher in der Geschichte "gesetzmäßig" wirkenden Klassenauseinandersetzungen durch den Sieg des Sozialismus überwunden sind. Dieser Sieg wird global angestrebt. Erreicht wurde diese Position bisher in dem Teil der Welt, in dem das Sozialistische Weltsystem errichtet wurde. Im übrigen Teil der Welt soll diesem Zustand durch den "sozialen Fortschritt" allmählich näher gekommen werden. Dieser soziale Fortschritt, d.h. gesellschaftliche Veränderung in Richtung Sozialismus, wird von allen "friedliebenden Kräften" in der Welt angestrebt. Wer für den Frieden ist, ist also für gesellschaftliche Veränderung in Richtung des sowjetisch verstandenen Sozialismus. Ein "Weltkongreß der Friedenskräfte", wie er schon mehrmals stattfand, vereinigt also alle Kräfte und Organisationen, die sich dieser sowjetischen Definition anschließen. Kampf für den Frieden ist also Kampf für den Sozialismus sowjetischer Prägung.

5. Die Irreversibilität

Die historische Deduktion in den fünf Perioden führte von der Oktoberrevolution zur aktuellen Entspannungspolitik. Sie zeigte auf, daß sich das Kräfteverhältnis in der Welt ständig zugunsten des Sozialismus entwickelt hat. Der Dynamik des Wachstums des Sozialismus entsprach die dem Imperialismus innewohnende Dynamik des Niedergangs, ja "die Stärke des Sozialismus wuchs nicht nur infolge der ständigen Zunahme seiner eigenen Kraft, sondern auch infolge der dem Imperialismus innewohnenden Dynamik des Niedergangs"[49].

Der Prozeß verläuft zwar nicht spontan und geradlinig, sondern in der komplizierten Wechselwirkung widersprüchlicher Kräfte. Es kann sogar zu begrenzten Rückschlägen kommen[50], sie sind aber stets von um so rascheren Entwicklungen zugunsten des Sozialismus gefolgt, so daß man von Sprüngen sprechen kann. Als Beweis nennt Martin Entwicklungen gegen Ende des II. Weltkrieges (Vormarsch der sowjetischen Truppen nach Ostmitteleuropa, Abkommen von Teheran und Jalta – W.G.), in der zweiten Hälfte der 50er Jahre (Niederschlagung der Aufstände in der DDR und Ungarn, Sieg der kubanischen Revolution 1958 – W.G.) und zu Beginn der 70er Jahre (Ostverträge der Bundesrepublik und damit völkerrechtliche Anerkennung der Nachkriegsgrenzen in Europa – W.G.). Darauf gegründet, behauptet Martin, habe die Geschichte gezeigt, daß der Prozeß der Veränderung des internationalen Kräfteverhältnisses prinzipiell unumkehrbar sei[51]. Und Sanakoev stellt fest, daß "das Verhältnis der Klassen- und politischen Kräfte in der heutigen Welt, die Stärkung der Einheit und des Bündnisses der Kräfte des Friedens und Fortschritts, der gesamten anti-imperialistischen Front und, vor allem, die Existenz der mächtigen sozialistischen Staatengemeinschaft günstige Bedingungen schaffen, um die positiven Wandlungen in der Welt irreversibel zu machen und den weiteren Fortgang der revolutionären Erneuerung der Welt zu beschleunigen"[52].

Diese Interpretation der politischen Kräfte in Geschichte und Gegenwart basiert auf dem Anspruch des "real existierenden Sozialismus", die historisch höhere sozialökonomische Ordnung verwirklicht zu haben. Im Gegensatz zur kapitalistischen Ordnung, die antagonistische Widersprüche enthalte, stimmten hier die Grundtendenzen aller Klassen und Schichten überein, stünde sie mit den grundlegenden Entwicklungsgesetzen der menschlichen Gesellschaft in Einklang und verkörpere die Zukunft der Menschheit.

Wesentlich ist dabei die Verknüpfung von Sozialismus mit Frieden und sozialem Fortschritt. Führte nämlich die ständige Verschiebung des Kräfteverhältnisses vor 1917 zu einer Verschärfung der internationalen Spannungen und zu Kriegen, so hat die Entwicklung des Kräfteverhältnisses zwischen Sozialismus und Imperialismus genau gegenteilige Folgen. Erst durch die Veränderung des Kräfteverhältnisses in der Welt zugunsten des Sozialismus konnte der Kreislauf "Krieg – Nachkrieg – Kriegsvorbereitung – Krieg" durchbrochen, konnte die Basis für die Entspannung geschaffen werden. Je stärker der Sozialismus, desto größer die Möglichkeiten, einen neuen Weltkrieg zu verhindern und die Beziehungen zwischen sozialistischen und kapitalistischen Staaten auf der Grundlage der Prinzipien der friedlichen Koexistenz zu gestalten[53].

Die qualitativen Veränderungen im Kräfteverhältnis zwischen Sozialismus und Imperialismus wirken auch auf die Beziehungen der kapitalistischen Staaten untereinander ein; sie erhalten gegenüber den Beziehungen zu den sozialistischen Staaten nur sekundäre Bedeutung. Anstelle des Profitstrebens, der Konkurrenz und der Herrschaft über andere treten Strukturen gleichberechtigter Zusammenarbeit souveräner Staaten, werden die internationalen Beziehungen grundlegend demokratisiert[54].

Diese, auf "Erhaltung des Friedens" gerichtete Politik der sozialistischen Staaten wird gekoppelt mit der Erringung des sozialen Fortschritts. Genau das ist aber die sowjetische Definition von friedlicher Koexistenz. Dem westlichen Vorwurf, diese Art von Entspannungspolitik sei doppelbödig, da sie zwar Krieg zwischen den Staaten ablehne, aber Klassenkampf innerhalb der kapitalistischen Länder weiterhin bejahe, wie ihn Kissinger erhob[55], also einen Widerspruch zwischen den Faktoren Frieden und sozialer Fortschritt aufzeigte, wird entgegnet, die bürgerlichen Theoretiker wollten wohl die Koexistenz zwischen Sozialismus und Kapitalismus zu einem ewigen parallelen Dasein beider Gesellschaftsordnungen versteinern lassen[56]. Da sich die Gesellschaft durch die Entwicklung der Produktivkräfte ständig verändert, sie zugleich in gegensätzliche Klassen gespalten ist, gab und gibt es weder einen sozialen Stillstand noch ein Einfrieren des Kräfteverhältnisses der Klassen. Außerdem läßt sich die These vom sozialen status quo völkerrechtlich nicht absichern, da er das Kräfteverhältnis von Klassen in einem Staat betrifft[57].

In Helsinki aber wurde das Recht jedes Staates betont, sein politisches, soziales, wirtschaftliches und kulturelles System frei zu wählen und zu entwickeln. Solidarische Hilfe der Sowjetunion und Kubas in Angola z.B.

stellte, so Neubert, keine Einmischung dar, sondern diente der Entspannung, indem es den vom Caetano-Regime erzeugten Spannungsherd beseitigte[58].

Jetzt versteht man auch Šachnazarov richtig, wenn er äußert, das wichtigste Problem, mit dem die Menschheit heute zu tun hat, sei das der Erhaltung des Friedens unter den Bedingungen der anwachsenden sozialen Revolution[59].

Noch deutlicher wurde Brežnev auf dem XXV. Parteitag der KPdSU: "Die Entwicklung der Länder des Sozialismus, das Anwachsen ihrer Macht, die Verstärkung des positiven Einflusses ihrer internationalen Politik – das ist heute die Hauptrichtung des sozialen Fortschritts der Menschheit"[60].

6. Kritik westlicher "Correlation of forces"-Theorien

Šachnazarov kennt aus der eigenen sowjetischen Praxis den Einfluß der Theoretiker auf die Politik. Er selbst ist ein markantes Beispiel dafür. Mit Recht warnt er deshalb davor, die, wenn auch nur indirekte, Verbindung der verschiedenen Konzeptionen der Theoretiker zur politischen Praxis zu unterschätzen[61].

Deshalb setzt er sich auch mit den Globaltheorien des weltanschaulichen und machtpolitischen Gegners, des "Imperialismus", auseinander. In die Geschichte zurückgreifend weist er darauf hin, daß schon vor Bismarck, der nicht nur, wie Wilhelm II. fragte, wenn er ein neues Land kennenlernte, "Über wieviele Divisionen verfügt es?" sondern in den Divisionen das Endprodukt des Potentials eines Landes sah, bereits scharfsinnige Denker und Politiker begriffen hatten, daß die Macht eines Staates neben Faktoren wie der geographischen Lage, der Größe des Territoriums und der Bevölkerung, vom Stand der wirtschaftlichen und kulturellen Entwicklung, vom Charakter der Staatsordnung, vom Vorhandensein oder Fehlen von Verbündeten bestimmt wird[62].

All diese Parameter, er denkt sicherlich an Clausewitz, wurden jedoch nicht als solche gewertet, sondern in ihrer Funktion für die militärische Macht; sie blieb das entscheidende Kriterium für die Beurteilung des Kräfteverhältnisses auf dem internationalen Schauplatz. Dieser realen Bewertung des politischen Einflusses entsprach in der Theorie die Großmachtkonzeption. Sie drückte sich schließlich sogar in der Bezeichnung der Masseninformationsmittel als sechste Großmacht aus[63]. Bis 1917 entsprach, nach Šachnazarov, diese Großmachtkonzeption auch im Wesentlichen dem Stand der Dinge.

Heute aber, meint er, werden die inzwischen entstandenen Faktoren, die wesentlichen Einfluß auf die Gestaltung der internationalen Beziehungen ausüben, oder das Anwachsen derjenigen, die man in der Vergangenheit unberücksichtigt lassen konnte, auch von einer Reihe von Vertretern der nichtmarxistischen Wissenschaft erkannt.

Als ersten Autor nennt Šachnazarov den Amerikaner S. Brown und sein Buch "Neue Kräfte in der Weltpolitik"[64], in dem zwei Gruppen von Faktoren extrapoliert werden:

1. auf der Ebene der zwischenstaatlichen Beziehungen: Erosion der geopolitischen und ideologischen Grundlagen des Kalten Krieges, Entstehung neuer, nicht-militärischer Probleme,

2. unterhalb und oberhalb der zwischenstaatlichen Beziehungen: wissenschaftlich-technische Revolution, d.h. Einführung der Mikroprozessoren in die Wirtschaft, die "natürliche Gemeinschaften über die Grenzen hinweg bildet", der ökonomische Transnationalismus, der oft für eine Kontrolle von seiten einzelner Staaten und regionaler Koalitionen zu dynamisch ist, Zunahme der "transnationalen und subnationalen sozialen Beziehungen und Verbindungen"[65].

Zu ähnlichen, nur wesentlich differenzierteren Bewertungen kommt auch Karl Kaiser in seiner Arbeit "Die europäische Herausforderung und die USA"[66], die Šachnazarov ergänzend zitiert. Denn auch Kaiser unterstützt Šachnazarovs Erkenntnis, daß, "nach dem Ausmaß des Wandels zu urteilen, wir am Wendepunkt der Nachkriegspolitik angelangt" sind[67], der das Entstehen eines neuen internationalen Systems ankündigt. Šachnazarov geht beim Zitieren freilich sehr selektiv vor. Von den vier Gebieten, auf denen sich nach Kaisers Definition ein Strukturwandel vollzieht, nennt sein sowjetischer Kollege nur das erste, nämlich "die wachsende Bedeutung der multinationalen Politik oder transnationaler Beziehungen, die die traditionellen zwischenstaatlichen Beziehungen ergänzen, mit ihnen interagieren und sie sogar verändern"[68]. Der von Kaiser festgestellte sich verändernde Charakter der Ost-West-Beziehungen, in dem das antagonistische Verhältnis sich abschwächt und sich schließlich vielleicht ändert[69], fehlt ebenso wie die Umorientierung der amerikanischen Außenpolitik[70].

Mit Vehemenz stürzt Šachnazarov sich dafür auf die Apologeten der überholten Großmachtkonzeption, die versuchen, alle Veränderungen der internationalen Lage mit dem Übergang von der bipolaren Ära (UdSSR – USA) zur tripolaren Ära (UdSSR – USA – China) bzw. zur fünfpolaren (+ Westeuropa + Japan) bzw. multipolaren (+ Indien + Brasilien usw.) zu erklären. Diese Konzeption, so Šachnazarov, liefert keinen Schlüssel, der es gestattete, ein richtiges Verhältnis zwischen den Faktoren herzustellen, ihre Unterordnung zu bestimmen und sie auf einen gemeinsamen Nenner zu bringen. "Heute internationale Probleme auf der Grundlage der Großmachtkonzeption lösen zu wollen ist etwa dasselbe, als wolle man Ebbe und Flut auf der Grundlage des Ptolemäischen Weltbildes berechnen", verdammt er diese Anschauung[71]. Da er damit sowohl Brzezinski's Trilateralismus wie Cline's Machttheorie trifft, seien beide am Ende unter dem Kapital "Westliche Globalstrategien" näher untersucht.

Als dem Schöpfer der Theorie des Kräfteverhältnisses in der Welt kommt Šachnazarovs Einschätzung der westlichen Strategien und Analysen der internationalen Politik natürlich besonderes Gewicht zu. Er steht in der sowjetischen Wissenschaft jedoch nicht allein da[72]. Einige neuere sowjetische Arbeiten sollen deshalb genannt werden.

Gantman, Abteilungsleiter im IMEMO, edierte ein kritisches Buch über bürgerliche Theorien der internationalen Beziehungen, und Zak analysiert den Wandel der außenpolitischen Stereotypen der westlichen Diplomatie unter den Bedingungen des neuen Kräfteverhältnisses in der Welt. Zak entging dabei auch nicht die Arbeit des deutschen Konsuls in Leningrad, Boden[73].

Martins Kritik an bürgerlichen Strategien, die sich an einem Aufsatz von Richard Löwenthal[74] hochrankt, kann hier vernachlässigt werden, da Martin hier widersprüchlich wirkt[75].

Besondere Erwähnung verdienen aber noch zwei Arbeiten. Pozdnjakov, der auch im IMEMO arbeitet, hat sich mit der Theorie der internationalen Beziehungen beschäftigt und ist zum Ergebnis gekommen, daß dieser eine Eigengeschichtlichkeit zukommt. Indem er zwischen Form und Inhalt differenziert, stellt er fest, daß dem System der internationalen Beziehungen selbst eine spezifische Form der Beziehungen zwischen Staaten eignet, die den sozial-ökonomischen Inhalt des Systems durchaus nicht widerspiegelt[76]. Wer weiß, welche Rolle die Widerspiegelungstheorie in der Sowjetunion spielte, wird diese neue Definition zu würdigen wissen.

Speziell die amerikanische außenpolitische Theorie und ihren Einfluß auf die aktuelle Politik untersucht Petrovskij[77]. Das amerikanische außenpolitische Denken interessiert ihn vor allem in seiner Entwicklung der Anpassung an das neue Kräfteverhältnis, von der Erkenntnis der Überprüfung der außenpolitischen Direktiven der Nachkriegszeit über die Suche nach neuen, effektiveren Wegen und Mitteln zum Schutz der außenpolitischen Interessen der USA, bis zu Korrektiven in der Entwicklung der internationalen Beziehungen.

Die Einteilung in zwei Hauptrichtungen fällt freilich etwas einfach aus: Einmal die "Traditionalisten" G. Morgenthau, G. Kennan, Strauß-Houpé, Rostov und Brzezinski, deren "Verabsolutierung der Macht" und der ausschließlich Anerkennung "nationaler Interessen" zur Konzeption des "Gleichgewichts der Kräfte" führte als Alternative zum totalen Krieg.

Dagegen steht die "Schule der strategischen Analyse", zu der der Autor vor allem H. Kissinger, M. Taylor, G. Gewin und P. Nitze zählt; sie schufen als Alternative zum totalen Krieg die Theorie vom "begrenzten Krieg".

Der Kreis wird erweitert durch die Erarbeitung außenpolitischer Prognosen, wie sie D. Morgenstern, T. Schelling, A. Wohlstetter, G. Kan praktizieren.

Petrovskij kommt zum Ergebnis, daß unter dem Einfluß des veränderten Kräfteverhältnisses in der Welt sich die außenpolitischen Doktrinen der USA in der letzten Zeit in Richtung Realismus zu entwickeln begannen. Entsprechend geschwächt wurde die Vorstellung der amerikanischen Mission als Hüter der Weltordnung und die Wertung der militärischen Stärke als Hauptwaffe der amerikanischen Außenpolitik[78].

Der sowjetische Politologe sieht die fundamentalen amerikanischen außenpolitischen Konzeptionen vor allem in ihrem Bemühen, einen Ausweg aus dem globalen Gegensatz zwischen den beiden Gesellschaftssystemen zu suchen; er bestimme die Wertung der Veränderungen in der Welt, prüfe die außenpolitischen Möglichkeiten der USA und bilde ihre Strategie und Taktik in der Weltpolitik.

Der globale Gegensatz zum Sozialismus verleitet die amerikanischen Theoretiker zwar, so Petrovskij, noch immer zur Apologetik der Stärke, große Bedeutung kommt aber heute der Sorge um ökonomische und wissenschaftlich-technische Überlegenheit zu, die sich durch die sowjetische militärische Parität auf diese Gebiete verlagert hat. Hinzugekommen sind nun auch die Bereiche der Ideologie und Diplomatie als wichtige Komponenten im Kräftevergleich. Im Rückblick auf die Entwicklung der amerikanisch-sowjetischen Beziehungen der Jahre 1971–74 stellt Petrovskij einen langsamen, aber stetigen Wandel zum Besseren fest.

In diesem Abschnitt sollte nur kurz die sowjetische Wertung amerikanischer außenpolitischer Theorien als Teil der Strategie des Kräfteverhältnisses aufgezeigt werden. Die Rolle, die die amerikanische politische Globaltheorie als Korrektiv zur sowjetischen darstellt, soll im Kapitel V,3 (Alternative Strategien des Westens) untersucht werden.

III. DAS STRATEGISCHE KONZEPT

1. Die Globalität

Die Theorie des "Kräfteverhältnisses in der Welt" ist Ausdruck einer globalen Strategie. In der historischen Ableitung schon endzeitlich ausgerichtet, erhebt diese auch geographisch uneingeschränkt Gültigkeit und beansprucht, alle Menschen in den Kommunismus, "die bessere Zukunft der Menschheit", wie Brežnev auf der Konferenz der europäischen kommunistischen und Arbeiterparteien 1976 erklärte, zu führen[1]. Der Weltfriedensrat richtete im selben Jahr einen Aufruf "An alle Kontinente des Festlandsockels"[2], und die sowjetische Publizistik spricht gerne von "unserem Planeten".

Freilich hat diese Sicht Tradition. Die Romantik des "Proletarier aller Länder, vereinigt euch!", dem die unterdrückten Völker schon 1918 zugesellt wurden, klingt ebenso nach wie die Weltrevolutionserwartungen jener Jahre nach der Oktoberrevolution. Die Bedeutung der neuen Globalstrategie liegt aber gerade darin, daß bewußt die Beschränkungen auf die "Revolution in einem Lande" oder auf den "sozialistischen Block" seit Beginn der 70er Jahre fallen gelassen und offen über den sowjetischen Machtbereich hinausgehende Ziele formuliert und – angestrebt werden.

Die historische und sozio-ökonomische Begründung der heutigen sowjetischen Position innerhalb des Kräfteverhältnisses in der Welt eröffnet die Möglichkeit, über die sozialistischen Staaten hinaus gesellschaftliche Kräfte sich zuzuordnen, die, wenn auch innerhalb der nicht-sozialistischen Staaten angesiedelt, so dennoch in Richtung Sozialismus arbeiten können und damit das Kräfteverhältnis beeinflussen.

Als solche Kräfte werden konkret genannt:

– die internationale Arbeiterklasse in den kapitalistischen Ländern
– die Völker, die gegen Kolonialismus, Neokolonialismus, für nationale Unabhängigkeit kämpfen
– die Weltfriedensbewegung
– alle "fortschrittlichen Kräfte".

Unter der Voraussetzung, daß die gesellschaftliche Entwicklung in den Ländern, die nicht dem "sozialistischen Weltsystem" angehören, zwangsläufig in Richtung Sozialismus treibt, erhalten diese Kräfte einen abgestuften Rang.

Auf der Arbeiterbewegung in den kapitalistischen Ländern ruht dabei die klassische Hoffnung der herrschenden Parteien Osteuropas. In den Konferenzen der kommunistischen und Arbeiterparteien versuchen die regierenden Parteien, ihren hegemonialen Anspruch auch über die Bewertung der vor allem west- und südeuropäischen Arbeiterbewegungen aufrecht zu erhalten.

Dennoch ist der zunehmende Einfluß der eurokommunistischen Parteien nicht zu übersehen. Aber verhalten sie sich nicht sogar gesellschafts- und staatsstabilisierend im "Historischen Kompromiß" der IKP, in der versuchten, in Rathäusern noch praktizierten "Union de Gauche" in Frankreich, gar Carillos KPSp?

Auf die vom Kolonialismus unterdrückten Völker als Reservearmee der Revolution hatte schon Lenin hingewiesen. Die vom Kolonialjoch befreiten afrikanischen und asiatischen Nationen kämpfen gegenwärtig gegen den Neokolonialismus, rivalisierende Befreiungsbewegungen gegen die eigene Bourgeoisie. Es erhebt sich die Frage, ob die Formel der "sozialistischen Orientierung", mit deren Hilfe die Sowjets eine Einbindung der Entwicklungsländer in das sozialistische Weltsystem anstrebt[3], der Entwicklung der Dritten Welt auch entspricht, denn an zu vielen afrikanischen, auch dem vietnamesischen, eigenen Weg zum Sozialismus geht diese Interpretation vorbei. Die Frage ist, ob nicht aus einer Fehleinschätzung heraus falsche politische Entscheidungen getroffen werden.

Die Weltfriedensbewegung kämpft für die Abrüstung weltweit, unterstützt alle Kräfte, die für Abrüstung eintreten, veranstaltet Weltfriedenskongresse – aber die Sowjetunion selbst hat in ungeheurem Maße aufgerüstet.

Die Formel der "fortschrittlichen Kräfte"[4] dient dazu, auch oppositionelle Randgruppen, temporäre, punktuelle, potentielle Opposition zu organisieren, wild wachsende Anti-Bewegungen zur Schwächung der westlichen Regierungen zu organisieren. Der Anlaß ist dabei nicht relevant.

Nach Šachnazarov bilden in jedem konkreten Falle und jedem gegebenen Moment die Kreuzung des Kurses der sozialen Systeme, der Politik der Staaten sowie der Aktionslinien der revolutionären, der konterrevolutionären und der dazwischen liegenden Bewegungen ein kompliziertes Kräfteparallelogramm, das den Ausgang der laufenden internationalen Ereignisse vorherbestimmt. "Nur die ganze Vielfalt der Ereignisse, dabei in ihrer Dynamik genommen, kann als Grundlage für eine adäquate, richtige Einschätzung des

Kräfteverhältnisses in der Welt und vor allem der Tendenz ihrer Veränderung dienen"[5].

Martin führt das konkreter aus. Richard Löwenthals Begriffe "Konstanten" und "Variabeln", die dieser in den Ost-West-Beziehungen aufzeigt[6], auf die globale Ebene ausdehnend, formuliert Martin seinerseits Konstante und Variable. Als Konstante versteht er dabei die Gesetzmäßigkeiten, die die Epoche des Übergangs der Welt vom Kapitalismus zum Sozialismus bestimmen, als Variable die "Faktorenkomplexe, die sich in der gesamten Epoche unaufhörlich verändern und dadurch die Veränderungen in den zwischenstaatlichen Beziehungen, die Veränderungen in der Wirkungsweise der Konstanten verursachen"[7].

Als erste Konstante nennt er erwartungsgemäß das antagonistische Verhältnis zwischen sozialistischer und kapitalistischer Gesellschaftsordnung und die gesetzmäßig sich daraus ergebenden Auseinandersetzungen zwischen den Systemen. Im Unterschied zum Gegensatz zwischen imperialistischen Staaten, die für die "Ausdehnung ihrer Interessensphäre auf Kosten ihrer Konkurrenten" kämpfen, damit das gleiche Ziel verfolgen, "kämpfen in den Beziehungen zwischen sozialistischen und imperialistischen Staaten zwei prinzipiell gegensätzliche Tendenzen um den Typ, den Charakter des Systems der internationalen Beziehungen, der Entwicklung von Weltpolitik und Weltwirtschaft"[8].

Die zweite Konstante ist der aus der Koppelung von Sozialismus mit Frieden sich ergebende außenpolitische Kurs der sozialistischen Staaten in Richtung der friedlichen Koexistenz mit kapitalistischen Staaten.

Als dritte Konstante wird das dem Imperialismus immanente Streben nach Monopolherrschaft durch das Mittel der Aggressivität bezeichnet. "Drang nach Expansion, nach Gewinnung fremder Territorien, Rohstoffquellen, Kapitalanlagesphären, nach Versklavung und Ausbeutung anderer Völker", lautet die Schulbuchdefinition[9].

Entsprechend lauten die Variablen: Erste Variable ist das sich im Laufe dieser Epoche immer mehr zugunsten des Sozialismus, der internationalen Arbeiterklasse und der nationalen Befreiungsbewegung verändernde Kräfteverhältnis.

Die zweite Variable besteht in globalen Prozessen, die durch die rapide Entwicklung der Technologie ("stürmische Entwicklung der Produktivkräfte") hervorgerufen wurden. Diese sind:

1. die Tendenz zur Erweiterung der weltweiten Arbeitsteilung,

2. die ungeheuren Gefahren, die der gesamten Menschheit aus der Entwicklung der Militärtechnologie drohen,

33

3. die Gefahren, die sich aus den Auswirkungen der Industrialisierung ("wissenschaftlich-technische Revolution") für die Lebensbedingungen der Menschen ergeben (Umweltgefahren).

Erst in diesem – globalen – Rahmen läßt, so Martin, sich die Wirkung des Kräfteverhältnisses zwischen Sozialismus und Imperialismus auf die Beziehungen zwischen den Staaten der beiden Systeme erkennen, d.h. eine Veränderung des Kräfteverhältnisses hebt zwar die Gesetzmäßigkeiten nicht auf, modifiziert sie aber, es wandeln sich ihre "Wirkungsbedingungen" und ihre "Wirkungsweise".

Zwar dauere die Auseinandersetzung zwischen Sozialismus und Imperialismus an, aber der konkrete Inhalt, die Dimensionen und Formen dieser Auseinandersetzung wandeln sich, so daß sich "unter den Bedingungen des sich in ständiger Entwicklung befindlichen Kräfteverhältnisses das dialektische Widerspruchsverhältnis zwischen sozialistischem Friedenskurs und imperialistischer Aggressivität immer wieder auf neue Weise darstellt"[10].

Die schablonenartige Definition des "Imperialismus" muß freilich von Martin selbst korrigiert werden, und zwar gerade auch unter dem Einfluß des veränderten Kräfteverhältnisses in der Welt. Denn da weder ein militärischer Angriff auf die Sowjetunion mehr möglich ist, ohne den eigenen Untergang zu riskieren, auch lokale Kriege, siehe Vietnam, nicht unbedingt mit einem Sieg enden, tritt der Krieg als traditionelle Form der Bereinigung von Konfliktsituationen in den Hintergrund.

Das bedeutet die Anerkennung, daß die dem Imperialismus oben zugeschriebenen Gesetzmäßigkeiten nicht mehr die einzigen Hauptdeterminanten der Außenpolitik westlicher Staaten sind, sondern diese eine Reihe ihr eigentlich wesensfremder, "von den Hauptströmen des revolutionären Weltprozesses aufgezwungener Züge aufweist"[11].

Diese realistische Differenzierung offenbart sich auch im Leninzitat: "Die Eigenart der politischen und strategischen Wechselbeziehungen vergessen und bei jeder passenden und unpassenden Gelegenheit immer wieder das eine auswendig gelernte Wörtchen 'Imperialismus' wiederholen ist keineswegs Marxismus"[12].

Das führt zur Respektierung der Tatsache, daß auch für "imperialistische" Staaten neue Möglichkeiten der Beziehungen zu Entwicklungsländern gegeben sind, daß sie anerkennen, daß es zur Entspannungspolitik keine vernünftige Alternative gibt, daß sie die Vorteile globaler internationaler Arbeitsteilung (d.h. auch mit sozialistischen Staaten) nutzen und den weltweiten Gefahren für die menschliche Umwelt begegnen.

2. Die Bipolarität

Prägt der Gegensatz der beiden Systeme, des sozialistischen und des kapitalistischen, den Charakter der Epoche, läßt sich das Kräfteverhältnis in der Welt also nur von den Systemen her adäquat einschätzen, so spielt in der aktuellen Situation dennoch das amerikanisch-sowjetische Verhältnis, d.h. die Wechselbeziehung der Großmächte nach wie vor eine gewaltige Rolle[13].

Wie Šachnazarov gesteht auch Martin den beiden Großmächten in der Auseinandersetzung zwischen Sozialismus und Imperialismus ein besonderes Gewicht zu. Entstanden aus der Veränderung des Kräfteverhältnisses in der Welt – das einst rückständige Rußland entwickelte sich zur sozialistischen Weltmacht, die Hegemonialstellung der USA war ihrerseits durch eine Kräfteverschiebung innerhalb des imperialistischen Lagers entstanden – sind die beiden Supermächte die stärksten Glieder der beiden Systeme[14].

Auch die sowjetischen Autoren konstatieren einen Abbau von Spannung in den internationalen Beziehungen erst mit dem "realistischen Herangehen der USA an die aktuellen Probleme", im Ergebnis der Anerkennung der sowjetischen Parität auf dem militärischen Sektor durch die USA. "Als das Monopol Washingtons auf die Atombombe zusammengebrochen war, erkannten die westlichen Theoretiker allmählich die 'Zweipoligkeit' der Welt, also den Umstand, daß die UdSSR eine den USA ebenbürtige Kraft ist", urteilt ein Kenner der amerikanischen Außenpolitik[15]. Diese Erkenntnis fand in den beiderseitigen Rüstungsbegrenzungsabkommen ihren Niederschlag. Bestätigt wird die vorrangige Bedeutung des amerikanisch-sowjetischen Verhältnisses dadurch, daß die Sowjets die Ausweitung solcher Abkommen nicht nur im bipolaren Interesse sehen, sondern in dem aller Völker der Erde[16]. So schreibt Anatolij Gromyko, die Analyse der bilateralen sowjetisch-amerikanischen Beziehungen beweise, daß, als die amerikanischen Führer der Logik der Umstände nachgegeben hätten, sich die USA und die UdSSR hauptsächlich auf die Lösung internationaler Probleme konzentrierten und nicht auf Probleme der bilateralen sowjetisch-amerikanischen Beziehungen[17].

In der "Geschichte der Außenpolitik der UdSSR" werden deshalb die historischen Treffen Nixons und Brežnevs im Oktober 1972 in Moskau, Juni 1973 in Washington, Juni/Juli 1974 auf der Krim und das Treffen Brežnev – Ford in Vladivostok vom November des gleichen Jahres und die zahlreichen Abkommen auf fast allen Gebieten, die dabei und auf anderen Ebenen geschlossen wurden, hoch gewürdigt. Sie bedeuten, nach sowjetischer Definition, die Wandlung (perestrojka) der sowjetisch-amerikanischen Beziehungen auf der Basis der friedlichen Koexistenz. Sichtbarer Ausdruck dieser Hochstimmung bildete die Koppelung der beiden Raumschiffe "Sojus" und "Apollo"[18].

Erst auf der Basis der Verständigung der beiden Mächte, die über das größte Militärpotential auf der Erde verfügen, konnten auch mit anderen Staaten effektive Abkommen geschlossen werden. Die wichtige Rolle der USA auch für Europa wurde durch ihre Teilnahme an den Konferenzen von Helsinki und Belgrad besonders deutlich. Ohne die Situation der Entspannung in den bilateralen Beziehungen der Großmächte hätte auch das "Vierseitige Abkommen über das betreffende Gebiet" (das sog. Viermächte-Abkommen über West-Berlin vom 3. September 1971) nicht abgeschlossen werden können.

Umgekehrt fällt es z.B. den europäischen Regierungen schwer, die Politik der Entspannung, wie sie sie definieren, gegenüber den sozialistischen Staaten fortzuführen angesichts der seit Antritt der Carter-Administration belasteten Atmosphäre im Verhältnis zur UdSSR.

Die bestimmende Rolle, die der amerikanisch-sowjetischen Bipolarität in der Strategie des Kräfteverhältnisses zukommt, zeigt sich gerade auch in den sowjetischen Befürchtungen angesichts der Carterschen Außenpolitik, die USA versuchten, das Kräfteverhältnis in der Welt erneut zu ihren Gunsten zu verändern[19].

Die starke sowjetische Fixierung auf die globale Großmacht USA als Führungsmacht des "anderen Lagers" versperrte ihr lange die Einsicht in die Berücksichtigung auch anderer politischer Faktoren in der Welt, die sich unter der Bipolarität nicht ohne Einschränkungen oder überhaupt nicht subsumieren lassen: die selbstbewußter werdenden Nationalstaaten Europas, Japan, die Volksrepublik China und die Bewegung der Nicht-Paktgebundenen Staaten. Die heutige sowjetische globale Strategie besteht aber gerade darin, daß sie, von der militärischen Parität zu den USA ausgehend, der Sowjetunion und dem sozialistischen Lager noch alle als "fortschrittlich" bezeichneten Bewegungen in der Welt zuordnet, die ihr dadurch die Superiorität über die USA einräumen sollen und ihr die Möglichkeit geben, nicht nur den Entspannungsprozeß unumkehrbar zu machen, sondern auch ihren eigenen Einfluß im globalen Maßstab auszubauen und zu sichern.

Im Folgenden sollen nun die drei tragenden Faktoren, auf die die sowjetische Beurteilung des Kräfteverhältnisses sich stützt, das sozialistische Weltsystem, die kommunistische Weltbewegung und die nationalen Befreiungsbewegungen, näher untersucht werden.

3. Das sozialistische Weltsystem

Zu Beginn der siebziger Jahre begannen sowjetische Historiker, den Begriff des sozialistischen Weltsystems neu zu definieren. Waren bis dahin die Begriffe sozialistisches Weltsystem und sozialistische Staatengemeinschaft weitgehend identisch gewesen, so sah man sich durch die verstärkte Integration im Rahmen des Rates für gegenseitige Wirtschaftshilfe und des Warschauer Paktes zur Differenzierung gezwungen. Unterscheidungskriterium wurde deshalb der Plan. So gehört zwar "jedes Land, in dem die Arbeiterklasse politisch die Macht erobert und sozialökonomische Umgestaltungen zur Einrichtung sozialistischer Produktionsverhältnisse durchgesetzt hat, objektiv zum sozialistischen Weltsystem, unabhängig von der Gestaltung der politischen und ökonomischen Zusammenarbeit mit den anderen sozialistischen Ländern", dagegen wird aber "die bewußte und zielstrebig organisierte Zusammenarbeit auf politischer und ökonomischer Ebene, die Herstellung von Beziehungen der gegenseitigen Hilfe als der adäquaten politischen Form der objektiven Zusammengehörigkeit"[20] abgesetzt. Diese Ideale werden aber nur in der sozialistischen Staatengemeinschaft verwirklicht. Von diesem Standpunkt aus, meinen auch die DDR-Autoren um Tinschmidt[21], konnten die innere Dialektik der Herausbildung und Entwicklung von sozialistischem Weltsystem und von sozialistischer Staatengemeinschaft besser erfaßt werden. Die Respektierung der Praxis veranlaßte wohl Butenko zur Feststellung, daß jetzt die Meinung überwunden wurde, das sozialistische Weltsystem stelle eo ipso eine monolithische Einheit dar, in der es keine objektiven Widersprüche, ja nicht einmal Interessenunterschiede geben könne[22].

Gegen Theorien, wonach der Integrationsprozeß quasi von selbst vonstatten gehen könne, wenden sich sowohl N. V. Fadeev, der langjährige Sekretär des RGW[23], wie der Historiker Lukin[24].

Tinschmidt zitiert die tschechischen und slovakischen Historiker um Král, die "den Prozeß des allmählichen Hinüberwachsens der nationalen und demokratischen Revolution als Hauptthema des gesamten komplizierten Prozesses der Herausbildung des sozialistischen Weltsystems begreifen"[25]. Der Bildung der sozialistischen Staatengemeinschaft 1948/49 als neue Qualität innerhalb des sozialistischen Weltsystems kommt deshalb besondere Bedeutung zu. Angesichts dieser historischen Ableitung ist auch heute die Einheit der sozialistischen Länder nichts Unveränderliches, nichts ein für allemal Gegebenes, sondern muß auf jeder Entwicklungsstufe neu erkämpft werden[26]. Im Rückblick urteilt Zagladin:

"Die Herausbildung des sozialistischen Weltsystems stellt eine neue historische Erscheinung dar. Im Prozeß des Aufbaus dieses Systems standen vor den

Kommunisten, die in dieser Hinsicht über keinerlei Erfahrung verfügten, zahlreiche komplizierte Probleme bei der Anbahnung, Entwicklung und Regelung der Beziehungen zwischen den sozialistischen Ländern. Gemeint ist die Herausbildung eines qualitativ neuen Typs internationaler Beziehungen, von Beziehungen zwischen zwei völlig gleichberechtigten souveränen und selbständigen Staaten. So erwies sich die Lösung des nationalen Problems in einzelnen sozialistischen Ländern und in den gegenseitigen Beziehungen als schwieriger, als die Kommunisten vorausgesehen hatten"[27].

Damit liegt Zagladin auf der Linie von Šachnazarov, der in der Bildung und Entwicklung des sozialistischen Weltsystems ebenfalls die entscheidende Veränderung im Kräfteverhältnis sieht, da der Klassenbereich der internationalen Auseinandersetzung nun nicht mehr auf die Sowjetunion einerseits und die kapitalistischen Staaten andererseits beschränkt blieb, sondern auf die Beziehungen von Ländergruppen ausgeweitet wurde, "die in ihrer Gesamtheit über das mächtigste industrielle, wissenschaftlich-technische und militärische Potential verfügen"[28]. Dabei schreibt auch er dem "Weltsozialismus" "die entscheidende Rolle bei der Demokratisierung der internationalen Beziehungen" zu. "Er war es" heißt es, "der das souveräne Recht der Völker, ihr Schicksal selbständig zu entscheiden, sowie die gleichberechtigte Beteiligung aller Staaten, der großen und der kleinen, an den internationalen Angelegenheiten verkündete"[29].

Erst durch das mit dem sozialistischen Weltsystem entstandene "neue Kräfteverhältnis" gelang es der SU und dem internationalen Sozialismus, aktiven Einfluß auf die Weltpolitik zu nehmen[30]. Als Beweis für die Möglichkeit der Neugestaltung der internationalen Beziehungen gilt die KSZE in Helsinki[31]. Entsprechend weitete sich auch der geographische Rahmen aus. Stolz erklärte Brežnev auf dem XXV. Parteitag der KPdSU: "Es gibt jetzt wohl kein Gebiet der Erde, dessen Verhältnisse bei der Gestaltung unserer Außenpolitik nicht auf diese oder jene Weise berücksichtigt werden müßten", und: "Kein objektiv denkender Mensch kann leugnen, daß der Einfluß der Länder des Sozialismus auf das Weltgeschehen immer stärker, immer tiefer wird"[32]. Wie die sowjetischen Zitate erkennen lassen, sollen die "sozialistischen Länder" als Ganzes, als "System" erscheinen. Deshalb werden "Einheit, Solidarität und gegenseitige Unterstützung" als die Verbindung festigende Kriterien betont. Auf dem genannten Parteitag äußerte Brežnev entsprechend, die Wechselbeziehungen der sozialistischen Staaten würden immer enger, es entstehen immer mehr gemeinsame Elemente ihrer Politik, Wirtschaft und ihres sozialen Lebens, ihr Entwicklungsniveau gleiche sich allmählich an. Dann geht der Generalsekretär der KPdSU aber einen Schritt weiter und stellt fest: "Dieser Prozeß der allmählichen Annäherung

der sozialistischen Länder tritt heute mit aller Deutlichkeit als eine Gesetzmäßigkeit zutage"[33].

Wohl ist zu begreifen, daß die Führungsmacht des sozialistischen Lagers, die
das sozialistische Weltsystem als den wichtigsten Faktor im internationalen
Kräfteverhältnis bezeichnet, um dessen Stärke zu unterstreichen, die Geschlossenheit, Einheit eben dieses Weltsystems betont. Es ist deshalb angebracht, um den Faktor "sozialistisches Weltsystem" richtig bewerten zu
können, die Frage nach der Realität dieser Einheit zu stellen.

Welche Staaten gehören zum sozialistischen Weltsystem? Die Sowjetunion
sieht als sozialistische Bruderstaaten an: Bulgarien, Ungarn, Vietnam, die
DDR, die Koreanische Volksdemokratische Republik, Kuba, die Mongolei,
Polen, Rumänien, die Tschechoslowakei und Jugoslawien[34].

Genau diese Aufzählung wird von den Jugoslawen aber als starke Brüskierung
empfunden. Andererseits aber fehlen auf der sowjetischen Liste Albanien und
China. Welches sind die Kriterien der Zuordnung zum sozialistischen
Weltsystem? Hier gibt es die Parteibeziehungen, sie sollen im Kapitel über
die kommunistische Weltbewegung dargestellt werden, dann die auf staatlicher Ebene völkerrechtlich fixierten: auf militärischem Gebiet der Warschauer Pakt (WVO), auf ökonomischem der Rat für gegenseitige Wirtschaftshilfe (RGW), auf allgemein zwischenstaatlichem Sektor bilaterale Verträge bis
hin zu in der Verfassung verankerten Verbindungen (Art. 6, Abs. 2 der
Verfassung der DDR vom 7.10.1974).

3.1. Der Rat für gegenseitige Wirtschaftshilfe (RGW)

3.1.1. Das Komplexprogramm

Im Januar 1979 bestand der Rat für gegenseitige Wirtschaftshilfe (RGW)
30 Jahre. Von den Veränderungen, denen er in diesem Zeitraum unterworfen
war, dem Fernbleiben Albaniens von den Sitzungen, der Aufnahme neuer
Mitglieder, darunter mit der Mongolei, Kuba und Vietnam auch außereuropäischen, hat das "Komplexprogramm" am nachhaltigsten seine Richtung
bestimmt.

Mit der Verabschiedung des "Komplexprogramms für die weitere Vertiefung
und Vervollkommnung der Zusammenarbeit und Entwicklung der sozialistischen ökonomischen Integration der Mitgliedsländer des RGW"[35] auf der
XXV. Ratstagung im Juli 1971 wurde, wie Maksimova schreibt, eine neue
Etappe der Zusammenarbeit eingeleitet, die sozialistische ökonomische Integration[36]. Sie sollte das Wachstumstempo der nationalen Volkswirtschaften

forcieren, die Qualität der Produkte verbessern, neue Technologien integrieren, die Versorgung mit Rohstoffen, landwirtschaftlichen Produkten und Konsumgütern langfristig und effektiv sichern, damit den Lebensstandard der Bevölkerung erhöhen, vor allem aber das Niveau der nationalen Volkswirtschaften der RGW-Länder schrittweise angleichen.

Im Ergebnis sollte eine sozialistische Weltwirtschaft geschaffen werden mit einem sozialistischen Weltmarkt, die die Position der RGW-Länder innerhalb der Weltwirtschaft stärken und letzten Endes zum Sieg im ökonomischen Wettbewerb mit dem Kapitalismus führen sollte[37].

Wurde aber im Komplexprogramm noch formuliert, die sozialistische ökonomische Integration erfolge auf der Grundlage der vollen Freiwilligkeit und sei nicht mit der Schaffung übernationaler Organe verbunden[38], zeichneten sich doch bald Ansätze zur Einführung eben solcher Organe ab. Das im Mai 1973 unterzeichnete Abkommen über die Zusammenarbeit zwischen RGW und Finnland, das erste Abkommen der Organisation mit einem nichtsozialistischen Drittland[39], führte 1974 zur Neufassung des Komplexprogramms. In den Art. III, Abs. 2 b sowie Art. XI und XII wird der Rat bevollmächtigt, mit den Mitgliedsländern des RGW, mit anderen Staaten und mit anderen internationalen Organisationen Verträge zu schließen bzw. Beziehungen zu unterhalten[40]. Auf dieser Grundlage konnte im Februar 1976 schließlich der amtierende Präsident des Exekutivkomitees des RGW, der stellvertretende Ministerpräsident der DDR, Gerhard Weiss, dem Ministerrat der EG den Entwurf eines Abkommens über die Grundlagen der Beziehungen zwischen beiden Gemeinschaften überreichen.

Die Gemeinschaftsorganisationen wuchsen inzwischen stark an. Der RGW verfügt nun über ein ganzes System internationaler Institute und Organisationen, darunter 22 Leitungsorganisationen und Spezialkommissionen (Komitee für Zusammenarbeit im Bereich der Planung, Komitee für wissenschaftlich-technische Zusammenarbeit, Konferenz der RGW-Vertreter für Rechtsfragen, Konferenz der Minister für Binnenhandel der RGW-Länder). Außerdem existieren zahlreiche internationale Produktionsvereinigungen (Intermetall, Interpodsipnik), (Interatominstrument) zur Koordinierung der wissenschaftlich-technischen und wirtschaftlichen Entwicklung und Zusammenarbeit (1976 etwa 50), die Internationale Bank für wirtschaftliche Zusammenarbeit, die Internationale Investitionsbank, Wissenschafts- und Informationszentren (das Internationale Institut für Wirtschaftsprobleme des sozialistischen Weltsystems, das Internationale Zentrum für wissenschaftliche und technische Information) usw.[41].

Die Kooperation soll aber nicht auf den ökonomischen Sektor beschränkt bleiben. Die bilateralen Verträge über Freundschaft, Zusammenarbeit und

40

gegenseitige Hilfe, die die Sowjetunion nacheinander mit Nordkorea, der DDR, Polen, der Mongolei, Ungarn, Bulgarien, der ČSSR und Rumänien schloß, manifestieren die Ausweitung der Bindungen innerhalb der "Gemeinschaft der sozialistischen Staaten". So äußerte sich Brežnev im Dezember 1975 in Warschau: "Wie jede andere historische Erscheinung befindet sich die Gemeinschaft der sozialistischen Staaten im Prozeß der Entwicklung. Es erstarken und entwickeln sich die ihr angehörenden Länder, ihr Bündnis vertieft sich. Die sie vereinigenden Bindungen werden immer vielseitiger, ihre Zusammenarbeit und gegenseitige Unterstützung in den unterschiedlichsten Bereichen der Innen- und Außenpolitik realisiert sich"[42].

Wachsende Macht und wachsender Einfluß auf der internationalen Ebene führten aber zur weiteren Veränderung der Kräfteverhältnisse in der Welt[43]. In der Tat soll sich der Integrationsprozeß auf fast alle Bereiche des staatlichen und gesellschaftlichen Lebens erstrecken. Wobei die Übereinstimmung der gemeinsamen Interessen der sozialistischen Gemeinschaft mit den spezifischen Interessen der einzelnen Länder auf die Weise in Einklang gebracht werden soll, daß die ersteren die Hauptrichtung für das Handeln der Bruderparteien in jedem Staat bestimmen[44]. Von der Verflechtung der Volkswirtschaften über die Koordinierung der Außenpolitik bis zur Annäherung der sozialistischen Länder auf geistig-kulturellem Gebiet und der Schaffung einer "einheitlichen strategischen Gesellschaftskonzeption" soll der Annäherungsprozeß verlaufen[45].

Die von Bredel und Dubrowsky vorgestellten Arbeiten zeigen, wie groß noch das Theoriedefizit der Integration im RGW ist. Bethkenhagen und Machowski verweisen mit Recht darauf, daß es eine sozialistische Integrationstheorie bestenfalls in Ansätzen gibt (Bogomolov, Senin, Morgenstern, Kohlmey)[46], und Uwe Stehr macht die Wandlungen der ökonomischen Theorie deutlich, die das "ökonomische Kräfteverhältnis" zwischen Sozialismus und Kapitalismus Anfang der 70er Jahre sowohl im Rückblick wie in der Gegenwart und Zukunft unter anderen Aspekten darzustellen begannen[47].

Das Komplexprogramm war als Kompromiß zwischen der Wahrung der nationalen Interessen der einzelnen RGW-Staaten und der Einsicht in die Notwendigkeit stärkerer übernationaler Regelungen bestimmter Wirtschaftsbereiche zustandegekommen. Die wichtigsten Beweggründe der weniger entwickelten Staaten bestanden darin, durch die sozialistische Gemeinschaft einen Abbau des starken Strukturgefälles zu erreichen (Rumänien, Bulgarien, Sowjetunion), während es den entwickelteren Staaten in erster Linie um die Sicherung der z.T. unter Weltmarktniveau gehandelten sowjetischen Rohstoffe (Metalle), aber auch Erdöl, Erdgas, sowohl als Rohstoff wie als Energiespender, dazu Turbinen- und Atomenergie ging (DDR, ČSSR).

Die Eigeninteressen wurden dabei durch Optionen gewahrt. So wird zwar die "sozialistische Arbeitsteilung", d.h. die Spezialisierung der einzelnen Länder auf bestimmte Produkte, akzeptiert, gleichzeitig aber darauf hingewiesen, daß sich diese "unter Berücksichtigung der weltweiten Arbeitsteilung vollziehe", d.h. wird die Errichtung von gemischten Gesellschaften (joint ventures) zwischen sozialistischen und westeuropäischen Staaten offen gehalten. Ebenso im Außenhandel. Die abgestimmten Exportpläne innerhalb des RGW sollen durch zusätzliche Anstrengungen erweitert werden, um sich neue Exportmöglichkeiten auf dem Weltmarkt zu erschließen.

Schließlich blockierten die Mitgliedsländer die Möglichkeit der Überstimmung durch die Mehrheit in den Ratsorganen durch das Einstimmigkeitsprinzip. Während dieses Prinzip auch heute noch aufrecht erhalten wird, wurde der Modus der Zustimmigkeitspflicht inzwischen geändert. Es können heute einzelne Staaten ihr Desinteresse an bestimmten Projekten bekunden, so daß sich die Einstimmigkeit nur noch auf die Interessierten erstreckt.

3.1.2. Kritik

Der RGW leidet unter der ungleichen Verteilung seines ökonomischen Leistungspotentials. So produziert die UdSSR allein 65 % des (geschätzten) Sozialprodukts der Gemeinschaft[48], mit der Konsequenz, daß alle Fortschritte in der Zusammenarbeit im RGW unvermeidlich zur Stärkung der sowjetischen Vorherrschaft und damit größerer Abhängigkeit der übrigen RGW-Mitglieder beitragen, was einzelne westliche Ökonomen vom RGW als Instrument sowjetischer Hegemonie sprechen läßt[49].

Im Gegensatz zu ihrem quantitativen Wirtschaftspotential gehört die UdSSR jedoch zu den qualitativ schwächer entwickelten Volkswirtschaften des RGW. Aus diesem Ungleichgewicht entstehen wieder divergierende Zielpräferenzen in den nationalen Wachstumsstrategien. Sie gedeihen dazu auf unterschiedlichen Produktions- und Konsumgewohnheiten der Menschen, ihrer psychologischen Einstellung zu wirtschaftlichen Problemen und sind deshalb nicht kurzfristig zu beheben.

Diese bestehenden Niveauunterschiede (Potentialgefälle) und Strukturdisparitäten (Produktions- und Wohlstandsgefälle) sind, nach Bethkenhagen und Machowski, ein schwerwiegendes Hindernis für eine stärkere wirtschaftliche Verflechtung im RGW[50]. Sie bewirken nämlich vor allem, daß

– die Koordinierung der Pläne alle 5 Jahre hauptsächlich auf den bilateralen Austausch von Waren und Dienstleitungen beschränkt bleibt,
– es kein einheitliches, verbindendes Interesse unter den Mitgliedsländern gibt, neuartige Mechanismen der Zusammenarbeit zu entwickeln (Problem der konvertiblen Währungen),

– in den einzelnen Ländern große Unterschiede im Lenkungssystem der Außenwirtschaft bestehen und damit eine wichtige Voraussetzung für die sozialistische ökonomische Integration fehlt[51].

Hinzu kommen die Schwierigkeiten, die durch die steigende Einbindung der osteuropäischen Staaten in die vom Warentausch bestimmte Struktur des internationalen Systems entstehen; sie erzeugen Widersprüche, deren Abwehr einen großen Teil der außenwirtschaftlichen Interaktionsprozesse ausmacht. Das erklärt, so Uwe Stehr, die Restriktionen in den zwischenstaatlichen Interaktionsbereichen, so daß "die Beziehungen im RGW über lange Zeit eher von dissoziativen als von assoziativen Verhältnissen geprägt wurden"[52].

Alternative Lösungen bleiben demnach so lange aus, wie als Voraussetzung für sie die Beseitigung der Unterschiede im ökonomischen Entwicklungsniveau der RGW-Mitglieder angesehen wird; der Preis für diese Bedingung sind mangelnde Effektivität des Austausches, Parallelproduktion und die Tatsache, daß der Außenhandel zwischen den sozialistischen Volkswirtschaften nicht im gleichen Maße zur Steigerung der Produktivkraft der gesellschaftlichen Arbeit hat beitragen können wie z.B. in der Europäischen Gemeinschaft[53]. Galtung fand dafür die Formel, daß beim Vergleich von sozialistischer und kapitalistischer Kooperation "erstere gerechter und letztere effektiver wirkt"[54].

Positive Ergebnisse zeigen sich zweifellos in der Politik gegenüber den Entwicklungsländern, die der Gemeinschaft angehören. Hier lief ein Prozeß, der der Entwicklung der Entwicklungsregionen innerhalb der Sowjetunion vergleichbar ist. Die Sowjetunion verweist zwar sehr oft auf ihre Leistungen in ihren mittelasiatischen Republiken (Kasachstan, Usbekistan, Tadschikistan, Sibirien, dem Kaukasus), sie werden im Westen jedoch relativ unbeachtet gelassen. Die Ursache mag in der Kenntnis der Methoden liegen, die unter Stalin angewandt wurden (Kulaken in die Wüste, Deutsche und Kalmüken zwangsumgesiedelt usw.)[55].

Im Rahmen des RGW haben vor allem die Mongolei und Kuba profitiert, aber auch Bulgarien und Rumänien[56].

3.1.3. Die sozialistische ökonomische Integration

Die neue historische Etappe basiert zwar auf der aktuellen Parität der Kräfte in der Welt, der der Theorie des Kräfteverhältnisses immanente Impuls zur Veränderung des ausgewogenen Verhältnisses intendiert natürlich in erster Linie die Stärkung der Position der sozialistischen Staatengemeinschaft selbst. Sie soll durch die neue Politik der sozialistischen ökonomischen Integration erreicht werden. Fünf Elemente werden als die wichtigsten Bereiche dieser Politik genannt:

1. Kooperation der RGW-Staaten auf dem Planungssektor,
2. Gemeinsame Aufstellung von langfristigen und zielgerichteten (d.h. zeitlich fixierten) bzw. projektbezogenen Programmen,
3. Spezialisierung
4. Zusammenarbeit im wissenschaftlich-technischen Bereich,
5. Intensivierung des gegenseitigen Handels.

Das bedeutet im Einzelnen:

1. Die Sowjetunion sieht als wichtigstes Moment der Politik der sozialistischen ökonomischen Integration die vertiefte Zusammenarbeit der RGW-Länder auf dem Gebiet der Planung der Volkswirtschaften an. Die sich ausweitende internationale Arbeitsteilung, das ungeheuer gestiegene Niveau der ökonomischen Beziehungen unter den sich integrierenden Staaten, eine sich verstärkende Zusammenarbeit in den Bereichen Produktion, Wissenschaft, Technik, Kapitalinvestitionen lassen die planmäßige Entwicklung und Lenkung der Integrationsprozesse, so die sowjetische Ansicht, als objektive Notwendigkeit erscheinen[57].

Zwar besteht die Notwendigkeit zur Integration auch bei kapitalistischen Staaten wie im "Gemeinsamen Markt", wobei die Krisentheorie beiseite gelassen wird, bei sozialistischen Staaten aber gibt "die Natur der gesellschaftlichen Ordnung selbst die materiellen Bedingungen für die planmäßige Steuerung der Prozesse der sozialistischen Integration vor"[58]. Voraussetzung zur Aufstellung der einzelstaatlichen Pläne und ihrer Abstimmung ist die Erarbeitung von Prognosen über die künftige wirtschaftliche, wissenschaftlich-technische und soziale Entwicklung für einen Zeitraum von 15–20 Jahren. So wurden z.B. 1971–73 über 160 Prognosen über Energiebedarf, Ressourcen und Atomenergie für den Zeitraum 1980–2000 erstellt[59].

Zu den wichtigsten zu prognostizierenden Bereichen innerhalb des Integrationsprozesses gehören die erweiterte Reproduktion der RGW-Länder, die Angleichung ihres ökonomischen Entwicklungsstandes, Entwicklung der Industrie, Landwirtschaft, Außenhandelsbeziehungen der sozialistischen Länder, ja sogar die Prognose über die Entwicklung der kapitalistischen Weltwirtschaft.

Wenn, von solchen Prognosen ausgehend, Pläne gemeinsam erstellt und bei ihrer Realisierung zusammengearbeitet wird, so wird von der Sowjetunion darin schon eine höhere Stufe der Integration gesehen.

2. Als qualitativ neue Methode auf der Ebene der Planung werden gemeinsame, d.h. bilaterale oder multilaterale langfristige und zielgerichtete (dolgosroč-

nye, celevye) Programme, angesehen[60], die über einen längeren Zeitraum zu errichtenden Großprojekten gewidmet sind. Als solche bestanden zum 1. Januar 1976:

Anzahl der errichteten, im Bau befindlichen und geplanten Objekte in den anderen sozialistischen Ländern unter Beteiligung der UdSSR

Länder	Objekte insgesamt:		davon Produktionsanlagen:	
	vertraglich vereinbart	davon in Betrieb	vertraglich vereinbart	davon in Betrieb
Insgesamt	2137	1487	1523	1103
davon				
a) RGW-Länder zus.	1457	968	1003	696
Bulgarien	302	152	268	135
Ungarn	93	67	83	63
DDR	35	20	18	8
Kuba	239	143	164	129
Mongolei	289	294	124	109
Polen	187	116	166	102
Rumänien	132	110	112	93
ČSSR	35	21	26	15
b) andere sozialistische				
Länder	680	519	520	407
Vietnam*)	245	175	138	95
Nordkorea	73	53	50	34
Jugoslawien	106	35	89	35

Quelle: Vnešnjaja torgovlja 1976, 6, S. 8

*) Vietnam hier noch nicht im RGW. Es fällt auf, wie relativ wenig Kooperationsverträge die Sowjetunion mit technologisch gut entwickelten Ländern wie DDR, ČSSR, Ungarn abgeschlossen hat.

Freilich läßt sich heute bereits absehen, daß die Mitglieder des RGW mit Schwierigkeiten und Irrwegen der ökonomischen Integration zu kämpfen haben, die durchaus mit denen in Westeuropa vergleichbar sind. Ein Vergleich des Komplexprogramms von 1971 mit der heutigen Realität führt so zu einem ernüchternden Bild. Das gilt speziell auch für die Großprojekte auf dem Energie- und Transportsektor. So traten z.B. beim Bau der Gasleitung Orenburg-Westgrenze UdSSR (2750 km), anschließend Weiterführung bis Westgrenze ČSSR, an der sich neben der Sowjetunion auch Bulgarien,

Ungarn, die DDR, Polen, Rumänien und die ČSSR beteiligten, große Schwierigkeiten auf. Sie gelten auch für das Energieverbundsystem der europäischen RGW-Länder "Mir" (Frieden) unter Beteiligung Jugoslawiens, das die Sowjetunion und Ungarn verbindet, um ursprünglich die unterschiedliche Auslastung der Systeme – auch durch die Zeitverschiebung – zu verringern. Auch hier haben sich die Erwartungen bei weitem nicht erfüllt.

3. Als sehr wichtige Form der Zusammenarbeit wird die Spezialisierung bezeichnet, die an Versuche der 50er Jahre anknüpft. Während sie damals den industriellen Abstand der einzelnen RGW-Länder festschreiben wollte, deshalb am massiven Widerstand der noch agrarisch strukturierten Balkan-Länder scheiterte, sind die sozialistischen Staaten heute bereit, die "sozialistische Arbeitsteilung" in einigen Bereichen durchzuführen, besonders im Maschinenbau und der Chemie. Das führt sowohl zur Konzentration von Produktionsstätten an bestimmten Schwerpunkten oder sogar auch in einzelnen Ländern[61], als auch zur Straffung und Standardisierung der Palette produzierter Güter.

Diese Tendenz stetig verfolgend soll, vorerst durch Empfehlungen, die Zusammenarbeit über die Koordinierung der Pläne zur gemeinsamen Planerstellung, wissenschaftlich-technischen Zusammenarbeit und langfristigen intensiven Kooperation führen. Spezialisierung hat also notwendig Kooperation zur Folge. Die Erfahrung lehrt, daß Kooperation sich stets am leichtesten und unproblematischsten an Zukunftsprojekten praktizieren läßt, besonders an solchen, die die technologische und finanzielle Kapazität eines Landes überschreiten.

Die Gründung der "internationalen Wirtschaftsorganisation" Interatomenergo 1973 zum Bau von Atomreaktoren[62], Intertextilmasch 1973 zur Herstellung von Textilmaschinen, Interchimvolokno 1974 zur Kunstfaserentwicklung, später noch Intermetall zeigt solche Lösungen auf. Bei den genannten Organisationen handelt es sich aber nicht um RGW-Organisationen, sondern um "eigenständige internationale Wirtschaftsorganisationen"[63].

Dennoch werden auf dem Sektor der Spezialisierung und Kooperation nach wie vor bevorzugt zweiseitige Abkommen abgeschlossen.

4. Die wissenschaftlich-technische Kooperation soll nicht nur punktuell angewandt werden, sondern im Rat allgemein über den Austausch wissenschaftlicher Ergebnisse (Patente, Lizenzen, Know how) hinaus zur "gemeinsamen Teilnahme am Prozeß der wissenschaftlichen Forschung und Erprobung, sogar im Prozeß der Aneignung der neuen Technik" führen[64].
Die Absegnung der gemeinsamen Projekte führte zur juristischen Fixierung. So gab es z.B. 1975 über 70 Verträge über wissenschaftlich-technische Zusammenarbeit im RGW. Es entstanden neue Formen: Internationale

Wissenschaftszentren, internationale Kollektive der gelehrten und wissenschaftlich-Produktions-Vereinigungen wie "Interatominstrument", "Interetalonpribor" (Internationale Meßinstrumente). An diesen sind etwa 1000 Organisationen der Sowjetunion und der anderen RGW-Länder beteiligt.

Erfolge sind bisher, laut Maksimova, aufzuweisen auf den Gebieten der Atomenergie, Biochemie, Biologie, Erforschung des Kosmos, Umweltschutzes und der neuen Computertechnik. 60 Übereinkommen enthält die Plan-Koordination 1976–80 für die Bereiche Elektronik, Automation, komplizierte chemische Prozesse, Präzisionsmaschinen, aber auch Gesundheitsvorsorge.

5. Die traditionelle, aber auch hochentwickelte Form der ökonomischen Beziehungen im RGW stellt der Handel dar. Seine Zunahme übertrifft dabei die des Nationaleinkommens.

Außenhandel der UdSSR mit RGW-Ländern				
	1950	1960	1970	1975
Außenhandel in Mrd. Rbl	1,7	5,3	12,3	26,3
Wachstum in %	100	310	720	1550
Wachstum des National-einkommens der UdSSR	100	260	530	700

Quelle: Maksimova, SSSR, S. 105

Die steigende Tendenz des intersystemaren Handels ist unverkennbar, hervorgerufen auch durch die zunehmende Arbeitsteilung. Das zeigt sich besonders bei der Zunahme der langfristigen Handelsverträge, sie ist für den Zeitraum 1975–1980 auf 36 % projiziert.

Auf dem Transportmittelsektor bezog die UdSSR Fischfangschiffe (Trawler) aus der DDR, Hochseefrachtschiffe aus Polen, DDR, Rumänien und Bulgarien, Flußschiffe aus Ungarn und der ČSSR, Personen- und Güterwaggons aus Polen, DDR, Rumänien, Diesellokomotiven und Straßenbahnen aus der ČSSR und Autobusse aus Ungarn. Auch Fabriken zur Herstellung von Massenbedarfsartikeln wurden aus der DDR, Ungarn, ČSSR und Polen eingeführt, ebenfalls Landwirtschaftstechnik.

Maksimova legt Wert auf die Feststellung, daß für die RGW-Länder der sowjetische Markt, der 37 % des gesamten RGW-Exports aufnimmt, bei Maschinen sogar 40–60 %, lebenswichtig ist. Der große, geräumige Markt der UdSSR biete den Partnerländern garantierte Abnahme eines bedeutenden Teils ihrer Produktion[65].

Dem entspreche die Abhängigkeit dieser Länder vom Import aus der Sowjetunion, vor allem auf dem Energie- und Rohstoffsektor. So bezieht Ungarn z.B. 90 % seiner Öle und Ölprodukte, seines Eisens und Gußeisens aus der UdSSR, 80 % Schnittholz und Kunstfaser, 50 % Baumwolle usw. Abhängigkeit von der Sowjetunion besteht auch bei anderen Produktionsbereichen, in denen sie selbst die Fabrikationsanlagen lieferte, so werden in Bulgarien 90 % der Schwarz- und 80 % der Buntmetalle, 50 % der chemischen Produkte in von der Sowjetunion gelieferten Anlagen erzeugt bzw. verarbeitet. Ungarn bezieht Hüttenkoks zu 100 %, Salpeterdünger zu 60 % von der Sowjetunion; in Polen beträgt der von der Sowjetunion gelieferte Teil der ölverarbeitenden Industrie 60 %, der Stahlindustrie 45 %, der Fertigbauelemente 20 %. 1980 soll der Handelsaustausch das 1,5fache von 1975 im gesamten RGW betragen.

Die sowjetischen Autoren verschweigen, daß die sowjetischen Lieferungen an die Mitgliedsländer der RGW auch Abhängigkeit bedeuten. So fand sich die Sowjetunion nur unter der Zusage ihrer Partner, eine kräftige Erhöhung der Ölpreise von 130 % von 16 auf 37 Transfer-Rubel und die jährliche Neufestsetzung der Rohstoffpreise entsprechend dem Weltmarktniveau hinzunehmen, bereit, eine Garantie für die Energieversorgung für das Planjahrfünft bis 1980 abzugeben und dabei ihre einträglichen Verkäufe von Rohöl und Ölprodukten für Hartwährung an die westlichen Industrieländer zu limitieren.

Auch der Ausbau des Kraftstromleitungsnetzes sollte, nach der XXVIII. Ratstagung vom 18.–21. Juni 1974 in Sofija künftig nur dann erfolgen, wenn die Nutznießer ihren Anteil an den Investitionen und der Schaffung der Transportwege übernahmen. Damit aber, das betont Hoensch, hatte die Sowjetunion "das von ihr seit langem verfochtene Prinzip durchgesetzt, daß die interessierten RGW-Partner nicht nur durch die Bereitstellung von Ausrüstungen und die Bezahlung der abgenommenen Mengen der Energieträger ihren Beitrag an den Vorkommen, Erschließungs- und Transportkosten leisten müßten, sondern, daß sie auch die Investitionen zur Ausbeutung und den Ausbau der Lieferwege auf dem Territorium der UdSSR anteilig zu bezahlen und durch den Einsatz von Arbeitern, Maschinen und Material zu ermöglichen hätten[66].

3.1.4. Zunehmende Integration

Welche Rolle spielt der RGW in der sowjetischen Strategie des Kräfteverhältnisses in der Welt? Um diese Frage zu beantworten, reicht es nicht aus zu untersuchen, was der RGW heute ist, sondern man muß die Tendenzen erkennen, die Richtung, in die der RGW entwickelt werden soll. Da die sowjetische Globalstrategie die Veränderung des Kräfteverhältnisses in der Welt anstrebt, müssen auch die sozialistischen internationalen Organisationen, in denen die sowjetische Macht sich unmittelbar realisiert, unter dem Aspekt der Veränderung gesehen werden. Hier stoßen wir auf interessante Formulierungen und Absichten.

Die "sozialistische ökonomische Integration" hat komplexen Charakter, er schlägt sich in komplexen Formen der Zusammenarbeit nieder, d.h. die sozialistische ökonomische Integration schließt Maßnahmen ein, die über relativ lose Formen der Abstimmung und Koordinierung, wie sie bisher im RGW üblich waren, hinausgehen und auch organisatorisch eine neue Stufe der Zusammenarbeit des RGW darstellen[67]. So weist auch Uschakow darauf hin, daß die Reformen im RGW dort einsetzen, "wo der politische Spielraum der RGW-Länder am weitesten ist: bei einem weiteren Ausbau der Rechtsbeziehungen und Institutionalisierung der Willensbildung und bei der Klärung des Begriffs der sozialistischen Wirtschaftsintegration"[68].

Besondere Bedeutung erlangen, nach Wolfgang Seiffert[69], gerade die Organisationsformen, die integrationsfördernden Charakter tragen, weil sie auf multilateraler Ebene in Richtung auf die Herausbildung des Gesamtsystems der Integration drängen. Dennoch darf die ausschließliche Konzentration auf integrierende Organe nicht überbetont werden. "Das Entscheidende, Integrationsfördernde sind die komplexe Gestaltung der Beziehungen und die Erfassung der Gesamtzusammenhänge"[70].

Es sind also alle Maßnahmen insgesamt zu betrachten, in ihrem "Systemcharakter", denn die zunehmende ökonomische Verflechtung soll, entsprechend den Zielvorstellungen im Integrationsprogramm des RGW, in ein funktionelles Gesamtsystem internationaler ökonomischer Zusammenarbeit umschlagen, das – über die bloße Summierung der nationalen Systeme hinausgehend – die Beherrschung der internationalen Wirkungsweise des Systems der ökonomischen Gesetze des Sozialismus gewährleistet und damit neue Quellen zusätzlicher Arbeitsproduktivität und Rationalität, materielle Gewinne und Vorteile durch Einsparung nationaler Arbeit erschließen soll[71].

Diese sozialistische Wirtschaftsintegration soll in zwei Etappen verlaufen[72]. In der ersten Etappe (bis 1990) werden die nationalen Produktionsstrukturen der RGW-Länder einander angepaßt, die nationalen Wirtschaften in allen Produktionsphasen miteinander verflochten, die Pläne entsprechend (auch für die Außenwirtschaftsverbindungen) koordiniert. Das einzelstaatliche Eigentum als Hauptfeld des Reproduktionsprozesses wird noch respektiert, wenn auch die integrierenden Faktoren in dem sich herausbildenden System der sozialistischen Weltwirtschaft ständig zunehmen. Das Interesse der Gemeinschaft schiebt sich gegenüber dem einzelstaatlichen Interesse immer weiter in den Vordergrund. Die Bedeutung der gemeinsamen Organisationen, Einrichtungen und Betriebe nimmt zu, diese beginnen sich zu verselbständigen. Die sozialistische ökonomische Integration wird in der "Spezialisierung und Kooperation im RGW" verwirklicht, diese sind ihr Instrument[73].

Die zweite Etappe schließlich soll zu einem System schon einheitlicher Reproduktionsprozesse führen, durch eine entsprechend höhere Stufe der ökonomischen, organisatorischen und rechtlichen Vereinigung der nationalen Volkswirtschaften zu einem internationalen Wirtschaftskomplex, durch eine technologische und ökonomische Verschmelzung der Produktionsstätten der sich integrierenden Länder[74].

Der planmäßige Charakter dieses Verschmelzungsprozesses erhöht die Funktion der planenden Organe, des Staates. In dieser zweiten Etappe wächst diese staatliche Planung und Leitung der Ökonomie über die Grenzen der einzelstaatlichen Wirtschaftssysteme hinaus und gelangt zu neuen internationalen Qualitäten, Funktionen und Aufgabenstellungen[75]. Rat, Exekutivkomitee, Ständige Komissionen, Planungskomitee, Komitee für wissenschaftlich-technische Zusammenarbeit sowie die gemeinsamen internationalen Industriezweigorganisationen und Betriebe gewinnen immer mehr speziell internationale Züge, es werden "neue Formen sozialistischer Staatlichkeit" gebildet, nämlich gemeinsam-internationale Formen der ökonomischen Zusammenarbeit.

Die Aussage im Komplexprogramm, wonach supranationale Organe ausdrücklich abgelehnt werden, wird aber gerade durch den Prozeß der sozialistischen ökonomischen Integration obsolet, der das Verhältnis Einzelstaat – Staatengemeinschaft ja gerade zugunsten der letzteren verändert. Denn die äußeren Wirtschaftsbeziehungen sind nun nicht mehr nur eine Ergänzung der einzelstaatlichen wirtschaftlichen Entwicklung, sondern sie werden zu einer Voraussetzung der Entwicklung der nationalen Volkswirtschaften. Damit aber greift die fortschreitende ökonomische Integration zunehmend in die inneren Prozesse der einzelnen Staaten ein; der Kreis der gemeinsam zu entscheidenden Probleme nimmt zu, viele Probleme müssen objektiv von vornherein als gemeinsame, international zu lösende Probleme behandelt werden[76].

Das führt aber zur Stärkung der RGW-Organe. Am vorläufigen Ende dieser Entwicklung entscheidet zwar der einzelne Staat nach wie vor die meisten Fragen seiner wirtschaftlichen Entwicklung allein und stimmt seine Entscheidungen international ab, ein spezifischer Kreis von Entscheidungen jedoch wird nur noch kollektiv getroffen[77]. Die Folge ist eine Einschränkung des schon durch die Möglichkeit des Desinteresses abgeschwächten Einstimmigkeitsprinzips innerhalb der Ratsorgane. Denn einmal führt die Vermittlung der koordinierten und gemeinsamen Planungstätigkeit zu einem höheren Niveau des sozialistischen Wirtschaftens, zum anderen aber spiegelt dieses neue System internationaler Leitungskoordinierung nichts anderes als das Prinzip des demokratischen Zentralismus wider, also die Struktur der Willensbildung, die innerhalb der Parteien herrscht.

Um die Bedeutung dieser Aussagen zu unterstreichen, die auf eine supranational organisierte Gemeinschaft abzielen, wenn auch Seiffert sich formal gegen solche Interpretationen, die 1969 schon Krämer formulierte, wendet[78], sei noch Senin, der Direktor des Internationalen Instituts für ökonomische Probleme des sozialistischen Weltsystems beim RGW, herangezogen. Gerade er ist nämlich wie Seiffert der Meinung, daß die Zahl der internationalen Zellen in der Wirtschaft jedes Landes wachsen und das Verhältnis zwischen den rein nationalen und den internationalen Gliedern sich zugunsten der letzteren verändert. In der Perspektive bedeutet das den Übergang von der Quantität zur Qualität[79].

Als solche qualitativ neue Formation der Zukunft bringe die sozialistische Gemeinschaft schon heute das Bedürfnis nach der weiteren kollektiven Leitung ihres Entwicklungsprozesses hervor. "In diesem historischen Prozeß wird das Gesetz der materialistischen Dialektik wirken, wird die Ursache zur Folge, die Folge zur Ursache usw. Praktisch bedeutet das, daß die Faktoren und Mittel der Integration (Ursache) heute zu immer neuen Veränderungen im internationalen Zusammenschluß der Produktivkräfte (Folge) führen, was wiederum neue Formen internationaler sozialistischer Beziehungen hervorbringt"[80].

3.1.5. Sozialistisches Internationales Recht

Das Anwachsen des staatlichen Sektors muß sich auch in der Rechtsform äußern. Seiffert sieht es deshalb als notwendig an, einerseits eine neue gemeinsame Rechtsordnung für die Gemeinschaft zu entwickeln und andererseits die bestehenden internationalen Rechtsnormen zu vereinheitlichen[81].

Erhardt Gralla weist auf die Rechtsvereinheitlichung durch Gleichschaltung kollisionsrechtlicher Bestimmungen hin. So sollen z.B. auch die 50 Rechtshilfeabkommen innerhalb des RGW durch ein multilaterales Rechtshilfeabkommen ersetzt werden, dessen Entwurf von Polen schon erarbeitet worden ist[82].

Da in den heutigen Rechtsverhältnissen Staaten, staatliche Organe, Vereinigungen, nationale Wirtschaftsorganisationen und internationale Organisationen beteiligt sind, also Verpflichtungen souveräner und nichtsouveräner Rechtssubjekte eng verflochten sind, erweist sich zur Vertiefung der gegenseitigen Verflechtung und Abhängigkeit der sozialistischen Volkswirtschaften im Prozeß der ökonomischen Integration eine komplexe juristische Regelung der Wirtschaftszusammenarbeit usw. der RGW-Staaten als notwendig, d.h. das Recht wird hier selbst systembildend, so daß die vom Komplexprogramm geforderte Vertiefung und Vervollkommnung des rechtlichen Mechanismus der Wirtschaftszusammenarbeit der sozialistischen Länder folgerichtig zur Herausbildung eines Rechtssystems der sozialistischen ökonomischen Integration führt[83].

Das äußert sich in einem System internationaler Wirtschaftsverträge, in institutionalisierten Formen gemeinsamer Willensbildung (internationalen Organen), die als solche zwar nicht die Willensbildung ersetzen, aber die Mechanismen zur flexibleren, unmittelbaren Willensabstimmung zur Verfügung stellen.

Diese Integrationsprozesse besitzen, folgt man den sowjetischen Autoren, dynamischen Charakter, der die Entwicklung der Gemeinschaft in die Tiefe und Breite vorwärtstreibt[84], in die Tiefe deswegen, weil sich die Instrumente der Integration erweitern, in die Breite, weil die Anzahl der Mitgliedsländer des RGW wächst und weiter wachsen wird. "Das ist eine objektive historische Tendenz"[85]. Der RGW wird künftig immer stärker zu dem Kern, um den sich alle Länder des sozialistischen Weltsystems ökonomisch zusammenschließen werden[86].

Als Faktor der Ausweitung in die Tiefe muß auch die von Bogomolov geforderte, durch gezielte Strukturpolitik voranzutreibende Errichtung von "internationalen Komplexen" gesehen werden. Es handelt sich dabei um die industrielle Verflechtung von Grenzzonen; so zwischen Polen und ČSSR, DDR und ČSSR, Ungarn und der Sowjetunion[87]. Wenn Bogomolov auch die Souveränität der Nationalstaaten damit nicht antasten möchte, so würden diese Prozesse dennoch zu ihrer Aufhebung beitragen.

Der RGW bezeichnet sich als eine "bedingt offene Organisation", d.h. der Beitritt sozialistischer Staaten ist möglich, zu Staaten anderer Gesellschaftsordnungen bestehen Rechtsformen der gleichberechtigten und gegenseitig vorteilhaften Zusammenarbeit (Assoziierung). Dieses Vorgehen gewährt dem RGW die Sicherung des Integrationszieles nach innen wie die Offenheit nach außen[88].

Es hieße die Augen verschließen, wolle man insgesamt nicht den Trend des RGW zu einer supranationalen Organisation, zu einer monolithischen "sozioökonomischen Formation" erkennen.

In ihrer inneren Struktur soll von der Einstimmigkeit über die Interessiertheit zur Relativierung der Einzelvoten durch Stärkung der Gemeinschaftsorganisationen gelangt werden, zur sogenannten kollektiven Leitung. Nach außen soll die Vertragskompetenz auf die RGW-Organe fallen, die dann, wie bei der Assoziierung Finnlands oder der Verbindungsausnahme zur Europäischen Gemeinschaft, für die Mitgliedsländer handeln. Die wachsende Rolle und höhere Verantwortung der die Wirtschaft leitenden zentralen Staatsorgane wie der Staatlichen Plankommission, der Außenwirtschaftsministerien und der Zweigministerien im Prozeß der ökonomischen Integration führt, nach Seiffert, notwendig zur Überwindung der organisatorischen und ökonomischen Trennung von Industrie und Außenhandel, von "innen" und "außen"[89].

3.1.6. Die strategische Funktion der Integration

Indessen gibt es Anzeichen, daß die Sowjetunion schon heute bestrebt ist, Integrationsformen innerhalb des RGW durchzusetzen, die nach ihrer eigenen Perspektive erst für die zweite Etappe der Gemeinschaftsentwicklung, d.h. ab 1990 vorgesehen sind. Das wurde auf der 32. Sitzung des RGW auf der Ebene der Ministerpräsidenten Ende Juni 1978 in Bukarest deutlich. Schon im Vorfeld der Tagung hatte die Sowjetunion versucht, die Statuten des RGW zu ändern in Richtung einer rechtlich verankerten Souveränitätsabgabe an die Gemeinschaft, dazu sollte auch die Einführung des Mehrheitsprinzips anstelle der bisher noch üblichen Einstimmigkeit (der an einem Projekt interessierten Mitglieder) treten[90]. Das Abschlußkommuniqué ließ diese Tendenzen freilich nicht mehr erkennen[91], und die "Izvestija" schrieb sogar von der Demonstration des vollen gegenseitigen Verständnisses zwischen den Bruderstaaten[92].

Der global-strategische Aspekt der sowjetischen RGW-Politik zeigt sich aber nicht nur in der Vertiefung der Integration der Mitgliedsländer, sondern auch in der geographischen Ausweitung. Denn durch die Mitgliedschaft der Mongolischen Volksrepublik, dann Kubas, erneut und besonders Vietnams seit Juni 1978 konnte die Sozialistische Gemeinschaft auch strategisch äußerst wichtige Positionen in Amerika und Südostasien beziehen. Schon greift sie nach Afrika. Die Zusammenarbeit Angolas und Äthiopiens mit den RGW-Ländern soll auf bilaterlater und multilateraler Ebene weiter ausgebaut werden[93].

Hier zeigt sich die Stärke des RGW, der in seiner Integrationsdynamik alle "sozialistisch orientierten" Entwicklungsländer eng an sich zu binden trachtet. Um dem politisch-ideologischen Ziel der Errichtung eines sozialistischen Weltsystems näherzukommen, scheint den RGW-Staaten kein Preis zu hoch. Daß Kuba tagtäglich finanzielle Zuwendungen erhält, ist schon kein Geheimnis mehr. Kubas "konjunkturbedingte Wirtschaftsprobleme" wurden sogar auf der Tagung des Exekutivkomitees des RGW im Januar 1977 in Kuba konstatiert[94]. Auch der Mongolei leisten die RGW-Länder, vor allem DDR und ČSSR, tatkräftige Hilfe[95].

Alle bisherigen Größenordnungen wurden aber bei Vietnam übertroffen. So schrieben die Sowjetunion und die übrigen RGW-Staaten 1973 die ausstehenden Schulden in Milliardenhöhe ab und gewährten neue Darlehen in Höhe von 900 Mill. Dollar zu sehr günstigen Bedingungen. Rund zwei Drittel dieser Summe übernahm die Sowjetunion[96]. Zum zweiten vietnamesischen Fünfjahrplan für 1976–80 erhielt Vietnam erneut 3 Milliarden Dollar (davon 2,4 von der Sowjetunion)[97]. So bestanden schon vor dem offiziellen Beitritt Vietnams zum RGW intensive Beziehungen zu den RGW-Ländern. 1977 betrug der Handelsaustausch 404 Mill. Rubel, der nationale Volkswirtschaftsplan war bereits mit einer Reihe RGW-Länder abgestimmt worden, und vietnamesische Vertreter saßen in den RGW-Kommissionen für Außenhandel, Montanindustrie, Geologie, Landwirtschaft, Standardisierung, Gesundheitswesen u.a.[98].

Abkommen über wirtschaftliche und technische Zusammenarbeit wurden bereits mit dem Irak und Mexiko (Juli und August 1975) unterzeichnet. Pakistan und Indien haben ihr Interesse an besonderen Bezeihungen zum RGW erklärt[99]. Selbst die AKP-Staaten Guyana und Jamaika, obwohl der Konvention von Lomé angehörend (trat am 1.4.1976 in Kraft, im Okt. 1979 erneuert, läßt den Mitgliedern die politische und ökonomische Orientierung freilich offen), erklärten im Januar 1977 ihr Interesse an einer Assoziierung zum RGW[100].

Die sowjetische Politik gegenüber den Entwicklungsländern soll in einem späteren Kapitel noch genauer untersucht werden, ebenso die Gegentendenzen innerhalb des RGW, denn die Hoffnungen einiger RGW-Mitgliedstaaten, die ihre relative Eigenständigkeit verbissen verteidigen, vertrauen darauf, daß jede Erweiterung der Organisation die Chance auf eine gemeinsame Wirtschaftspolitik auch nur in Teilbereichen weiter sinken läßt[101]. Diesen Hoffnungen muß mit sehr viel Skepsis begegnet werden, denn die Annäherung der Länder des Sozialismus wird von den Sowjets als gesetzmäßiger Prozeß angesehen. Er umfaßt Außenpolitik und Verteidigung, Ideologie und Kultur[102]. Nirgendwo wurde das Ziel der Sowjetunion deutlicher ausgesprochen als in Bukarest 1978, als Kosygin auf der XXXII. RGW-Tagung erklärte: "Für Moskau ist neben dem Warschauer Vertrag der RGW nach wie vor ein erstrangiges Instrument der politischen Integration der kommunistischen Welt. Dies (die Aufnahme Vietnams in den RGW – W.G.) ist ein weiterer bedeutender Schritt zur Schaffung einer monolithischen sozialistischen Gemeinschaft"[103].

3.2. Die Warschauer Vertragsorganisation (WVO)

Die Erringung des militärischen Gleichgewichts gegenüber den USA stellte die Basis für den Entwurf der Strategie des Kräfteverhältnisses in der Welt dar. Diese Überbewertung des militärischen Faktors wird inzwischen verstärkt fortgesetzt. Zwei Richtungen sind dabei vorrangig zu erkennen:

1. eine sich verstärkende Tendenz zur Integration der Armeen der Mitglieder des Warschauer Vertrages und
2. die Erweiterung der militärischen Bündnisse der Sowjetunion über die WVO hinaus, verbunden mit der globalen militärstrategischen Orientierung der Sowjetarmee.

Dem "Vertrag über Freundschaft, Zusammenarbeit und gegenseitigen Beistand zwischen der Volksrepublik Albanien[104], der Volksrepublik Bulgarien, der Ungarischen Volksrepublik, der Deutschen Demokratischen Republik, der Volksrepublik Polen, der Rumänischen Volksrepublik, der Union der Sozialistischen Sowjetrepubliken und der Tschechoslowakischen Republik" vom 14. Mai 1955[105] kommt besondere Bedeutung zu, weil er sich, im Unterschied zur NATO, nur auf Europa erstreckt und weil bis zum Beginn der 70er Jahre die Mitgliedsländer dieses Warschauer Vertrages mit den Mitgliedern des RGW, ebenfalls im Unterschied zu NATO und Europäischer Wirtschaftsgemeinschaft, identisch waren. So muß man schon von diesen beiden Verträgen her ein "Integrationsphänomen" sehen, einen "WVO-RGW-Komplex"[106].

Die Entwicklung von Beziehungen über den militärischen Beistand hinaus war schon in Art. 8 des Warschauer Vertrages angelegt, in dem die "Vertragschließenden Seiten die Weiterentwicklung und Festigung der wirtschaftlichen und kulturellen Beziehungen untereinander" ausdrücklich beschlossen hatten[107]. Die militärische Integration beschränkte sich auf die Beistandsklausel (Art. 4), deren Realisierung im Kriegsfalle aber eine Beratung aller Teilnehmerstaaten voranzugehen hatte, und die Unterstellung einzelner nationaler Streitkräfte unter ein "Vereintes Kommando" (Art. 5). Außerdem wurde der Politische Beratende Ausschuß (auch Politisches Konsultativ-Komitee – PKK – genannt) aus Vertretern der Regierungen oder anderen besonderen Vertretern geschaffen (Art. 6). Der Vertrag wurde auf 20 Jahre abgeschlossen mit automatischer Verlängerung um 10 Jahre, falls ein Jahr vor Ablauf der Frist ein Staat nicht kündigte. Der DDR kommt innerhalb der WVO eine besondere Stellung zu, da einerseits alle ihre Streitkräfte (NVA) dem Vereinten Kommando unterstellt sind und zweitens in der Bündnisklausel Unterschiede zu bestehen scheinen[108].

Seit der Gründung der WVO war zuerst eine allmähliche Abstimmung und

Koordinierung der Verteidigungsbemühungen der Mitglieder zu erkennen, z.T. wie am Beispiel Rumänien, gepaart mit gegenläufigen Tendenzen[109], mit Höhepunkten 1961 und 1968, seitdem aber dominieren gezielte Bemühungen zur raschen und effektiven militärischen Integration.

Als Unterorgane des PKK wurden die "Ständige Kommission" und ein "Vereinigtes Sekretariat" geschaffen, in die die Mitgliedsländer je einen Vertreter entsenden. Mit N. P. Firjubin, einem stellvertretenden sowjetischen Außenminister, wurde 1969 der Chef des Stabes der Vereinigten Streitkräfte in der Funktion des "Generaldirektors des PKK" abgelöst.

Der Außenministerkonferenz, die regelmäßig tagte, wurde 1969 ein "Ständiges Komitee der Verteidigungsminister" zur Seite gestellt, dem wiederum ein Militärrat[110] untersteht. Auch eine Koordinierungsbehörde für die Standardisierung von Kriegstechnik und Waffensystemen, das "Technische Komitee der Vereinigten Streitkräfte" wurde errichtet[111]. Mit den Marschällen der Sowjetunion Konev (1955–60), Grečko (1960–67), Jakubovskij (1967–76), Kulikov (seit Januar 1977) an der Spitze des Vereinten Kommandos stand immer ein sowjetischer General, der gleichzeitig auch stellvertretender Verteidigungsminister der Sowjetunion war und ist. Ohne ihre nationalen Funktionen aufzugeben, leiteten auf diese Weise die stellvertretenden Außen- und Verteidigungsminister der Sowjetunion die politischen wie militärischen Organisationen der WVO[112]. Die sowjetische Dominanz scheint erst seit 1969, nach Vorhaltungen Ceausescus, etwas gelockert worden zu sein, denn mit dem polnischen Vizeadmiral Studziński erscheint erstmals ein Nichtrusse als stellvertretender Chef des Vereinigten Stabes[113].

Das Komitee der Verteidigungsminister als faktisch höchstes militärisches Organ erarbeitet in seinen jährlichen Tagungen die Empfehlungen für das PKK mit dem Ziel, die Strukturen der einzelnen Armeen einander anzugleichen, das Fernmeldesystem zu verbessern, allgemein die Qualität der WVO-Truppen zu erhöhen; es fällt aber auch definitive Entscheidungen, wie Szawlowski das für die Jahre 1973–1975 nachweist[114].

Eine äußerst wichtige Funktion besitzt das "Technische Komitee der Vereinigten Streitkräfte". Szawlowski vermutet hier das Bindeglied zwischen WVO und RGW[115], in dem nach den Kriterien der Arbeitsteilung und effektiven Produktion Doppelherstellungen ausgeschaltet werden sollen. Man darf dabei aber nicht vergessen, daß der Rüstungsindustrie absolute Priorität in den nationalen Volkswirtschaftsplänen zukommt, dazu die Rüstungsindustrie anders verwaltet wird als zivile Einrichtungen, außerdem der Sowjetunion auf dem Rüstungssektor ein solches Übergewicht ihren Verbündeten gegenüber zukommt, daß ein Vergleich mit den Planabstimmungen innerhalb des RGW hier nur mit Einschränkungen möglich ist[116].

Die militärische zentrale Leitung der Vereinigten Truppenteile wird noch dadurch erleichtert, daß die in den Bündnisländern DDR, Polen, ČSSR und Ungarn stehenden sowjetischen Armeen direkt dem Vereinten Kommando unterstellt sind. Im Februar 1973 wurde vom Komitee der Verteidigungsminister noch beschlossen, ein Zentrales Organ zur Koordinierung und Standardisierung der Tätigkeit der Sicherheitskräfte in der WVO zu gründen. Diese Empfehlung wurde von allen WVO-Regierungen ratifiziert, mit Ausnahme Rumäniens. Diese Sicherheitsorgane nehmen übernationale Funktionen wahr; entsprechend wurden die Bürger, so in Bulgarien 1974, aufgefordert, Verstöße nicht nur gegen die eigene nationale Sicherheit, sondern auch gegen die anderer Blockländer zu melden[117].

Über die Verteidigungspolitik hinaus soll über das PKK auch die Außenpolitik der WVO-Mitglieder koordiniert werden. Die WVO diene für diese Koordinierung als Hauptzentrum, so Brežnev 1971[118]. In diesem Gremium werde die gemeinsame Linie der Außenpolitik kollektiv festgelegt. Seine Bedeutung wurde beim XXV. Parteikongreß erneut unterstrichen[119]. Vergleichbar dem abgestimmten Verhalten der 9 EG-Mitgliedstaaten in den KSZE-Verhandlungen ließ sich, Rumänien gelegentlich ausgenommen, ein solches Vorgehen auch der Warschauer-Pakt-Staaten erkennen. So bei der gemeinsamen Initiative, die auf der Sitzung des PKK vom 25.–26. Nov. 1976 in Bukarest ergriffen wurde, mit einem Vertragsentwurf an die KSZE-Teilnehmerstaaten,

1. nicht als erste Kernwaffen zu Lande, zu Wasser, in der Luft und im kosmischen Raum anzuwenden,
2. diese Verpflichtung erstrecke sich nicht nur auf das Territorium, sondern auch auf die Streitkräfte der Staaten, in welchem Gebiet des Erdballs sie sich auch befinden[120].

Zugleich wurden Untergliederungen dieses Ausschusses eingerichtet, nämlich das Komitee der Minister für Auswärtige Angelegenheiten und ein Sekretariat[121], von Ungarn z.B. warm begrüßt[122]. Bei der Sitzung des neuen Komitees der Außenminister der WVO vom 24.–25. April 1978 wurden dann erwartungsgemäß die Beschlüsse vom November 1976 betont und die gemeinsame Position zur UN-Abrüstungsdebatte abgestimmt[123].

Auch die Sitzung des PKK der WVO in Moskau vom 22.–23. Nov. 1978 brachte als Ergebnis den Appell zur Abrüstung, zur Vernichtung der atomaren Waffenlager (an alle fünf Atommächte) und zur Nichteinmischung in innere Angelegenheiten anderer Staaten (richtete sich gegen die USA und ihren Einfluß im Iran). Bei dieser Sitzung kam es aber erstmals zu einem neuen Verhalten der Mitglieder, das für die weitere Entwicklung der Organisation von großer Bedeutung sein wird. War bisher schon zu erkennen gewesen, daß gemeinsame Beschlüsse zur Außenpolitik den kleinsten gemeinsamen Nenner darstellten, so wurde der Beobachter dieser Tagung nicht durch das üblicherweise erscheinende gemeinsame Kommuniqué, sondern durch das erstmals aufgetretene Sondervotum einer Gruppe überrascht[124]. Es handelt sich dabei um ein Mehrheitsvotum, das nach Ende der Konferenz publiziert, die abweichende außenpolitische Position eines anderen Mitgliedes (Rumäniens) überspielen will. Auf diese Weise wird, wie bereits auf der RGW-Tagung im Juni 1978, erneut versucht, das Prinzip der Einstimmigkeit zu durchbrechen und ein Mehrheitsvotum auch und gerade auf dem sensiblen Bereich der Koordinierung der Außenpolitik einzuführen. Auch dieses Vorgehen stellt den Versuch dar, Souveränitätsrechte der Vertragsteilnehmer abzubauen, um das sozialistische Lager auch nach außen hin einheitlich, monolithisch, auftreten zu lassen.

Die Wandlung, der die WVO seit ihrer Gründung unterlag, ist damit unverkennbar. Aus einem Instrument, das ursprünglich, nach Zieger, als Tauschobjekt gegen die NATO gegründet worden war, ist eine starke militärische Macht mit regelmäßiger Koordinierung der Außenpolitik geworden. Seit der Invasion in die ČSSR ist die nach innen gerichtete Funktion der Organisation als zweiter Wirkungsbereich ebenfalls deutlich geworden.

Militärisch wurde die WVO aus einem defensiv angelegten Bündnis zu einer offensiven, mit Angriffswaffen gefährlich hochgerüsteten Gemeinschaft, die durch die Verfügungsgewalt der Sowjetunion über Atomwaffen, moderne Militärtechnologie und die numerische Größe der Streitkräfte dominiert wird. Das militärische Bündnis als Instrument zur Aufrechterhaltung der sowjetischen Hegemonie über die Länder der Sozialistischen Gemeinschaft ist nicht mehr von der Hand zu weisen. Seine Rolle als "untrennbarer, stabiler Teil der globalen Verteidigung des Sozialismus" wird entsprechend auch von einem DDR-Autor betont[125].

Szawlowski kann voll zugestimmt werden bei seiner Auffassung, daß die WVO-Invasion in die ČSSR den Wendepunkt des sowjetischen Konzepts dem Block gegenüber darstellte. Ein zweites 1968 mußte um jeden Preis verhindert werden; genau das war die Ursache dafür, daß der Integration innerhalb des Blocks auf militärischem, wirtschaftlichem, technischem und wissenschaftlichem Gebiet absolute Priorität eingeräumt wurde. "Die Verwirklichung der Sozialistischen ökonomischen Integration und die Konsolidierung der brüderlichen Allianz" war entsprechend auch für Honecker die revolutionäre Aufgabe der Epoche[126].

Wie die westlichen Hoffnungen auf eine "Aufweichung" des sozialistischen Lagers, von de Gaulle vorgetragen, von Brzezinski[127] nachvollzogen, sich seit Prag 1968 wandeln mußten, so bleibt auch die Sowjetunion nicht von den

Erfolgen der EG unbeeindruckt. Maksimova argumentierte schon mit westlichen Integrationserfolgen, um solche Erscheinungen den Partnern schmackhaft zu machen. Geht man mit Szawlowski einen Schritt weiter, so kann man sich vorstellen, daß bei gleichbleibendem Integrationstempo ein Zeitpunkt eintritt, an dem alle europäischen Blockmitglieder, unter Aufgabe ihrer Souveränität, Mitglieder der Union der Sozialistischen Sowjetrepubliken sein werden. "Diese Tendenzen nicht in langfristige Planung mit einzubeziehen kommt auf jeden Fall politischer Blindheit gleich"[128].

Als neuen Beweis für die zunehmenden und drängenden Bemühungen um Integration von Seiten der Sowjetunion müssen die schon genannten Verhandlungen des PKK vom 22.–23. Nov. 1978 in Moskau angesehen werden. Die Sowjetunion soll dabei eine stärkere Integration der militärischen Organisation mit supranationalen Kommandostrukturen gewünscht haben. Das würde bedeuten, daß die Mitglieder der WVO auf einem weiteren Sektor Souveränität abgeben müßten, dazu in einem Bereich, der für sie die Basis der realen Macht und inneren Sicherheit, Symbol der nationalen Eigenständigkeit bedeutet. Daß vorrangig Rumänien solche Tendenzen ablehnt, ist deshalb nicht verwunderlich.

Nicht die NATO, wohl aber die WVO hat wiederholt, so auch auf der Sitzung des PKK vom 25.–26. Nov. 1976 in Bukarest, die Vorschläge unterbreitet, beide Militärblöcke sollten auf die Aufnahme neuer Mitglieder verzichten – nach der Demokratisierung Spaniens schien sich ein solcher Schritt anzubahnen –, eine Möglichkeit, die sowohl im WVO Art. 9 wie NATO Art. 10 vorgesehen ist; darüber hinaus wurde vorgeschlagen, beide Militärorganisationen gleichzeitig aufzulösen.

Der scheinbare Widerspruch zwischen Auflösung und Verstärkung der Integration klärt sich auf, untersucht man die verbleibenden sicherheitspolitischen Bindungen der WVO-Mitglieder. Was da zu erkennen ist, ist ein in zwei Wellen, Anfang der 60er und Anfang der 70er Jahre, gewachsenes Netz bilateraler Verträge über "Freundschaft, Zusammenarbeit und gegenseitigen Beistand"[129]. Durch die bilaterale Komponente gelang es der Sowjetunion, die WVO zwar nicht nominell, aber in ihrer Wirkung geographisch ungeheuer auszuweiten, denn in den zweiseitigen Verträgen sichern sich die Staaten, eben auch gegenüber der Sowjetunion, über Europa hinaus territorial unbegrenzt Beistand zu. So konnte Brežnev schon auf dem XXIV. Parteitag der KPdSU am 30. März 1971 sagen: "Mit Bulgarien, Ungarn, der Tschechoslowakei und Rumänien wurden neue Verträge über Freundschaft, Zusammenarbeit und gegenseitigen Beistand abgeschlossen. Zusammen mit den bereits früher in Kraft getretenen Verträgen mit der DDR, Polen ... sowie zusammen mit den anderen bilateralen Verträgen zwischen den Bruderlän-

dern stellen diese Dokumente ein entwickeltes System gegenseitiger Bündnisverpflichtungen neuen, sozialistischen Types dar"[130].

3.3. Die globalen Aspekte des Sozialistischen Weltsystems

RGW und WVO umfassen nicht alle sozialistischen Staaten in der Welt. Ist
die WVO noch auf Europa begrenzt, wenn auch durch bilaterale Abkommen
de facto bereits auf das asiatische Territorium der Sowjetunion ausgeweitet, so
gehören dem RGW schon Staaten aus mehreren Kontinenten an: die
Mongolei und Vietnam für Asien, Kuba für Amerika, afrikanische Staaten
nehmen als Beobachter an den Sitzungen teil, bzw. sind assoziiert.

Aber auch die WVO hat ihre militärischen Aktivitäten schon über das
Territorium ihrer Mitglieder hinaus ausgeweitet. So wurde Vietnam militärisch und durch Freiwillige unterstützt, militärische Berater, vor allem aus
der DDR, stehen in Afrika.

Hier ist jedoch zu differenzieren. Einerseits gehören nämlich den Bündnissen
der sozialistischen Bruderländer, dem RGW vor allem, auch Entwicklungsländer an wie Kuba, die Mongolei und Vietnam, sie sind aber nicht zu
verwechseln mit den Ländern "sozialistischer Orientierung", meist sozialistisch oder staatsmonopolistisch orientierten Militärdiktaturen, zu denen die
Sowjetunion auch ihre Beziehungen intensivieren möchte. Diese gehören aber
noch nicht zum Sozialistischen Weltsystem, denn die Kriterien der Zugehörigkeit sind die beachteten Prinzipien des Marxismus-Leninismus und des
sozialistischen Internationalismus, d.h. basieren auf der Existenz einer marxistisch-leninistischen Partei und der Anerkennung der sowjetischen Hegemonie. Diese Auffassung kam im sowjetisch-vietnamesischen Freundschafts- und
Beistandsvertrag vom 3. November 1978 klar zum Ausdruck[131].

Im Vertrag mit Vietnam werden die Punkte der Zusammenarbeit betont, die
bereits Bestandteil des RGW sind, dessen Mitglied Vietnam im Juni 1978
geworden ist, vor allem langfristige Koordinierung der nationalen Wirt-
schaftspläne und Zusammenarbeit auf verschiedenen Gebieten. Beide Seiten
wollen für die weitere Stärkung der brüderlichen Beziehungen, für Einheit
und Solidarität zwischen sozialistischen Ländern kämpfen. Entscheidend und
neu ist aber der Passus in Art. 6: "In dem Fall, daß eine der Parteien zum
Objekt eines Angriffs oder einer Angriffsdrohung wird, werden die hohen
Vertragsparteien unverzüglich gegenseitige Konsultationen beginnen mit dem
Ziel, jene Bedrohung zu beseitigen und angemessen effektive Maßnahmen zu
unternehmen, um den Frieden und die Sicherheit ihrer Länder zu gewährleisten[132]. Es erscheint hier also die gleiche Formulierung wie in Art. 4 des
Warschauer Vertrages. Freilich geht der sowjetisch-vietnamesiche Vertrag,

was die Gültigkeitsdauer betrifft (25 Jahre gegenüber 20 des WVO) und automatischen Verlängerung um weitere 10 Jahre, wenn nicht 1 Jahr vor Ablauf gekündigt wird, über Art. 11 der WVO noch hinaus.

Der Vertrag der Sowjetunion mit Äthiopien vom 20. Nov. 78[133] ist aus den genannten Gründen mit dem vietnamesisch-sowjetischen nicht zu vergleichen und soll deshalb weiter unten berücksichtigt werden.

Ein wesentlicher Bestandteil der sowjetischen globalen, weitausgreifenden Orientierung der Sowjetunion bilden die Sowjetarmee und die sowjetischen Waffen. Ohne ihren Einsatz wären die Erfolge in Vietnam, Angola, Mozambik, Äthiopien nicht erzielt worden. Freilich soll hier nicht behauptet werden, nationale Bewegungen entstünden nur unter sowjetischer Anleitung. Kuba, Vietnam sind Gegenbeispiele, auch Präsident Neto von Angola hatte sich erst nach Moskau gewandt, nachdem er in Westeuropa nur verschlossene Türen vorgefunden hatte.

Das militärische Gleichgewicht zwischen UdSSR und USA bzw. zwischen NATO und WVO, die Ausgangsbasis der sowjetischen Strategie des Kräfteverhältnisses in der Welt, gilt auch heute nicht als ernsthaft bedroht. Da militärisches Potential nur im Vergleich bewertbar ist, hier die Schätzungen des IISS, London, vom September 1978:

Vergleich des militärischen Potentials

	WVO	NATO	
	1 054	1 400	Interkontinental-Raketen
(frz.)	18	690	Mittelstrecken-Raketen
	784	1015	Raketen auf Atom-U-Booten
	600	135	Langstreckenbomber
	214	491	Mittelstreckenbomber
	6 552	7 230	Kampfflugzeuge
	129	90	Atom-U-Boote
	131	166	Konventionelle U-Boote
	16	1	Flugzeugträger
	4 825 813	4 732 000	Soldaten in Uniform

Quelle: Die Zeit Nr. 37, 8. Sep. 1978. Es fehlen die Waffen des Heeres. Bei amerikan. NATO-Raketen sind Raketen mit Mehrfachsprengköpfen enthalten.

Zur sowjetischen Strategie gehört aber nicht die Bewahrung des seit Ende der 60er Jahre errungenen militärischen Gleichgewichts, sondern dessen Veränderung zugunsten der Sowjetunion. Diese Veränderungen drücken sich nicht in der Erhöhung der Anzahl der Atomsprengköpfe aus, sondern in Positionsverbesserungen dieser Waffen, in der Verbesserung ihrer Einsatzmöglichkeit, d.h. in der Erringung geographisch günstiger Basen für Luftwaffe und Flotte, in der Erhöhung der Transportkapazität, was Quantität und Geschwindigkeit anbetrifft.

Ihre Fähigkeit, Waffen und Truppen über weite Distanzen in kurzer Zeit zu transportieren und sie mit Aktionen zu Wasser zu koordinieren, hat die Sowjetunion in Verbindung mit den Armeen Kubas und der DDR bei ihren Aktionen in Angola, Mozambik und Äthiopien eindeutig bewiesen. Daß sie zu Angriffsaktionen durchaus in der Lage ist, bedarf seit der Invasion in Afghanistan keines Beweises mehr. Schon vorher aber zeichneten sie sich deutlich ab. So schrieb Heinz Stadlmann im August 1978: "Deutliche Anzeichen von Irritation sind in der Nato-Führung zu beobachten, wenn die Entwicklung im Warschauer Pakt detaillierter erörtert wird ... Die sowjetische Rüstungsproduktion hat den Offensivwaffen Vorrang gegeben; Panzer, die früher alle 10 Jahre ausgetauscht wurden, werden jetzt im Fünfjahresrhythmus modernisiert; der Anteil der Schützenpanzerwagen wird ständig erhöht; Tieflader zum schnelleren Transport von Panzern werden verstärkt produziert; die Ausbildung der Truppen ist darauf abgestellt, die Fähigkeit zum Angriff zu steigern; die Kampfbereitschaft der Verbände soll jetzt in vier bis sechs Stunden erreicht werden – bisher war die doppelte Zeit angesetzt; die 6. sowjetische Luftflotte wurde von allen Verteidigungsaufgaben befreit, steht also jetzt zu einer Angriffsoperation zur Verfügung; im Marineprogramm, das unvermindert weiterläuft, wird der Anteil amphibischer Fahrzeuge erhöht"[134].

Zwar müssen nicht alle diese Maßnahmen als Angriffsabsicht interpretiert werden, insgesamt jedoch verstärken sie die offensive Komponente. Führt sie dazu, wie bereits befürchtet, daß die Sowjetunion die Fähigkeit zum ersten Schlag (First Strike Capability) besitzt, wird freilich das "Gleichgewicht der Kräfte" gestört. Alle Anzeichen sprechen für diese Annahme, auch wenn Ustinov sich erst kürzlich gegen westliche Behauptungen, die Sowjetarmee sei ein "Instrument kommunistischer Expansion"[135], zur Wehr setzte. Seit Afghanistan fehlt dieser Aussage jede Glaubwürdigkeit.

3.3.1 Gorškovs Konzeption der Seemacht Sowjetunion

Bisher hatten sich westliche Militärs und Öffentlichkeit auf die Atomwaffen der Sowjetunion konzentriert, "der Sowjetunion als Weltmacht dabei zugestanden, daß sie mit den Vereinigten Staaten gleichziehen" wollte[136], vernachlässigt wurde dabei die Beobachtung der sowjetischen Kriegsflotte, bis, aufgeschreckt durch die starke, nicht zu übersehende Präsenz der sowjetischen Handels- und Fischereiflotte einerseits, die afrikanischen Aktionen andererseits und der Darstellung der sowjetischen Seestrategie durch den Befehlshaber der Flotte selbst aller Welt die Augen geöffnet wurden[137] und ein Erkenntnisprozeß einsetzte[138]. Als dessen Ergebnis stellte General Wust fest, die sowjetische Marine habe innerhalb kurzer Zeit die Entwicklung von einer defensiven Küsten- und Randmeermarine zu einer offensiven, den Weltmeeren zugewandten Seemacht vollzogen[139], wobei der Terminus "Offensive" in diesem Zusammenhang als Vielzahl von Handlungen verstanden wird, die darauf gerichtet sind, die gegnerische Seeherrschaft durch die eigene zu ersetzen[140].

Die strategischen Vorstellungen des Flottenadmirals und Marineministers Gorškov, in dem Bundeskanzler Helmut Schmidt den "derzeit genialsten Militär der Welt" sieht[141], sollen hier kurz dargestellt werden, da sich besonders in ihnen die Integration der neuen sowjetischen Globalstrategie des Kräfteverhältnisses in der Welt in das militärstrategische Denken aufzeigen läßt.

Gorškov legt in einer historischen Analyse über die Rolle der russischen und sowjetischen Flotten dar, daß selbst bis in die jüngste Zeit ein Mißverhältnis herrschte zwischen der Bedeutung der Sowjetunion als größtem Kontinentalstaat der Welt und der Erkenntnis der Bedeutung einer adäquaten Flotte. Die Regierungen unterschätzten bisher die Möglichkeiten der Seestreitkräfte. Dazu kamen geographische Nachteile, die Rußland bzw. die Sowjetunion dazu zwang, auf jedem der isolierten Kriegsschauplätze (Weißes Meer, Ostsee, Schwarzes Meer, Pazifik, Eismeer) eine selbständige Flotte zu unterhalten. Diese Landgebundenheit gilt es zu überwinden. So beweist z.B. die Anwesenheit einer sowjetischen Flotte im Mittelmeer, daß es auch für die Sowjetunion möglich ist, selbständige Operationen starker Flottenverbände, völlig abgesetzt von heimatlichen Basen durchzuführen und damit die Kampfführung im Falle eines militärischen Konfliktes an die vorderste Verteidigungslinie des Landes zu legen. Gorškov spinnt das Beispiel Mittelmeer weiter, stellt die Anwesenheit der 6. US-Flotte dort fest und schreibt der sowjetischen Flotte dashalb die Rolle zu, eine Aggression im Keime zu ersticken und das Gleichgewicht im Mittelmeerraum aufrechtzuerhalten. Die Anwesenheit der Flotte bedeutet damit "aktiven Friedensschutz".

Natürlich geht Gorškov vom bestehenden Gegensatz Imperialismus – Sozialismus aus und sieht auch sein Land im globalen Maßstab dieser Auseinandersetzung einst als Sieger hervorgehen. Kriege und Aggression allgemein werden dabei ausschließlich der Existenz der Imperialisten zugeschrieben und sollen mit ihnen verschwinden.

In der aktuellen Epoche des Übergangs vom Kapitalismus zum Sozialismus im weltweiten Maßstab haben die Staaten, wie in jeder historischen Epoche, die ihren materiellen Bedingungen entsprechenden Armeen entwickelt. Dabei werden Struktur, Taktik und Strategie der Armeen in den technologisch führenden Industrienationen der Welt, besonders der beiden Supermächte, durch das Eindringen der wissenschaftlich-technischen Revolution auch in die Militärwissenschaft bestimmt, d.h. die neuesten Entwicklungen auf den Gebieten der EDV, der Nachrichtenübertragung usw. finden Eingang in die Streitkräfte und verändern Bedingungen und Möglichkeiten ihres Einsatzes.

Der Flottenchef Gorškov gesteht zwar dem Landheer als Teilstreitkraft noch die Hauptfunktion in einer militärischen Auseinandersetzung zu, da es durch seine faktische Anwesenheit das Land wirksam in Besitz nehmen kann, ein militärischer Sieg ist aber nur durch den koordinierten Einsatz aller Teilstreitkräfte zu erringen.

Angesichts der globalen Auseinandersetzung zwischen den beiden Supermächten und ihren Militärblöcken gewinnen die Ozeane als Operationsfeld zunehmende Bedeutung; dazu tragen besonders folgende Faktoren bei:

1. Ozeane stellen ein Reservoir an lebenswichtigen Gütern dar: Wasser, Nahrung, Bodenschätze. Die Ozeanographie wird deshalb zu einer außerordentlichen Wissenschaft.

2. Weltherrschaft bedeutete bisher Seeherrschaft. Auch die Stellung der USA basierte auf der Herrschaft über die ozeanischen Verbindungswege. Die Sowjetunion als Weltmacht muß deshalb über eine entsprechende Seemacht verfügen.

3. Militärische Bedeutung besitzen die Ozeane deshalb, weil ein Großteil der strategischen Raketen mit atomaren Sprengköpfen auf U-Booten installiert sind, die damit, kaum vom Gegner erreichbar, unmittelbar vor den Küsten des Feindes liegend, tief in dessen Raum einwirken können.

Von diesen Prämissen ausgehend entwickelt Gorškov den Begriff der Seemacht des Staates Sowjetunion. Für die Sowjetunion ist die Seemacht einer der wichtigsten Faktoren zur Stärkung ihrer Wirtschaft, zur Beschleunigung der wissenschaftlichen und technischen Entwicklung und zur Festigung der Beziehungen zu den befreundeten Ländern. Entsprechend bedeutsam sind die Handelsflotte, die Fischereiflotte, die Flotte der Forschungsschiffe, die Meereskunde, die die Lage der Meeresschätze erforscht und Möglichkeiten ihrer Nutzung erprobt, dazu die Industriezweige, die die Schätze des Meeres verarbeiten. Eine Seemacht muß also die Fähigkeit besitzen, die Schätze der Weltmeere und alle Möglichkeiten, die die Meere bieten, zu nutzen, dem Menschen dienstbar zu machen und zur Entwicklung der eigenen Wirtschaft voll einzusetzen; denn durch den Stand der Wirtschaft werden letztlich alle Lebensbereiche des Landes bestimmt, die Verteidigungsfähigkeit eingeschlossen. Der Begriff Seemacht ist also bei Gorškov eng mit dem der wirtschaftlichen Macht verbunden. Seemacht besitzt jedoch nicht nur eine wirtschaftliche, sondern auch eine militärische Grundlage. Auch die Sowjetunion bedient sich der Seestreitkräfte zur Wahrung ihrer Interessen auf See.

Gorškovs Definition der Seemacht eines Staates nennt also die militärische Komponente an letzter Stelle, im Unterschied, wie er selbst hinweist, zur Wertung westlicher Länder, in deren Konzeption die militärischen Aspekte ein immer größeres Übergewicht erlangten und alle anderen Aspekte der Seemacht diesen untergeordnet würden.

Dennoch leugnet Gorškov die große Bedeutung der Seestreitkräfte in der aktuellen Epoche nicht. Angesichts des Kräfteverhältnisses in der Welt und der Entwicklung der Seestreitkräfte wird, so der sowjetische Admiral, die Bedeutung des Kampfes auf See in der Zukunft noch zunehmen.
Er stellt fest:
1. Der Kampf auf den Seeverbindungswegen und die Landeoperationen sind klassische Aufgaben der Seestreitkräfte geblieben.
2. Als spezifische Form unter den gegenwärtigen Verhältnissen bildeten sich die lokalen Kriege heraus, bei denen die Seestreitkräfte zur Lösung aller nur möglichen Aufgaben eingesetzt werden können.
3. Die sowjetische Seekriegsflotte stellt einen Faktor zur Stabilisierung der Lage in den verschiedenen Gebieten der Welt dar, Seemacht wird als Instrument der Politik eingesetzt.
4. Zur Erfüllung dieser Aufgaben ist die strukturelle Ausgewogenheit der Seestreitkräfte besonders wichtig, d.h. die Einheit von Angriffs- und Verteidigungsmöglichkeiten auf einer höheren Stufe. Der Aufbau der Seestreitkräfte muß deshalb unter wissenschaftlich fundierter Leitung erfolgen. Um alle Aufgaben wirksam erfüllen zu können, muß ein Staat sich die Streitkräfte schaffen, die er benötigt.

D.h. Gorškov läßt sich nicht ausschließlich, wie traditionell üblich, von den militärischen Kräften des Gegners leiten, sondern er setzt selbst die Maßstäbe. Seine Analyse wird aber dazu führen, daß die Sowjetunion die höchst mögliche Stärke an militärischer Potenz erreichen muß, um sich sicher und zu außenpolitischen Operationen in der Lage zu sehen.

Die aus der Geschichte gewonnenen Erfahrungen sollen dabei genutzt werden. So war die geographische Lage Rußlands vor dem I. Weltkrieg z.B. nicht berücksichtigt worden, die wegen der großen Entfernungen zwischen den einzelnen Seekriegsschauplätzen die Notwendigkeit von Flottenbewegungen über große Distanzen notwendig machte, auch fehlten Stützpunkte und erschlossene und eingerichtete Seewege. Zur Lösung des Problems der Flottenbewegungen zwischen den einzelnen Seekriegsschauplätzen war aber auch der Bau von Schiffen mit großem Fahrbereich nötig, dazu aber auch ein außerordentlich großer strategischer Weitblick der Führung, um eine rechtzeitige Konzentration der Kräfte auf dem jeweiligen Kriegsschauplatz zu gewährleisten.

Wichtige Erkenntnisse wurden auch aus dem Verlauf der Seekriegshandlungen im II. Weltkrieg gezogen. So entschied sich die Sowjetunion, die militärische Überlegenheit über die Seestreitkräfte der imperialistischen Staaten durch die vorrangige Entwicklung der U-Bootwaffe zu beseitigen und ein ernstzunehmendes Gegengewicht gegen die Hauptkräfte der gegnerischen Seestreitkräfte auf den potentiellen Kriegsschauplätzen zu schaffen.

Die U-Boote wurden so zum Rückgrat der sowjetischen Seekriegsflotte. Die Bedeutung der neuen, mit atomaren Flugkörpern ausgerüsteten Seekriegsflotte, deren Rückgrat die Atom-U-Boote waren, war jedoch noch viel weitreichender. Sie beendete die Beschränkung auf Küstengewässer und geschlossene Seegebiete und ermöglichte die Ausdehnung des Einsatzes auf die Ozeane, erlaubte es der Sowjetunion also, die Bekämpfung eines eventuellen Aggressors in von ihr selbst gewählten Gebieten der Weltmeere zu erfüllen.

Jetzt war die sowjetische Flotte in der Lage, neue Einsatzgebiete für den Kampf zu erschließen, die ihr von alters her verschlossen waren. Heute kann die sowjetische Flotte auch auf den ozeanischen Seeverbindungen strategische Aufgaben wahrnehmen. Damit aber wurde die Lage auf den Weltmeeren, auf denen bisher die Flotten der westlichen Mächte uneingeschränkt geherrscht hatten, von Grund auf verändert. "Das war ein Einbruch in das Allerheiligste des Imperialismus"[142].

Der Atomantrieb der U-Boote hat ihre Kampfmöglichkeiten erneut radikal verändert. Heute ist in einem Atom-U-Boot all das konzentriert, was die Schlagkraft der Seestreitkräfte charakterisiert: große Antriebskraft, äußerste Beweglichkeit, sie können unbemerkt operieren und sind in der Lage, Kampfhandlungen globalen Maßstabs zur Vernichtung von wichtigen Landzielen, gegnerischen U-Booten und Überwasserschiffen durchzuführen. Daher sind die Atom-U-Boote unter den heutigen Bedingungen ein strategisches Einsatzmittel der Seemächte.

Entsprechend sind Atom-U-Boote, mit Atom-Raketen ausgerüstet, gegenüber landabhängigen Trägerwaffen in großem Vorteil. Die Tendenz zu Verteilung der verfügbaren atomaren Flugkörper und ihr verstärkter Einbau in Atom-U-Booten sind die Folgen. 73 % der strategischen atomaren Gefechtsköpfe der USA befinden sich deshalb bereits auf U-Booten installiert. Ein entsprechender Prozentsatz ist auch für die Sowjetunion anzunehmen.

Aber auch moderne Überwasserschiffe haben aufgrund der verstärkten

Luftabwehr, dazu als Hubschrauberträger, vor allem im kombinierten Einsatz von weitreichenden Flugkörpern unterschiedlicher Zweckbestimmung, Artillerie und Torpedos, erheblich an Bedeutung gewonnen. Zur Sicherung der U-Boote sind sie unabdingbar. Auch bilden sie das Rückgrat der Landungsfahrzeuge.

Die neue Technologie auf dem Gebiet der Seefahrzeuge soll voll in die Seekriegsfloote integriert werden, so die Tragflächenboote, die Flugzeugträger und Hubschrauberträger als Ausdruck der neuen See-Luft-Strategie. Die Aufgaben, die den Flugzeugen im Kampf auf See zufallen, führten bereits zur Spezialisierung, d.h. zum Bau von Flugzeugen für ganz bestimmte Aufgaben. So haben die verbesserten Kampfmöglichkeiten der Fliegerverbände, die erhöhte Reichweite ihrer Flugkörper und die Möglichkeit, mit ihnen die Schiffs-Flugabwehr zu überwinden, dazu geführt, daß Angriffe auf Seeziele mit Flugkörpern, die einen Atom-Gefechtskopf tragen, praktisch nicht abgewehrt werden können. Diese Verbesserung der Einsatzmöglichkeiten der Fliegerverbände hat zu wesentlichen Veränderungen der Einsatzgrundsätze, der Organisation der Zusammenarbeit, der Führung und Versorgung dieser Kräfte geführt. Im Ergebnis sind diese Kampfmöglichkeiten der Seefliegerkräfte eines der Hauptparameter der Schlagkraft der modernen sowjetischen Seekriegsflotte geworden, zum wichtigsten Mittel des bewaffneten Kampfes auf See[143]. Die zunehmende Bedeutung des bewaffneten Kampfes auf See und folglich die Bedeutung der Seeverbindungen und Seekriegsschauplätze im modernen Krieg sind heute, stellt Gorškov fest, allgemein anerkannt[144].

Im Unterschied zur Situation vor dem II. Weltkrieg steht der Sowjetunion heute eine Koalition von Seemächten gegenüber, die über schlagkräftige moderne, zur Erfüllung strategischer Aufgaben im Krieg geeignete Streitkräfte verfügen. Von den Weltmeeren aus als, im Vergleich zum Festland, weniger gefährdeten Starträumen sind die ballistischen Raketen der U-Boote und trägergestützten Flugzeuge auf Ziele in der Sowjetunion und der sozialistischen Gemeinschaft gerichtet. Die sowjetische Seekriegsflotte muß deshalb in der Lage sein, diese reale Gefahr abzuwehren.

Eckardt Opitz, der Herausgeber und Kommentator von Gorškovs "Seemacht Sowjetunion" sagt einerseits, Gorškov lehne die Kopie fremder Vorbilder für seine Definition ausdrücklich ab, wohl aber lasse sich der Einfluß anderer Seekriegstheorien nachweisen; so sei Gorškovs Theorie eindeutig an Alfred Th. Mahans globaler Strategie orientiert[145]. Mahan forderte, im Unterschied zur "Jeune Ecole" des französischen Admirals Théophile Aube[146], eine positive Kontrolle der Seewege und die Präsenz der eigenen Flotte an allen entscheidenden Punkten der Welt. Gorškov geht aber über Mahan weit hinaus, indem er zur Seemacht eines Staates nicht nur den militärischen

Faktor, sondern vor allem den ökonomischen, technologischen und ideologischen hinzufügt.

Opitz ist dabei entgangen, daß Gorškov in diesem Zusammenhang auf die "Ozeanische Strategie" der "Imperialistischen Staaten" verweist; "Sie ist", schreibt dieser, "nicht Ausdruck nur der militärischen, sondern auch der wirtschaftlichen und politischen maritimen Grundinteressen der führenden Mächte der kapitalistischen Welt"[147]. Damit aber wird deutlich, daß Gorškov sich vor allem auf Ray S. Cline und seine Forderung nach einer "Oceans Alliance" bezieht[148] und im Aufbau der Sowjetunion als Seemacht diese in die Bereitschaft versetzt, sich an der seiner Meinung nach gegenwärtig anbahnenden neuen Phase des Kampfes um die – wirtschaftlichen und militärischen Zwecken dienende – Aufteilung und Erschließung der Weltmeere selbst angemessen zu beteiligen[149].

War die sowjetische Wirtschafts- und Militärpolitik zu Chruščevs Zeit noch am "Einholen der USA" orientiert und deshalb vorrangig, wie Gorškov darstellt, die U-Boot-Waffe in Verbindung mit den Raketen entwickelt worden mit dem Ergebnis, daß sich die Unzulänglichkeit dieser Konzeption bei der Kuba-Krise deutlich herausstellte, verfügt die Sowjetunion heute über eine strukturell ausgewogene Flotte, durch die sie von den USA als absolut gleichwertig anerkannt wird. Die sowjetische Seekriegsflotte hat damit wesentlichen Anteil an der Veränderung des Kräfteverhältnisses in der Welt.

Auch in der Frage der Flottenstützpunkte hat sich die Situation gewandelt. Gorškov macht den Zaren den Vorwurf, sie hätten versäumt, eine ganze Reihe von Inseln und überseeischen Territorien, die von russischen Seefahrern entdeckt worden waren, in Besitz zu nehmen[150]. Der Wunsch nach Stützpunkten hatte wohl auch die sowjetischen Admirale veranlaßt, den Oberbefehl über die chinesische Küstenmarine anzustreben – mit dem Ergebnis des endgültigen Bruchs mit China. Daß der sowjetischen Marine inzwischen eine Reihe Stützpunkte zur Verfügung steht, übergeht Gorškov. Opitz, der sich auf Witthöft stützt[151], verweist auf die strategische Bedeutung der sowjetischen Handelsflotte und die Existenz von regelrechten Flottendepots in Vietnam, Lagos und Kuba. Computergesteuerter und koordinierter Einsatz der sowjetischen Handels- und Fischfangflotten erlaubt viele Parallelen zu militärischen Manövern. Das Manöver "Okean 1975" verblüffte die westlichen Beobachter denn auch durch das exakte Zusammenwirken von Überwasserkampfeinheiten, U-Booten und Marinefliegern[152].

Die Frage bleibt, wann die Sowjetunion ihr militärisches Potential als ausreichend ansehen wird. Was versteht sie unter Gleichgewicht? Gleichgewicht gegenüber den USA allein oder gegenüber USA, Westeuropa und China? Billigt man den chinesischen Divisionen auch nur ein Drittel des

Kampfwertes der sowjetischen zu, so wäre dieses Gleichgewicht schon erreicht. Die Annahme von General Schmückle ist deshalb nicht unbegründet, daß die Sowjetunion Überlegenheit als Gleichgewichtigkeit interpretiert[153].

3.4. Das Problem der Offenheit

Für den westlichen Beobachter ist es nicht leicht, den Charakter der Integration der sozialistischen Staatengemeinschaft zu erfassen. Die im Westen entwickelten völkerrechtlichen Begriffe reichen dafür nicht aus. Das wird deutlich am Problem der Vereinbarkeit der Austrittsklausel (Art. 2 Absatz 3 Statut des RGW) mit dem Organisationszweck der sozialistischen Integration. Axel Lebahn, der diesem Problem mit akribischer Sorgfalt nachging, meint, "es müßte ... die Frage gestellt werden, ob sich aus bilateralen und multilateralen Verträgen der sozialistischen Staaten auf den verschiedenen Bereichen ein derartig enges Netz vertraglicher Bindungen ergibt, daß ein Austritt eines einzelnen Staates schlechterdings nicht mehr denkbar erscheint". Und: "Eine sachliche wissenschaftliche Lösung dieses das Wesen der sozialistischen internationalen Wirtschaftsbeziehungen umfassenden Problems wäre kaum ohne ausgeprägte politische Wertungen möglich"[154].

Aber auch schon bei der Beschränkung auf juristisch faßbare Kriterien kommt Lebahn zu einem vorläufigen Ergebnis; denn da auch im sozialistischen Lager Integration als "immer engerer Zusammenschluß" verstanden wird, liegt die Annahme nahe, die Austrittsklausel im RGW-Statut sei durch Zeitentwicklung obsolet geworden[155].

Die Geschlossenheit des sozialistischen Lagers wird aber auch positiv gekennzeichnet in der Formulierung der "Einheit des sozialistischen Lagers als der zuverlässigen Garantie ihrer staatlichen Souveränität". Der sowjetische Völkerrechtler Tunkin geht dabei von einem Souveränitätsbegriff aus, der außerhalb des sozialistischen Lagers nicht zu verwirklichen ist; er ist wiederum Bestandteil eines mit dem westlichen Völkerrecht nicht zu vereinbarenden "sozialistischen Völkerrechts". Eine isolierte, vom Weltbündnis der sozialistischen Staaten abgesonderte Errichtung des Sozialismus ist unhaltbar, "da sie den objektiven Gesetzen der Entwicklung der sozialistischen Gemeinschaft widerspricht". Aus den ideologisch gesetzten, historisch abgeleiteten Entwicklungsgesetzen wird das völkerrechtliche Prinzip konstruiert, nach dem jeder Staat der sozialistischen Gemeinschaft nicht nur die moralisch-politische, sondern auch die persönliche Verpflichtung besitzt, Freundschaft und enge Zusammenarbeit mit den anderen Staaten des sozialistischen Weltsystems zu festigen. Das intendiert die Pflicht, einen eventuellen Austritt eines Landes zu verhindern[156].

Das Attribut "sozialistische" Integration macht deutlich, daß die Rechtsprinzipien des sozialistischen Internationalismus den Austritt eines sozialistischen Landes aus dem sozialistischen Weltwirtschaftssystems nicht zulassen. Die Austrittsklausel des RGW-Statuts, schließt Lebahn, die zu einem Zeitpunkt formuliert wurde, als der RGW noch nicht zentrale Integrationsorganisation war und die völkerrechtlichen Prinzipien des sozialistischen Internationalismus erst im Entstehen waren, ist demgemäß heute systemwidrig und gegenstandslos geworden. Heute enthalten sowohl das Komplexprogramm (Kapitel I, Abschnitt 1, Nr. 2, Absatz 5) wie die Neufassung des RGW-Statuts (Art. I, Absatz 2) eine ausdrückliche Verpflichtung auf die Prinzipien des sozialistischen Internationalismus, die "damit als juristische Interpretationsrichtlinien der sozialistischen Integration verbindlich geworden sind"[157].

Der Zwangscharakter des RGW, in dem Integration als politisches Ziel vorgeschrieben ist, wird jedoch gelockert durch das Prinzip der Interessiertheit als Kriterium der Teilnahme an einzelnen sozialistischen Integrationsmaßnahmen. Schon bei der Gründung von gemeinsamen Organen wird das Prinzip wirksam, so daß neben den eigenständigen RGW-Organen auch Organe der RGW-Länder mit völkerrechtlichen Charakter anzutreffen sind. Das Prinzip der Interessiertheit bringt deshalb Beweglichkeit und Elastizität in den sonst starren Integrationsmechanismus, stellt damit die Brücke dar zwischen einzelstaatlichen Sonderinteressen und kollektiven Integrationserfordernissen[158].

Noch gehört die Sicherung des freien Austritts aus den Spezialorganisationen zu einer wesentlichen Bedingung für das Funktionieren des sozialistischen Integrationssystems insgesamt. "Die Frage nach der Offenheit von internationalen sozialistischen Wirtschaftsorganisationen", so Axel Lebahn, "beantwortet sich also dahingehend, daß der RGW als Zentralorganisation der sozialistischen internationalen Wirtschaftsintegration den Beitritt allein von sozialistischen Staaten gestattet und den Austritt seiner Mitglieder als systemwidrig für unzulässig erklärt, daß alle anderen sozialistischen Wirtschaftsorganisationen aber für den Beitritt sozialistischer Staaten wie für den Austritt ihrer Mitglieder offen sind"[159].

3.4.1. Der sozialistische Internationalismus

Mit dem Problem der Offenheit der RGW-Organe konfrontiert, sieht sich Axel Lebahn, der sich die juristische Fixierung des sozialistischen Integrationsprozesses zur Aufgabe gemacht hat, gezwungen, mit den sowjetischen Juristen die rein rechtliche Argumentationsebene zu verlassen und in politischen und ideologischen Formulierungen wie "Brežnev-Doktrin", "sozialistischer Internationalismus" Formulierungshilfe zu suchen. Er beneidet dabei die Journalisten, die die Wissenschaftsbereiche übergreifend Parallelen und Analogien aus dem Inhalt der sicherheitspolitischen (=militärischen) Vertragsregelungen des Ostblocks zu den wirtschaftlichen Vereinbarungen im Rahmen des RGW aufzeigen und ihre Ableitung aus gemeinsamen parteipolitischen Prinzipien erklären können[160].

Bei der Darstellung der offiziellen sowjetischen Position kann man den Schritten der Politiker und Wissenschaftler noch folgen, da ihre Aussagen, politische Aktionen und internationale Verträge programmatischen und affirmativen Charakter tragen. Eine Überprüfung des Wahrheitsgehaltes der oben genannten Prinzipien, die die sowjetische Politik bestimmen, ist aber sehr schwer, kann nur von den Betroffenen her antithetisch angegangen werden. D.h. es müssen Auffassungen innerhalb des sozialistischen Lagers herangezogen werden, die der sowjetischen Auffassung widersprechen, den geforderten Integrationsprozeß behindern, die Einheit des sozialistischen Lagers relativieren. Nur so ist die Erstellung eines objektiven Bildes möglich.

Zum Symbol für die unterschiedlichen Standpunkte im Bekenntnis zur Einheit des sozialistischen Lagers, zum sozialistischen Weltsystem wurde der Begriff des proletarischen bzw. sozialistischen Internationalismus. Mit allem Nachdruck versucht die Sowjetunion, diese Begriffe als Basis der Beziehungen zwischen allen sozialistischen Staaten durchzusetzen[161].

In der zweiten Auflage des Buches "Die kommunistische Weltbewegung" von 1972 wird der Begriff des proletarischen Internationalismus modifiziert. Nachdem er bis zum Ende des Zweiten Weltkrieges als Bezeichnung für die Beziehungen zwischen den kommunistischen Parteien diente, erreichte er "mit dem Sieg der sozialistischen Revolution in einer Reihe von Ländern und mit der Bildung des sozialistischen Weltsystems ... eine neue Stufe seiner Entwicklung, wird er zur Grundlage der zwischenstaatlichen Beziehungen dieser Länder. In diesem Fall wird er bereits zum sozialistischen Internationalismus". Das Zitat ist einzig und soll deshalb weitergeführt werden: "Als Ideologie beruht der sozialistische Internationalismus auf der Gemeinsamkeit der sozial-ökonomischen und politischen Ordnung sowie auf der Übereinstimmung der grundlegenden Interessen und Ziele der Völker der sozialistischen Länder. Erstmalig in der Geschichte entstanden zwischenstaatliche Beziehungen neuer Art, die auf den Prinzipien der gegenseitigen Hilfe und Unterstützung, der konsequenten Verwirklichung der Gleichberechtigung, der Souveränität und der Nichteinmischung in die inneren Angelegenheiten ihrer Länder beruhen. Es bieten sich Möglichkeiten für eine in der Geschichte noch nie dagewesene Annäherung zwischen den Völkern der sozialistischen

Länder. Die enge Zusammenarbeit der sozialistischen Länder wird zu einem bedeutsamen Faktor bei der Beschleunigung des umfassenden Fortschritts der sozialistischen Staatengemeinschaft"[162].Diesen Standpunkt vertritt Zagladin erneut in einem Aufsatz über den "Proletarischen Internationalismus" vom März 1977. "Der proletarische Internationalismus", heißt es hier, "erfaßte auch die Sphäre der Ökonomie, die entscheidende Sphäre der menschlichen Tätigkeit. Die Prinzipien des Internationalismus, die Prinzipien der Arbeiterklasse machten sich schließlich die Völker der sozialistischen Länder insgesamt zu eigen. Das alles berechtigt auch dazu, vom Aufkommen des sozialistischen Internationalismus als eines unveräußerlichen Bestandteils des proletarischen Internationalismus und zugleich als Ergebnis seiner weiteren Bereicherung und Entwicklung zu sprechen"[163].

Wenn Brežnev bei seinem Besuch in Bukarest am 24. November 1976 von der rumänischen und sowjetischen "Treue zum proletarischen, sozialistischen Internationalismus" sprach[164], so wird hier deutlich, daß er mit dem Adjektiv "proletarisch" die Klassen- bzw. Parteibeziehungen, mit "sozialistisch" die staatlichen Beziehungen ansprach. Die Formel "sozialistischer Internationalismus" findet sich so auf die Beziehungen der sozialistischen Staaten angewandt bei den letzten Parteitagen, beim XXIV. allerdings zurückhaltender als beim XXV. Parteitag. Nur konsequent findet sie sich auch im Art. 30 der neuen, vierten Verfassung der UdSSR vom 7. Oktober 1977. Da die Väter des sowjetischen Grundgesetzes die Sowjetunion nicht mehr als Diktatur des Proletariats, sondern als einen "sozialistischen Staat des ganzen Volkes" (Art. 1) bezeichnen, entfällt der Begriff der proletarischen Verbundenheit mit anderen Völkern zwangsläufig. Da auch die KPdSU ihren Charakter als Klassenpartei einbüßte und zu einer Partei des ganzen Volkes wurde, ist zu erwarten, daß bei ähnlichen Verfassungen in den anderen sozialistischen Staaten auch die Parteiprinzipien die des sozialistischen Internationalismus sein werden.

Die politische Bedeutung des Prinzips des sozialistischen Internationalismus zeigte sich schon darin, daß es de facto den Austritt eines Staates aus der sozialistischen Gemeinschaft nicht erlaubt. Axel Lebahn, der bei der Suche nach juristischer Abstützung des Prinzips der Offenheit auf diese ideologische Grenze stieß, machte auf "ideologische Kooperationsabkommen" aufmerksam, die einer Kollision staatlicher und parteipolitischer Entscheidungen vorbeugen sollen. Lebahn spricht von der "Strukturierung der Parteientscheidungen unter dem Einfluß des juristischen Rahmens"[165].

So erfordern multilaterale RGW-Akte vorausgehende multilaterale Parteientscheidungen. Während sich bilaterale Parteiverträge leichter nachweisen lassen[166], gelten die Redaktionskonferenzen der Zeitschrift "Probleme des Friedens und des Sozialismus" als das formale Gremium zur ideologischen

Abstimmung der Parteienvertreter sowohl innerhalb der sozialistischen Gemeinschaft (wie im März 1977 in Sofija) als auch darüber hinaus, wie im Dezember 1978, als sich Vertreter von 73 kommunistischen Parteien am gleichen Ort zu einer "Ideologie-Konferenz" zusammenfanden. Ziel der Sowjets war dabei die "Stärkung der Koordination" zwischen kommunistischen Parteien[167] und deren Einstimmung auf die "monolithische Linie"[168].

Die Frage ist, ob die sozialistischen Partnerländer die sowjetische Interpretation teilen. Hier gibt es zwei Tendenzen:

Uneingeschränkt unterstützen Bulgarien, die ČSSR und die DDR den sowjetischn Standpunkt[169]. So ist in der DDR-Verfassung (Art. 6, Abs. 2) zu lesen: "Die Deutsche Demokratische Republik ist für immer und unwiderruflich mit der Union der Sozialistischen Sowjetrepubliken verbündet". Das bedeutet die völlige Aufgabe der außenpolitischen Handlungsfreiheit, Abtretung von Souveränität in der eigenen Verfassung[170]. Aber auch bei den Bulgaren lassen sich, wie jugoslawische und chinesische Beobachter überrascht feststellten, starke, vor allem in der Zeitschrift Otečestvenni front (Vaterländische Front) artikulierte, Tendenzen nachweisen, das Land als Republik der Union der Sozialistischen Sowjetrepubliken anzugliedern. Auf der ČSSR liegt noch immer der Schatten von 1968, der ihr außenpolitisch keinen Raum läßt.

Anders die Ungarn. Sie versuchen, das nationale Element neben das internationale zu stellen, um bei allem Bekenntnis zum "einheitlichen Auftreten der Sozialistischen Länder", wie Außenminister Puja formulierte[171], dennoch die eigenen nationalen Belange besser vertreten zu können.

3.5. Der Sonderfall Rumänien

Anders verhalten sich Rumänien und Jugoslawien. Rumänien, das sich nicht an der Invasion der Warschauer-Pakt-Staaten in die ČSSR beteiligt und deshalb bedroht gefühlt hatte, läßt den Begriff "proletarischer Internationalismus" nur für die Parteibeziehungen gelten, auf der staatlichen Ebene herrschen ausschließlich die Prinzipien des "Marxismus-Leninismus und der internationalistischen Solidarität", ergänzt durch die volle Gleichberechtigung, Achtung der nationalen Unabhängigkeit und Souveränität, die Nichteinmischung in die inneren Angelegenheiten usw.[172]. Diese Formulierung mußte auch die Sowjetunion in der gemeinsamen Erklärung vom November 1976 akzeptieren[173].

Ende März 1977, als Ceausescu vor der Nationalversammlung die Außenpolitik seines Landes darlegte, ging er zwar auch von den Veränderungen im

Kräfteverhältnis in der Welt aus, vermied aber bei der Beschreibung der konkreten Beziehungen zur Sowjetunion und den einzelnen sozialistischen Staaten geflissentlich den Begriff "sozialistischer Internationalismus"[174].

Allen Unkenrufen zum Trotz gab es bisher kein Einschwenken auf die Linie des sozialistischen Lagers. Auf zwei Ebenen versucht die rumänische Außenpolitk, einer Rückkehr zu früherer Abhängigkeit zu entgehen; erstens durch die starke Betonung der völkerrechtlichen Relevanz der Souveränität – die Arbeit von Frenzke[175] ist diesem Aspekt gewidmet – und zweitens einer eigenständigen, an übernationalen Organisationen orientierten Außenpolitik[176].

1. Seit 1964 widersetzte sich Rumänien dem Bestreben der Sowjetunion, den RGW zu einer Organisation mit übernationalen Vollmachten auszubauen; nach der Invasion der WP-Staaten konzentrierten sich die Juristen, besonders E. Glaser, auf die völkerrechtliche Definition und Absicherung des Souveränitätsprinzips. Da die völkerrechtlichen Prinzipien internationale Gültigkeit besitzen, lautet das Argument, können sie nicht auf eine einzelne Staatengruppe beschränkt bleiben, da die sozialistischen Staaten sonst diskriminiert würden[177]. So findet, nach Vîntu und Duculescu, die Entwicklung und Festigung des sozialistischen Internationalismus (im Jahre 1971) nur in Übereinstimmung mit den allgemeinen Prinzipien des Völkerrechts statt[178].

Gegenseitige brüderliche Hilfe als Ausdruck des sozialistischen Internationalismus ist, nach D. Mazilu, nur auf der Grundlage der Souveränität möglich[179].

Und Tákacz stellt zwingend fest: "Das Prinzip der Souveränität und die übrigen Prinzipien des Völkerrechts können nicht den einen oder den anderen metajuristischen Prinzipien untergeordnet werden; andernfalls gelangt man logischerweise zur Negation der Souveränität und damit sogar zur Negation des Völkerrechts"[180]. Genau hier liegt der springende Punkt. Dazu sei abschließend noch einmal Glaser zitiert, nach dem der sozialistische Internationalismus "die Zusammenarbeit von gleichberechtigten, souveränen sozialistischen Staaten auf der Grundlage des gegenseitigen Vorteils und der unerschütterlichen Achtung aller Vorteile der nationalen Unabhängigkeit impliziere, so daß ein Konflikt zwischen den Forderungen des sozialistischen Internationalismus und denen der staatlichen Souveränität weder möglich noch vorstellbar" ist[181].

Im Gegenteil, wird von Gh. Moca argumentiert, die Achtung der Souveränität sei nicht nur für den einzelnen sozialistischen Staat von Vorteil und Interesse, sondern auch für das sozialistische Weltsystem als Ganzes[182]. Wenn D. Ghermani allerdings schreibt, die wichtigste Neuerung des IX. Parteitages vom Juli 1965 habe in der Aufwertung der Nation zum eigenständigen, hochwertigen "gesellschaftlichen Gebilde" und somit zum Eckpfeiler des zu schaffenden "Sozialistischen Weltsystems" bestanden, so übersieht er, daß auch in der Definition ebendieses "Sozialistischen Weltsystems" die Standpunkte der Rumänen und Russen weit auseinanderklaffen[183].

2. In einer eigenständigen, von Moskau weitgehend unabhängigen Außenpolitik versucht Rumänien, die nationalen Interessen in die politische Praxis umzusetzen. Nicht von ungefähr knüpft Ceausescu an die Politik von Nicolae Titulescu an, der in den 30er Jahren als Außenminister versuchte, ein internationales Sicherheitssystem zu schaffen, um "die Prinzipien der gleichen Rechte und der staatlichen Souveränität gegenüber den Tendenzen der westlichen Großmächte, die die Rechte und Interessen der anderen Nationen mißachten, zu verteidigen"[184].

Bewegungsfreiheit auf außenpolitischer Ebene, nach der "Rumänischen Unabhängigkeitserklärung" vom 26. April 1964 konsequent angestrebt, bedeutete in erster Linie Lockerung der Nachkriegsbindungen an die Sowjetunion. Auf drei Wegen versuchte Rumänien diesem Ziel näherzukommen:

1. durch Auflösung der Militärblöcke[185], damit Ablösung des Blockdenkens,

2. durch regionale Kooperation auf dem Balkan und

3. durch Stärkung der internationalen Organisationen, denen Rumänien angehört oder deren Mitgliedschaft das Land anstrebt.

Das erste Ziel versucht Rumänien durch die – utopische – Proklamierung der allgemeinen und vollständigen Abrüstung zu erreichen, aber auch durch außenpolitische Bindungen, die die beiden Blöcke übergreifen bzw. die Blockbindung lockern. Die Aufnahme guter Beziehungen zu China und Jugoslawien als sozialistischen Staaten, die sich nicht einem sowjetisch geführten "Sozialistischen Weltsystem" zuordnen, bedeutet ein mutiger Schritt, der gleichzeitig das eigene Selbstverständnis unterstreicht. Die Aufgabe des Blockdenkens durch die Aufnahme diplomatischer Beziehungen zur Bundesrepublik im Januar 1967, die Erhebung der beiderseitigen Gesandtschaften zu Botschaften durch Israel und Rumänien im August 1969 weisen schon auf die positive Rolle hin, die Rumänien als Vermittler zwischen China/Vietnam und den USA während des Vietnam-Krieges und 1977 zwischen Israel und Ägypten spielte. Die Balkan-Föderation, in den 50er Jahren gescheitert, wird, wie die letzte Balkankonferenz im Januar/Februar 1976 in Athen zeigte, wieder angestrebt. Bis auf Albanien sind alle Balkanländer an einer verstärkten Zusammenarbeit interessiert.

Durch die Stärkung der internationalen Organisationen wird zwangsläufig der Blockcharakter geschwächt. Der UNO mehr Rechte, ja völkerrechtlich verbindlichen Charakter einzuräumen, ist deshalb erklärtes Ziel der rumäni-

75

schen Außenpolitik. In der Berufung auf die Charta der Vereinten Nationen sieht sie auch die Gewähr für die Absicherung der eigenen Souveränität[186].

Völlig richtig bewertet Fischer-Galati die UNO-Aktivität der Rumänen, ihre multilateralen Initiativen zum Schutz des Rechts auf Selbstbestimmung und das Prinzip der Gleichheit aller Mitgliedernationen als Schutzschirm gegen sowjetische Aggression[187].

Deshalb erklärte sich Rumänien zum Entwicklungsland, trat der "Gruppe der 77" bei (Febr. 1976) und versucht seitdem sogar, in die Organisation der "Nichtpaktgebundenen Staaten" aufgenommen zu werden. Bei den Konferenzen in Colombo 1976, Havanna 1979 wurde Rumänien immerhin als "geladener" Gast zugelassen[188].

Auf handelspolitischem Sektor gelang die Aufnahme ins GATT (Nov. 1971), die Erhaltung von Handelspräferenzen durch die EG (1. Jan. 1974), die durch die de-facto-Anerkennung der EG durch Rumänien im Januar 1968 eingeleitet worden war, sowie die Meistbegünstigung durch die USA (3. Aug. 1975).

Die Möglichkeit, die die Verhandlung in der Vorbereitungsphase zur KSZE Rumänien bot, seine eigenen, von den sowjetischen abweichenden Vorstellungen einzubringen, wurde, besonders in der Frage der Souveränität, der Nichteinmischung in die inneren Angelegenheiten eines anderen Staates, der Verbesserung der Sicherheit sowie auf dem Gebiet des Handels und der industriellen Kooperation, gut genutzt.

Angesichts dieser klaren Linie müssen die Zugeständnisse gegenüber der SU wie im neuen Freundschaftsvertrag (7. Juli 1970), der Zustimmung zur Tagung des Politischen Beratenden Ausschusses des Warschauer Paktes (25.–26. Nov. 1976) in Bukarest sowie eine stärkere Einbindung in die Produktions- und Austauschpläne des RGW nicht als reumütige Rückkehr ins sozialistische Lager interpretiert werden, sondern als Einsicht in die reale Lage, indem durch Zugeständnisse an die Sowjetunion gerade Abbau von Spannung praktiziert wird.

Seit Mitte 1978 aber stellte sich heraus, daß es die Rumänen mit der konsequenten Betonung ihrer Eigenständigkeit ernster meinen als bisher von vielen Beobachtern angenommen. Dabei wird deutlich, daß das Problem Rumänien schon weltweit bewußt geworden ist, d.h. Interesse über den Rahmen von RGW und WVO hinaus beansprucht, also genau die Situation eintrat, die die Rumänen durch ihre eigenständige Politik anstrebten.

Es ist deshalb lohnend, die einzelnen Punkte der Divergenz zu Standpunkten der Sowjetunion zu untersuchen, weil hier konkret der sowjetische hegemoniale Anspruch und damit ein wesentlicher Faktor der Strategie des Kräfteverhältnisses in Frage gestellt wird.

Bedeutete der Prager Frühling und seine Liquidierung für die Sowjetunion das Startzeichen für eine verstärkte Integration der RGW- und WVO-Mitglieder und eine festere Anbindung an die Führungsmacht, so bewirkte er zu gleicher Zeit eine Neuorientierung der rumänischen Außenpolitik im Sinne der Verstärkung derjenigen Tendenzen, die auch schon vorher immer wieder einer allzu festen Anbindung an die Sowjetunion sich widersetzt hatten.

Nach der Weigerung, am Einmarsch der WVO-Truppen in die ČSSR sich zu beteiligen, stimmten die Rumänen beim sich wandelnden internationalen Klima in Richtung Entspannung dem Komplexprogramm des RGW zu, das ihnen auch Vorteile bietet. Zugleich aber setzten sie die sozialistische Gemeinschaft in Zugzwang, als sie darauf abhoben, eine sozialistische Gemeinschaft habe die Pflicht, das unterschiedliche Entwicklungsniveau der einzelnen Mitglieder nicht festzuschreiben, sondern auszugleichen, so daß Rumänien jetzt verstärkt Hilfe von den Partnerstaaten erhält. Rigoros, zuletzt im Juni 1978, weigerte es sich, der Tendenz des RGW zur supranationalen Gemeinschaft und zur Abkehr vom Prinzip der Einstimmigkeit zuzustimmen. Der Aufnahme der neuen, außereuropäischen Mitglieder in den RGW sieht Rumänien nicht ohne Wohlwollen zu, vergrößern sie doch die Divergenzen im Entwicklungsniveau der einzelnen Mitglieder, bremsen die Übereinstimmung und hemmen die geplante zentrale Steuerung.

Das Verhalten Rumäniens in der WVO ist da, wo es die sicherheitspolitischen Interessen der Sowjetunion betrifft, brisanter. Das wurde auf dem Gipfeltreffen der WVO-Staaten im November 1978 in Moskau deutlich. Die Situation spitzte sich insofern zu, als nach der Weigerung Ceausescus, die nationalen Armeen einem supranationalen Kommando zu unterstellen und die regionale Gültigkeit des Warschauer Vertrages über Europa hinaus auszuweiten, den Rüstungsetat zu erhöhen, die übrigen Mitglieder nach der Konferenz ein Sondervotum publizierten.

Hier zeigte sich, daß die Meinungsverschiedenheiten noch größer waren: Rumänien hatte sich geweigert, die "Politik der separaten ägyptisch-israelischen Abmachungen" unter der Schirmherrschaft der Vereinigten Staaten" zu verurteilen, ebenso gegen China Stellung zu nehmen[189].

Entgegen den Befürchtungen einer Kursschwenkung, wie sie die Süddeutsche Zeitung im Februar 1977 zu sehen glaubte, kristallisierten sich im November und Dezember 1978 die Eckpfeiler der rumänischen Außenpolitik deutlich heraus.

Sie lassen sich zusammenfassen:
1. Den Beziehungen zu den sozialistischen Staaten räumt Rumänien nach wie vor höchste Priorität ein[190]. Sie dürfen aber auf keinen Fall die Prinzipien der Gleichberechtigung, der Achtung der Souveränität und der Nichteinmi-

schung in die inneren Angelegenheiten verletzen. Gegen jeden Versuch in dieser Richtung wird sich Rumänien, wie bisher, energisch zur Wehr setzen.

2. Der Stärkung der Eigenständigkeit soll die Ausweitung der außenpolitischen Manövrierfähigkeit dienen. Bisher kann Rumänien auf große Erfolge hinweisen. Das Klima der Entspannung zwischen den Großmächten kam diesem Bestreben der Rumänen sehr entgegen. Zur Verbesserung dieses Klimas leistete das Land aber auch seinen eigenen Beitrag durch eine aktive Friedenspolitik. Dazu gehört die Weigerung, an der Invasion in die ČSSR teilzunehmen ebenso wie die Vermittlungen im Vietnamkrieg, in den israelisch-ägyptischen Auseinandersetzungen oder der Forderung nach gleichzeitiger Auflösung der beiden Militärblocks in Europa, Nato und Warschauer Vertragsorganisation.

3. Zum Abbau des bipolaren Denkens Ost-West trägt Rumänien bei durch die ständigen Bemühungen, blockunabhängige übernationale Organisationen zu stärken und ihnen beizutreten. Dazu zählen die Aktivitäten in der UNO, der Beitritt zur "Gruppe der 77" im Februar 1976, das Eintreten auf der IV. UNCTAD-Konferenz in Nairobi (Mai 1976) für die Entwicklungsländer, sowie das Bemühen, in die Bewegung der Blockfreien auf deren V. Gipfelkonferenz in Colombo (August 1976) aufgenommen zu werden; immerhin erhielt die Sozialistische Republik Rumänien den Status eines ständigen Gastes zuerkannt.

4. Die Einnahme von Positionen, die mit den sowjetischen nicht übereinstimmten, ließ sich dabei nicht vermeiden, ja sie wurde z.T. direkt angesteuert. Dazu gehören die Pflege des besonderen Verhältnisses zur VR China, der rumänische Vorstoß bei der Aufnahme diplomatischer Beziehungen zur Bundesrepublik und die Anerkennung der Europäischen Gemeinschaft.

5. Die rumänische Politik in der Summe dieser Punkte unterscheidet sich doch beträchtlich von der Politik der sozialistischen Bruderstaaten. Entgegen dem Augenschein kommen nämlich in der Bezeichnung Chinas als sozialistischem Staat im Widerspruch zur sowjetischen Formel, ebenso in der Anerkennung der Nord-Süd-Problematik im Widerspruch zur Lesart der sozialistischen Orientierung auch ideologische Divergenzen zur Sowjetunion zum Vorschein. Die Unterstützung der Eurokommunisten durch Ceausescu erhält hier ihren Sinn.

Zwar wäre es überspitzt, mit Cornel Burtica heute schon von einer "rumänischen Doktrin" oder "Doktrin Ceausescu" zu sprechen[191], dennoch ist klar erkennbar, daß das offizielle Rumänien von einer eigenständigen Beurteilung des Kräfteverhältnisses in der Welt ausgeht; so hat die "Schaffung der Chinesischen Volksrepublik zu einem historisch bedeutungsvollen Umschwung im Kräfteverhältnis auf Weltebene" geführt[192]. Damit aber wird die sowjetische Strategie von einem sozialistischen Bruderstaat selbst voll in Frage gestellt.

3.6. Jugoslawien

Im Gegensatz zur SR Rumänien gehört die SFR Jugoslawien weder dem RGW noch der WVO an, ist aber dem RGW in sehr geschickter Weise assoziiert. Sie partizipiert dadurch an dessen Vorteilen und bleibt von den Nachteilen gleichzeitig verschont.

Daß die Sowjetunion immer wieder versucht, die Deklarationen von Belgrad 1955 und Moskau 1956, in denen sie den eigenen jugoslawischen Weg zum Sozialismus ausdrücklich anerkannte, zu korrigieren bzw. zu beseitigen, ist bekannt. Daß Brežnev auf dem XXV. Parteitag der KPdSU am 24. Feb. 1976 Jugoslawien neben Bulgarien, Ungarn, Vietnam, der DDR, Nordkorea, Kuba, der Mongolei, Polen und Rumänien sowie der ČSSR als "sozialistischen Bruderstaat" bezeichnete, fügte sich nur harmonisch in diese sowjetische Konzeption des "sozialistischen Weltsystems" ein. Beim offiziellen Staatsbesuch des sowjetischen Generalsekretärs der KPdSU in Jugoslawien vom 15.–17. November 1976 kam es erwartungsgemäß zu äußerst heftigen Zusammenstößen mit den jugoslawischen Staats- und Parteiführern, Tito an der Spitze. Wie sehr von sowjetischer Seite versucht wurde, Jugoslawien unter Druck zu setzen, ist aus den Reden, die Tito und Stane Dolanc auf der im Anschluß (26. Nov. 1976) stattgefundenen Sitzung beider Räte der Bundesversammlung hielten, deutlich herauszuhören. So Tito, wenn er die Stärkung der Selbstverwaltung als die beste Antwort an alle jene bezeichnet, "die unter der Maske heuchlerischer Sorge um das Schicksal Jugoslawiens oder des Sozialismus in Jugoslawien Druck ausüben, um uns von unserem Wege abzubringen, die unsre selbständige Entwicklung zu behindern und unsere Unabhängigkeit zu gefährden beabsichtigen"[193].

Der einseitigen Blockbindung setzt Tito die Politik der Blockfreiheit entgegen:
"Unsere blockfreie Politik ist Ausdruck der historischen Kontinuität der jugoslawischen Revolution und des Wesens selbst der sozialistischen Selbstverwaltungsgemeinschaft gleichberechtigter Völker und Völkergruppen. Diese Politik ist am besten geeignet, uns eine stabile außenpolitische Stellung und Rolle im Weltgeschehen zu gewährleisten, und trägt damit auch zur Schaffung der Voraussetzungen für eine ununterbrochene gesellschaftliche und wirtschaftliche Entwicklung bei. Sie ist also ein wichtiger Faktor auch unserer inneren Stabilität, weshalb sie die breiteste Unterstützung der Werktätigen und Bürger aller Völker und Volksgruppen unseres Landes genießt"[194].

Unmittelbar an Brežnevs Adresse gerichtet, hatte Tito noch mit erhobener Stimme betont: "Ich möchte, daß man ein für allemal begreift und erkennt, daß das jugoslawische Selbstverwaltungssystem unsere dauerhafte und wesentliche Orientierung darstellt. Dieses System entspricht am besten den in unserem Land gegebenen Bedingungen des sozialistischen Aufbaus. Das ist keineswegs ein augenblicklicher, ein politischer Standpunkt der Partei; das ist vielmehr eine plebiszitäre Entscheidung unseres ganzen Volkes und bereits eine Praxis, die ganz gewaltige Resultate gezeitigt hat und dies auch heute noch tut"[195]. Und "wir sehen in der Blockfreiheit einen dauerhaften, selbständigen und unabhängigen Faktor und eine ebensolche Bewegung"[196].

Stane Dolanc, der Sekretär des EK des Präsidiums des BdKJ, sprach, an die SU gerichtet: "Jugoslawien gehört der Blockfreiheitsbewegung an, und es läßt sich in keine institutionalisierte Form einer politischen, militärischen oder staatlichen Gemeinschaft hineinziehen..."[197]. Wir glauben nun, daß dies schon viele eingesehen haben; und wer das noch nicht getan hat, dem wird es nur schaden". Dolanc' Kommentar zu Brežnevs Besuch gipfelte in der unterkühlten diplomatischen Formulierung, Brežnevs Besuch habe jedenfalls bestätigt, daß beide Länder und beide Parteien an einer Weiterentwicklung der Zusammenarbeit interessiert seien[198]. Auf einen noch kleineren Nenner läßt sich das Scheitern von Brežnevs Visite nicht bringen.

Das Beispiel der Beziehungen Sowjetunion–Jugoslawien macht deutlich, in welch unmittelbarer Ableitung die Außenpolitik sozialistischer Staaten eine Funktion der Innenpolitik ist, sich aus ihr heraus definiert. Gerade darin liegt auch der große Unterschied zwischen Rumänien und Jugoslawien.

Zwar wird auf die unterschiedlichen Sozialismusmodelle, das sowjetische und das jugoslawische, erst im Kapitel über die kommunistische Weltbewegung eingegangen, die Folgen für die Beziehungen zwischen den beiden Staaten sollen aber hier schon dargelegt werden.

Die Jugoslawen gehen davon aus, daß die Beziehungen zwischen den sozialistischen Staaten in der Vergangenheit von Krisen, Konflikten und Zusammenstößen gekennzeichnet waren, obwohl sie auf den Prinzipien des sozialistischen Internationalismus beruhten, von friedlicher Koexistenz ganz zu schweigen. Die Ursache sehen die Jugoslawen eben in der Trennung des Prinzips der Koexistenz vom Prinzip des sozialistischen Internationalismus. Achtung der Souveränität, Unabhängigkeit, Integrität, Gleichberechtigung, Nichteinmischung in innere Angelegenheiten, eben die Prinzipien der Koexistenz als bedeutende Errungenschaften der Entwicklung der international-rechtlichen Ordnung und der allgemeingesellschaftlichen Entwicklung sollen "gerade in den Beziehungen zwischen den sozialistischen Ländern ihre volle Bestätigung erleben"[199].

Die sozialistischen Länder müßten in ihren gegenseitigen Beziehungen den anderen Völkern und Staaten gerade ein Beispiel geben. Entsprechend dem Anspruch der sozialistischen Staaten, eine humanere Welt zu verwirklichen, kann nach Auffassung der Jugoslawen das Prinzip des sozialistischen Internationalismus also nur als komplementäres Prinzip der Koexistenz, als ihr Korrelativ in Erscheinung treten[200]. Und wenn Kurtović feststellt, daß "zwischen uns und gewissen anderen sozialistischen Ländern ziemlich viele objektive Unterschiede bestehen", so fordert er konsequent, daß sich "bei Einzelnen auch die Einstellung zur Blockfreiheit ändert, zu den Prinzipien, auf denen sie sich gründet, daß nämlich die Blockfreiheit als authentisches Interesse des Friedens und Sozialismus und der Gleichberechtigung aller Völker und Länder erfaßt und akzeptiert wird. Denn auch die Einstellung zur Blockfreiheit ist ebenso wie die Achtung der nationalen Souveränität und Gleichberechtigung die Voraussetzung für nationale Zusammenarbeit, für den Internationalismus"[201].

Wie sehr diese Forderung der gesamten sowjetischen Konzeption zuwiderläuft, wird deutlich an Titos Formulierung unmittelbar vor der V. Konferenz der Blockfreien, indem er die Bewegung blockfreier Länder an sich, ihrem demokratischen Charakter nach, als einen neuen, weder auf Gewalt noch auf ein jeweiliges Kräfteverhältnis sich stützenden Typ der zwischenstaatlichen Beziehungen nannte[202].

Nach dem Tode Titos Anfang Mai 1980 muß die Frage aufgeworfen werden, ob die Nachfolger die bisherige Politik fortführen wollen und ob andererseits die Sowjetunion ihre Aggressivität nach Afghanistan nun nicht verstärkt, trotz gegenteiliger Versicherungen, gegen das blockfreie Balkanland richten wird.

3.7. Die Bewegung der Blockfreiheit

Die unterschiedlichen Auffassungen über die Bedeutung der nationalen Souveränität und internationalistischen Solidarität, wie sie von der Sowjetunion und Jugoslawien vertreten werden, kommen nicht nur in den bilateralen Beziehungen zum Tragen, sondern erhalten eine umso bedeutendere Relevanz auch in den Beziehungen – Tito hat darauf hingewiesen – zur blockfreien Bewegung. Entsprechend ihrer bi-polar angelegten Theorie des Kräfteverhältnisses versucht die Sowjetunion, die Bewegung der Blockfreien auf ihren Kurs zu bringen, sie in die einseitige Konfrontation gegenüber den "kapitalistischen Ländern" zu stellen. So schätzte Brežnev auf dem XXV. Parteitag zwar die politische Linie der Bewegung der Nichtpaktgebundenen, mahnte aber, der schon heute beträchtliche Beitrag dieser Länder zum gemeinsamen (d.h. mit der Sowjetunion – W. G.) Kampf für den Frieden und die Sicherheit der Völker könne durchaus noch gewichtiger werden[203].

Ähnlich äußerte er sich auf einer ZK-Sitzung im Oktober 1976, als er der Bewegung der Blockfreiheit einen insgesamt positiven Charakter innerhalb der Gesamtfront der Völker in der Welt gegen Imperialismus, Kolonialismus und Aggression zusprach[204].

Dabei machte gerade die V. Konferenz der Staats- bzw. Regierungschefs blockfreier Staaten in Colombo (16.–19. Aug. 1976) erneut deutlich, daß diese Staaten ihre unabhängige Stellung behaupten und ausbauen möchten. So weisen sie in der Politischen Erklärung die Meinung zurück, der internationale Friede könne auf einem Gleichgewicht der Kräfte beruhen, bzw. die Länder würden die Sicherheit gewährleisten, indem sie Machtblöcken beiträten und militärische Bündnisse mit den Großmächten eingingen. Sie wollen sich im Gegenteil dem "politischen, wirtschaftlichen und ideologischen Druck der Großmächte" erfolgreich widersetzen[205].

Dabei stellt die Bewegung der Blockfreien eine beachtliche politische Macht dar: 86 Vollmitglieder, 21 Beobachter und 8 "geladene Gäste" waren in Colombo vertreten. Dazu kommt die Verbindung zur "Gruppe der 77" sowie ihr Einfluß in der UNO.

Petković sprach nach der Aufnahme der neuen Mitlgieder Angola, Mozambik, Nordkorea, Vietnam und Kampuchea 1977 schon von einer Verschiebung des Kräfteverhältnisses in der Bewegung der Blockfreien selbst[206]. Besonders in der Periode, in der Kuba zur Sprecherin der Blockfreien gewählt wurde, versuchte Castro, die Sowjetunion als "die natürliche Verbündete der blockfreien Bewegung" zu apostrophieren und die Bewegung insgesamt an das sozialistische Lager heranzuführen, eine Tendenz, die durch Titos engagiertes Einschreiten auf der VI. Tagung der Blockfreien in Havanna 1979 gebremst werden konnte. Daß gerade die Staaten, die sich am stärksten an die Sowjetunion anlehnen, von Einflußversuchen der Sowjetunion bedroht sind, wurde nicht nur am Beispiel Vietnams und Kubas deutlich, sondern im Falle Afghanistans aller Welt vor Augen geführt, daß die Sowjetunion den Status eines blockfreien Landes nicht respektiert.

Diese Invasion muß für die Mitglieder der Bewegung einen Umdenkungsprozeß einleiten. Die Frage muß geprüft werden, ob die Anlehnung an die Seite der sozialistischen Staaten, wie sie Jugoslawien praktiziert, nicht durch die indische Politik der Äquidistanz abgelöst werden muß.

Schon vor der sowjetischen Annektion Afghanistans war bei den Blockfreien die Erkenntnis gekommen, daß die Détente, ohnehin auf die Großmächte und das Territorium Europas beschränkt, sich, anstatt sich auszubreiten, sogar verlangsamte und, bei der sowjetischen Definition des Kräfteverhältnisses in der Welt, "Mechanismen der Einmischung in innere Angelegenheiten unabhängiger Länder verstärkt werden". Stane Dolanc sprach bereits von einer "Strategie der Destabilisierung", die "durch indirekte Aggression innerhalb der globalen Strategie der imperialistischen und hegemonistischen Kräfte in der Welt" die Blockteilung der Welt fortführen, vertiefen und ausbreiten will[207].

Dabei ist zu betonen, daß die Politik der Blockfreiheit keineswegs mit Passivität gleichzusetzen ist. Gerade weil sie die bestehenden Blöcke als statisch betrachtet, als Hindernis für die Entwicklung friedlicher und konstruktiver internationaler Zusammenarbeit, strebt sie nicht die Bildung eines neuen, 3. Blockes an, sondern "setzt sich für die aktive und friedliche Koexistenz zwischen Staaten mit unterschiedlichen und ähnlichen Gesellschaftsordnungen ein, die den status quo der Blöcke nicht bewahrt, sondern progressive soziale Veränderungen ermöglicht"[208].

Sie ist deshalb auch nicht mit Neutralität zu verwechseln[209]. Gegentendenzen versuchte z.B. das Koordinationsbüros der blockfreien Länder schon bei seiner Tagung auf Außenministerebene in Neu-Delhi (7.–11. April 1977) einzudämmen, als es Anrainer und Hinterlandstaaten des Indischen Ozeans aufforderte, "von der Mitgliedschaft in Militärbündnissen oder -pakten, die der Rivalität der Großmächte entsprungen sind, Abstand zu nehmen"[210]. Die Befürchtung, die Sowjetunion könne die Organisation der Nicht-Pakt-Gebundenen von innen her unterwandern, bleibt aber akut. In der Tat kann bei den Mitgliedern Kuba, Vietnam, Afghanistan, Äthiopien, DR Korea, Laos, DVR Jemen von Nicht-Pakt-Gebundenheit nicht mehr die Rede sein. Vietnam und Kuba sind nicht nur Mitglieder des RGW, sondern auch durch bilaterale Militärbündnisse an die Sowjetunion fest angebunden, Afghanistan ein von der Sowjetunion besetztes Land.

4. Die Kommunistische Weltbewegung

Neben dem etablierten Weltsystem der sozialistischen Staaten sehen die sowjetischen Kommunisten die Gesamtheit der sozialen Prozesse in der Welt als den anderen entscheidenden Faktor an, der das Kräfteverhältnis in der Welt zugunsten des Sozialismus verändert. Dieser Faktor ist um so bedeutsamer, als nach der sowjetischen Definition der friedlichen Koexistenz zwischen Staaten unterschiedlicher Gesellschaftsordnung, die zur Zusammenarbeit auf ökonomischem und zum Abbau von Spannungen auf militärischem Gebiet führen soll, nun die Hoffnungen und Anstrengungen auf Veränderungen in der Welt sich massiv auf die gesellschaftliche Ebene verlagert haben. So sollen die friedliche Koexistenz und die auf staatlicher Ebene sich vollziehende Kooperation durch das Klima der Entspannung günstigere Bedingungen schaffen zur Forcierung gesellschaftspolitischer Veränderungen in allen anderen von der friedlichen Koexistenz nicht betroffenen Bereichen.

In der Epoche des Übergangs vom Kapitalismus zum Sozialismus, die durch die Oktoberrevolution eingeleitet wurde, tendieren alle gesellschaftlichen Entwicklungen in der Welt, d.h. im globalen Maßstab, zur Ablösung, Überwindung des Kapitalismus. Aufgrund des unterschiedlichen Entwicklungsniveaus der einzelnen Gesellschaften erweist sich die von den Sowjets postulierte sozialistische Weltrevolution als Verbindung von vielen einzelnen Faktoren, nämlich sozialistischer und sog. anti-imperialistischer Revolutionen, nationaler Befreiungsbewegungen, allgemeindemokratischen und sonstigen Revolutionen. Die Globalität der revolutionären Prozesse wird betont durch das gemeinsame Ziel: den Kampf gegen den Weltimperialismus, in erster Linie den USA-Imperialismus.

Aufgabe der Kommunisten ist es, die Klassenkräfte in den einzelnen Revolutionen richtig zu bestimmen, sie in ihrer Dynamik, d.h. ihrem Wandlungspotential zu begreifen. Anzustreben ist dann die ständige Veränderung des Kräfteverhältnisses der Klassen zugunsten des Fortgangs der revolutionären Bewegung. Das geschieht, nach Zagladin, dem stellvertretenden Leiter der internationalen Abteilung des ZK der KPdSU, durch ein Programm und eine Taktik, die der strategischen Linie der gegenwärtigen Etappe genau entsprechen.

Das Programm lautet: Kampf für Frieden, Demokratie, nationale Unabhängigkeit und Sozialismus, Vereinigung aller revolutionären Kräfte zu einem einzigen anti-imperialistischen Bündnis[211].

Durch die unter den heutigen Bedingungen empfohlene Taktik der Tätigkeit in den Parlamenten, demokratischen Organisationen, als sog. Friedenskämpfer soll auf eine revolutionäre Situation als richtigen Zeitpunkt des Kampfes hingearbeitet werden.

Die heutige Bedeutung und der Einfluß der kommunistischen Weltbewegung legt Zagladin in fünf Punkten dar:

1. Mit dem sozialistischen System ist der kommunistischen Weltbewegung eine machtvolle materielle Basis entstanden, die es ihr gestattet, die Funktion des wichtigsten Faktors des weltweiten gesellschaftlichen Fortschritts auszuüben.

2. In den entwickelten kapitalistischen Ländern ist die Rolle der kommunisti-

schen Bewegung bedeutend gewachsen. Immer neue Schichten der Bevölkerung stellen sich an ihre Seite.

3. Die kommunistische Weltbewegung hat sich als zuverlässiger Verbündeter der nationalen Befreiungskräfte bewährt, sie wird als selbstloser und zuverlässiger Verteidiger der nationalen Interessen dieser Länder anerkannt.

4. Sie ist durch die Gemeinsamkeit der Ziele und Aufgaben stark. Diese besteht nicht in der Summe isolierter Parteien, sondern im freiwilligen Bündnis gleichberechtigter und unabhängiger kommunistischer Parteien, geeint durch die Bande des *proletarischen Internationalismus,* die gemeinsame Ideologie und den gemeinsamen Kampf gegen den gemeinsamen Feind, für das gemeinsame Endziel.

5. Ihre internationale Bedeutung wächst in der internationalen Arbeiterbewegung, der demokratischen Bewegung und nationalen Befreiungsbewegung, sowie ihrem progressiven Einfluß auf die Weltpolitik. Ohne die Berücksichtigung der Position des sozialistischen Lagers und der kommunistischen Weltbewegung kann heute keine bedeutende Frage der Weltwirtschaft und der internationalen Beziehungen gelöst werden[212].

Nach Zagladins Definition handelt es sich bei der kommunistischen Weltbewegung zwar um Parteibeziehungen, durch den proletarischen Internationalismus zusmmengehalten, in dem Falle aber, daß die Parteien an die Macht gelangten wie im sozialistischen Weltsystem, zieht er Kriterien der staatlichen Macht heran. So werden Verteidigungspotential, Wirtschaftsmacht, Wissenschaft der Sowjetunion und ihres Systems als Kriterien angeführt, die das Kräfteverhältnis in der Welt wesentlich verändert haben[213].

Die Rolle des sozialistischen Weltsystems wurde im vorigen Kapitel dargestellt. Hier sollen nun zwei Bereiche interessieren: Die von den Sowjets postulierte Rolle der kommunistischen Parteien in den westlichen Demokratien und die Parteibeziehungen der KPs untereinander.

4.1. Die kommunistischen Parteien in den westlichen Demokratien

Ausgangspunkt der Analyse der Rolle der KP in den "entwickelten kapitalistischen Ländern" ist die Fiktion, daß die KPs die Avantgarde der Arbeiterklasse darstellen. Durch die "wissenschaftlich-technische Revolution", sprich den Eintritt in das Computer-Zeitalter, hat sich freilich die Struktur der Arbeiterklasse geändert. So ist die Tendenz der Proletarisierung der Intelligenz zu erkennen. In der Zuspitzung des Konflikts zwischen Arbeit und Kapital wird die Frage nach dem Charakter der Staatsmacht, die das ökonomische System stützt, akut; ökonomische Forderungen wandeln sich so in politische. Dabei wächst die Arbeiterklasse in die Rolle des Interessenvertreters aller vom Kapitalismus unterdrückten Schichten hinein, sie bringt damit "auch am konsequentesten die Interessen der gesamten Nation zum Ausdruck"[214].

In der gegenwärtigen Periode sollen die Bedingungen für die sozialistische Revolution geschaffen werden[215]. Ziel dieser sozialistischen Revolution ist es dann, die kapitalistische Ordnung durch eine neue, die sozialistische, zu ersetzen. Diese Ersetzung vollzieht sich als relativ langwieriger Prozeß, der in mehreren Etappen innerhalb der Übergangsperiode vom Kapitalismus zum Sozialismus verläuft[216].

Die Hauptfrage ist aber, schrieb schon Lenin, die Frage der Staatsmacht, deshalb ist der Übergang der Staatsmacht aus den Händen einer Klasse in die einer anderen das erste, wichtigste, grundlegende Merkmal einer Revolution[217]. Da "die Staatsmaschine das Hauptinstrument der imperialistischen Bourgeoisie im Kampf gegen die Arbeiterbewegung" ist, kann der bürgerliche Staatsapparat von der Arbeiterklasse nicht einfach übernommen werden, sondern muß zerschlagen und an seiner Stelle ein neuer, sozialistischer Staatsapparat errichtet werden"[218].

Das bezieht sich aber in erster Linie auf den Unterdrückungsapparat Armee, Polizei, Justiz. Der ökonomische Teil, nämlich Rechnungsführung, Kontrolle, Regulierung der Wirtschaft darf nicht zerschlagen werden, sondern soll "aus der Unterordnung unter die Kapitalisten befreit, ihnen entrissen werden, alle Fäden ihres Einflusses abgeschnitten, abgeschlagen, abgehackt werden"[219].

Die Macht der Arbeiterklasse wird dann in der Form der Diktatur des Proletariats ausgeübt. Sie hat zwei Hauptaspekte, einmal die Sicherung der Revolution, d.h. Unterdrückung des Widerstandes feindlicher Klassen oder revolutionärer Kräfte, und hier ist Gewaltanwendung zweifellos notwendig[220], und dem Hauptaspekt, eine neue Gesellschaft zu errichten. Dabei können durchaus verschiedene Wege eingeschlagen werden, Bündnisse eingegangen werden mit anderen fortschrittlichen Kräften, demokratische Formen genutzt werden in nationalen Fronten; unangetastet bleiben muß aber die Diktatur des Proletariats als notwendige Voraussetzung für den Aufbau der sozialistischen Gesellschaft[221].

Auf dem Wege zur Diktatur des Proletariats kann es Übergangsstufen geben, indem eine demokratische oder antifaschistische oder antiimperialistische Revolution in die sozialistische hinüberwächst, wie in der Mongolei, Ungarn, der DDR[222].

Als Beispiel wird das Programm der französischen KP von 1968 angeführt,

86

das eine Etappe der antimonopolitischen, fortgeschrittenen Demokratie in einem Land des entwickelten Kapitalismus vorsah.

In lateinamerikanischen Ländern mit mittlerem Entwicklungsstand wird eine revolutionär-demokratische Volksmacht mit antiimperialistischer Orientierung erwartet, die erst eine Agrarrevolution durchführt. Für die Länder mit niedrigem Stand der kapitalistischen Entwicklung, die ehemaligen Kolonien, wird die sozialistische Orientierung angenommen.

In den entwickelten kapitalistischen Staaten, d.h. den westlichen Demokratien, befinden sich die KPs beim Aufbau ihrer Startposition zu einer Übergangsstufe eben dieser Demokratie. Wie Voslenskij sehr feinsinnig bemerkt, weisen die Kommunisten zwar stets auf die Begrenztheit der bürgerlich-demokratischen Ordnung hin, bezeichnen es aber als positiv, daß die politischen Formen der bürgerlichen Demokratie im Interesse revolutionärer Kräfte genutzt werden können, besonders die von den Werktätigen erkämpften sozialen Rechte und Freiheiten, gesellschaftlichen Organisationen politischen, wirtschaftlichen und kulturellen Charakters (Parteien, Gewerkschaften, Produktionsräte, Genossenschaftswesen. Jugend-, Studenten- und Frauenvereinigungen usw.)[223].

Mit Vorrang aber soll das Bemühen um die Einheit der Arbeiterbewegung betrieben werden. Da die Arbeiter mehrheitlich traditionell sozialdemokratisch oder sozialistisch organisiert bzw. orientiert sind, streben die Kommunisten die Aktionseinheit mit diesen Parteien an, eine angesichts der realen Situation in der Bundesrepublik z.B. rigide Vorstellung. Als vorbildlich gilt deshalb die Zusammenarbeit der beiden Parteien in Finnland[224].

Um "die Massen" dafür zu gewinnen, dürfen auch Kompromisse eingegangen werden[225]. Entsprechend sollen alle gesellschaftlichen Kräfte zu einem "antimonopolistischen Bündnis" unter der Hegemonie des Proletariats zusammengeschlossen werden, indem partielle Unzufriedenheit ausgenutzt und allgemein-demokratische Forderungen erhoben werden: die Bauern, die städtischen Mittelschichten, die religiösen Gemeinschaften sollen angesprochen werden.

4.2. Der proletarische Internationalismus

"Der proletarische Internationalismus ist ein organischer Bestandteil der Ideologie und der Politik der Arbeiterklasse und der kommunistischen Parteien. Er bringt die Gemeinsamkeit der Interessen und die Solidarität der Arbeiterklasse und der Werktätigen aller Länder, ihre Geschlossenheit und Aktionseinheit im Kampf um die revolutionäre Umgestaltung der Gesellschaft zum Ausdruck", schrieb Zagladin 1972[226].

In der sowjetischen Definition dieses Begriffes nehmen zwei Begriffe eine zentrale Stellung ein: Dynamik und Disziplin.

Entstanden aus der Solidarität der Arbeiterparteien, praktiziert erstmals unter den Völkern der jungen Sowjetunion, dann der Kommunistischen Internationale, sieht Zagladin den Wirkungsbereich des Prinzips des proletarischen Internationalismus sich ständig erweitern über die Beziehungen zwischen Arbeiterparteien hinaus auf alle revolutionären und demokratischen Kräfte in den Entwicklungsländern. "Aufgrund der Gemeinsamkeit der Interessen (sprich: Kampf um Frieden, Demokratie, nationale Unabhängigkeit und Sozialismus – W.G.) erweitert sich der Wirkungsbereich der Prinzipien des proletarischen Internationalismus ständig"[227] schrieb Zagladin deshalb 1972, und in einem neueren Aufsatz: "Es geht um die Erweiterung des Geltungsbereichs des Internationalismus in unseren Tagen"[228].

So widerspiegelt der proletarische Internationalismus heute:

1. die Beziehungen zwischen der Arbeiterklasse aller Länder,

2. die Beziehungen zwischen den kommunistischen und Arbeiterparteien der Welt,

3. das Wesen der Beziehungen zwischen den sozialistischen Ländern. Hier, an diesem Abschnitt der revolutionären Front, wurde er durch viele neue Elemente bereichert, dehnte er sich auf die Sphäre der zwischenstaatlichen Beziehungen aus. Er erfaßte auch die Sphäre der Ökonomie, die entscheidende Sphäre der menschlichen Tätigkeit. Die Prinzipien des Internationalismus, die Prinzipien der Arbeiterklasse machten sich schließlich die Völker der sozialistischen Länder insgesamt zu eigen. Das alles berechtigt auch dazu, vom Aufkommen des sozialistischen Internationalismus als eines unveräußerlichen Bestandteiles des proletarischen Internationalismus und zugleich als Ergebnis seiner weiteren Bereicherung und Entwicklung zu sprechen,

4. die Beziehungen zwischen der internationalen Arbeiterklasse insgesamt und den Kräften, die in der ehemaligen kolonialen Welt für die nationale Befreiung kämpften[229]. Eine Ausweitung des Begriffes wird so für das "riesige Gebiet der Welt" der Entwicklungsländer postuliert.

Sogar unter "den breiten Volksmassen", unter Menschen, die weit vom Sozialismus entfernt sind, bestehe in der derzeitigen Situation eine starke Verbreitung der Ideen der internationalistischen Solidarität[230].

Die über die Arbeiterbewegung hinausgehende breitere Sphäre, in der der Internationalismus wirke, wurde auch von den Führern westeuropäischer KPs, Mc Lennan und Berlinguer anerkannt.

Ihre Forderung, angesichts dieses erweiterten Geltungsbereiches seiner Prinzipien heute dürfe dieser Internationalismus nicht mehr als proletarischer Internationalismus bezeichnet werden, wird von den Sowjets aber strikt abgelehnt. Sie führen dagegen an, daß sich die Positionen des Internationalismus gerade als Ideologie und Politik des Proletariats wesentlich gefestigt haben und gerade die Erfolge bei der revolutionären Umgestaltung der Welt nach sozialistischen Prinzipien zur jetzigen Erweiterung des Geltungsbereichs geführt haben. Zum anderen wird betont, daß die Tatsache, daß die internationalistischen Prinzipien heute auch von Kräften anerkannt würden, die über den Rahmen der Arbeiterbewegung hinausgehen, nicht bedeute, daß der proletarische Internationalismus dadurch sein Klassenwesen einbüße.

"Insgesamt gesehen, schreibt Zagladin, hat der Prozeß der inhaltlichen Bereicherung und der Erweiterung des Geltungsbereiches der Prinzipien des proletarischen Internationalismus dazu geführt, daß er heute nicht nur die ideologische und politische Grundlage der Zusammenarbeit der verschiedenen Formationen der Arbeiterbewegung ist, sondern auch die wichtigste Voraussetzung für den sozialen Fortschritt, für den Zusammenschluß aller revolutionären Kräfte zur weiteren Offensive gegen den Imperialismus"[231].

Mit dem Begriff des proletarischen Internationalismus eng verbunden ist der der Disziplin. Gegenüber den Überlegungen, daß angesichts der Vielfalt der revolutionären Kräfte und den unterschiedlichen Bedeutungen ihres Wirkens, auch angesichts der Fehler der Komintern, die Prinzipien der Selbständigkeit, Unabhängigkeit und Gleichberechtigung der Bruderparteien den Vorrang haben müßten vor der internationalistischen Solidarität und Zusammenarbeit, erwidert Zagladin, diese Begriffe seien kein Selbstzweck, sondern die wichtigste Bedingung, Voraussetzung, aber eben nur Bedingung für den Erfolg im entschlossenen Klassenkampf innerhalb des Landes und auf dem internationalen Schauplatz. Diese Bedingungen zu verabsolutieren, zu einer selbständigen Größe zu machen, beschwöre die Gefahr herauf, das Hauptziel des Kampfes zu vergessen. Aus diesem Grunde verfechten die Marxisten-Leninisten die Idee der untrennbaren Einheit von Unabhängigkeit, Selbständigkeit und Gleichberechtigung der revolutionären Formationen und ihrer internationalistischen Solidarität und Zusammenarbeit. Wer sich deshalb der internationalistischen Pflicht entziehe, leiste dem Klassengegner einen guten Dienst. "Wir sowjetischen Kommunisten betrachten die Verteidigung des proletarischen Internationalismus als heilige Pflicht jedes Marxisten-Leninisten", heißt es im Rechenschaftsbericht des ZK der KPdSU an dem XXV. Parteitag[232].

Das ist ernst zu nehmen. So werden die offen zutage getretenen Schwierigkeiten bei der Ausübung dieser Pflicht nicht übersehen und ihre Ursachen analysiert. Sie liegen im nationalen Problem innerhalb der sozialistischen Staaten, in der ungleichen revolutionären Entwicklung in der Welt, in der

Einbeziehung neuer Volksschichten in die revolutionäre Bewegung in einem Maße, daß die nichtproletarischen Schichten überwiegen, der ideologischen Offensive des Imperialismus, dem Versuch, Meinungsverschiedenheiten auszuweiten, in der Bedeutung des subjektiven Faktors, d.h. der leitenden und lenkenden Tätigkeit der KPs.

Besonders ernst genommen wird die Antithese zum Internationalismus, der Nationalismus. Er tritt, nach Zagladin, dort auf, wo vom proletarischen Internationalismus als einer der Hauptgesetzmäßigkeiten des Klassenkampfes und der sozialistischen Revolution abgewichen wird[233].

Verweigert eine Partei gemeinsame Aktionen mit anderen Kolonnen der kommunistischen Bewegung, so verliert diese Partei dadurch, nach Brežnev, nur ihre ideologische Unabhängigkeit von der Bourgeoisie[234].

Berühren Meinungsverschiedenheiten Grundfragen der kommunistischen Bewegung, so ist ein kompromißloser Kampf erforderlich. Nur konsequent heißt es über die Intervention in die ČSSR 1968: "Unter Führung der Sowjetunion eilten die sozialistischen Länder dem tschechoslowakischen Brudervolk zu Hilfe, verteidigten die Interessen des Sozialismus und vereitelten die Pläne seiner Feinde. Das war zum Zeitpunkt einer ernsten Prüfung für alle sozialistischen Länder und alle Kommunisten ein Ausdruck des sozialistischen Internationalismus in Aktion"[235].

Nur zur Abrundung des sowjetischen Standpunktes sei angeführt, daß Zagladin den Vorwurf, die KPdSU strebe die Hegemonie in der kommunistischen Weltbewegung an, mit einem Zitat aus dem XXIII. Parteitag 1966 beantwortet: "Die KPdSU ist gegen jeden Hegemonismus in der kommunistischen Bewegung, für wahrhaft internationalistische gleichberechtigte Beziehungen zwischen allen Parteien"[236].

Es ist jedoch kein Geheimnis, daß es auch in der sowjetischen Führung unterschiedliche Akzente bei der Bewertung des proletarischen Internationalismus gibt[237]. Einerseits schreibt Zagladin, keine einzige Partei, die marxistisch-leninistisch sei, erlaube es sich, ihre Erfahrungen anderen Ländern aufzuzwingen[238]. Suslov dagegen beharrt auf dem Marxismus-Leninismus als einer einheitlichen, in sich geschlossenen internationalen Lehre, einer Weltanschauung, aus der man nicht einen wesentlichen Bestandteil herausnehmen könne (nämlich den proletarischen Internationalismus – W.G.), ohne daß man damit zugleich die ganze Theorie negiere und von der Wahrheit abkomme. "Die Prinzipien haben eine internationale und dauerhafte Bedeutung"[239].

Als dialektische Einheit begreift Suslov dabei die Pflicht des Marxisten-Leninisten, einerseits die Reinheit des Marxismus-Leninismus zu bewahren, andererseits aber diese Lehren schöpferisch, unter Berücksichtigung der neuen historischen Erfahrung, weiter zu entwickeln. Das geschieht durch die KPdSU, ihre Bruderparteien und die kollektiven Bemühungen der Marxisten-Leninisten[240].

Die Gemeinsamkeit aller Parteien versuchte die KPdSU auch institutionell der Welt vor Augen zu führen. Dazu dienten die internationalen Beratungen der kommunistischen und Arbeiterparteien 1957, 1960 und 1969 in Moskau, aber auch regionale Konferenzen wie 1967, 1976 und 1980 der europäischen KPs oder der Parteien Lateinamerikas und des karibischen Raumes, dazu der USA und Kanadas in Havanna 1975. So äußerte sich Brežnev auf dem XXV. Parteitag der KPdSU: "Viele Parteien sind für eine weltliche Beratung der kommunistischen und Arbeiterparteien. Die KPdSU unterstützt im Prinzip diese Idee. Wann und wie sie verwirklicht werden will, wird selbstverständlich in allgemeiner Übereinstimmung entschieden werden"[241]. Was für die KPdSU allgemeine Übereinstimmung bedeutet und welche Verbindlichkeit sie ihr beimißt, hat die KPdSU in der Folge der Berliner Konferenz der europäischen kommunistischen Parteien deutlich bewiesen: Sie gibt die Rolle des Lehrmeisters nicht auf.

4.3. Die Eurokommunisten

Schon bei der dritten Beratung der KP 1969, zu deren Vorbereitung 9 Jahre notwendig waren, lehnten es einige Parteien (z.B. Linkspartei-Kommunisten Schweden) ab, das Schlußdokument, wie die KPdSU forderte, als verbindlich anzusehen. Der BdKJ, die KPCh und die Albanische Partei der Arbeit waren erst gar nicht erschienen.

Nach der Berliner Konferenz der KPs Europas (29./30. Juni 1976) nun lehnte die KPdSU die Verbindlichkeit des Schlußdokumentes für ihr eigenes Verhalten ab. Die anderen KP sahen sich getäuscht, hatten sie sich doch nur bereit erklärt, das Schlußdokument zu verabschieden, wenn die KPdSU auf das so belastete Prinzip des proletarischen Internationalismus verzichtete. So enthielt das Dokument nur die Formel der "internationalistischen, kameradschaftlichen, freiwilligen Zusammenarbeit und Solidarität auf der Grundlage der großen Ideen von Marx, Engels und Lenin, bei strenger Wahrung der Gleichberechtigung und souveränen Unabhängigkeit jeder Partei, die Nichteinmischung in die inneren Angelegenheiten" und ausdrücklich der "Achtung der freien Wahl verschiedener Wege im Kampf um fortschrittliche gesellschaftliche Umgestaltungen und für den Sozialismus"[242].

Achtzehn Monate lang hatten die Vorbereitungen zu dieser gesamteuropäischen Konferenz der kommunistischen Parteien in Anspruch genommen (die albanische und isländische Partei nahmen nicht teil, die niederländische war den Vorbereitungen ferngeblieben). Sie waren "langwierig und mühsam", wie Berlinguer in seiner Konferenzrede ausdrücklich betonte[243].

Die große Frustration über diese langwierigen Vorbereitungen und das magere Ergebnis des Schlußdokumentes klingt aus den Worten des Generalsekretärs der FKP, Marchais, der damals noch zu den Eurokommunisten zählte, wenn er meint, daß "uns für die Zukunft Konferenzen wie die gegenwärtige nicht mehr den Bedürfnissen der Epoche zu entsprechen scheinen. Da jegliche Ausarbeitung einer allen unseren Parteien gemeinsamen Strategie völlig ausgeschlossen ist, scheint es uns zweckmäßig, neue, lebendigere, flexiblere und wirksamere Formen kollektiver Begegnungen zu suchen, die eine gründliche, offene und direkte Diskussion dieses oder jenes aktuellen Problems erlauben und die nicht notwendigerweise mit der Annahme eines Dokumentes abgeschlossen werden"[244].

Zwar hatten beide Seiten, die moskauhörigen und die, wie sie Timmermann nennt[245], Autonomisten, sich Zugeständnisse gemacht, es stellte sich aber nach der Konferenz sofort heraus, daß alle sowjetischen Konzessionen null und nichtig waren und es ihr nur darauf angekommen war, möglichst viele kommunistische Parteien, und dazu gehörte in Ost-Berlin erstmals nach 20 Jahren auch der BdKJ, wieder an einem Tisch zu versammeln.

Ungeachtet des beschönigenden, zu allgemein gehaltenen Schlußdokuments traten schon während der Konferenz in den Reden der Parteiführer, erst recht in den Kommentaren nach Abschluß der Konferenz, die Divergenzen deutlich hervor. Die Unterschiede im Selbstverständnis der verschiedenen KP sind dabei wesentlich breiter, die Gräben tiefer, als Timmermann feststellte[246].

Der Führungsanspruch der KPdSU auf organisatorischer und ideologischer Ebene wurde nämlich von einer Reihe KP rundweg abgelehnt, die sowjetische Partei sogar kritisiert.

So sprach Tito bei der Frage der Organisation von der Notwendigkeit, verschiedenartige und neue Formen der Zusammenarbeit der kommunistischen Parteien zu verwirklichen, da die bisherige historische Erfahrung die Unhaltbarkeit des Vorschreibens allgemeingültiger Rezepte zur Lösung der komplizierten Aufgaben der Gegenwart eindeutig erwiesen habe[247].

Berlinguer pflichtete Tito bei, als er ausführte, für seine Partei stehe fest, daß die gegenwärtige Situation der internationalen Arbeiterbewegung und die Beziehungen zwischen den kommunistischen Parteien das Aufgeben nunmehr überholter Methoden verlange[248].

Marchais vertrat die Position des "Sozialismus in den Farben Frankreichs", der nicht irgendeine Erfahrung zum Modell erheben wolle[249].

Ebenso äußerte sich Carillo: "Jahrelang war Moskau, wo unsere Träume begannen, Wirklichkeit zu werden, unser Rom. Wir sprachen von der Großen Sozialistischen Oktoberrevolution, als wäre sie unsere Weihnacht. Das war unsere Kinderzeit. Heute sind wir erwachsen". Und er forderte die Anerkennung der Vielfalt der nationalen Wege und Formen des Sozialismus[250].

Man blieb aber nicht bei der Organisationsform stehen. Nicht nur der erzwungene Internationalismus wurde abgelehnt, sondern auch das Wort "proletarisch", das vielen KP, vor allem Westeuropas, zu eng geworden ist[251]. Die Bewegung, die die Werktätigen und Völker erfaßt hat, die für ihre gesellschaftliche und politische Befreiung kämpfen, geht, so Berlinguer, "über die kommunistischen Parteien hinaus"[252].

So sah auch Marchais in der demokratischen Veränderung, im Sozialismus selbst, "die übergroße Mehrheit unseres Volkes umfaßt". Und er wies darauf hin, daß der XXII. Parteitag der FKP deshalb auf den Begriff "Diktatur des Proletariats" verzichtet habe[253].

Und der Generalsekretär der Spanischen KP vertrat die Überzeugung seiner Partei, wonach "der Kapitalismus ein Stadium erreicht hat, in dem die materiellen Grundlagen für den Sprung in die sozialistische Gesellschaft herangereift sind, in dem das Bewußtsein von der Notwendigkeit des Sozialismus nicht nur von der engen proletarischen Vorhut beansprucht wird, die dieses Bewußtsein in anderen Epochen monopolisiert hatte, sondern der Gesamtheit der Kräfte der Arbeit und der Kultur, von sehr breiten sozialen Kreisen"[254].

Als Ergebnis der Abkehr von der Diktatur des Proletariats finden wir die Anerkennung der bürgerlichen, pluralistischen Demokratie, ohne Einparteiensystem, bei Achtung der "formalen" Freiheiten, die nach Carillo keine Errungenschaft der Bourgeoisie, sondern des einfachen Volkes, der Volksmassen sind[255].

Die Freiheit der Persönlichkeit und die allseitige kreative Entfaltung der Menschen wollte auch Tito gewährleistet sehen[256].

Carillo sah eine besondere Problematik der kommunistischen Parteien in den entwickelten oder hochkapitalistischen Ländern, und er wußte sich hier über den europäischen Rahmen hinaus mit der japanischen KP einig[257].

Die Absage an die Führung der KPdSU ging aber noch weiter. So forderte Berlinguer eine breitere und weniger formale Aussprache über die großen theoretischen und politischen Probleme der Bewegung für den Sozialismus in der ganzen Welt. Für die italienischen Kommunisten "ist es eine offensichtliche Tatsache, daß die Weiterentwicklung des Marxismus nicht Schritt gehalten hat mit den großen Veränderungen der Wirklichkeit der gegenwärtigen Welt, mit den verschiedenen Erfahrungen im Kampf und beim sozialistischen Aufbau und mit der politischen Praxis". Und "wie es keine führende Partei und keinen führenden Staat gibt und geben kann, so ist ebenso wahr, daß auch auf theoretischer Ebene die Entwicklung des Marxismus der Mitwirkung vielfältiger Beiträge von Parteien und einzelnen anvertraut ist". Er forderte kritischen Geist, unaufhörliche Erneuerung[258].

Carillo plädierte ebenfalls dafür, daß "der wissenschaftliche Gehalt unserer Theorie sich gegenüber dem Glauben und der Mystik von der Vorbestimmung durchsetze".

Damit wurde der KPdSU auch der ideologische Führungsanspruch entrissen. Im Schlußdokument tauchte entsprechend, und das ist von großer Bedeutung, die Formel Marxismus-Leninismus nicht auf, sondern es ist nur die Rede von der "freiwilligen Zusammenarbeit und Solidarität auf der Grundlage der großen Ideen von Marx, Engels und Lenin"[259].

Der nächste logische Schritt war aber damit die Neudefinition des "Antikommunismus". Von der Sowjetunion bisher mit Antisowjetismus gleichgesetzt, war dieser Begriff ein Instrument der Einschüchterung kritischer Stimmen innerhalb der kommunistischen Parteien. Jetzt aber wurde im Schlußdokument zwar der militante Antikommunismus verurteilt (freilich nicht der Antisowjetismus, wie Timmermann richtig bemerkt[260]), ausdrücklich aber erklärt, daß die kommunistischen Parteien nicht alle, die mit ihrer Politik nicht übereinstimmten oder eine kritische Haltung ihrer Tätigkeit gegenüber einnehmen, als Antikommunisten betrachteten[261].

Damit wurde der KPdSU ein Instrument zur Verurteilung mißliebiger Strömungen aus der Hand genommen, ihre hegemoniale Stellung erschüttert.

Wie konnte es zu diesem Schlußdokument kommen? Es ist hilfreich, zur Positionsbestimmung der einzelnen kommunistischen Parteien die Kommentare, bzw. Erklärungen der Parteiführer, Generalsekretäre oder der Zentralkomitees unmittelbar nach dem Ende der Konferenz zu untersuchen unter dem Aspekt der Akzeptierung der Konferenzergebnisse.

Entsprechend dem gemeinsam verabschiedeten Schlußdokument ist das Kriterium für die Bestimmung des ideologischen Standortes die Verwendung der Begriffe "Ideen von Marx, Engels und Lenin" sowie "internationalistische Solidarität", wobei die Begriffe "Marxismus-Leninismus" nicht erscheinen dürfen. Danach ergibt sich folgende Einteilung:

Ideen von Marx, Engels, Lenin; Internationalistische Solidarität	Marxismus-Leninismus; Proletarischer Internationalismus
KP Belgiens	BKP (Bulgarien)
KP Dänemarks	DKP (Bundesrepublik Deutschland)
FKP (Frankreich)	SED (DDR)
KP Großbritanniens	KP Finnlands
KP Irlands	KP Griechenlands
IKP (Italien)	KP Norwegens
BdKJ (Jugoslawien)	KP Österreichs
KP Luxemburgs	PVAP (Polen)
KP der Niederlande	PKP (Portugal)
KP San Marinos	KPdSU (Sowjetunion)
LPK (Schweden)	KPČ (Tschechoslowakei)
PdA der Schweiz	KP der Türkei
KPS (Spanien)	USAP (Ungarn)
AKEL (Zypern)	SEW (Berlin/West)
RKP (Rumänein)	

Insgesamt: 29 KP. Die KP Albaniens und Islands nahmen nicht an der Konferenz teil.

Die Rumänische KP nimmt insofern eine Sonderstellung ein, als sie auf der Konferenz mit den eurokommunistischen Parteien gestimmt hatte, im darauf folgenden ZK-Beschluß aber zwar der Begriff "proletarischer Internationalismus" fehlte, der des "Marxismus-Leninismus" jedoch auftauchte.

Im Gegensatz zur sowjetischen Haltung vertrat das ZK der RKP die Ansicht, daß das Treffen der kommunistischen Parteien bedeutend dazu beitrug, daß neue Prinzipien der Beziehungen zwischen den Parteien sich durchsetzten, die auf voller Gleichberechtigung und gegenseitiger Achtung, dem Recht jeder Partei, ihre politische Linie selbständig auszuarbeiten, auf Nicht-Einmischung in die inneren Angelegenheiten begründet sind[262].

Wenn beim Besuch Brežnevs im November 1976 in Bukarest in der gemeinsamen Erklärung der Begriff des proletarischen Internationalismus wieder auftauchte, so ist die Frage berechtigt, ob der Kontext der Betonung der Unabhängigkeit und Nichteinmischung wie die besondere Definition der Souveränität von rumänischer Seite aus die Gewähr dafür bieten, daß die KPdSU nicht ihre eigene Interpretation des proletarischen Internationalismus wie am tschechoslowakischen Beispiel 1968, für eine politische Aktion zugrunde legt. In der Tat scheinen heute die Beschlüsse von Berlin "für die Sowjets und ihre Getreuen", wie Viktor Meier formulierte, nicht mehr zu existieren[263].

Hier zeigt sich das rumänische Dilemma in aller Deutlichkeit. Eine kommunistische Partei kann nicht die sowjetischen Maximen der Ideologie des Marxismus-Leninismus einerseits akzeptieren, entsprechend das Organisationsprinzip des demokratischen Zentralismus für die Beziehungen der Parteimitglieder untereinander anwenden, andererseits aber den globalen Charakter eben dieser Ideologie gleichsam draußen vor der Tür lassen, nämlich "den demokratischen Zentralismus im internationalen Maßstab" (wie der Jugoslawe Grličkov den proletarischen Sozialismus nennt[264]) negieren.

Umgekehrt stellte sich heraus, daß die Negierung des proletarischen Internationalismus und damit des hegemonialen Anspruchs der KPdSU nicht möglich ist, ohne daß ihr auch die Hegemonie der Marxismus-Interpretation entrissen wird. Diese Kausalität läßt sich an der Entwicklung der Französischen kommunistischen Partei unter Marchais seit 1968 exakt nachvollziehen. Aber auch die KPF trat damit erst, wie auch die KP Spaniens unter Carillo und die italienische KP unter Berlinguer, einen Weg an, den vor ihr bereits der Bund der Kommunisten Jugoslawiens und die KP Chinas gegangen waren. Es ist die bewußte Abkehr von der bis dahin akzeptierten universalen Geltung einer Erfahrung, nämlich der Oktoberrevolution, für alle anderen Länder, ungeachtet ihrer nationalen Traditionen und industriellen und gesellschaftlichen Niveaus. Insofern ist die Erscheinung des Eurokommunismus eine Rückkehr zu den nationalen Bedingungen und nationalen Traditionen. Es ist selbstverständlich, daß die Besinnung auf die nationalen Theoretiker, wie auf Antonio Gramsci in Italien, eine Abkehr vom Leninismus bedeutet, da Lenin die spezifischen russischen Verhältnisse seinen Analysen und Entscheidungen zugrunde legte, besonders in der Frage des Parteiaufbaus, d.h. des demokratischen Zentralismus. Das bedeutet für die kommunistischen Parteien, die in westlichen Demokratien arbeiten, Abkehr von der Revolution, statt ihrer Systemüberwindung durch Strukturreformen. Wenn nicht Revolution, dann demokratische Wahlen, wenn solche Wahlen, dann ein breites Bündnis aller Kräfte, die für Strukturreformen eintreten. Die Nähe zur Sozialdemokratie ist dann nicht mehr von der Hand zu weisen, sie der umworbene Partner der KP[265].

Die ausdrückliche Bestätigung der demokratischen Freiheiten durch kommunistische Parteien, verbunden mit in den Gesellschaften des real existierenden Sozialismus selbst entstandenen Forderungen nach mehr Bewegungsfreiheit, persönlicher Sicherheit, bedeuten eine Bedrohung der Stellung der KP der Osteuropäischen Staaten im Vorfeld der Sowjetunion wie auch der KPdSU selbst[266].

Mit Absicht zitieren die jugoslawischen Kommunisten Marxens Aussage, nach der nur freie Nationen internationalistischen Verpflichtungen nachkommen können[267]. Im Gegensatz zur sowjetischen Doktrin von der Geschlossenheit und Einheit der kommunistischen Weltbewegung, wie sie Teil der Theorie des Kräfteverhältnisses ist, sind heute die Kräfte sehr selbstbewußt und stark, die die Hegemonie der KPdSU im revolutionären Prozeß in der Welt negieren und durch die Berufung auf die Errungenschaften der westlichen Demokratien, der nationalen Besonderheiten, der Entwicklung eigener Sozialismusmodelle unmittelbar das sowjetische Modell kritisieren und Kräfte fördern, die innerhalb der erstarrten Strukturen der sozialistischen Staaten, der Sowjetunion insbesondere, auf Reformen drängen.

Der Begriff der Diktatur des Proletariats wurde von den westeuropäischen KPs deshalb über Bord geworfen, weil sich die Ausschaltung eines großen Teils der Bevölkerung von der politischen Willensbildung als nicht realisierbar erwiesen hatte. Alle in dieser Richtung gestarteten Modelle einer nationalen Front oder sozialistischen Einheitsfront sind deshalb gescheitert, weil sie keine demokratischen Strukturen aufwiesen und ihr Legitimationsdefizit nicht zu überwinden vermochten.

An diesem Selbstverständnis der einzelnen kommunistischen Parteien, nämlich ihrer Ideologie, Organisationsstruktur und Legitimation, wird deutlich, wie sehr ihre Außenpolitik, ihre Außenbeziehungen insgesamt, Funktion ihrer Innenpolitik, d.h. ihrer inneren Struktur sind.

Die sowjetische Formel des proletarischen Internationalismus erweist sich, sofern sie sich den nationalen Besonderheiten und Bedürfnissen der anderen Völker überordnet, ihrerseits als Doktrin eines eigenen sowjetischen Supernationalismus.

Carillo sieht für die Sowjetunion die Gefahr, "die Macht als ein vorrangiges Ziel zu betrachten", sie neige dazu, "die Ideologie zu einem Machtinstrument zu machen, die Probleme des Klassenkampfes, des Befreiungskampfes, des Kampfes für den Sozialismus auf Weltebene aus dem Blickwinkel der Vervollständigung ihrer Macht in der weltweiten Konfrontation, in die sie hineingestellt ist, zu verstehen und den Internationalismus als einen Bestandteil ihrer Macht zu betrachten und einzusetzen". Danach versucht die SU immer noch den sogenannten "alten Internationalismus" aufrechtzuerhalten, der die kommunistischen und Arbeiterparteien nach ihrer bedingungslosen Verteidigung der Sowjetunion kennzeichnete und demzufolge "das Verhältnis zur Sowjetunion der Prüfstein des proletarischen Internationalismus" war[268].

Die internationale kommunistische und Arbeiterbewegung aber, so Carillo, ist nicht homogen, es gibt in ihr verschiedene Strömungen, "das ist eine Realität, der wir Rechnung tragen müssen"[269].

Dieser Erfahrung sind auch die Eurokommunisten selbst ausgesetzt. So zeigen sich heute, z.T. bedingt durch die unterschiedliche politische Situation, in die sich die einzelnen Parteien gestellt haben, Quasi-Regierungsbeteiligung in Italien, Konsens mit der Regierung in vielen Fragen in Spanien, Obstruktion in Frankreich, doch starke Divergenzen zwischen den eurokommunistischen Parteien. Zwar haben sich alle drei KP über die Arbeiter hinaus auch anderen gesellschaftlichen Schichten geöffnet, jedoch bewahren sich die französischen Kommunisten bisher die in einer parlamentarischen Demokratie überholte – in der Bundesrepublik durch das Grundgesetz im übrigen verbotene – Parteistruktur des demokratischen Zentralismus; außerdem verfolgen sie noch immer das Ziel des revolutionären Umbruchs der Gesellschaft und des Staates nach einem eventuellen Wahlsieg[270]. Timmermann interpretierte den Zustand der FKP 1978 noch als "tiefgreifende Identitätskrise, die eines Tages vielleicht sogar in eine tatsächliche Akzeptierung eurokommunistischer Grundprinzipien... münden könnte"[271]. Er stützte sich dabei auf Marchais' Überlegungen nach den Wahlen zur Nationalversammlung im Frühjahr 1978, in denen der KP-Chef die Niederlage seiner Partei darauf zurückführte, daß sie versäumt hatte, ihre Politik und ihre Theorie den aktuellen Bedingungen anzupassen. Inzwischen hat Marchais sein Heil wieder im völligen Einschwenken auf die sowjetische Linie gesucht.

Während auf diese Weise die FKP, da sie den Streit mit den Sozialisten unmittelbar vor den Wahlen heraufbeschwor, sich heute den Problemen konfrontiert sieht, die ihr aus der Verweigerung an der Regierungsverantwortung erwachsen, ruft bei der IKP gerade die Übernahme der Verantwortung für den Staat deren Probleme hervor[272]. Die Rolle als Ordnungsmacht führt zur Erosion in der Wählerschaft, die sich einen Umbruch erhoffte. Viele Wähler wandern zu extremen Linksparteien ab.

Diese Wandlungen, konvergente Erscheinungen zwischen IKP und KPSp, relative Isolierung bei der FKP, werden über die Lage im eigenen Land hinaus bedeutsam im Europäischen Parlament. Hier nämlich wollen die südeuropäischen Kommunisten "die wirtschaftliche und politische Integration der EG... mit dem Ziel demokratisch-sozialistischer· Transformation vorantreiben"[273].

Eine Affinität von großer politischer Bedeutung besteht auch zwischen den eurokommunistischen Parteien, der japanischen eingeschlossen, zur rumänischen Partei- und Staatsführung. Wenn die ideologische Übereinstimmung auch nur darin besteht, daß alle den Führungsanspruch der KPdSU und die Verbindlichkeit ihrer Beschlüsse für alle KP ablehnen, so muß der Konformität in einer Reihe politischer Fragen doch große Bedeutung beigemessen werden. Das Jahr 1978 sah alle Führer bzw. deren Stellvertreter eurokommunistischer Parteien in Bukarest. Marchais verbrachte einen über vierwöchigen

"Urlaub", Carillo hielt sich drei Wochen in Rumänien auf, und die Italiener schickten Pajetta und Longo zu Ceausescu[274].

Besondere Aufmerksamkeit verdient der Besuch des japanischen KP-Chefs Kenji Miyamoto in Bukarest, der zeitlich mit dem Abschluß des chinesisch-japanischen Friedens- und Freundschaftsvertrages zusammenfiel und mit ihm noch dadurch in Zusammenhang stand, daß der chinesische Parteichef Hua kuo feng einen Monat später selbst in der rumänischen Hauptstadt eintraf.

Man muß diese Verbindung der Eurokommunisten, die japanische KP inbegriffen, zur rumänischen KP als Verweigerungsfront gegenüber dem Führungsanspruch der KPdSU begreifen. Dann wird klar, wie Wolfgang Leonhard schreibt, wie sehr dadurch die sowjetische Theorie der Kommunistischen Weltbewegung in ihrer Kernthese erschüttert wird, nämlich in der Frage des Zentrums und in der Allgemeingültigkeit des Prinzips des proletarischen Internationalismus. Für die KPdSU entfällt damit ein wichtiger Faktor innerhalb der Strategie des Kräfteverhältnisses in der Welt, nämlich die Möglichkeit, die anderen kommunistischen Parteien beliebig für ihre außenpolitischen Zwecke einsetzen zu können.

Darüber hinaus wird die revolutionär-internationalistische Legitimation der Moskauer Partei, die diese sich durch das Forum der kommunistischen Weltkonferenzen bestätigen ließ, in Frage gestellt. Das kann nicht ohne Auswirkungen bleiben auch für die jungen Staatsparteien der Entwicklungsländer, die ihre ideologische Orientierung noch suchen[275].

Ein erneuter Versuch der Sowjetunion, nach der Invasion in Afghanistan die europäischen KP auf Moskauer Kurs zu bringen, stellte die KP-Konferenz im Mai 1980 in Paris dar. Durch das Fehlen der rumänischen und jugoslawischen, vor allem der italienischen und spanischen KP entbehrt diese Rumpf-Konferenz aber jeglicher Legitimation, für eine gemeinsame Bewegung zu sprechen. Der Moskauer Führungsanspruch ist, mit der Ausnahme der französischen KP, erneut und rigoroser als je zuvor, abgelehnt worden.

4.4. China

Den Beziehungen zu China und zur KPCh wird in den Rechenschaftsberichten des ZK der KPdSU regelmäßig ein Abschnitt gewidmet. Der Trennungsstrich zu China wurde auf dem XXV. Parteitag der KPdSU von Brežnev erneut deutlich gezogen. China steht demnach der sozialistischen Staatengemeinschaft und der kommunistischen Weltbewegung feindlich gegenüber. Der Maoismus wie die postmaoistische Ideologie werden von den sowjetischen Kommunisten prinzipiell und unversöhnlich bekämpft.

Dennoch erklärte sich Brežnev bereit, die Beziehungen zu China auf der Basis der friedlichen Koexistenz zu normalisieren, also auf einer Ebene, vergleichbar den Beziehungen zu den kapitalistischen Staaten: "China steht außerhalb der Welt des Sozialismus. Erst wenn es seinen feindseligen Kurs gegenüber den sozialistischen Ländern aufgibt, ist die Sowjetunion bereit, die Beziehungen auf der Basis des sozialistischen Internationalismus zu regeln"[276]. Gerade aber den darin enthaltenen Anspruch auf Hegemonie der Sowjetunion wird China nie und nimmer akzeptieren.

5. Die nationalen Befreiungsbewegungen

5.1. Die Definition

Neben der kommunistischen Weltbewegung wird die nationale Befreiungsbewegung von Šachnazarov als die bedeutendste internationale Kraft der Gegenwart angesehen[277].

Entsprechend dem Anspruch der sozialistischen Staaten, allein das Recht der Völker auf die freie Wahl der Gesellschaftsordnung, staatliche Unabhängigkeit und unumschränkte Verfügungsgewalt über die Naturschätze ihrer Länder zu vertreten, unterstützen sie die Völker, die gegen "imperialistische Aggression, Kolonialismus und Neokolonialismus kämpfen", wirtschaftlich, politisch und militärisch.

Diese Unterstützung wird bezeichnet als eine "qualitativ neue eigenartige Form des Zusammenwirkens, geboren aus der objektiven Übereinstimmung der wichtigsten Ziele der zwei mächtigen sozialen Strömungen der revolutionären Epoche[278]".

Šachnazarov legt so besonderen Wert auf die Zuordnung der nationalen Befreiungsbewegung zur kommunistischen Weltbewegung, gibt auch den Grund für das Bündnis an, sucht man aber nach einer exakten Definition dessen, was er unter dem Begriff "nationale Befreiungsbewegung" versteht, so findet man nur den Hinweis, man dürfe sie nicht mit den Staaten der drei Kontinente (gemeint sind Afrika, Asien und Lateinamerika) identifizieren, und ihre komplizierte Klassenbasis hindere sie nicht", unter den heutigen Bedingungen als gesonderte gesellschaftspolitische Kraft aufzutreten"[279].

Šachnazarovs definitorische Lücke spiegelt nur die allgemeine Schwierigkeit wider, der die sowjetischen Politologen ausgesetzt sind, die nationalen Befreiungsbewegungen in das marxistisch-leninistische System des internationalen Klassenkampfes zu integrieren, um auch über sie ihren Führungsanspruch geltend machen zu können.

Geschockt durch offenkundige Fehlschläge der sowjetischen Außenpolitik gegenüber Entwicklungsländern, wie in Ägypten und Somalia, sehen sich die sowjetischen Autoren zu größerer Differenzierung und genauer Untersuchung der einzelnen nationalen Befreiungsbewegungen und Entwicklungsländer veranlaßt. Inzwischen ist die Diskussion um diesen einflußreichen Faktor innerhalb des "Kräfteverhältnisses in der Welt" in vollem Gange. Daß der südamerikanische Kontinent zwar neben Afrika und Asien auch genannt wird, in den konkreten Untersuchungen die Autoren sich aber auf die beiden letzteren konzentrieren[280], liegt wohl daran, daß hier kein Volk durch eine Kolonialmacht bis vor kurzem ausgebeutet worden war (die Kompanien wurden nicht immer mit den USA gleichgesetzt), sondern eine Symbiose zwischen spanischen Eroberern, afrikanischen Sklaven und amerikanischen Ureinwohnern entstanden ist.

Dem Faktor "nationale Befreiungsbewegung" und "Entwicklungsland" kommt innerhalb des Kräfteverhältnisses, das sich nach sowjetischer Auffassung zwischen Sozialismus und Imperialismus herausgebildet hat, besondere Bedeutung zu, weil hier schon in nuce die Entwicklungsrichtung einer Gesellschaft und ihrer Produktionsweise besonders günstig beeinflußt werden können und auf dem als gesetzmäßig angenommenen Weg zum Sozialismus eine ganze Epoche übersprungen werden kann. Marx selbst hat sich, gestützt auf die Forschungen russischer und westeuropäischer Wissenschaftler[281], auf die Anfrage russischer Revolutionäre dahingehend geäußert, daß Rußland unter bestimmten Bedingungen die kapitalistische Entwicklung überspringen könne[282].

Entsprechend wurde diese Möglichkeit von den sowjetischen Philosophen als "nicht-kapitalistischer Weg der Entwicklung" bezeichnet. Dieser Begriff wurde aber, angesichts der gesellschaftlichen Entwicklung Ägyptens und Algeriens, seit dem 50. Jahrestag der Oktoberrevolution 1967 ersetzt durch den Begriff der "sozialistischen Orientierung"[283], den 1969 auch die Internationale Konferenz der Kommunistischen und Arbeiterparteien übernahm[284]. In den Arbeiten von Ul'janovskij und Brutenc, den Leitern der Abteilung für Entwicklungsländer beim ZK der KPdSU, fand diese Neuorientierung ihren Niederschlag[285].

Bonwetsch hat in einem vielbeachteten Aufsatz die Schwierigkeiten der sowjetischen Historiker und Politologen dargelegt, einerseits die Rolle der Arbeiterklasse in der Oktoberrevolution zu betonen, andererseits dieselbe Revolution aufgrund der ökonomischen Rückständigkeit und Vielschichtigkeit (mnogoukladnost') Rußlands als Modell "für die Dritte Welt verwendungsfähig zu machen", was sie offenkundig überforderte[286].

Denn das russische Revolutionsmodell "kann nicht den Bedürfnissen rückständiger Länder Rechnung tragen, ohne daß sich die Industrieländer seiner Reichweite entziehen; umgekehrt läßt sich die sozialistische Revolution nicht an objektiven Kriterien kapitalistischer Reife binden, ohne daß die Dritte Welt herausfällt"[287].

Eine Kritik der Position, die den Begriff der nationalen Befreiungsrevolution übermäßig weit ausgelegt und ihr fast sozialistische Qualität zugeschrieben hatte, ließ auch nicht lange auf sich warten. Wieder waren es Brutenc und Ul'janovskij, die nun betonten, bürgerlich-demokratisch sei diese Revolution ja auch nicht, denn sie könne bereits Aufgaben lösen, die sonst in der ersten Etappe der sozialistischen Revolution vollzogen wurden, etwa die Agrarreform, ja sie könne deshalb schon einen Schritt auf dem Weg zum Sozialismus bedeuten[288]. Die sowjetischen Soziologen (Ul'janovskij) mögen nach einer neuen Interpretation suchen, sie bleibt bestimmt von der politischen Absicht, die Dritte Welt als politische Kraft dem Sozialismus zuzuordnen. Schon zum XXIV. Parteitag 1971 hieß es, in der Gegenwart ergebe sich die Möglichkeit, die verschiedenen "Kräfte des revolutionären Prozesses in einem Strom zusammenzufassen", der fähig sei, das "System der Ausbeutung zu beseitigen". Und die Lösung antiimperialistischer, antikapitalistischer und antifeudalistischer Aufgaben zeige eine "bisher nicht dagewesene Annäherung und Verflechtung"[289]. Zum XXV. Parteitag 1976 hieß es dann, "die Siege der nationalen Befreiungsbewegung eröffnen den Ländern, die um ihre Unabhängigkeit kämpfen, neue Horizonte", und "neue progressive Wandlungen gingen im wirtschaftlichen und politischen Leben der arabischen, afrikanischen und asiatischen Länder der sozialistischen Orientierung vor sich"[290].

Und ZK-Sekretär Zimjanin präzisierte den Anspruch der Sowjetunion und der sozialistischen Gemeinschaft, "als erster Verbündeter aller revolutionären Kräfte der Gegenwart" aufzutreten[291].

Sumbatjan scheiterte noch beim Versuch, die bisherige Diskussion zu einem neuen Ergebnis weiterzuführen. Die Feststellung, über die Frage nach dem Inhalt des nicht-kapitalistischen Weges gebe es keine einheitliche Meinung sogar in der zeitlichen Erstreckung, ob nur Etappe oder ganze historische Periode, sowie der Aufreihung der verschiedenen Formen einer nichtsozialistischen Revolution, münden nur in die Ablehnung der Ansicht Simonijas, in den meisten Ländern des Ostens habe die sozialistische Orientierung keine Erfolgsaussichten[292].

Dagegen legte Ul'janovskij zum gleichen Zeitpunkt eine differenzierte Analyse über die Beziehungen der Sowjetunion zu den Entwicklungsländern vor, die auch zu neuen Ergebnissen kommt[293].

Die historische Erfahrung eines nicht-kapitalistischen Entwicklungsweges von der Feudalgesellschaft zu einer sozialistischen Gesellschaft liegt bisher nur in den Ländern vor, die dem sozialistischen Weltsystem angehören, so in den mittelasiatischen Republiken der UdSSR, in der Mongolischen Volksrepublik. Ein besonderes Merkmal dieser ersten historischen Erfahrungen ist aber, darauf weist Ul'janovskij hin, daß diese Länder sich im unmittelbaren Wirkungsbereich der Oktoberrevolution befanden, daß sie sich auf die direkte staatliche Hilfe der Sowjetunion stützten, ihre Armee, ihren Staatsapparat in Anspruch nahmen und von Politikern und von politischen Parteien geführt wurden, "die sich von der marxistisch-leninistischen Lehre leiten ließen"[294].

Daß diese Länder diesen Weg gehen konnten, verdanken sie weiter der territorialen Nähe zum revolutionären Rußland, den traditionellen Verbindungen zu ihm und der relativen Isolierung von den imperialistischen Staaten[295].

Daß aber Entwicklungsländer, die außerhalb der Grenzen des sozialistischen Weltsystems liegen, den nicht-kapitalistischen Entwicklungsweg gehen können, ist eine qualitativ neue Erscheinung. Sie wurde erst möglich durch die Veränderung des Kräfteverhältnisses in der Welt, in der das sozialistische Weltsystem, besonders die Sowjetunion, in der Lage sind, diesen Ländern aktive Hilfe zu leisten und deren Entwicklungsweg wirksam zu verteidigen. Die befreiten Länder tragen umgekehrt durch den eingeschlagenen nicht-kapitalistischen Weg selbst wieder zur weiteren Veränderung des Kräfteverhältnisses in der Welt zugunsten des Sozialismus bei.

Unter nicht-kapitalistischer Entwicklung darf man sich keineswegs sozialistische Umgestaltungen vorstellen. Dazu fehlen in den meisten Ländern Asiens und Afrikas offenkundig die objektiven Voraussetzungen[296]. Der Begriff des nicht-kapitalistischen Weges ist nur unter den Aspekten der Bipolarität und Irreversibilität zu begreifen. Denn nur, wenn ausschließlich eine Entwicklung in Richtung Kapitalismus oder Sozialismus denkbar ist, kann eine gesellschaftliche und staatliche Entwicklung, die auf Züge des entwickelten Kapitalismus bewußt verzichtet, schon in Richtung Sozialismus tendierend interpretiert werden. Nur unter dieser Prämisse wird der nicht-kapitalistische Weg zur sozialistischen Orientierung. In der Tat gebraucht Ul'janovskij die beiden Begriffe synonym[297]. Der Faktor der Irreversibilität wird dadurch bestärkt, daß der Prozeß der nationalen Befreiung prinzipiell nicht umkehrbar ist[298].

So plagt die sowjetischen Wissenschaftler nicht die Sorge, die heutigen Entwicklungsländer könnten letzten Endes, nach einer Phase der kapitalistischen Entwicklung, den Sozialismus verpassen, ihm sind sie auf jeden Fall verfallen, es geht ihnen vielmehr darum, die Entwicklungsländer diese Phase erst gar nicht antreten, sondern den Kapitalismus überspringen zu lassen.

Ul'janovskij beruft sich auf Entschließungen des II. Kongresses der Kommunistischen Internationale von 1920, die später, im IV. und VI. Kongreß, weiter entwickelt worden sind. Daraus leitet er folgende Erklärung ab:

– In voller Übereinstimmung mit dem wissenschaftlichen Sozialismus muß die Auffassung abgelehnt werden, nach der die Völker der ökonomisch rückständigen Länder den Sozialismus nur über ein kapitalistisches Entwicklungsstadium erreichen können,

– Die befreiten Länder können sich in Richtung Sozialismus entwickeln in der Etappe allgemeindemokratischer, antiimperialistischer und antifeudalistischer Umgestaltungen, das bedeutet auch Enteignung der ausländischen Firmen und der nationalen Bourgeoisie. Da sich noch nicht die unmittelbare Führung der Arbeiterklasse herausgebildet hat, stützt sich diese Entwicklung auf proletarische und halbproletarische Massen,

– Schlägt ein Land den sozialistischen Weg ein, müssen relativ günstige objektive und subjektive innere und äußere Bedingungen gegeben sein,

– Garant für den Sieg des Sozialismus in einem Entwicklungsland kann, mangels Basis, nur die sogenannte nationaldemokratische Führung sein. Im Laufe dieses Weges soll dann die schrittweise Annäherung an den wissenschaftlichen Sozialismus erfolgen,

– Das Wesen dieses revolutionären Prozesses liegt darin, daß auf diese Weise, ohne kapitalistische Entwicklung, die materiell-technische Basis und die soziale Struktur zum Aufbau des Sozialismus geschaffen werden sollen. Das geht nur unter Anwendung der Prinzipien des wissenschaftlichen Sozialismus[299].

Diese Erklärung ist jedoch nur das eine Bein der Konstruktion "nichtkapitalistischer Entwicklungsweg" bzw. "sozialistische Orientierung". Das andere, das Standbein, wird dargestellt durch die Existenz des sozialistischen Weltsystems und das veränderte Kräfteverhältnis in der Welt. Nur dieses "verhindert die Herausbildung eines Staatskapitalismus wie im 19. Jahrhundert"[300] und erlaubt diese Sonderentwicklung.

Dieses Modell wurde erstmals in den mittelasiatischen Republiken der Sowjetunion und der Mongolei durchgespielt. Hier führten freilich Kommunisten die sozialistische Entwicklung durch. Außerhalb des sowjetischen Einflußbereichs verdient aber auch jeder Versuch eines Landes ohne marxistisch-leninistische Führung, der die kapitalistische Entwicklung abbrechen oder vermeiden möchte, die volle Unterstützung der kommunistischen Bewegung.

Die Umgestaltung geht aber in jedem Fall von der Führung aus, von den staatlichen Organen. Sie steht vor der Aufgabe, die Unabhängigkeit zu festigen, für den Aufschwung der nationalen Wirtschaft zu sorgen, soziale Fortschritte zu erzielen. Demokratischer Fortschritt bedeutet dabei eine Gesetzgebung, die das Einkommen umverteilt und dem Staat zunehmend Entscheidungsbefugnis über die nationale Wirtschaft einräumt.

Im Innern bedeutet das, Entwicklungsprozesse in Gang zu setzen, die sowohl das Dorf von den feudalistischen, kasten- oder stammesmäßigen Abhängigkeiten befreien, als auch in der Industrie Veränderungen durchzuführen. Zentren der gesellschaftspolitischen Veränderungen sind meist die Städte. Von ihnen aus wird der Klassenkampf geführt, die sozialistische Entwicklung angesteuert, Sozialismus materiell vorbereitet. Auch in dieser Etappe ist also die Frage nach dem Entwicklungsweg, so Ul'janovskij, eine Frage der Macht und wird durch den Ausgang des Klassenkampfes im jeweiligen Land entschieden[301].

Wirtschaftliche Unabhängigkeit für Entwicklungsländer bedeutet nach sowjetischer Auffassung in erster Linie weitgehende Beseitigung ausländischer Einflüsse, d.h. Erringung relativer ökonomischer Selbständigkeit. Sie darf jedoch nicht gleichgesetzt werden mit der Beseitigung des Unterschiedes zwischen ihrem ökonomischen Entwicklungsniveau und dem der industriell fortgeschrittenen Länder[302].

Wirtschaftliche Unabhängigkeit bedeutet demnach:

1. Aufbau einer relativ entwickelten, verzweigten Wirtschaft, die im nationalen Rahmen die notwendige Akkumulation und erweiterte Reproduktion von Konsumtionsmitteln sichert,

2. Schrittweisen bedeutenden Abbau des ungleichgewichtigen Handels,

3. Durchsetzung einer prinzipiell neuen Stellung des Landes im System der internationalen Arbeitsteilung auf dieser Basis, unterstützt durch das sozialistische Weltsystem.

"Es geht also um die relative wirtschaftliche Selbständigkeit eines schwach entwickelten Landes unter den spezifischen Bedingungen des Kampfes zwischen zwei Weltsystemen"[303].

Es ist dabei eine Utopie, sich von Überresten der Dorfgemeinschafts- und Stammesordnung Impulse für eine sozialistische Entwicklung zu versprechen. Real aber ist die Hilfe, die das sozialistische Weltsystem den jungen Staaten leistet und sie verteidigt. Erst durch diese Unterstützung wird dann der nichtkapitalistische Weg möglich. Ul'janovskij nennt diese Wechselbeziehungen die strategische Linie "der Zusammenarbeit, gegenseitigen Hilfe und Einheit im Kampf gegen den gemeinsamen Feind"[304]. Konkret ausgedrückt heißt das, daß für ein Entwicklungsland die außenpolitische Haltung der positiven Neutralität und Nichteinmischung nicht mehr genügen!

Die nicht-kapitalistische Entwicklung ist also eine historische Übergangsetappe, in der die Entwicklungsländer "an die Schwelle des Sozialismus" herangeführt werden sollen. "Dieser Weg ist keine Tageslosung und kein zeitlich begrenzter politischer Schachzug, sondern eine revolutionäre Strategie für eine ganze historische Epoche, ... des Übergangs zum Sozialismus"[305].

Doch auch Ul'janovskij muß erkennen, daß dieser idealtypischen Entwicklung in der Praxis Hindernisse entgegenstehen. Sie resultieren in erster Linie aus dem Widerspruch zwischen politischer Orientierung und ökonomischen Möglichkeiten eines Entwicklungslandes.

So stellt der ökonomische Fortschritt zwar die Hauptaufgabe dar, andererseits fördert nicht jedes ökonomische Wachstum die Bewegung in Richtung Sozialismus. Einerseits müssen deshalb die (noch vorhandenen) privaten unternehmerischen Investitionen gelenkt und kontrolliert werden, andererseits ist der Staat auf die Erfahrung, Organisation und das Potential des privaten Sektors direkt angewiesen. Im Ergebnis zwingt das erwünschte schnelle Wachstum sogar, den privaten Sektor zu erweitern.

In krassem Gegensatz dazu erfordert die sozialistische Orientierung des Landes, daß der staatlich-politische Überbau eine Politik durchführt, die diesen bürgerlichen Einfluß abbaut und alle Lebensbereiche von sozialistischen Elementen und Vorstellungen durchdringen läßt.

In den KP der Entwicklungsländer ist die Differenzierung inzwischen noch weiter fortgeschritten als in Moskau. Das wurde bei einem Meinungsaustausch der "Kommission für Probleme der nationalen Befreiungsbewegung in den Ländern Asiens und Afrikas" bei der Zeitschrift "Probleme des Friedens und des Sozialismus" Ende 1977 festgestellt[306].

Aus der erkannten terminologischen Unzulänglichkeit des Begriffes "nicht-kapitalistische Entwicklung" erfolgt die Hinwendung an die Praxis. Maßgebend für die Beurteilung, ob es sich um ein Land sozialistischer Orientierung handelt, ist demnach nicht mehr die Berufung der Führer auf den Marxismus-Leninismus, sondern das vom Staat verwirklichte konkrete Programm, die Maßnahmen zur Lösung herangereifter Probleme. Entsprechend sei bisher auch die Heterogenität der nationalen Befreiungsbewegungen unterschätzt und ihre Erfolge überschätzt worden.

Die Differenzierung führt überraschenderweise zur Beobachtung von Gemeinsamkeiten zwischen kapitalistischem und nicht-kapitalistischem Weg. "Unabhängig von der gewählten Orientierung", heißt es, "diktiert das Erfordernis der höchstmöglichen Entwicklung der Produktion die Ausnutzung sowohl des Staats- als auch des Privatunternehmertums". Auch in der Herausbildung des staatlichen Sektors bestehen Ähnlichkeiten, da auch in

Ländern, die sich kapitalistisch orientieren, die Schwäche der einheimischen Bourgeoisie nicht selten die führende Rolle des Staates bei der Entwicklung der Schlüsselzweige der Wirtschaft bedingt. Beide Orientierungen sind gleichermaßen interessiert, Auslandskapital zur Beschleunigung des Wirtschaftswachstums zu nutzen. Unter diesen Umständen verstärken sich sogar die Verbindungen einiger Länder sozialistischer Orientierung mit der kapitalistischen Weltwirtschaft über die Kanäle des Handels, der technischen und finanziellen Hilfe. Ein Wandel dieser Beziehungen in Richtung einer "progressiven Lösung", d.h. in Richtung Ostblock, wird nur in der allmählichen Veränderung des Charakters der Weltwirtschaftsbeziehungen gesehen[307].

Die Anwendung der Theorie der sozialistischen Orientierung eines Entwicklungslandes als Teil der sowjetischen Globalstrategie erfolgte im Falle Afghanistans. Denn hier lassen sich die in der Theorie erarbeiteten Kriterien für eine erfolgversprechende "Hilfeleistung" durch das sozialistische Weltsystem exakt nachweisen. Es sind:

1. Die territoriale Nähe zur Sowjetunion, die traditionellen Verbindungen zu ihr und die relative Isolierung vom Westen,

2. die aktive Rolle der kommunistischen Partei. Sie hat durch einen Staatsstreich die Macht übernommen, einen Freundschaftsvertrag mit der Sowjetunion geschlossen und sie anschließend um Hilfe gerufen,

3. die Rolle der Sowjetarmee. Sie allein stützt die moskauhörige Regierung und gewährleistet die Kontrolle der Kommunisten über das Land,

4. die absolute direkte Kontrolle des gesamten öffentlichen Lebens auf jeder Ebene durch die sowjetische Besatzungsmacht, die nun mit aller Härte die sozialistische Orientierung und die Einbettung des Entwicklungslandes in das sozialistische Weltsystem vorantreibt.

5.2 Die nationale Bourgeoisie

Die Differenzierung in der Untersuchung eines Entwicklungslandes erstreckt sich nicht nur auf die ökonomische Basis, sondern umfaßt auch die soziale. Als bisher nicht richtig bewertete Hindernisse zur sozialistischen Orientierung erweisen sich so bestimmte soziologische Schichten, vorrangig die Bourgeoisie, sowie der Einfluß neuer oder alter Ideologien wie Nationalismus und Religion[308].

So neigen die aufstrebenden national-bourgeoisen Elemente, Vertreter der Großbourgeoisie, die hohe Bürokratie und das Militär einiger Länder (Ägypten, Indonesien, Thailand) zur "Übereinstimmung mit dem Imperialismus", in den meisten Ländern aber besteht noch ausreichend Manövrierfähigkeit zu einer gelegentlich sogar "antiimperialistischen" Politik (Indien, Irak, Syrien, Philippinen). Sie äußert sich in sozialen Reformen und Zugeständnissen an die Arbeitenden. Auf die nationale Bourgeoisie zu verzichten wäre deshalb unrealistisch angesichts ihres Bemühens, mit kapitalistischen Methoden einen Ausweg aus der Sackgasse zu suchen, in die der Einfluß der Monopolgesellschaften die sich befreienden Länder hineingetrieben hat. Das ist auch deshalb richtig, als in Ländern wie Pakistan, Philippinen, Singapur, Bangla Desh, Sudan, Tunesien, Marokko und Kenia die Kräfte der Arbeiterklasse, die eine definitive revolutionäre Lösung im antifeudalistischen und antiimperialistischen Kampf anstreben, noch nicht in der Lage sind, die sozialen Befreiungsprozesse in ihren Ländern anzuführen. Sie müssen ein Bündnis mit der Bourgeoisie, besonders ihrem linken Flügel, eingehen und sie stärker radikalisieren.

In den Ländern des tropischen Afrika, im arabischen Osten ist das nationale Kapital so schwach ausgebildet, daß man noch nicht einmal von der Macht der eigentlichen nationalen Bourgeoisie sprechen kann, sondern von den bürgerlichen Tendenzen der herrschenden Zwischenschichten. Oft treiben die "allgemein-nationalen Ziele mit antiimperialistischem Charakter" und die sozialen Widersprüche im Lande sie zur Radikalisierung, zur Verkündung sozialistischer Ideen wie in Libyen, Sierra Leone, Somalia, Madagaskar, Mauritius und schon früher in Tansania.

Die Rolle der Armee darf nicht unberücksichtigt bleiben, denn innerhalb von 15 Jahren (1960–1975) gab es in den Entwicklungsländern 90 Militärrevolten oder Putschversuche. Zu Beginn des Jahres 1975 befanden sich mehr als 20 Staaten Afrikas (von 46) unter Militärregimes.

Der staatliche Apparat ist dabei nicht immer von klassenmäßigen Organisationen direkt abhängig. In vielen afrikanischen Ländern fehlen diese sogar oder sind erst im Entstehen begriffen. So entstehen neue Staatsformen, in denen die Militärs bei der Entwicklung der Gesellschaft eine führende Rolle spielen[309].

Nicht selten entwickeln sich die Militärregimes in "progressiver" Richtung, d.h. gehen zu neuen politischen Organisationen der Gesellschaft über, die zur Vertiefung sozial-ökonomischer Reformen führen, so in Ägypten (unter Nasser), Algerien, Birma, in den letzten Jahren im Irak, Syrien, Somalia, Äthiopien, Benin, Kongo, Nigeria u.a. Im Laufe der Zeit nehmen diese Regimes zwar konstitutionelle bürgerliche Formen an, die entscheidende Macht bleibt aber bei der herrschenden Militärgruppe. Diese Entwicklung führt freilich zu einem Prozeß der Entfremdung der staatlichen Macht, zur fast autonomen Existenz und scheinbar selbständigen Rolle der Armee als wirklichem Inhaber der staatlichen Macht in ziviler oder militärischer Form.

In der afro-asiatischen Variante am Ende des XX. Jahrhunderts tritt so das Phänomen des "antiimperialistischen Bonapartismus" auf, an dessen Spitze die militärische Intelligenz, die "demokratische" Kleinbourgeoisie stehen, während als Ergebnis der unentwickelten Klassenstruktur und der mangelnden Herausbildung politischer Parteien einer bürgerlichen Gesellschaft die Armee, d.h. das antiimperialistische, progressive Offizierskorps, unterstützt von der Masse der Soldaten, die Rolle des politischen Führers der sich herausbildenden Nation und des Staates übernimmt. Diese aktiven Militärs als nationale Revolutionäre, die auf der antiimperialistischen Woge an die Macht gekommen sind, um die imperialistische und neokolonialistische Herrschaft abzuschütteln, die Monarchie zu vertreiben, die Feudalordnung abzuschaffen und den Weg zum sozialen Fortschritt zu öffnen, "unterstützt die sozialistische Welt tatkräftig nicht nur durch außenpolitische Hilfe, sondern auch durch das überzeugende historische Beispiel der Rolle und Bedeutung einer revolutionären Diktatur in der Übergangsperiode zur Gesellschaft des sozialen Fortschritts".

Hier versteigt sich Ul'janovskij tatsächlich zur Beschränkung auf den kleinsten Nenner, auf den er russische Revolution und Militärdiktatur in einem Entwicklungsland bringen kann, den der Erziehungsdiktatur. Ul'janovskij weist, diesen Gedanken vor Augen, darauf hin, daß der Weg der sozialistischen Orientierung Ägyptens (1960–1971), Ghanas, Malis, Guineas, Tansanias und einer Reihe anderer Länder kein unmittelbares Ergebnis eines Militärputsches war, sondern einer der Varianten der Zwischenkräfte, die ihre politische Aktivität mit einem traditionellen, national-reformistischen Programm begonnen hatten und im Folgenden von dessen Ungenügen zur Durchsetzung der Unabhängigkeit und des sozialen Fortschritts überzeugt waren.

Ul'janovskij nennt aber auch Beispiele der reaktionären Rolle der Armee in eben den 10–15 Jahren, so in Indonesien, Ghana, Sudan und Bangla Desh. Die Verschärfung des Klassenkampfes in diesen Ländern, begleitet von Fehlern, die die revolutionär-demokratischen Elemente zugelassen haben, die Schwäche der progressiven politischen Führung in der Armee, der Einfluß imperialistischer Kräfte, die mangelnde Einigkeit der antiimperialistischen und antireaktionären Front, aber auch taktische Mißerfolge der marxistisch-leninistischen Partei führten dazu, daß in diesen Ländern das Vorrücken auf dem Wege des sozialen Fortschritts gebremst wurde; in manchen (Indonesien) siegte zeitweise die Reaktion, in anderen wurde die Einheit der antiimperialistischen Front ernstlich gestört (Ghana, Mali, Sudan, Bangla Desh).

5.3. Der Nationalismus

Der Gegensatz zwischen Nationalismus und Internationalismus ist noch nicht einmal in den sozialistischen Ländern zugunsten des letzteren überwunden, wie groß muß der Einfluß des Nationalismus erst in den Staaten sein, die ihre nationale Identität gerade erst gefunden haben bzw. noch auf dem Wege dazu sind.

So trifft man auf die unterschiedlichsten Ausformungen des Nationalismus. Der "antiimperialistische Nationalismus" überwiegt, nach sowjetischer Auffassung, in der gegenwärtigen Periode. Er tritt dabei gesetzmäßig auf und setzt in den Volksmassen, besonders bei den Bauern und Zwischenschichten, große Potenzen in Bewegung, da er vom Nimbus des langjährigen ungleichen Kampfes gegen die ausländische Beherrschung umgeben ist. Dabei verbindet er sich gerne mit religiösen Emotionen, Religionen (Islam, Buddhismus) und tradierten moralischen Wertvorstellungen.

Dennoch ist die Periode des Nationalismus letzten Endes kleinbürgerlich. Sogar bürgerlicher Nationalismus wird konstatiert in feudalistischer und semifeudalistischer Form im Jemen, den Emiraten am Persischen Golf, Afghanistan bis zum republikanischen Umsturz, die kurdische Bewegung im Irak und der separatistische Nationalismus Biafras in Nigeria. Das Spektrum reicht also von der Progressivität in einer Etappe zum Konservatismus in einer anderen, vom Nationalismus der patriarchalisch, in Stämmen sich formenden Rasse, die den bewaffneten Kampf gegen die Kolonialmacht geführt hat (Angola, Mozambik, Guinea-Bissau) bis zum National-Reformismus, der die Übereinstimmung mit der Bourgeoisie suchte und die antiimperialistische Spitze in der Innen- und Außenpolitik verlor (VAR nach Nasser, Tunesien, Senegal, Zaire, Kenia).

Die Ursachen für die unterschiedliche Struktur der den Nationalismus tragenden Schichten werden darin gesehen, daß fast alle jungen Staaten, die sich z.B. in Afrika als Ergebnis des antikolonialen Kampfes herausbildeten, ihre Souveränität erhalten haben, bevor sich eine einheitliche Nation geformt hatte[310].

Ein Transformationsprozeß läuft nach der staatlichen Selbstbestimmung an in Richtung des Aufbaus einer nationalen Wirtschaft, Verteidigung der ökonomischen Unabhängigkeit. Mit ihm entwickelt sich der bürgerliche Nationalismus, um aus der Ideologie des Kampfes für politische Unabhängigkeit zur Ideologie der nationalen und sozialen Erneuerung und der Rekonstruktion der alten Gesellschaft auf kapitalistischer Grundlage zu werden. Zur Position des offenen Kapitalismus hat diese Entwicklung freilich in noch fast keinem Entwicklungsland geführt. Daneben entstand als einflußreiche Variante des bürgerlichen Nationalismus eine nationale Ideologie, die in sozialistische Formen gekleidet ist.

Aber auch ein antiimperialistischer Nationalismus patriotischer Gruppen der nationalen Bourgeoisie ist anzutreffen; diese beherrscht, im Gegensatz zur Großbourgeoisie, die mit dem ausländischen Kapital zusammenarbeitet und der eigenen mittleren und kleinen Bourgeoisie den Weg nach vorn versperrt, den inneren Markt, etwa in Indien, Pakistan, Malaysia, Thailand, den Philippinen, Sri Lanka.

Es gibt den "kompradorischen Nationalismus" der neuen mittleren Bourgeoisie, die durch den Handel entstand, über Kapital verfügt und mit der neuen bürokratischen Bourgeoisie fest verbunden ist, eine Konstellation, die sich erst herausbildete, nachdem die Staaten ihre Unabhängigkeit erlangt hatten (VAR nach Nasser).

Charakteristisch für bourgeoisen oder feudalistischen Nationalismus aller Ausprägung ist die Kultivierung der alten Stammesclan-Interessen, des religiösen, ethnischen oder rassischen Fanatismus; dazu der Argwohn gegenüber den sozialistischen Ländern und verbreitete Illusion über die Wandlung der Natur des Imperialismus, die Ignorierung der Notwendigkeit des antiimperialistischen Kampfes und des Bündnisses mit der sozialistischen Gemeinschaft, das Bestreben, die Vorstellung über die Teilung der heutigen Welt in kapitalistische und sozialistische Länder durch Überlegungen über "reiche und arme Nationen" zu ersetzen. Das führt zur Feindschaft gegenüber der Theorie des wissenschaftlichen Sozialismus, der sozialistischen Gemeinschaft, zur Verfolgung der "Demokraten" und Kommunisten.

Wenn Ul'janovskij schreibt, der antikommunistische Nationalismus sei oft verbunden mit Antisowjetismus, so umschreibt er damit die Tatsache, daß oft gerade aus der Erfahrung der sowjetischen Hilfe (Ägypten, Somalia, Sudan, Guinea, Afghanistan) erst Antisowjetismus entstand und in der Folge Antikommunismus.

Ein wichtiger Zug des aktuellen bürgerlichen Nationalismus liegt darin, daß er jetzt nicht mehr auf die Suche nach dieser oder jener Lösung der nationalen oder kolonialen Frage aus ist, sofern diese Fragen bei der Erlangung der staatlichen Souveränität gelöst wurden. Er geht einher mit einer bestimmten sozialen und ökonomischen Plattform, so in Malaysia, den Philippinen, Singapur, Pakistan u.a. Ländern Süd- und Südostasiens. Die Staaten führten Reformen bürgerlichen Typs auf den Gebieten der Agrarstruktur, der Industrie, des Binnen- und Außenhandels und der Finanzen durch. Auch die Länder der nicht-sozialistischen Orientierung Afrikas gingen diesen Weg bürgerlich-demokratischer Reformen.

111

Die Ölstaaten (Saudi-Arabien, Iran, die Emirate des Persischen Golfs) und Indonesien negieren, als gefährlicher Nationalismus der herrschenden Ausbeuterklassen, die Bedeutung des Klassenkampfes, des Imperialismus als Hauptgefahr und ignorieren die Interessen und Rechte der Arbeitenden. Ihr Nationalismus basiert auf offenem Antikommunismus, oft Antisowjetismus.

Wenn auch der Gedanke im Prinzip richtig ist, schreibt Ul'janovskij, bei zunehmenden sozialen Widersprüchen wachse im bürgerlichen Nationalismus auch die Rolle der reaktionären Elemente, so darf doch kein Zweifel darüber bestehen, daß der demokratische Inhalt des Nationalismus der politisch unterjochten oder ökonomisch ausgebeuteten Schichten, Klassen, Volksstämme, Massen und Nationen sich zu einer neuen Kraft entwickeln wird, sobald es zur Krise des neokolonialistischen Systems kommt. Man muß also beide Tendenzen studieren und konkret feststellen, welche von ihnen in der aktuellen Periode vorherrscht, wohin sie führt, welcher Kampf zwischen diesen Tendenzen ausgetragen wird, welche Klassen diesen Tendenzen angehören und wie sie sich möglicherweise entwickeln.

Der historische Erfolg der nationalen Befreiungsbewegung der letzten 10–15 Jahre als Bestandteil des revolutionären Prozesses in der Welt besteht darin, daß unter der Vielzahl der antiimperialistischen Tendenzen sich ein radikaler revolutionärer demokratischer und linkszentristischer Flügel entwickelt und wächst, der in einer Reihe der sich befreienden Länder zur führenden Kraft des sozialen Fortschritts wird.

In der Zusammenarbeit der Marxisten-Leninisten mit dem radikalen und linkszentristischen Flügel des antiimperialistischen Nationalismus ist das stufenweise Herangehen an den gemeinsamen Kampf für die sozialistische Perspektive möglich.

Langfristig, so meint Tabor Ali, ein Vertreter der tunesischen KP, müsse es auch zu einer organisatorischen Vereinigung kommen[311]. Die Existenz einer selbständigen Partei der Arbeiterklasse (d.h. marxistisch-leninistischen KP) wird auch deshalb heute als lebensnotwendig bezeichnet. Ob dabei aber die nationalen Besonderheiten gewahrt bleiben, wie das in der Beratung der kommunistischen und Arbeiterparteien Tropisch- und Südafrikas im Sommer 1978 behauptet wurde, erscheint höchst fraglich. Im Beratungsdokument heißt es: "Auf unserem Kontinent wirken die gleichen objektiven Gesetzmäßigkeiten der gesellschaftlichen Entwicklung wie in der ganzen Welt, aber in einer Form, die den nationalen Eigenarten und den historischen Besonderheiten auf unserem Kontinent und seinen Inseln entspricht"[312].

5.4. Die Religion

Die Religion als wirksames Instrument des bürgerlichen Nationalismus wird für die Kommunisten auch deshalb zum Gegner, weil sie sich gegen das Bündnis des antiimperialistischen Nationalismus mit der sozialistischen Welt wendet.

Von den Sowjets besonders gefürchtet wird der Panislamismus, der seit Beginn der 70er Jahre zu einer starken Bewegung anschwoll, vor allem von Saudi-Arabien angeregt. Da er eine Verbindung von Staaten ist, die sich als Gegengewicht gegen die "progressive" Entwicklung einer Reihe von Staaten mit muslimischer Bevölkerung versteht, sehen die Sowjets in ihm keine Religion, sondern Klassenpolitik. "Er ist keine Vereinigung der 'östlichen Völker' im Kampf gegen den Imperialismus, wie die Panislamisten zu zeigen versuchen, sondern eine ideologische und politische Bewegung, die auf Konsolidierung der reaktionären, theokratischen muslimischen Kreise, gegen die antifeudalistische Bewegung und die Sowjetmacht ... gerichtet ist".

Im Kampf gegen ausländische Unterdrückung spielte der Islam eine progressive Rolle, denn er war die einzige Ideologie, die die Völker zur Unabhängigkeit führte. Daß aber heute der konservative Gehalt der Religion eine neue historische Bekräftigung erfahren soll, kann von "Demokraten", Antiimperialisten und progressiv Engagierten nicht akzeptiert werden, damit der soziale Fortschritt nicht aufgehalten wird. Sozialismus und Islam sind keine unversöhnlichen Feinde. Deshalb stellen die "demokratischen" Organisationen in den muslimischen Ländern in ihrer ideologischen und politischen Tätigkeit den wissenschaftlichen Sozialismus dem Islam nicht entgegen, sondern betonen, daß sich die Beachtung der traditionellen moralischen, sozialen egalitären Züge des Islam durchaus mit dem Kampf für den sozialen Fortschritt vereinbaren läßt und daß, im Gegenteil, gerade die Kreise und Klassen, die am entschiedensten gegen den Sozialismus Stellung beziehen, die sozialen und ethischen Ziele des Islam grob verletzen. Das wurde in den letzten Jahren in Somalia (vor Abzug der Russen), in der VDR Jemen, Algerien, Irak und anderen muslimischen Staaten der sozialistischen Orientierung gezeigt, wo es den revolutionären Demokraten wiederholt gelang, panislamische Fanatiker bei ihrer konterrevolutionären Agitation aufzudecken.

Im Kampf der demokratischen und fortschrittlichen Kräfte gegen den reaktionären Nationalismus und Panislamismus ist also ein festes Bündnis mit Kreisen der Gläubigen möglich, die auf den Positionen des Antiimperialismus und Patriotismus stehen.

D.h. die Sowjets akzeptieren Religion (wie in der Sowjetunion auch) im

Rahmen jedes einzelnen Staates, lehnen aber jede überstaatliche Bindung ab, sofern sie nicht sozialistisch ist, da sie ihr die Menschen ihrer unmittelbaren Beeinflussung entzieht.

Die Invasion in Afghanistan, ein muslimisches Land, bedeutete für alle Bemühungen der Sowjets, als Sprecher für die muslimischen Völker aufzutreten, einen schweren Rückschlag, da auf der Konferenz in Islamabad die Staaten des Islam die Sowjetunion scharf verurteilten, zum "Heiligen Krieg" gegen die Invasoren aufriefen.

5.5. Der nichtkapitalistische Weg

Auf diesen Punkt legt Ul'janovskij besonderes Gewicht, da die Fehlbeurteilung dieses Weges zu falschen außenpolitischen Entscheidungen der Sowjetunion geführt hat. So wendet er sich gegen die Idealisierung der nicht-kapitalistischen afro-asiatischen Länder, die die sozialistische Orientierung als Innen- und Außenpolitik wählten, durch einzelne sowjetische Historiker (Ju. G. Sumbat'jan). Der Fehler liegt nach seiner Meinung darin, daß sie die Prozesse, die in den ausländischen asiatischen Staaten aktuell ablaufen, mit den Erfahrungen der Mongolischen Volksrepublik oder der sowjetischen mittelasiatischen Republiken identifizierten. Der entscheidende Unterschied wird dabei vergessen, nämlich daß in den Ländern der sozialistischen Orientierung die nicht-kapitalistische Entwicklung von linksdemokratischen, nationalistischen, nicht aber marxistisch-leninistischen Kräften geführt wird und daß diese nicht im Rahmen eines Landes der sozialistischen Diktatur der Arbeiterklasse vor sich geht.

Dennoch besitzen die sowjetischen asiatischen Republiken Beispielcharakter, zeigen sie doch in der Praxis, daß die Umgehung des Kapitalismus möglich ist.

Die Erhebung des wissenschaftlichen Sozialismus zur offiziellen Ideologie in der Volksrepublik Kongo, Madagaskar, (Somalia), Volksrepublik Benin, Angola, Mozambik, Äthiopien, VDR Jemen zeigt die Tendenz der national-demokratischen Bewegungen zur sozialistischen Orientierung. Die Übernahme sozialistischer Inhalte ging dabei einher mit einer Devaluation des Nationalismus, es kam als Zwischenstation zur Symbiose des nationalen Sozialismus, so in Indonesien bei Sukarno, teilweise in Ägypten in den 60er Jahren, in Somalia zur Zeit Schermaks, in Tunesien, Singapur, Ceylon in der Zeit von S. Bandaranaike, Irak unter Kasem und Aref.

Da sich einige revolutionär-demokratische Parteien an die marxistisch-leninistische Theorie, an die KPdSU und die anderen kommunistischen

Parteien annähern, so die Baath-Partei, die FLN Algeriens, die kongolesische Partei der Arbeit, die Arabische Sozialistische Union zur Zeit Nassers, erscheinen diejenigen afrikanischen Staatsmänner, die am nationalen Sozialismus festhalten, als bürgerlich-nationalistische Führer. Das Bemühen L. S. Senghors, einen afrikanischen Sozialismus zu formen und zu bewahren, macht ihn in den Augen der Sowjets zum Gegner der sozialistischen Orientierung. Daß Senghor mit seiner Partei, der Progressistischen Sengalesischen Union (UPS) der Sozialistischen Internationale beitrat, sich mit dem "demokratischen Sozialismus" identifizierte und im Februar 1975, gemeinsam mit Bourghiba, in Tunis eine Konferenz afrikanischer sozialistischer Parteien einberief, rückt ihn in den Augen Ul'janovskijs in die Nähe der rechten europäischen Sozialdemokratie. Daß Senghor, im Unterschied etwa zu Boumedienne, mit der "Parti Africain de l'Indépendence" (PAI) 1976 eine prokommunistische Partei zuließ, übergeht er.

Die Länder der sozialistischen Orientierung stellen in der Zone der nationalen Befreiung, so die sowjetische Definition, die Avantgarde-Kraft dar. Dennoch bilden sich in diesen Ländern nur bedingt avantgardistische Massenparteien heraus, die die Aufgabe wahrnehmen, den revolutionären Umbruch des Landes in Richtung Sozialismus voranzutreiben. Die Parteien rechnen, die Unterstützung der sozialistischen Gemeinschaft eingerechnet, mit einem Zeitraum von 20–25 Jahren, um die angestrebte Basis zur Überwindung der sozial-ökonomischen und technischen Rückständigkeit zu schaffen. Das Modell der nicht-kapitalistischen Entwicklung soll dabei zuerst auf dem Gebiet der Volkswirtschaft entwickelt und dann auf alle Bereiche des Lebens ausgedehnt werden. Voraussetzung dafür sind ökonomische und politische Stabilität.

Wird diese Entwicklung langsam, aber stetig vorangehen, so besteht nach der 20–25-Jahres-Periode Aussicht auf eine neue Kräfteverteilung in diesen Ländern: Die aktive Rolle der Arbeitenden wird zunehmen und ihren Einfluß im linken antiimperialistischen und antikapitalistischen Block verstärken; dessen Möglichkeiten sind damit bei weitem noch nicht ausgeschöpft. Auf der Ebene der Parteien bahnt sich dann die "stufenweise Annäherung der national-demokratischen und marxistisch-leninistischen Parteien auf der Basis des wissenschaftlichen Sozialismus" an, d.h. die Marxisten schlucken die Linkssozialisten.

Nach dem Beispiel der "Nationalen Front", wie sie nach dem Kriege in den ostmitteleuropäischen Volksdemokratien einschließlich der damaligen SBZ vorgeführt wurde, sollen unter dem Argument der Effektivität die moskautreuen Parteien die noch national gebundenen absorbieren, um fortan allein den Grad der sozialistischen Orientierung zu bestimmen.

Ein Schritt auf diesem Wege wird darin gesehen, daß die Verbreitung marxistisch-leninistischer Literatur in manchen Staaten der revolutionären Demokratie gefördert wird und die Partei- und Staatsfunktionäre damit ausgebildet werden: (Somalia bis zur Abwendung von den Sowjets) Angola, Guinea, VDR Jemen, Irak, Mozambik). Verkauft wird ML-Literatur auch in Mali, Sambia, Tansania, Nigeria, Sierra Leone, Benin, einigen Ländern Zentralafrikas, Indien, Pakistan, Sri Lanka, Birma, den Philippinen in einigen Millionen Exemplaren. Andere Länder wie Algerien, Sudan, Ägypten verhindern deren Vertrieb.

Die Zusammenarbeit von kommunistischen und revolutionär-demokratischen Parteien geht zurück auf den gemeinsamen Kampf gegen die Kolonialmächte, den sie in Verbindung mit der internationalen Arbeiterklasse und den sozialistischen Staaten führten, damit aus dem neuen, "für den Sieg der Arbeitenden günstigen Verhältnis der Klassenkräfte in der Welt". Sie hat damit objektiven Charakter.

Hier wird sehr deutlich, wie eingebettet in die globale Veränderung des Kräfteverhältnisses die noch so kleinen Veränderungen in Richtung Sozialismus in den Ländern der Dritten Welt interpretiert werden. Gegentendenzen, Niederlagen der marxistischen Parteien in der für sie fremden Umwelt eines Entwicklungslandes gelten nur als temporär und ohne Einfluß auf die Generallinie.

Dennoch werden Gegentendenzen wahrgenommen. Die sowjetischen Wissenschaftler sehen sich um so mehr dazu gezwungen, als in einer Reihe Länder die ökonomische und soziale Entwicklung nicht die erwartete Richtung nahm, einige, wie Ägypten und Somalia, sich dem sozialistischen Einfluß sogar spektakulär entzogen.

Als Ursache dafür werden die neu entstandenen Zwischenschichten innerhalb der Bourgeoisie angesehen, die aus den neuen sozialen Bedingungen hervorgingen, aus der Beamtenschaft, der Armee und dem staatlichen Sektor der Wirtschaft, so in den letzten 15–20 Jahren in Ägypten, Syrien, Guinea, Tansania, Birma.

Der Ware-Geld-Verkehr zwischen den staatlichen Unternehmen und privaten Warenlieferanten des Groß-, Zwischen- und Einzelhandels, dann den staatlichen Handelsindustrieunternehmen und den ausländischen Im- und Exporteuren bringt diese Schicht hervor, denn ein Teil der Bau-, Transport-, Lieferarbeiten, auch die Dienstleistungen sind vorrangig in privater Hand. Hinzu kommen die sozialen Verschiebungen auf dem Dorf, das Aufkommen von 20–25 % wohlhabender Bauern (Kulaken), die in einer Reihe von Ländern der sozialistischen Orientierung faktisch die Produktion der landwirtschaftlichen Erzeugnisse kontrollieren. Der Staat besitzt entsprechend auf dem Dorf, im Unterschied zur Stadt, keinen entwickelten Sektor, seine regulierende Rolle fällt deshalb hier aus[313]. Dazu tritt die normale Akkumulation des Kapitals durch Spekulation mit Grundbesitz.

Als sozial gefährliche Quelle der Kapitalanhäufung wird auch die um sich greifende Korruption unter der Beamtenschaft, den Arbeitern des staatlichen Sektors und der Militärbürokratie angesehen. "Die bürokratische Bourgeoisie bildet selbst in den Ländern sozialistischer Orientierung eine Gefahr", stellen die Vertreter einiger afrikanischer KP fest[314].

Natürlich ist die neu entstandene Schicht bestrebt, ihren Einfluß zu konsolidieren, sucht deshalb Verbindung zur vorher enteigneten Bourgeoisie und den Grundbesitzern und will auf jede Weise das Land in Richtung der kapitalistischen ökonomischen Entwicklung treiben. Das aber bedeutet in sowjetischen Augen Verhinderung des Kampfes der beiden Entwicklungswege.

Die afrikanischen Kommunisten leiten die Legitimation ihrer Funktion gerade daraus ab, daß die revolutionären Demokraten, die an der Spitze der Regierungen in den Staaten sozialistischer Orientierung stehen, aufgrund ihrer unterschiedlichen sozialen Zugehörigkeit schwanken. Die Möglichkeit, "daß sich einige revolutionäre Demokraten von ihrer bisherigen progressiven Gesellschaftspolitik künftig lossagen", wird als sehr real einkalkuliert[315]. Große Sorgen machen sich die Vertreter der afrikanischen KP aber vor allem deshalb, weil ein innenpolitischer Wandel gefolgt ist vom außenpolitischen, nämlich der Orientierung auf die Seite der westlichen kapitalistischen Welt. Entgegen der klaren Orientierung an der Seite des sozialistischen Weltsystems, die allein als Stabilität bezeichnet wird, fallen diese Staaten in die Instabilität zurück.

5.6. Die Nicht-Paktgebundenen Staaten

Die Bewegung der Nichtpaktgebundenen muß auch hier genannt werden. Auch sie ist ein Faktor der übernationalen Organisation von Entwicklungsländern, dem die Sowjetunion äußerst mißtrauisch gegenübersteht. Freilich hat durch die Verdreifachung der Mitgliederzahl und nicht zuletzt durch die Entspannungspolitik die Bewegung ihren klaren ursprünglichen Charakter eingebüßt, der sie jegliche Annäherung an ein Lager ablehnen ließ. Es ist auch die Folge der nicht erfüllten Erwartungen einer eigenständigen "Wirtschafts- und Handelsmacht der Blockfreien". Vollends nährten die Aufnahme von Mitgliedern des RGW, wie Vietnam und Kuba, dazu Kambodschas die Zweifel an der Neutralität zwischen den Blöcken. So stellt auch Ul'janovskij eine Differenzierung der politischen Kräfte in der Bewegung der Blockfreien fest.

Als von ihrem Anspruch her partiell antikapitalistisch, bietet sich die Bewegung zum sozialistischen Weltsystem als Bündnispartner an, das die Erfolge der blockfreien Politik gerade diesem, wenn auch z.T. ungewollten, Bündnis zuschreibt.

Jede andere Interpretation als die bi-polare, hie Kapitalismus, hie Sozialismus, etwa die Konzeption des "Nord-Süd"-Gegensatzes zwischen dem reichen Norden und dem armen Süden des Globus, die den sozialistischen Staaten auch Verantwortung bei der Überwindung des sozioökonomischen Gefälles zuschreiben würde, wird als antisozialistisch abgelehnt. Die Willensbekundung der Konferenzteilnehmer in Colombo, "dem Druck der Großmächte in ihrem Kampf um Einfluß entgegenzutreten", wird von der Sowjetunion als Verwischung der prinzipiellen Unterschiede zwischen ihr und den imperialistischen Mächten verurteilt. Gereizt reagiert sie auf die Forderung der Konferenz der Blockfreien, alle "Entwickelten Länder" sollten 0,7 % des BNP als Wirtschaftshilfe den Entwicklungsländern zur Verfügung stellen, und fragt umgekehrt, ob die Konferenz denn irgendwelche Vorschläge für die wichtige Rolle innerer sozialökonomischer Reformen in den Entwicklungsländern unterbreitet hätte; auch wurde die These vermißt, nach der die Verbesserung der wirtschaftlichen Lage der Länder der Dritten Welt wesentlich von der Vertiefung und Ausweitung des Entspannungsprozesses in den internationalen Beziehungen, der allgemeinen Abrüstung, der Festigung des Friedens und der Sicherheit abhinge.

Die Unheitlichkeit der Blockfreien-Bewegung kommt den sowjetischen Interessen sehr entgegen, schwächt sie doch die Wirkung dieser Bewegung und stärkt die sowjetischen Einflußmöglichkeiten. Die Sowjetunion hofft deshalb auf die "fortschrittlichen Kräfte" in der Bewegung der Blockfreien. Sie sollen die konsequenten antiimperialistischen Positionen als selbstverständliche Verbündete der sozialistischen Länder im gemeinsamen Kampf gegen den Imperialismus bewahren.

Gerade die Selbstverständlichkeit, mit der Moskau die "progressiven" Vertreter der Blockfreiheit in sein Konzept einbetten möchte, erscheint aber immer mehr in Frage gestellt. Deutlich zeigte sich das sogar im Falle Tansanias, das westliche Beobachter lange als sowjetisches Einflußgebiet abgeschrieben hatten. Präsident Julius K. Nyereres Ideologie des Afrikanischen Sozialismus ist für andere Entwicklungsländer schon zum Modell geworden, das Sambesi, Seychellen und Sudanesen studieren[316]. Die völlige Mißachtung des Prinzips der Blockfreiheit durch die Sowjetunion wurde durch die Intervention Afghanistans aller Welt deutlich vor Augen geführt.

5.7. Die Wirtschaftshilfe

Die Länder des Sozialismus traten in der Vergangenheit niemals als Kolonial-
mächte auf, sie trifft deshalb keine historische Schuld, keine direkte
Verantwortung für die Rückständigkeit und den niedrigen Lebensstandard der
Entwicklungsländer. Das ist die sowjetische Haltung. Sie hatte das Glück, daß
die territorialen Eroberungen Rußlands und die Rückeroberungen der jungen
Sowjetmacht alle unmittelbar an das originäre Staatsgebiet angrenzten bzw.
sofort in es einverleibt wurden (Sibirien, Mittelasien, Kaukasus, Ferner
Osten). Das nationale antirussische Aufbäumen wurde mit internationalistischen Argumenten im Namen des Sozialismus zuerst unterdrückt, dann
kanalisiert. Dennoch ist heute zu sagen, daß die Leistungen der Sowjetunion
gerade für die asiatischen Völker ihres Territoriums große Bedeutung haben
auf ökonomischem, aber auch kulturellem Gebiet. Die zentrale Planwirtschaft als Entwicklungswirtschaft kann hier durchaus Vorbildcharakter für
Entwicklungsländer beanspruchen, und mit Recht weist die Sowjetunion
deshalb auf ihre Erfahrungen auf diesem Sektor hin. Mit der Hilfe für Kuba,
die Mongolei, Vietnam im Rahmen des RGW hat sie sich erneut viel
vorgenommen. Freilich ist diese Hilfe nicht selbstlos, wie sie behauptet, auch
nicht uneigennützig.

Die Sowjetunion legt Wert auf die Feststellung, daß ihre Hilfe nicht Resultat
eines Kapitalüberschusses ist und folglich kein Export von Kapital, das im
Lande selbst keine günstigen Anlagemöglichkeiten fände. Dafür sprechen
auch die Finanzierungsmöglichkeiten (2–2,5 % Zinsen/anno gegenüber einer
Rentabilität bei der Konsumgüterindustrie in der Sowjetunion von 12–15 %).
Für die Länder Indien, Ägypten, Afghanistan, Syrien, Irak, Algerien u.a.
spielte die Wirtschaftshilfe der sozialistischen Gemeinschaft eine wichtige
Rolle bei der Errichtung der staatlichen nationalen Wirtschaft, der Organisie-
rung der Wirtschaftsplanung, der Erschließung der Naturschätze und der
Ausbildung qualifizierter technischer Berufe.

Die Rückzahlung von Krediten erfolgte durch traditionelle Exportgüter des
Empfängerlandes. Die Kredite flossen vorrangig in staatliche Unternehmen
mit dem Ergebnis, daß der staatliche Sektor der Volkswirtschaft sich ständig
vergrößerte.

Insgesamt trug die Hilfe der sozialistischen Gemeinschaft, auch die militärische, entscheidend dazu bei, daß viele Staaten Asiens und Afrikas die erste
Phase ihrer staatlichen Existenz nach der Dekolonisierung gut überstanden.

Als heutige Aufgabe für die Entwicklungsländer sieht die Sowjetunion die
weitere Entwicklung der nationalen Wirtschaft, Errichtung einer eigenen
Industrie und, besonders wichtig, die Erhöhung der wirtschaftlichen

Unabhängigkeit vom kapitalistischen Weltmarkt "mit seinen langanhalten-
den, zerstörenden Einflüssen". Diese zu gewinnen ökonomische
Unabhängigkeit bestimmt den Standort des Landes sowohl zum kapitalistischen Weltmarkt, aus dem es noch nicht ausgeschieden ist, und zum
sozialistischen Weltmarkt, in den es noch nicht eintrat, mit dem es aber
schon verbunden ist und einen sich verstärkenden Austausch aufbaut.

Wenn die Sowjetunion und die anderen sozialistischen Länder nämlich
halfen, der Abhängigkeit der multinationalen Monopole zu entgehen, so ist
nicht weniger bedeutsam, in Zusammenarbeit mit welchem Weltsystem, mit
welchem Weltmarkt neue Objekte, neue Produktionskapazitäten, neue Wirtschaftsbereiche erschlossen werden. Die Frage ist deshalb so wichtig, weil sie
Richtung und Charakter, Bedingungen und Perspektiven der wirtschaftlichen
Entwicklung prägt. Über 2000 Objekte (Industrie-, Energie, Gewinnungs-,
Verarbeitungs-, Transport- und Landwirtschaftliche Unternehmen) wurden
schon mithilfe der Länder des Weltsozialismus errichtet, und ebenso viele
sind (1977) im Bau bzw. geplant. Für die Entwicklungsländer ist es wichtig,
ob sie ins System der internationalen Arbeitsteilung integriert werden, sich
hier ihren Platz erst erobern müssen, oder ob sie, nach sowjetischen Worten,
"an der Ordnung teilnehmen können", d.h. nach Plan innerhalb des
Austausches und der industriellen Kooperation mit dem sozialistischen
Weltsystem kommunizieren. Hier liegt zweifellos ein wichtiger Faktor, die
Beruhigung für die Entwicklungsländer, über einen längeren Zeitraum hinweg
gesichert ihre Produkte absetzen zu können.

Die Sowjetunion erkennt sehr wohl, daß die Formen ihrer Wirtschaftskooperation mit den Entwicklungsländern auch der Modernisierung bedürfen. Aber
gerade die Gemischten Gesellschaften (joint ventures) bringen einem weniger
entwickelten Partner erfahrungsgemäß einen enormen Schub an progressiver
Technologie. Im Falle der Gemischten Gesellschaft kann die Rückzahlung
der Kredite auch durch Produkte aus der laufenden Produktion erfolgen, eine
Zahlungsmodalität, die die sozialistischen Länder häufig gegenüber vom
Westen vorfinanzierten und errichteten Industrieanlagen praktizieren. Von
der ökonomischen Kooperation mit den Entwicklungsländern erhofft sich die
Sowjetunion aber eine enge Koordination bzw. Annäherung beider Wirt-
schaftssysteme.

Bis zum Ende edes XX. Jahrhunderts und in das erste Jahrzehnt des
XXI. Jahrhunderts hinein sieht die Sowjetunion für die Entwicklungsländer
einen Weg voraus, auf dem sie ihre Abhängigkeit vom Westen allmählich
abbauen, ihre wirtschaftliche und technische Entwicklung einander angleichen und sie erst das Niveau eines mittel entwickelten agrarindustriellen,
dann industrialisierten Agrarlandes erreichen werden. Die Sowjetunion sieht

in diesem Kampf heftige internationale Kollisionen und dramatische Situationen voraus. Für sie unterliegt es keinem Zweifel, "daß letzten Endes die sich befreienden Völker mit Unterstützung der sozialistischen Welt ihre Ziele im Kampf gegen die ökonomische Übermacht auf dem Weltmarkt erreichen werden". Für sie steht fest, daß die ehemaligen Kolonialvölker, die fast die Hälfte der Menschheit ausmachen, ihre Abhängigkeit auf dem Weg des Übergangs zum Sozialismus überwinden werden und letzten Endes damit zum weltweiten Sieg des Sozialismus als neuer Gesellschaftsordnung beitragen.

Bei aller Kritik am sowjetischen ökonomischen Verhalten gegenüber den Entwicklungsländern, gilt es auch die positiven Seiten zu sehen. So hatte die Sowjetunion zum 1. Januar 1965 die Zölle auf Waren aus Entwicklungsländern aufgehoben[317]. Gerade der von Ostrowsky gerühmte Bauxitförderbetrieb, der mit sowjetischer Unterstützung in Guinea als erster nationaler Großbetrieb errichtet wurde, zeigt jedoch die Problematik auf: Hauptabnehmer ist die Sowjetunion; sie erhielt durch langjährigen Vertrag das Bauxit zu einem Viertel des heutigen Weltmarktpreises, worauf Präsident Achmed Sékou Touré im Dezember 1978 der Sowjetunion vorwarf, sie praktiziere eine neue Form des Imperialismus. Hier zeigen sich eklatant die negativen Seiten langfristiger Abnahmeverträge.

In der Entwicklungshilfe tritt das Paradoxon auf, daß ihr Zweck dann erfüllt ist, wenn das ehemalige Empfängerland als Konkurrent gegenüber dem ehemaligen Geberland auftritt. Soweit ist Indien zwar noch nicht entwickelt, es hat sich durch eigene Anstrengungen aber in die Lage versetzt, günstigere Verträge zu erhalten. Um der Rubel-Spekulation, wie sie die Sowjetunion in der Vergangenheit der indischen Rupie gegenüber praktizierte, zu begegnen, setzt Indien erstens die Preise auf Weltmarktniveau fest und schließt zweitens mit sozialistischen Staaten keine Verträge auf Rupienbasis mehr ab. Drittens tritt es den sozialistischen Ländern gegenüber als gleichrangig auf in bilateralen Geschäften, die mit Drittländern abgeschlossen werden. Hierbei treten die sozialistischen Länder oft nur als Kreditgeber bzw. Garant auf. So baute Indien (95 %) mit der DDR (5 %) einen Flughafen in Libyen, mit der ČSSR eine Motorradfabrik im Iran, mit der UdSSR Stahlwerke in Bulgarien und in der Türkei, mit Polen eine Konservenfabrik in Kuwait etc.[318]. Erst jetzt folgen auch Frankreich, Großbritannien und die Bundesrepublik.

Ein Faktor ist besonders lobenswert: die Moskauer Patrice-Lumumba-Universität, die speziell auf die Belange der Entwicklungsländer zugeschnitten ist. In ihr werden ausschließlich, auf etwas niedrigerem Niveau als an der Lomonosov-Universität – aber das System ist durchlässig – Studenten aus Entwicklungsländern unterrichtet. Das einzige Zugeständnis, das ihnen abverlangt wird, ist, westliche Kleidung zu tragen und in einem Jahr russisch zu lernen.

Das sowjetische ökonomische Engagement in den Entwicklungsländern bedarf aber in drei Punkten vor allem der Kritik:

1. Gegenüber der Wirtschaftshilfe des Westens ist die der sozialistischen Länder minimal. Allein die Bundesrepublik gibt mehr als alle RGW-Staaten zusammen;

2. angesichts der Forderung der Entwicklungsländer, die Industriestaaten sollten 0,7 % ihres BSP als Wirtschaftshilfe zur Verfügung stellen, fällt der sowjetische Anteil noch geringer aus als der des Westens;

3. die sowjetische Hilfe konzentriert sich nur auf ganz begrenzte Schwerpunkte, eben solche, die den staatlichen Sektor der Wirtschaft stärken. Die oft behauptete höhere Effizienz der sowjetischen Wirtschaftshilfe stößt aber gerade bei entwickelten Ländern an ihre Grenze und ist deshalb heute keineswegs mehr unumstritten.

5.8. Die strategische Bedeutung der Entwicklungsländer

Im Rahmen der globalen Strategie des Kräfteverhältnisses in der Welt sehen die von der Sowjetunion geführten sozialistischen Staaten in den in der Dekolonisation begriffenen Staaten der Dritten Welt einen Faktor, der langfristig das Kräfteverhältnis mit zu ihren Gunsten verändern kann. Die Erwartung basiert auf der theoretisch abgeleiteten, in einigen Staaten mit sowjetischer Hilfe erprobten Möglichkeit, den Prozeß der Industrialisierung und Modernisierung zentral zu leiten und ihm von anfang an durch weitgehenden Ausbau des staatlichen Sektors und Einflusses auf allen Ebenen eine Richtung zu geben, die letzten Endes, dank einer avantgardistisch sich empfindenden marxistisch-leninistischen Kaderpartei, zum Sozialismus führen wird, d.h. einer staatlichen und gesellschaftlichen Verfassung, die der der sozialistischen Staaten stark angenähert ist. Diese Wandlung vollzieht sich in einer größeren zeitlichen Periode von 30–50 Jahren. Vor dieser in die Zukunft greifenden sowjetischen Erwartung die Augen zu verschließen, ist kein Zeichen von politischer Klugheit, zumal die Sowjetunion und ihre Verbündeten die Dinge nicht dem Selbstlauf überlassen, sondern aktiv eingreifen, um sie in die für sie vorteilhafte Richtung zu lenken. Die Behauptung, wie sie etwa Volker Matthies aufstellt, in der Gesamtanalyse sowjetischer Politik in Afrika scheine deutlich erkennbar zu sein, daß von seiten der UdSSR aus kein gegen den Westen gerichteter "Meisterplan" vorliege, der systematisch und zielstrebig verfolgt werde, erweist sich, legt man globale und langfristige Maßstäbe an, als nicht mehr haltbar[319].

Aber auch schon bei einer genaueren Analyse der bis heute bekannten Aktivitäten des sozialistischen Weltsystems in Entwicklungsländern lassen sich neue Akzente erkennen. Über traditionelle Freundschaftsverträge hinaus, wie sie 1971 mit Indien, 1972 mit dem Irak, dann Ägypten, Somalia und dem Sudan abgeschlossen worden waren, strebt die Sowjetunion heute, nach dem Scheitern der drei letzteren, stärkere Bindungen und eine stärkere innenpolitische Durchdringung des Bündnispartners an. Für dieses Konzept gelten die Integration Kubas und Vietnams in den RGW und die militärischen Konsultationsverträge analog der WVO als Modelle. In den Verträgen mit Äthiopien (20.11.1978) und Afghanistan sind sie bereits realisiert worden. Der Freundschaftsvertrag rechtfertigte die Einladung zur "Hilfeleistung".

Außerdem versuchen die sozialistischen Staaten über die Parteibeziehungen hinaus in den Ländern der sozialistischen Orientierung, um einer Wiederholung der Bündnisaufkündigung vorzubeugen, den Regierungs- und Militärapparat durch Berater zu durchsetzen, ihn in ihrem Sinne umzubilden, um auf diese Weise die Machtpositionen im Lande sicher zu kontrollieren. In diese Arbeit teilt sich die Sowjetunion mit der DDR, Kuba, Bulgarien, aber auch moskaufreundlichen Entwicklungsländern, wie Libyen und der VR Südjemen.

Insbesondere konzentriert sich die DDR auf den Ausbau der inneren Sicherheitsorgane, der Ausbildung von Kadern, den technischen Aufbau von Massenkommunikationsmitteln, der Schulung von Journalisten, schließlich dem Aufbau und der Leitung einer proletarischen Avantgardepartei[320]. Gerade im Südjemen befinden sich zwei Pionierkompanien der NVA, bei den militärischen Einheiten halten sich DDR-Berater bis hinunter zur Kompanie-Ebene auf; die innere Sicherheit soll DDR-Experten nahezu unumschränkt obliegen, die sogar eigene Internierungslager unterhalten und Exekutionen durchführen[321]. Nicht ohne Grund stehen den 20.000 Mann der südjemenitischen Armee, von denen neun Bataillone in Äthiopien und eines im Libanon stationiert sind, 55.000 Mann Miliz gegenüber, alle Mitglieder der marxistischen UPONF (United Political Organisation National Front)[322]. Mit Methoden, die früher beim CIA usus waren, werden mißliebige Politiker, wie in Afghanistan und Südjemen, gestürzt, liquidiert. Beide standen kurz vor der Entscheidung, die Orientierung auf Moskau zu korrigieren.

Die Einmischung sozialistischer Staaten wurde am deutlichsten in Konfliktfällen durch den massiven Einsatz von Waffen und Hilfstruppen, vor allem der Kubaner (20–40.000 Mann). Für 3 Milliarden DM lieferte die Sowjetunion bisher Rüstungsgüter allein nach Afrika[323], davon für eine Milliarde an Äthiopien, nach Afghanistan marschierte die Sowjetarmee selbst.

Nimmt man die sozialistische Orientierung eines Entwicklungslandes zum

Anlaß für das Engagement der sozialistischen Staaten, ihre ideologische, kulturelle, ökonomische und militärische Hilfe, um durch diese Staaten, als wichtigem, vor allem zukünftigen Faktor in der Welt, das Kräfteverhältnis zugunsten des sozialistischen Weltsystems zu verändern, so fallen dennoch Verhaltensweisen der sozialistischen Staaten Entwicklungsländern gegenüber auf, die ihren Ursprung in anderen Interessen haben.

Dafür sprechen die guten Wirtschaftsbeziehungen der sozialistischen Staaten zu Entwicklungsländern der nicht-sozialistischen Orientierung wie auch die grasse Prioritätenverlagerung von einem Entwicklungsland auf ein anderes.

So zählen in der Gruppe der führenden Außenwirtschaftspartner der DDR in der Dritten Welt nur drei Staaten – Algerien, der Irak und Syrien – zu den nicht-kapitalistischen Entwicklungsländern. Andererseits unterhält die DDR gute ökonomische Beziehungen nach wie vor zu Ägypten, aber auch zu Libyen und Brasilien, d.h. der eigene volkswirtschaftliche Nutzen (Rohstoffsicherung) spielt in den Außenwirtschaftsbeziehungen ebenfalls eine große Rolle (Bauxit-, Kupferlieferungen an die Sowjetunion).

Die Prioritätenverlagerung der Interessen sozialistischer Staaten, die Sowjetunion an der Spitze, weist aber auch noch in eine andere Richtung. Einmal war der Sowjetunion 1972 durch die Ausweisung ihrer Militärberater durch Ägypten und die 1976 erfolgte Aufkündigung des Freundschaftsvertrages eine Prioritätenverlagerung von außen aufgezwungen worden, die sie durch Intensivierung der Beziehungen zu Libyen teilweise wettmachen konnte. Andererseits wechselte die Sowjetunion im Falle Somalias selbst den Verbündeten, ließ also ein Land sozialistischer Orientierung fallen. Dieses Verhalten lenkt den Blick auf das politisch-strategische Interesse der Sowjetunion.

Danach geht es ihr

1. Um Erringung strategisch wichtiger Positionen zur Vergrößerung der eigenen Sicherheit und Schwächung des Westens,

2. Verwirklichung einer geopolitischen Gegenstrategie gegenüber China, um dessen Einkreisungsstrategie zu durchbrechen.

3. um die Wahrnehmung der Großmachtrolle im globalen Maßstab.

Die geostrategischen Positionen und Basen sollen die westlichen Seewege kontrollieren und sie für die sowjetische Flotte offenhalten (Suezkanal, Panamakanal). Die Landbasen in geostrategisch günstiger Lage wie Kuba, Äthiopien, der Südjemen sichern die Seewege, dienen als Marine- und Luftstützpunkte, sichern die Nachschubwege für die weltweit operierende Marine und geben die Flughäfen für Zwischenlandungen bei Lufttransportunternehmen, wie das beispielhaft auf der Strecke Sowjetunion – Irak – Libyen – Äthiopien vorexerziert worden war.

Die Rivalität zwischen der Sowjetunion und China wird vor allem mit Blick auf die Zukunft ausgetragen. China versucht, die Staaten um die Sowjetunion für ihre Interessen zu gewinnen: Japan, Iran, Rumänien, Jugoslawien, die Europäische Gemeinschaft. Die Antwort der Sowjets ist: starke Anbindung Vietnams an den Ostblock, Krieg in Kambodscha (Kampuchea), Sturz des Schahs im Iran, Isolierung Rumäniens in der WVO, Entspannungspolitik gegenüber dem Westen, dazu prophylaktische Sicherstellung von strategisch günstigem Terrain (Afghanistan), um anderen Mächten zuvorzukommen.

Wie im 19. Jahrhundert die Kolonialmächte, so engagiert sich die Sowjetunion heute in dem durch die Dekolonisation "freien" Raum der Welt. Den Quasi-Besitz durch ein moskautreues politisches System muß sie wieder durch zuverlässige Seewege sichern. Dazu bedarf es der Mitherrschaft über die Ozeane. Die Sowjetunion muß die Flagge zeigen!

Auch die Rohstoffversorgung des RGW durch Länder des südlichen Afrika kann langfristig ein Ziel sein; die Schaffung eines sozialistischen Subsystems der Weltwirtschaft im südlichen Afrika würde der Sowjetunion eine verstärkte Einflußnahme auf die internationale Arbeitsteilung und den Nord-Süd-Konflikt ermöglichen[324].

Wann aber hat die Sowjetunion die Grenzen ihres Vorstoßes in den Entwicklungsländern erreicht? Stehen die sowjetischen militärischen Aktionen nicht im Widerspruch zu dem in der sowjetisch-amerikanischen Prinzipienerklärung vom Mai 1972 enthaltenen allgemeinen entspannungspolitischen Grundsatz, daß von keiner Seite aus einseitige Vorteile durch militärische Mittel gesucht werden sollen:

"Die USA und die UdSSR legen größten Wert darauf, das Entstehen von Situationen zu verhindern, die zu einer gefährlichen Verschlechterung ihrer Beziehungen führen können. Beide Seiten erkennen an, daß Bestrebungen, direkt oder indirekt einen einseitigen Vorteil auf Kosten des anderen zu erreichen, nicht im Einklang mit diesen Zielen stehen"[325].

Die Reaktion des Westens im Shaba-Konflikt 1978 zeigt, daß die Sowjetunion die kritische Schwelle erreicht hat. Daß ihre Aktionen in Entwicklungsländern das globale Gleichgewicht bedrohen, erkannte auch Brzezinski[326]. Breznev zu einem Verzicht auf solche Politik zu bewegen, wie das Carter beim Wiener Gipfeltreffen versuchte, mußte freilich scheitern, ein solcher Verzicht würde der Strategie des Kräfteverhältnisses in der Welt widersprechen. Mit dem Einmarsch der Sowjetarmee nach Afghanistan im Dezember 1979 wurde die kritische Schwelle schon überschritten.

IV. DIE AKTUELLE UMSETZUNG

1. Die Umgestaltung der internationalen Beziehungen

Šachnazarov weist darauf hin, auch westliche Wissenschaftler seien darauf gestoßen, daß die Veränderungen in der internationalen Lage mit den Mitteln einer Großmachtkonzeption (USA – UdSSR), auch einer um China oder Westeuropa und Japan, auch Indien und Brasilien erweiterten, nicht in den Griff zu bekommen seien. Neu entstandene Faktoren übten heute wesentlichen Einfluß auf die internationalen Beziehungen aus. Er zitiert S. Brown[1], der zwei Faktorengruppen nennt, 1. auf der Ebene der zwischenstaatlichen Beziehungen: Erosion der geopolitischen und ideologischen Grundlagen des kalten Krieges, Entstehen neuer nichtmilitärischer Probleme, 2. unter- und oberhalb der zwischenstaatlichen Beziehungen: die wissenschaftlich-technische Revolution (WTR), die "natürliche Gemeinschaften ohne Ansehen der politischen Grenzen bildet", der "ökonomische Transnationalismus, der oft für eine Kontrolle von Seiten einzelner Staaten und regionaler Koalitionen zu dynamisch ist", die Zunahme der "transnationalen und subnationalen sozialen Beziehungen und Verbindungen"[2]. Auch nach Karl Kaiser zerbricht jetzt das alte internationale System, und ein neues entsteht. Unter den stattfindenden strukturellen Veränderungen besteht dieses in der "wachsenden Bedeutung der multinationalen Politik und der transnationalen Beziehungen, die die traditionellen zwischenstaatlichen Beziehungen ergänzen, sich mit ihnen integrieren und sie sogar verändern"[3].

Solche Denkanstöße führten auch in der Sowjetunion zur Beschreibung dieses ebenfalls beobachteten Phänomens und fanden in der Formulierung der "Umgestaltung der internationalen Beziehungen" (perestrojka meždunarodnych otnošenij) ihren Ausdruck.

Basierend auf diesem ersten Ansatz in der Beobachtung weltweiter Umgestaltung, der die Bereiche der Politik, der Ökonomie und der Verteidigung noch nicht überschritt, sollten, wie Borys Lewytzkyj aufzeigte, vier große Bereiche zu dieser Zeit (1972–1973) eine neue Weltordnung konstituieren: 1. neue Weltwirtschaftsbeziehungen, 2. die sowjetisch-amerikanischen Beziehungen, 3. die Konferenz für Sicherheit und Zusammenarbeit in Europa (KSZE), 4. die Errichtung eines kollektiven Sicherheitssystems für Asien (KSA)[4].

Die kurze Zeit später erfolgte Erweiterng des Begriffes in "radikale Umgestaltung der internationalen Beziehungen" zeigt auf, daß auch die Sowjets erkannten, mit ausschließlich politischen oder ökonomischen Fragestellungen war an die Erfassung der Veränderungen in der Welt nicht heranzukommen. Das wird bei Tomaševskij deutlich, der den "Schwerpunkt des Klassenkampfes auf internationaler Ebene von der militärisch-politischen Konfrontation" sich verlagern sieht hin "zum friedlichen Wettbewerb bei der Lösung von wirtschaftlichen und sozialen Entwicklungsproblemen" und "von einer komplizierten Verflechtung der widersprüchlichen wie der konvergierenden Interessen, des Kampfes und der Zusammenarbeit der Staaten beider Systeme, schließlich jener Probleme, die die gesamte Menschheit betreffen", spricht[5].

Von Tomaševskij ist es nur ein Schritt zu Lebedev, der die Dialektik von Entspannung und sozialem Fortschritt in den systematisierten Zusammenhang der "fundamentalen Umgestaltung der internationalen Beziehungen bringt, dessen Hauptfaktor die sozialistische Gemeinschaft bildet[6]. Und das ZK der KPdSU fügte die Erkenntnis der Umgestaltungen auf internationaler Ebene ein in die inzwischen im Entstehen begriffene Strategie des Kräfteverhältnisses in der Welt, wenn es, nicht ohne Absicht zum 60. Jahrestag der Oktoberrevolution, verlauten ließ: "Auf der Basis der fundamentalen Veränderungen im Kräfteverhältnis in der Welt vollzieht sich eine tiefe Umgestaltung des gesamten Systems der internationalen Beziehungen"[7].

Šachnazarov nimmt alle diese Denkansätze in seine "Strategie des Kräfteverhältnisses in der Welt" auf. So erhalten die Beziehungen zwischen der kommunistischen Weltbewegung und den nationalen Befreiungsbewegungen eine Charakterisierung als "qualitativ neue, eigenartige Form des Zusammenwirkens, entstanden aus der objektiven Übereinstimmung der wichtigsten Ziele der zwei mächtigen sozialen Strömungen der revolutionären Epoche"[8].

Als zweiten Faktor führt er die "Diversifizierung der Beziehungen zwischen entgegengesetzten Klassenkräften" an, die nicht unter dem Gesichtswinkel des Kampfes betrachtet werden können, beschreibt sie als "einen historischen Prozeß, in dem sich Rivalität und Zusammenarbeit gleichzeitig entfalten, Rivalität der Ideen und Gesellschaftssysteme, Zusammenarbeit der Länder und Völker".

Sie begründet er in gloaben Phänomenen, der "wissenschaftlich-technischen Revolution", d.h. dem Einzug der neuen Technologie in Wissenschaft und Produktion, der Vertiefung der internationalen Arbeitsteilung, des Umweltschutzes, der rationellen Nutzung der Energie- und Lebensmittelressourcen, der Bekämpfung von Krankheiten, der Eroberung des erdnahen Raumes, alles Aufgaben, die nur durch globale Zusammenarbeit gelöst werden können.

127

Um die Bedeutung solcher globalen Phänomene und die Bereitschaft der Sowjetunion, sich ihnen zu stellen, aufzuzeigen, sei die Rezeption der Weltmodelle des Klub von Rom durch die Sowjetunion dargestellt. Das ist um so notwendiger, da sie inzwischen sowohl Bestandteil der internationalen Beziehungen geworden sind[9], wie auch in der Diskussion der eigenen Probleme in den sozialistischen Ländern, neuerdings sogar in der DDR[10], eine nicht unwichtige Rolle spielen.

2. Die Sowjetunion und der Klub von Rom

2.1. Der "Klub von Rom"[11]

Wie sehr die Umwelt durch ungesteuerte Industrialisierung gefährdet ist, wurde den Menschen in den Industrieländern durch eine Serie regionaler Katastrophen vor Augen geführt und damit ins Bewußtsein gerückt. Das "Syndrom weltweiter Probleme" aufgezeigt und vor seiner in die globale Katastrophe treibenden Dynamik weltweit gewarnt zu haben, ist das Verdienst des "Klub von Rom". Diese Gruppe von inzwischen fast hundert Wissenschaftlern unterschiedlicher Disziplinen, Industriellen, Ökonomen, Philosophen aus der ganzen Welt, die sich 1968 in der Accademia dei Lincei in Rom konstituiert hatte, um "die Ursachen und inneren Zusammenhänge der sich immer stärker abzeichnenden kritischen Menschheitsprobleme zu ergründen" (Pestel)[12], führte durch die inzwischen über zehn "Berichte an den Club of Rome" aller Welt vor Augen, was gezielte Forschung über globale Probleme zu leisten vermag.

Durch die Publikation seiner Analysen verfolgt der Klub von Rom die Absicht, "die politischen Entscheidungsträger in aller Welt zur Reflexion über die globale Problematik der Menschheit anzuregen"[13]. Durch zahlreiche Konferenzen mit Staatsmännern in Mexiko, Österreich, Brasilien, Japan, der Sowjetunion und Schweden konnten Politiker mit den globalen Problemen, die die Menschheit bedrohen, vertraut gemacht werden. Als Glücksfall darf man dabei werten, daß mit Prof. Pestel in Hannover und Prof. Sinn in Hamburg Wissenschaftler auch in der Bundesrepublik die Möglichkeit der politischen Mitentscheidung erhielten.

Den ersten Durchbruch in der Aufnahme durch eine breite Öffentlichkeit in der Bundesrepublik brachte die Verleihung des Friedenspreises des Deutschen Buchhandels 1973 an die vom Klub von Rom in Auftrag gegebene, von der Volkswagenstiftung finanzierte und vom Team des MIT (Massachusetts Institute of Technology) unter Dennis Meadows erstellte Arbeit "Die

Grenzen des Wachstums"[14] (inzwischen ergänzt durch Meadows "Das globale Gleichgewicht"). Gestützt auf die von Forrester entwickelte Systemanalyse[15] und Computersimulation, die ermöglichten, durch die Kombination großer Informationsmengen relativ präzise Prognosen über langfristige Entwicklungen weltweiter Probleme abzugeben, untersuchte Meadows fünf Trends und deren Wechselwirkungen: 1. die beschleunigte Industrialisierung, 2. das rapide Bevölkerungswachstum, 3. die weltweite Unterernährung, 4. die Ausbeutung der Rohstoffreserven und 5. die Zerstörung des Lebensraumes.

Die Forderung nach gezielten globalen Maßnahmen und nach Verzicht auf Wachstum, um einer Katastrophe auszuweichen, schockte die dem Wachstumfetischismus huldigende Welt.

Das größte Echo auf diese Herausforderung fand die Arbeit von Mesarović und Pestel "Menschheit am Wendepunkt", in der die beiden Wissenschaftler versuchen, durch das Konzept des organischen Wachstums als "Strategie zum Überleben" eine globale Katastrophe abzuwenden. Im Gegensatz zum Meadowschen globalen Ansatz gingen Pestel und Mesarović von den unterschiedlichen Regionen der Erde und ihren Problemen aus, vermehrten die Daten um das Fünfhundertfache (es sind etwa 100 000), beschränkten die Analyse auf die nächsten 50 Jahre[16], fütterten den Computer auch mit je angenommenen Bedingungen bei der künftigen Evolution des Systems und kamen im "regionalisierten Weltmodell" zur Szenario-Analyse, die in einzelnen Szenarios "eine Folge möglicher Entscheidungen, Maßnahmen und Ereignisse" graphisch darstellen kann. Einen hohen Wahrscheinlichkeitsgrad erreicht dieses Vorgehen dadurch, daß "bei einer großen Menge alternativer Szenarios gewisse Ergebnisse immer wiederkehren", d.h. das betrachtete System wird sich in Zukunft entsprechend diesen Modell-Ergebnissen entwickeln[17].

In der Kluft zwischen Mensch und Natur und der Kluft zwischen "Nord" und "Süd", reich und arm kristallisieren sich die verschiedenen Krisen, sich ständig erweiternd[18]. Die notwendigen Lösungen der globalen Krisen sind nur langfristig anzusteuern und nur im globalen Rahmen möglich. Sie bedürfen einer neuen globalen Wirtschaftsordnung ebenso wie eines neuen fairen und dauerhaften Systems der Verteilung der Welt-Ressourcen. Um solche Maßnahmen in Kooperation durchzuführen, bedarf es aber einer Wandlung in Wertvorstellungen, Traditionen und Verhaltensweisen kopernikanischen Ausmaßes. Im Ergebnis muß ein Weltbewußtsein entwickelt werden, in dem jeder Einzelne seine Rolle als Weltbürger begreift, d.h. Verantwortung für das Ganze empfindet; in diesem Sinn müssen schon die Kinder erzogen werden. Eine neue Konsum-Ethik wird gefordert, Harmonie im Verhältnis Mensch-Natur, die Bereitschaft, heute zugunsten künftiger Generationen auf eigene Vorteile zu verzichten.

Freilich darf im Ergebnis kein monolithisches Weltsystem entstehen, sondern eine harmonische Vielfalt. Notwendig bleibt aber die Suche nach einem "Verfahren zur umfassenden Vorausschau, zur Planung und Vorbereitung antizipatorischen Handelns ..., um mit dem riesigen Strom von immer rascher aufeinander folgenden Krisen fertig zu werden"[19]. Ein solches Planungsinstrument, so Pestel, muß glaubwürdig und durchschaubar sein, nicht nur für Entscheidungsträger und eine gewisse kleine "Elite", sondern auch für die große Masse der Bürger in allen Ländern[20]. Pestel und Mesarović halten ihr "Mehrebenenmodell" für einen ersten Schritt in diese Richtung.

2.2. Erste sowjetische Rezeption

Die globale Modellierung, die Handhabe computergestützter Weltmodelle, wie die Berichte an den Klub von Rom sie verkörpern, stellen für Wissenschaftler aus sozialistischen Ländern eine doppelte Herausforderung dar. Einmal stellt sie die bisher nur den Marxisten-Leninisten zugeschriebene Fähigkeit in Frage, eine zukünftige Gesellschaft im Weltmaßstab entwerfen zu können. Die marxistischen Philosophen sehen sich deshalb aufgerufen, ihre Methoden der Prognostizierung zu präzisieren bzw. eine neue sozialistische Methode zu entwickeln, um den Anspruch, sich an der Spitze der philosophischen Wissenschaft zu befinden, aufrecht erhalten zu können. Andererseits widersprechen einige Forderungen als Konsequenz westlicher Modellierungen, so besonders das Meadowsche des "Nullwachstums", aber auch das Pestel-Mesarovićsche des organischen, begrenzten Wachstums dem Wachstumsfetischismus der sozialistischen Wirtschaftsprogramme[21] und werden deshalb als "Weltuntergangsphilosophie" abgetan.

Die genauere Analyse der bisherigen Reaktion der Wissenschaftler aus sozialistischen Staaten zwingt aber zur Differenzierung. So gehören neben mehreren Jugoslawen auch ein Pole, ein Rumäne, ein Ungar dem Klub von Rom an[22]. Daneben ist zu erkennen, daß die Fähigkeit, in globalen Maßstäben zu denken, bei den sowjetischen Wissenschaftlern schon natürlicherweise vorhanden, bei ihren Kollegen aus der DDR nur rudimentär ausgebildet zu sein scheint. Auf den Abdruck des Protokolls über die von der Zeitschrift "Voprosy filosofii" (Fragen der Philosophie) im November 1972 durchgeführte Konferenz über das Thema "Der Mensch und seine Umwelt" in der DDR-Zeitschrift "Sowjetwissenschaft"[23] folgte, die Denkschule Wolfgang Harichs ausgenommen[24], sieben Jahre lang keine Reaktion. Erst die "Einheit" 1979,7, ist dem Problem "Die Zukunft der Menschheit" gewidmet. Aber auch in der Sowjetunion entwickelte sich die Auseinandersetzung mit den Berichten an den Klub von Rom nicht ohne Emotionen.

Der erste Bericht, Forresters "World Dynamics" war gerade erschienen[25], als Meadows sein eigenes, auf Forrester aufbauendes Modell in Moskau präsentierte[26]. Zwar kritisierte der Vorsitzende der Moskauer Konferenz das Modell zurecht als zu technokratisch ("Der Mensch ist nicht nur eine bio-kybernetische Maschine"[27]), zugleich aber begann man sich intensiver mit der Problematik des industriellen Wachstums im globalen Maßstab zu befassen. Es war dabei kein Zufall, daß dieses Interesse mit der Euphorie der Entspannungspolitik und dem Abschluß des Vertrages über die Grundlagen der Beziehungen zwischen den Vereinigten Staaten und der Sowjetunion zusammenfiel[28].

Als Folge der Präsentation muß die schon genannte Konferenz im November 1972 in Moskau gesehen werden, die aber fast ausschließlich von Naturwissenschaftlern bestritten wurde[29].

Der Konferenz lag die Absicht zugrunde, eine einheitliche Position der sowjetischen Wissenschaft zu den Prognosen des Klub von Rom zu erarbeiten. Die Basis dafür bildete ein erster Meinungsaustausch über die Definition des Problems, das Forrester und Meadows angesprochen hatten. Die Diskussion mündete dann in die Formulierung von Fragen, um das weitere wissenschaftliche Vorgehen in zielgerichtete Bahnen zu lenken.

Vor allem in den Beiträgen der Akademiemitglieder Kapica, Fedorov und Budyko wird deutlich, daß ihre Analyse des Meadowschen Weltmodells genau die gleichen Schwächen aufdeckt, die auch im Westen auffielen: keine regionale Untergliederung, keine soziologische Analyse, keine Alternativen.

Kapica möchte die globalen Probleme unter drei Aspekten betrachtet wissen:

1. dem technisch-ökonomischen Aspekt, der mit der Erschöpfung der natürlichen Ressourcen der Erde verbunden ist,

2. dem ökologischen Aspekt, der mit dem biologischen Gleichgewicht zwischen Mensch und lebender Natur angesichts der globalen Umweltverschmutzung zusammenhängt,

3. dem sozialpolitischen Aspekt, nämlich der Notwendigkeit, diese Probleme im Maßstab der gesamten Menschheit zu lösen[30].

Die Modelle von Forrester und Meadows werden ausdrücklich als diejenigen Modelle genannt, die mithilfe der modernen Rechentechnik und unter Verwendung globaler statistischer Daten zu den interessantesten und überzeugensten Ergebnissen gelangt sind, d.h. die sowjetischen Wissenschaftler müssen mit ähnlichen Methoden arbeiten.

Die Ökologie, das ist die zweite Forderung, muß zu einer zentralen biologischen Wissenschaft werden, deren Hauptaufgabe es sein muß, diejenigen Gleichgewichte zu erforschen, die bei Ausnutzung der Natur in den modernen industriellen und agrarischen Prozessen möglich sind.

Als schwierigstes Problem gestaltet sich der sozialpolitische Aspekt, nämlich die Schaffung derjenigen sozialen Bedingungen, "unter denen sich Technik und Industrie auf wissenschaftlicher Grundlage so entwickeln können, daß das Gleichgewicht der Zivilisation gesichert bleibt und keine Katastrophe heraufbeschworen wird". Dafür wird es notwendig sein, meinte Kapica, in nächster Zukunft eine autoritative internationale Organisation zur Kontrolle der globalen Probleme zu schaffen[31]. Die politische Konsequenz liegt für ihn auf der Hand: "Die Notwendigkeit, globale Probleme im internationalen Maßstab zu lösen, wird sich günstig auf die Lösung des Problems der friedlichen Koexistenz und die Abrüstung ausüben", denn "diese Probleme sind für die Menschheit jetzt außerordentlich wichtig, und für ihre Lösung müssen die Kräfte aller Länder eingesetzt werden"[32].

Budyko unterstützt Kapica vor allem darin, daß er auf die großen Erfahrungen des MIT (Massachusetts Institute of Technology), an dem Meadows arbeitet, hinweist. Der Akademie der Wissenschaften schlägt er vor, die Frage der Organisierung von Forschungen zur globalen Ökologie zu prüfen und Arbeiten zu publizieren, die die Methode der numerischen Modellierung natürlicher Bedingungen der Zukunft und die Perspektiven ihrer praktischen Anwendung im Detail analysieren[33].

Naturgemäß weisen gerade die Wissenschaftler, die sich mit der Wissenschaft in den kapitalistischen Ländern beschäftigen, auf die Notwendigkeit des Austausches hin. So auch Chozin[34] vom USA- und Kanada-Institut der AdW, der als eine wesentliche sozialpolitische Folge des gegenwärtigen wissenschaftlich-technischen Fortschritts die Entstehung neuer Richtungen der "technologischen" Diplomatie bezeichnet, d.h. den wissenschaftlichen Austausch auf den relativ jungen Gebieten der Ausnutzung der Atomenergie, der Aneignung des kosmischen Raumes und der Erkundung und Nutzung der Meeresressourcen. Diese Erfahrungen müßten auch in ein globales Modell der Zusammenarbeit eingebracht werden, in dem der Sowjetunion aufgrund ihres zentralen Planungssystems Vorbildcharakter zukommt[35].

Auch die Ökonomen meldeten sich zu Wort, so Medunin, wenn er befürchtet, die Sowjetunion könne, wenn sie die Forschungen über die Biosphäre vernachlässige, in einen ernsthaften Rückstand gegenüber dem Niveau der fortgeschrittenen Forschungen verfallen; ein neues Gebiet des friedlichen Wettbewerbs zwischen dem sozialistischen und dem kapitalistischen System zeichne sich hier ab[36].

Die Notwendigkeit einer neuen Bestimmung des Menschen wird aus Ryčkovs Ausführungen deutlich: Wie die kapitalistischen, so können auch die entwikkelten sozialistischen Länder mit einer ökologischen Krise konfrontiert werden, wenn die wissenschaftliche Untersuchung und philosophische Reflexion der Beziehungen von Natur und Gesellschaft hinter dem Tempo der ökonomischen und kulturellen Entwicklung dieser Länder zurückbleiben[37].

2.3. Die weitere Vertiefung

Eine fundamentale Neuorientierung der sowjetischen wissenschaftlichen Disziplinen wurde damit eingeleitet. Das nächste Round-table-Gespräch vom 25. April 1973 suchte schon nach einer wissenschaftlichen Methode zur Erfassung globaler Probleme; ausgehend von der "Zusammenarbeit der Natur- und Gesellschaftswissenschaften in der aktuellen Etappe"[38], wurde das Gespräch durch M.T. Iovčuk von der Akademie der Gesellschaftswissenschaften beim ZK der KPdSU (AON) um die politische Diskussion erweitert.

Frolov, der Chefredakteur der "Voprosy filosofii", inzwischen Korr. Mitglied der AdW, betonte die sich wandelnde Rolle der Philosophie im System der Wissenschaften. Ihr fällt eine integrierende Funktion zu, oft eine initiatorische (diese versucht er ihr zu geben), es entstehen neue Wissenschaften, traditionelle entwickeln sich neu, die Tendenz nimmt zu, daß viele wissenschaftliche Disziplinen und Methoden sich vereinigen[39]. Die Frage, ob die Sowjetunion auf die wissenschaftlichen Anforderungen der Zukunft durch qualifizierte Kräfte vorbereitet ist, muß der Kybernetiker A.I. Berg aber verneinen. Entsprechend den Erfahrungen, wie sie in vielen entwickelten Ländern gemacht worden sind, fordert er deshalb auch für die Sowjetunion eine kybernetische Pädagogik[40]. Dagegen verweist Fedoseev auf die Anstrengungen der Sowjetunion zur Ausbildung besonders qualifizierter Berufe und erwartet von der sog. wissenschaftlich-technischen Revolution (WTR), d.h. der Einführung des Computers in den Produktions- und Dienstleistungsprozeß, eine intensive Annäherung der Natur- und Sozialwissenschaften. Besonders von den Nahtstellen erhofft er sich für die kommenden Jahre wichtige Entdeckungen, die zur Synthese von naturwissenschaftlichen und geisteswissenschaftlichen Erkenntnissen führen können.

Beim ständigen Vordringen quantitativer und experimenteller Methoden in die Gesellschaftswissenschaften erkennen wir, meint Fedoseev, daß die sozialen Systeme ein höheres Niveau der Organisation, größere Komplexität, Flexibilität, umfassendere dialektische Beziehungen, verglichen mit physikalischen, chemischen und biologischen Systemen, besitzen. Das verlangt eine sorgfältige Berücksichtigung der Spezifik der sozialen Form menschlichen Seins durch Erarbeitung wissenschaftlich fundierter sozialer Prognosen und Perspektiven der gesellschaftlichen Entwicklung[41].

133

Die Alternative "entweder Fortschritt von Wissenschaft und Technik oder Fortschritt des Menschen" wird ebenso abgelehnt wie eine einseitige Einengung auf die Probleme "Mensch und Natur, Mensch und Technik, Rationalisierung des Lebens und Freiheit der Persönlichkeit" usw., denn die neuen Probleme erfordern ein komplexes, systematisches Herangehen. Verlangen die Ausmaße und die Geschwindigkeit der Veränderungen, die die wissenschaftlich-technische Revolution mit sich bringt, doch notwendig mit einer bisher nicht gekannten Schärfe das Vorhersehen sämtlicher Folgen des wissenschaftlich-technischen Fortschritts in der Sphäre der Produktion ebenso wie der der Ökonomie, im Bereich des Sozialen, ihres Einflusses auf die Gesellschaft, die Natur und den Menschen. Die Einheit von wissenschaftlich-technischem, sozialem und moralischem Fortschritt wird hier Toynbees Theorie vom Auseinanderklaffen von technischem Fortschritt und progressiver Entwicklung von Moral und geistiger Entwicklung entgegengesetzt[42].

Die Beschäftigung mit den Modellen des Klub von Rom ging weiter. Sie schlug sich in Diskussionen auf dem XV. Weltkongreß der Philosophie in Varna (September 1973) nieder, als die pessimistischen, antitechnischen Bestrebungen der westlichen Philosophen von ihren sozialistischen Kollegen zurückgewiesen wurden[43], erfaßte die Kollegen anderer sozialistischer Akademien, so in der Konferenz über "Aktuelle globale Probleme" in Prag (Ende 1973)[44] und führte im Januar 1974 in Dubna zur Konferenz über das Problem der normativen Prognostizierung der Gesellschaftsentwicklung. Diese brachte neben der Erkenntnis, daß die ganze aktive Vernunft des Menschen eingesetzt werden muß, um die ökologischen Probleme im Laufe der künftigen Wissenschaftsentwicklung in den Griff zu bekommen, die Kreierung des umfassenden Begriffs "Soziobiogeosystem"[45].

Gleichzeitig wurden die ersten Arbeiten von Forrester, Mesarović-Pestel, Commoner ins Russische übersetzt[46], Meadows "Grenzen des Wachtums" ausführlich vorgestellt[47], dazu auch die andere westliche relevante Literatur[48] diskutiert, damit der erste Schritt getan, um einer breiteren Öffentlichkeit die Auseinandersetzung mit den Problemen des industriellen Wachstums zu ermöglichen. Auch der Chefredakteur der "Voprosy filosofii", Frolov, hatte einen neuen Vorstoß zum "Begreifen" der globalen Probleme unternommen. Das Round-table-Gespräch vom 26. und 27. Februar 1974 knüpfte dabei ausdrücklich an das vom November 1972 an, konzentrierte sich jetzt aber auf die Untersuchung der sozial-philosophischen und ideologischen Aspekte. Zugleich erweiterte Frolov, nicht ohne Absprache mit der Akademie der Wissenschaften, den Diskussionskreis durch Journalisten, um auch die Popularisatoren mit dem komplizierten Themenkreis vertraut zu machen[49].

Wie sehr die Wissenschaftler sich als Vorreiter für ein neues Denken verstehen, wird aus Oldaks Beitrag deutlich, der ein time-lag feststellt zwischen dem Prozeß der Anhäufung von Wissen und dessen adäquater Integration[50]. Medunins Drängen nach einer globalen Ökologie und zur ökologischen Revolution[51] fängt Gvišiani auf, indem er sich entschieden gegen eine Trennung von Wirtschaftswachstum und sozialer Entwicklung wendet. Verzicht auf Wachstum, wie es Meadows forderte, hält er für Utopie: "Nur ökonomisches Wachstum ergibt die realen Bedingungen zur Verbesserung der Lebensqualität"[52]. Die Beantwortung der Frage aber, wie das einzelne Unternehmen die Interessen der Gesellschaft studieren solle, unter welchen Bedingungen das ökonomische Wachstum den Interessen der Gesellschaft, dem allgemeinen Wohl entsprechen könne, erfordere eine grundlegende philosophische und soziologische Analyse der Struktur und Dynamik der menschlichen Bedürfnisse.

Gvišiani spricht aus seiner Erfahrung mit dem Internationalen Institut für angewandte Systemanalyse (IIASA) in Laxenburg bei Wien, dessen erster Direktor er war,[53] als er mit Meadows zusammenarbeitete, wenn er fordert, aufgrund ähnlicher Abhängigkeiten, ungeachtet der unterschiedlichen Systeme, und der Notwendigkeit, zu globalen Lösungen zu kommen, sei die Verbesserung des politischen Klimas unbedingt notwendig, Entspannungspolitik zwingend. Die in Laxenburg gefundene Form der Zusammenarbeit von Wissenschaftlern verschiedener Länder, Vertretern unterschiedlicher Wissenschaftsdisziplinen ist aus seiner Erfahrung heraus nämlich viel bedeutender, produktiver und zielgerichteter als die traditionellen Formen, als der Austausch wissenschaftlicher Informationen oder die Abhaltung internationaler Symposien oder Konferenzen. Der Ausbau der wissenschaftlich-technischen und ökonomischen Zusammenarbeit zwischen allen Ländern der Welt stellt für Gvišiani deshalb das wichtigste Charakteristikum der aktuellen historischen Etappe dar.

Insgesamt wurde die große Bedeutung der Thematik "Mensch und Umwelt" von den sowjetischen Wissenschaftlern erkannt. Die Naturwissenschaftler waren im Rahmen der Beseitigung der Umweltschäden zuerst auf die Probleme der Ökologie aufmerksam geworden. Von ihnen (Budyko) kam schon früh die Forderung nach einer globalen Ökologie, die auch schon politisch-völkerrechtlich umgesetzt werden konnte. Die KSZE öffnete hierfür den Weg. Die Mathematiker waren aufgefordert, die Daten zu sammeln und in Zusammenarbeit mit den Ökologen mathematische Modelle zu entwerfen, um langfristige Wirkungen vorausberechnen zu können. Interessant ist dabei die parallele Entwicklung der Forschung, die, wie im Westen von Forrester, in der Sowjetunion z.B. von N.I. Lapin[54] von kleinen Einheiten (Fabrik, Stadt) zu den nächst größeren (Kreis, Bezirk) und schließlich zur globalen Betrachtung voran getrieben wurde, d.h. die im Ergebnis globalen Modelle sind nur Extrapolationen von in kleinem Maßstab erprobten Untersuchungen. Entsprechend verlaufen auch die Versuche zur Lösung der Umweltprobleme. Die ersten beschränken sich auf regionale Gebiete, so den Baikalsee, erweitern sich auf das Azovsche Meer, die Karabugas-Bucht und werden, wie bei der Reinhaltung der Ostsee, des Schwarzen Meeres, auf den internationalen Rahmen ausgedehnt.

Gerade durch die von Meadows auf die ausschließlich ökologischen Folgen des Industrialisierungsprozesses ausgerichteten Untersuchungen und Hochrechnungen herausgefordert, setzten die sowjetischen Wissenschaftler die soziale, humanistische Problematik dagegen, sahen sich in der Position, als Einzige den Humanismus zu verteidigen. Hier aber teilten sie den Erkenntnisstand nur mit dem Exekutiv-Komitee des Klub von Rom, darunter Eduard Pestel, der schon im Kommentar zu Meadows Weltmodell forderte, die soziale Innovation dürfe nicht länger hinter der technischen zurückbleiben[55].

2.4. Die Spezialisierung

Die Bewegung, die durch die drei ersten Weltmodelle in der sowjetischen Wissenschaft eingeleitet worden war, erhielt durch die nun schnell hintereinander publizierten weiteren Modelle an den Klub von Rom, vor allem das regionalisierte Weltmodell von Pestel und Mesarović, ungeheuren Schwung und Antrieb. Die Impulse, die von westlichen Wissenschaftlern gesetzt, in der Sowjetunion auf fruchtbaren Boden fielen, sind in ihrer Wirkung nicht hoch genug zu bewerten.

Den bisherigen Höhepunkt der naturwissenschaftlichen Auseinandersetzung bildete die Konferenz vom 30. August bis 1. September 1977 in Moskau. Džermen Gvišiani lud gleich zehn Mitglieder des Klub von Rom zu einem wissenschaftlichen Gespräch mit fast hundert sowjetischen Wissenschaftlern ein, in dessen Mittelpunkt die Präsentation des Mesarović-Pestelschen Weltmodells stand[56]. Über Telephon-Leitung stand der Computer des Instituts von Cleveland/Ohio, in dem die Daten des regionalisierten Weltmodells gespeichert sind, zur Verfügung, so daß die sowjetischen Wissenschaftler verschiedene Varianten künftiger Entwicklungen durchspielen konnten. Damit war der Weg frei für eine intensivere Kooperation des Klub von Rom auch mit der sowjetischen Akademie der Wissenschaften. In Gvišiani, dem Direktor des Unionsinstituts für Systemforschungen beim Staatlichen Komitee für Wissenschaft und Technik an der AdW der UdSSR und stellvertretenden Vorsitzenden des Staatlichen Komitees des Ministerrates der UdSSR für Wissenschaft und Technik, steht der internationalen Wissenschaft ein kompetenter Ansprechpartner zur Verfügung, der sich seiner Vermittlerfunktion voll bewußt ist.

Angesichts dieser neuen Entwicklung kann auch Fedorenko nur feststellen, die globale Modellierung habe in den vergangenen Jahren eine bestimmte Evolution durchgemacht[57].

Fedorenko weist hier besonders auf die globalen Modelle von M. Mesarović und E. Pestel "Menschheit am Wendepunkt"[58], das lateinamerikanische Modell von A. Herrera[59], das japanische Modell von Kaya und Suzuki[60], das niederländische Projekt von H. Linnemann[61], das schweizerische Projekt von H. Thiemann und A. Gabus[62] hin. Dem Charme vor allem des Pestel-Mesarovićschen Weltmodells können auch die sowjetischen Wissenschaftler sich nicht entziehen.

Als aktuelle Probleme nennen die beiden Wissenschaftler die Kluft zwischen dem Nationaleinkommen der Industrienationen und den Entwicklungsländern, Probleme der Energiewirtschaft, der Ernährung, des Bevölkerungswachstums und der Erdölkrise, die sie mit einem regionalisierten Mehrebenenmodell (5 Ebenen) verbanden, so daß im Ergebnis für die einzelnen Regionen typische Krisensituationen sich abzeichnen: Bevölkerungswachstum-Nahrungsmittelmangel in erster Linie in den Ländern Afrikas und Südasiens, Bevölkerungswachstum-Zunahme der Arbeitslosigkeit in den Ländern Lateinamerikas, Produktionswachstum-Rohstoffverknappung und Umweltverschmutzung.in den entwickelten Industrieländern.

Die nun folgenden Modelle differenzieren erneut regional oder problemspezifisch und gelangen, durch Konzentration und Beschränkung auf bestimmte Phänomene, zu detaillierteren Ergebnissen. Besonders beeindruckt Fedorenko Linnemanns schichtenspezifisches Modell, in dem die Lösung des Nahrungsmittelproblems nicht für die Bevölkerung als Ganzes, sondern entsprechend ihrer sozialen Stratifikation in Entwicklungs- und Industrieländern modelliert wird.

Die sowjetischen Wissenschaftler müssen sogar feststellen, daß ihre westlichen Kollegen bereits soweit vorgedrungen sind, eine "Reform der internationalen Ordnung" zu fordern[63] und einen Ausweg aus der ökologischen Krise nur durch eine Veränderung des Wertesystems der Konsumgesellschaft erwarten[64]. Nun kann es nicht mehr darum gehen, die Ergebnisse der Weltmodelle herunter zu spielen, wie das Zagladin versucht[65].

Fedorenko erkennt an, "daß die globale Modellierung es ermöglicht hat, eine Reihe lebenswichtiger Probleme auf neue Art und Weise anzupacken"[66]. Durch die globale Modellierung stellte sich nämlich heraus, daß die bisher angewandten partiellen Prognosen z.B. für das Bevölkerungswachstum, die Energieerzeugung, die Erweiterung der landwirtschaftlichen Nutzfläche oder die Ausbeutung der Ressourcen der Ozeane in wissenschaftlicher und praktischer Hinsicht untauglich sind, obwohl bekanntlich Prognosen dieser

Art scheinbar recht gründlich durch demographische, energetische, agrochemische und ozeanologische Angaben untermauert waren[67]. Der Ruf nach der komplexen Analyse war schon auf den Round-table-Gesprächen der Zeitschrift "Voprosy filosofii" hörbar erklungen.

Dazu kommt ein anderer Faktor. Gestützt auf die Prognosen der Modelle, versuchen viele Staaten schon, besonders auf dem Gebiet des Umweltschutzes, einer Katastrophe gegenzusteuern, d.h. die Schlußfolgerungen der Wissenschaftler sind politisch umsetzbar. Und hier springt der Funke über, denn auch die Sowjetunion ist, trotz der Beschönigungen der Ideologen[68], weit von einer befriedigenden Lösung des Problems "Zusammenwirken von Gesellschaft und Natur" (Fedorenko) entfernt. Die Ursachen liegen darin, "daß im Gesamtsystem der Leitung und Planung der Volkswirtschaft die Aspekte der Umwelterhaltung bei der Produktionstätigkeit nicht genügend berücksichtigt werden"[69].

Vor den sowjetischen Wissenschaftlern steht deshalb die Aufgabe, "die allgemeinen Grundlagen der rationellen Nutzung der Naturreichtümer zu erforschen und wissenschaftliche Empfehlungen für eine Zielprogrammplanung dieser Tätigkeit auszuarbeiten"[70].

Auf die Klage, in den sozialistischen Ländern werde den globalen Modellen leider relativ geringe Beachtung zuteil, läßt Fedorenko den Hinweis folgen, daß dennoch, gestützt auf bisher durchgeführte Modelle und Supermodelle, eine Reihe von Experimenten zur globalen Modellierung durchgeführt worden seien, so am Zentralen Mathematisch-Ökonomischen Institut und am Rechenzentrum der AdW, sowie in der Hauptverwaltung für hydrometeorologische Dienste beim Ministerrat der UdSSR[71].

Mängel beeinträchtigen die Zuverlässigkeit aber derart, daß sich die Anwendung der globalen Modelle vorerst darauf beschränken muß, allgemein die Grundtendenzen des Verhaltens modellierter Systeme zu prognostizieren. Die volkswirtschaftliche Anwendung erscheint unter diesen Bedingungen noch kaum möglich.

Die wissenschaftliche Lücke versuchen die sowjetischen Wissenschaftler durch die Selbstdefinition der "entwickelten sozialistischen Gesellschaft" zu schließen, in der die Nutzung der Naturreichtümer als eine besondere Art der sozialökonomischen Tätigkeit betrachtet werden sollte, gerichtet auf eine immer vollständigere Befriedigung der wachsenden Bedürfnisse aller Mitglieder der Gesellschaft durch verbesserte Nutzung der natürlichen Ressourcen; auf die Erhaltung und Mehrung (bzw. Verbesserung der Qualität und adäquaten Ersatz) der natürlichen Ressourcen im Interesse kommender Generationen; auf die Aufrechterhaltung (es müßte heißen: Wiederherstellung – W.G.) des Gleichgewichts zwischen industrieller Entwicklung und biologischer Stabilität der menschlichen Umwelt, die die Entwicklung der Zivilisation und das Leben der Erde gewährleistet"[72].

Es blieb nicht bei der Erstellung eines Programms. Auf hoher, überministerieller Ebene wurde ein zentrales System erstellt, das die Nutzung der Rohstoffe planen und lenken soll, administrativ umgesetzt in einer Unionsbehörde, die ein einheitliches System von Plannormen zur Nutzung der Naturreichtümer aufstellt[73]. Um das Wirtschaftswachstum nicht zu gefährden, wurden Modelle ausgearbeitet, in denen bei Berücksichtigung der strengen ökologischen Restriktionen die Parameter für die Berechnung des materiellen und personellen Bedarfs festgelegt werden[74]. Wie schon Kapica verweist auch Fedorenko auf die regionalen Programme (Baikalsee, Wolgabecken, Azovsches und Schwarzes Meer), sowie auf die internationalen Verträge innerhalb des RGW, den UN-Organisationen ECE, UNEP und andere bilaterale Abkommen mit westlichen Industriestaaten und Entwicklungsländern.

2.5. Die Soziologie

Gerade die Definition der "entwickelten sozialistischen Gesellschaft verlangt, angesichts des Problems, die Bedürfnisse dieser Gesellschaft mit den ökologischen Restriktionen in Einklang zu bringen, auch langfristige soziologische Prognosen. Diese können aber mit den herkömmlichen Methoden der Soziologie nicht erstellt werden[75]. Die sowjetischen Wissenschaftler vollziehen hier einen Erkenntnisprozeß nach, den Forrester seinen Landsleuten auch erst unter Schwierigkeiten nahebringen mußte. Denn auch er begann mit der Frage: "Welche Berechtigung aber gibt es dafür, Gesetze zu Änderungen von Sozialsystemen zu erlassen, wenn man diese nicht einmal zu modellieren vermag?"[76] Mithilfe der Systemdynamik (System Dynamics) gelang es ihm aber, das intuitionswidrige Verhalten sozialer Systeme aufzuzeigen.

Die globale Modellierung nun erscheint auch bei Džermen Gvišiani geeignet, Hilfestellung zu leisten bei der Formung einer "konkreten, wissenschaftlich begründeten Vorstellung von den eventuellen Grundtendenzen der Menschheitsentwicklung in den nächsten 50–100 Jahren" und bei der Suche nach effektiven Verfahren für eine zielgerichtete Einwirkung auf diese Entwicklung[77].

Um aber eine komplexe Systemanalyse der soziologischen Probleme auf allen Ebenen bis hin zur globalen durchführen zu können, bedarf es der gemeinsamen Arbeit von Gesellschafts-, Natur- und technischen Wissenschaften.

Deren Ergebnisse müßten auch in der Verwaltungssprache formuliert sein und ein exaktes Bild der modernen Gesellschaft vermitteln, dazu Alternativen aufzeigen, um Entscheidungshilfe zu geben.

Diese Ergebnisse können aber nur durch die Anwendung neuer Forschungsmethoden erzielt werden. Gvišiani weist dabei ausdrücklich darauf hin, daß die globale Modellierung mittels formaler, mathematischer Methoden bisher nur ungenügende Beachtung fand. Wird diese Methode angewandt, wirbt Gvišiani, so werden sich Systemcharakter, die Ausmaße, die Analyse der Dynamik von Prozessen und die Möglichkeit ihrer Steuerung in eine immanente Eigenschaft dieser Methode verwandeln.

Um seinen sowjetischen Kollegen die Erkenntnismöglichkeiten aufzuzeigen, die durch die angewandte Methode der Systemdynamik sich eröffnen, stellt er ihnen die wichtigsten bisherigen, mithilfe dieser Methode entwickelten Weltmodelle vor. So sieht er in den Modellen "World-2" von G. Forrester (1971) und "World-3" von D. Meadows (1972) Schwächen vor allem darin, daß sie nur eine beschränkte Vorstellung von den Möglichkeiten der Menschheit vermitteln, bewußt auf die eigene Entwicklung einzuwirken. Deshalb auch die rein negative Empfehlung zur Begrenzung des Wachstums. Doch auch die Gegenkonzeption von Pestel und Mesarović des "organischen Wachstums" nennt Gvišiani eine utopische Strategie, da sie sich bewußt über konkrete sozialökonomische, politische und ideologische Entwicklungsfaktoren hinwegsetze.

Etwas günstiger wird das Bariloche-Modell von Prof. Herrera (1974) beurteilt, weil es in der Suche nach befriedigenden Lebensbedingungen für die Entwicklungsländer in zwei Szenarios eine Reihe "eigentlich sozialer Parameter" aufgenommen habe. Daß die Wissenschaftler unter Prof. Herrera nicht zwischen kapitalistischen und sozialistischen Ländern in ihrer Beziehung zu den Entwicklungsländern unterschieden hätten, ist ein Vorwurf, der auch das Projekt des japanischen Teams unter Prof. Kaya trifft.

Auf Sympathien trifft dagegen das Tinbergen-Projekt (Reshape of International Order, 1976), das auf der Suche nach neuen Formen der internationalen Zusammenarbeit auf den Gebieten der Wirtschaft, Wissenschaft und Technik und Politik durch Abbau von Disproportionen einen humanen Sozialismus ansteuert. Ähnlich günstige Aufnahme findet das Leontieff-Projekt (Die Zukunft der Weltwirtschaft, 1976), in dem weitgehende soziale, politische und strukturell-organisatorische Veränderungen in den Entwicklungsländern gekoppelt werden sollen mit einer wesentlichen Wandlung der Weltwirtschaftsordnung. Aber auch die Modelle von Roberts (SARUM-Modell, 1976), Gabor (Das Ende der Verschwendung, 1976) und Laszlo (Goals for Mankind, 1977) verdienen, nach Gvišiani, Beachtung, bedürfen aber einer vertieften philosophischen und soziologischen Erarbeitung.

Bei allem Lob, das Gvišiani der "Evolution der globalen Modelle" zollt, stellt er fest, daß gerade der soziologische Aspekt ungenügend herausgearbeitet sei. Hier trete die "klassenmäßige Beschränktheit bei der Behandlung sehr wichtiger Prozesse der gesellschaftlichen Entwicklung zutage"[78].

Doch auf eben diesen Modellen aufbauend, sind bereits Anstrengungen unternommen worden, eine eigene sowjetische soziologische Methode zur globalen Modellierung zu entwickeln.

Die spezifischen Merkmale zur Charakterisierung der einzelnen Elemente (Region, Land) sind bei Gvišiani freilich anders bestimmt als etwa bei Pestel-Mesarović: geographische Lage, Zentralisierungsgrad der wirtschaftlichen Leitung (gilt in der Sowjetunion als Kriterium für den Sozialisierungsgrad eines Landes), Stand der ökonomischen Entwicklung, Vorräte an Naturschätzen, Bevölkerungsdichte, Grad der sozialen Homogenität, Typ der herrschenden Ideologie und Kultur u.a.[79].

Ein solches System läßt sich als mathematisches Modell darstellen. Der nicht formalisierte Teil der Prozesse kann durch Szenarios beschrieben werden, mit deren Hilfe unterschiedliche Entwicklungskonzeptionen modelliert werden können. Wie das funktioniert, haben die sowjetischen Wissenschaftler gemeinsam mit Vertretern des Klub von Rom am Modell von Pestel-Mesarović bei der Moskauer Konferenz 1977 erfolgreich praktiziert. Es zeigte sich dabei, daß die Rolle des Menschen als Subjekt der Entscheidung in der Dialogsituation mit dem Computer nicht nur nicht abnimmt, sondern sogar steigt. "Da der Dialog", so Gvišiani, "viele Unklarheiten informativen Charakters beseitigt, stimuliert er die begründetere Entscheidung selbst"[80].

Zur Vervollkommnung der mathematischen Modelle schlägt Gvišiani die Ausarbeitung einer Reihe methodologischer Probleme der formalisierten Beschreibung vor.

Als eines der zentralen Probleme der auszuarbeitenden formalisierten Beschreibung sieht er das der Adäquanz an, das dann auftritt, wenn bei der Modellierung komplizierter sozialökonomischer und ökologischer Prozesse mangels exakter naturwissenschaftlicher Gesetze ein System von Hypothesen herangezogen werden muß. Bei der Darstellung des Produktionsprozesses muß z.B. beachtet werden, daß dieser Prozeß selbst steuerbar ist, d.h., daß er bestimmten "Stellgrößen" unterliegt. Diese sind, wie die Ziele des Steuerungssystems, in sozialistischer und kapitalistischer Wirtschaft unterschiedlich, sie verändern sich außerdem in der Zeit. So besteht auch keine Sicherheit darüber, daß sich die künftige wirtschaftliche Entwicklung der Welt durch eine Produktionsfunktion beschreiben lassen wird, die der gegenwärtigen Produktionsfunktion der USA nahesteht, so Meadows Hypothese, oder nach Pestel-Mesarović, die Produktionsfunktion der Regionen der künftigen Welt die gleichen wie jetzt bleiben[81].

Hier setzt Gvišianis eigene Forschung ein. Er arbeitete eine Beschreibung aus, die besonders auf Adäquanz getestet wurde. Diese durch den Übergang vom integralen zum differentialen Wissensniveau gefundene erhöhte Adäquanz muß nun auch auf andere Bereiche übertragen werden.

Wenn, nach Gvišiani, auch die globale Modellierung bis jetzt eher die Fragestellung präzisiert habe, als bereits ihre Lösungen vermittelt, so könne sie dennoch ein notwendiges Instrument der Soziologie darstellen, mit dessen Hilfe sie eine höhere Entwicklungsstufe erreichen könne. Von der weiteren "Soziologisierung" globaler Modelle verspricht er sich einen wirksamen Impuls, um die soziologische Wissenschaft zu befähigen, von empirischen Angaben zu neuen theoretischen allgemeineren Aussagen zu gelangen und die Entwicklungsgesetze der Menschheit tiefer zu erkennen[82].

2.6. Die Ideologie

Die wissenschaftliche Rezeption der Modelle des Klub von Rom stieß schon bei einigen Naturwissenschaftlern auf Skepsis. Die Möglichkeit, mithilfe der Systemanalyse soziologische Modelle einer künftigen Gesellschaft entwerfen zu können, fordert aber nicht nur die sowjetischen Soziologen, sondern vor allem die Ideologen heraus.

Sehr gut ist zu erkennen, wie frühzeitig schon die sowjetischen Naturwissenschaftler bemüht sind, bei der Betonung des notwendigen wissenschaftlichen Vorgehens in Richtung der Modellierung globaler Prozesse deren Vereinbarkeit mit der Ideologie des Marxismus-Leninismus zu betonen. So hält Chozin vom USA- und Kanada-Institut der AdW die Tatsache, daß die Sowjetunion mit ihrem zentralen Planungssystem auf dem Gebiet der Koordinierung nationaler und internationaler Pläne bereits Erfahrungen gesammelt hat, als Unterpfand dafür, daß "unsere Prinzipien einem globalen Modell der Zusammenarbeit auf diesem Gebiet zugrunde gelegt werden können"[83].

Aber schon im Beitrag des Genetikers Ryčkov zeigt sich, daß es nicht ausreicht, die Vereinbarkeit der globalen Modellierung mit dem sowjetischen Plansystem zu konstatieren, sondern daß die sowjetischen Ideologen selbst aufgefordert sind, durch die neuen Möglichkeiten herausgefordert, eigene positive Zukunftsmodelle einer sozialistischen Gesellschaft zu entwerfen, denn, so Ryčkov, auch die entwickelten sozialistischen Länder können mit einer ökologischen Krise konfrontiert werden, "wenn die wissenschaftliche Untersuchung und philosophische Reflexion dieser Beziehungen von Natur und Gesellschaft hinter dem Tempo der ökonomischen und kulturellen Entwicklung dieser Länder zurückbleibt"[84].

Dabei ist es für Gvišiani offensichtlich, "daß die globale Modellierung zu einem Bereich heftigen ideologischen Kampfes werden muß, da sie mit der Herausbildung einer mehr oder minder konkreten Vorstellung von der Zukunft der Menschheit verknüpft ist"[85].

Trotz der Einsicht in die Notwendigkeit, ein eigenes Wertesystem neben das "kapitalistische" zu setzen, sind die Ansätze dazu bisher relativ dürftig geblieben. Während Zagladin und Frolov das Problem bereits als gelöst ansehen[86], bemüht sich Gvišiani intensiv um eine erste Aussage. Die Stärke des historischen Materialismus als "allgemeinsoziologischer Theorie" sieht er gerade in dessen Fähigkeit, komplexe Probleme zu erfassen und zu integrieren.

Die sozialen Prozesse in einem Modell, das das System der sozialen Veränderungen in der gegenwärtigen Welt darstellen würde, müßte zumindest auf zwei Ebenen untersucht und modelliert werden. Auf der ersten Ebene werden alle sozialen Folgen der technischen, ökonomischen, wissenschaftlichen und ökologischen Prozesse erfaßt durch ein von Philosophie und Soziologie theoretisch zu begründendes System sozialer Kennwerte, die in ihrer Gesamtheit den Zustand einer Gesellschaft bezeichnen. Die zweite Ebene dient der Ausarbeitung spezieller Untersysteme, z.B. kultureller Veränderungen. Die Modellierung der sozialen Prozesse erweist sich so als Methode zur Uminterpretierung, Umwertung der Rolle, die die traditionellen sozialen Einrichtungen und entstandenen kulturellen Standards spielen[87].

Ein globales Modell, das sich zu einer fruchtbaren Analyse der sozialen Evolution der Menschheit eignet, läßt sich nur, so Gvišiani, durch philosophisch-soziologische Postulate aufbauen, die es in die Lage versetzen, die Basisprobleme der Gegenwart, Erhaltung des Friedens, Beschleunigung des sozialen Fortschritts (ein Begriff, der für die Entwicklung in Richtung Marxismus-Leninismus steht – W.G.), Beseitigung des Elends und aller Formen der sozialen Ungleichheit – konstruktiv zu lösen. Diese Postulate sind für den sowjetischen Wissenschaftler durch das sowjetische System des Sozialismus vorgegeben.

Das dem historischen Prozeß immanente Ziel der gesellschaftlichen Entwicklung ist, nach Marx, "der Mensch in seiner Totalität". Er verwirklicht sich im "absoluten Herausarbeiten seiner schöpferischen Anlagen ohne andere Voraussetzung als die vorhergegangene historische Entwicklung, die diese Totalität der Entwicklung, d.h. der Entwicklung aller menschlichen Kräfte als solcher, nicht gemessen an einem *vorhergegebenen* Maßstab, zum Selbstzweck macht"[88]. Die Bedingungen dafür, materielle, soziale und kulturelle, werden durch die Totalität der Gesellschaft, das Harmonische ihrer Tätigkeitsstruktur, geschaffen. Auch Zagladin und Frolov greifen auf Marx zurück, wenn sie die Ziele der neuen, sozialistischen Gesellschaft darin sehen, die Bedingungen für eine freie und allseitige Entwicklung des Menschen als "Selbstzweck" der Geschichte zu gewährleisten und daraus die Aufgabe ableiten, Tendenzen abzuwenden, die die Existenz der Menschheit bedrohen[89].

2.7. Die Politik

Da die Probleme, die der Klub von Rom aufgezeigt hat, in ihren Auswirkungen und der Aktualität die gesamte Menschheit betreffen, können sie auch nur durch globale Zusammenarbeit gelöst werden.

Zagladin und Frolov halten die ideologische Position aufrecht, wenn sie eine globale, vollständige und zuverlässige Lösung der Widersprüche zwischen der vom Menschen geschaffenen Zivilisation und der Natur – ihrer Voraussetzung und Entwicklungsbedingung – erst durch den weltweiten Sieg der sozialistischen gesellschaftlichen Verhältnisse als möglich ansehen[90].

Bis dahin aber muß gehandelt werden, gewissermaßen als Zwischenlösung. Da die Beseitigung oder zumindest die Reduzierung der globalen Probleme der Menschheit eine einheitliche Strategie erfordert, ist eine internationale, systemübergreifende Zusammenarbeit auch nach sowjetischen Vorstellungen unbedingt notwendig, sie wiederum nur unter den Bedingungen der Entspannungspolitik möglich.

Hier müssen sich Zagladin und Frolov sogar gegen "ultralinke" Kritiker zur Wehr setzen, indem sie betonen, daß eine Verweigerung der Zusammenarbeit über die Systeme hinweg zur Isolierung der kommunistischen von den internationalen und nationalen "demokratischen" Massenbewegungen, mit denen heute eine breite Öffentlichkeit auf die dringende Lösung der globalen Probleme reagiert, führen würde. Im Gegenteil, argumentieren sie, ist die positive Haltung der Kommunisten zur gemeinsamen Lösung der globalen Probleme ein neues Stimulans, um "die Massen für die Lösung der herangereiften, für die Zukunft der gesamten Menschheit überhaus bedeutsamen Fragen zu mobilisieren"[91].

Neben schon genannten internationalen Verträgen engagiert sich die Sowjetunion in der UNO für die Probleme des Umweltschutzes. Über die Organisationen FAO und UNESCO arbeitet sie im Spezialkomitee für Umweltfragen UNEP (seit 1972) aktiv mit. Der 5. Juni wurde 1973 zum internationalen Tag für den Schutz der Biosphäre eingeführt. Er entspricht den sowjetisch-amerikanischen Verträgen zur Freihaltung des Kosmos von Massenvernichtungswaffen.

Aber auch auf der Erde würde, wie die jüngsten Erfahrungen zeigen, Austausch von know how über Kernfusion und Lagerung der verseuchten Abfälle, eventuell internationaler Verzicht auf Energieformen, die zu große Sicherheitsrisiken mit sich tragen, dabei aber gemeinsam betriebene Erforschung neuer Energieformen, ganz im Sinne der Vorschläge des Klub von Rom die Zustimmung der Mehrheit der Bevölkerung finden.

Neben internationalen Lösungen müssen sich die politischen Folgen aber auch in konkreten Maßnahmen im Bereich der Planung der Volkswirtschaft niederschlagen. Die ökologischen Forderungen müssen langfristig in den auf Wachstum eingestellten Industrialisierungsplänen Berücksichtigung finden. Dabei entsteht das Problem, ob die sozialistischen Gesellschaften doch nicht die ganze Phase der Industrialisierung nach westeuropäischem, nordamerikanischem und japanischem Muster durchlaufen, sondern auf einer Stufe etwas unterhalb der westlichen noch funktionierenden Konsumgesellschaft verharrend, jetzt schon das stabile Niveau anstreben, auf das sich die westliche Konsumgesellschaft wahrscheinlich wird zurückziehen müssen, sollen die vom Klub von Rom erkannten Katastrophen abgewendet werden.

Diese Einsicht aber verlangt von Marxisten eine kritische Revision der bisherigen Zielsetzung, der Kommunismus werde alle Bedürfnisse der Menschen befriedigen[92]. Mündet sie dann in die Rückbesinnung auf die "Gesellschaft der Gleichen" von Babeuf oder die "Garantien der Harmonie und Gleichheit" von Weitling? Auf jeden Fall müssen die bisherigen Ziele der kommunistischen Gesellschaft, die an der kapitalistischen orientiert sind, geändert werden.

Aber auch dieses Problem ist für die sowjet-sozialistischen Gesellschaften allein nicht lösbar, sondern nur im Rahmen internationaler Kooperation zu erreichen. Langfristige Planung über 25 Jahre, in die auch internationale Verträge eingebettet sind, wie der Vertrag über Röhren-Gas-Lieferungen zwischen dem Iran, der Sowjetunion und der Bundesrepublik, bedeuten neben der Energiesicherung auch einen Schritt in diese Richtung.

3. Die Politik der friedlichen Koexistenz

Die Berufung auf die Analyse westlicher Politologen (Brown, Kaiser) über die Wandlung der internationalen Beziehungen, der Entstehung eines neuen internationalen Systems, dazu die Einsicht, aufgrund ökonomischer und technologischer Notwendigkeit über ideologische Grenzen hinweg kooperieren zu müssen, soll den objektiven Charakter dieses Wandels unterstreichen.

Dieser Wandel in der Struktur der internationalen Beziehungen bildet den Angelpunkt der Strategie des Kräfteverhältnisses in der Welt. SALT I und der Sieg der Vietnamesen mit sowjetischer Unterstützung über die USA markieren die Stationen des Umbruchs. Parität auf dem Sektor der strategischen Rüstung ging hier einher mit dem Sieg eines kleinen sozialistisch orientierten Volkes über die westliche Großmacht. Ihren Ausdruck fand diese sowjetische Politik "der dialektischen Einheit und des Kampfes der Gegensätze"[93] im Begriff der friedlichen Koexistenz.

Diese Formulierung war selbst für viele sowjetische Wissenschaftler[94] lange unklar, eingebettet in die Strategie des Kräfteverhältnisses in der Welt kann sie heute in Ost und West richtig verstanden werden. Unter friedlicher Koexistenz versteht die Sowjetunion demnach "die Art der Beziehungen zwischen Staaten mit unterschiedlichen Gesellschaftssystemen, die verlangt: Verzicht auf den Krieg als Mittel zur Lösung strittiger Fragen zwischen Staaten und ihre Beilegung durch Verhandlungen; Gleichberechtigung, gegenseitiges Verständnis und Vertrauen zwischen den Staaten, Achtung der gegenseitigen Interessen; Nichteinmischung in innere Angelegenheiten, die Anerkennung des Rechtes eines jeden Volkes, frei seine sozial-ökonomische und politische Ordnung zu wählen; strenge Achtung der Souveränität und territorialen Integrität aller Staaten; Entwicklung ökonomischer und kultureller Zusammenarbeit auf der Basis der vollen Gleichheit und des gegenseitigen Vorteils"[95].

Die Berufung auf Lenin und Chruščev führt dabei in die Irre, denn für den jungen Sowjetstaat bedeutete die Proklamierung der friedlichen Koexistenz mit kapitalistischen Staaten die einzige Chance zu überleben, und unter Chruščev strebte die Sowjetunion über die Taktik der friedlichen Koexistenz die völkerrechtliche Anerkennung ihres ostmitteleuropäischen Vorfeldes an mit der Westverschiebung Polens und der Etablierung der DDR.

Heute aber besitzt der Begriff "friedliche Koexistenz" einen völlig neuen Inhalt, basierend auf dem veränderten, neuen Kräfteverhältnis in der Welt. Gerade die Erkenntnis, daß bei einer militärischen Auseinandersetzung zwischen den Supermächten und den Verteidigungsorganisationen, die sie führen, keine eine reale Überlebenschance hätte, sondern die gesamte Menschheit in einer atomaren Katastrophe unterginge, führte zur Einsicht in die Einstellung des Wettrüstens und die Notwendigkeit der Rüstungsbegrenzung, zur Verlagerung des Wettbewerbs der in ihren Systemen führenden Staaten auf andere Sektoren als den militärischen. Der Abbau von Spannung wurde in die Wege geleitet durch Beseitigung derjenigen Spannungsherde, die die Interessen der Großmächte unmittelbar betrafen. Diese kamen überein, alles Mögliche zu tun, um die militärische Auseinandersetzung zu vermeiden und das Ausbrechen eines Atomkrieges zu verhindern. Dazu wurden in

Europa, in dem die beiden Großmächte sich militärisch unmittelbar gegenüberstehen, durch die Verträge der Bundesrepublik mit der Sowjetunion und Polen (1970), das "Vierseitige Abkommen über das betreffende Gebiet" (Westberlin) (1971), den Grundlagenvertrag zwischen der Bundesrepublik und der DDR (1972), den Vertrag über die Normalisierung der Beziehungen zwischen der Bundesrepublik und der ČSSR (1973) die Spannungsherde durch die Anerkennung des status quo beseitigt. Ausdruck und Besiegelung dieser Entspannungspolitik in einem wesentlichen Teil der Welt bildete die Konferenz für Sicherheit und Zusammenarbeit in Europa (KSZE) vom 30. Juli bis 1. August 1975, als 35 Staats-, Regierungs- und Parteichefs "den ersten multilateralen Versuch" unternahmen, "einen thematisch weit gespannten Verhaltenskodex für West und Ost in Europa zu schaffen" und "eine neue Dimension der Zusammenarbeit über die Systemgrenzen hinweg zu finden"[96].

Die Politik der friedlichen Koexistenz, verstanden als Kompromiß, als vernünftige Ausgewogenheit der Interessen, der Beziehungen von gegenseitigem Vorteil, hat in der Tat die Lage in der Welt verändert, ein Klima der Entspannung geschaffen, hat, wie Willy Brandt es ausdrückte, "den Frieden sicherer gemacht" für Europa. Legitim sind deshalb die Bestrebungen, vergleichbare Übereinkommen auch in anderen Regionen der Welt zu treffen[97].

Ist die Sehnsucht der Völker nach Frieden und gutnachbarlichen Beziehungen, nach Handel und kulturellem Austausch auch die in Ost und West respektierte Basis, der die Politik der Entspannung zwischen den Systemen dienen soll, so wird von den westlichen Staaten der sowjetische Begriff der friedlichen Koexistenz dennoch nicht akzeptiert, und das mit Recht.

Die friedliche Koexistenz von Staaten, *unabhängig* von ihrer Gesellschaftsordnung ist nämlich in sowjetischen Augen einerseits Völkerrechtsprinzip und umfaßt:

1. das Verbot der Gewaltanwendung; 2. die Gleichberechtigung und das Selbstbestimmungsrecht der Völker; 3. die friedliche Streitbeilegung; 4. die souveräne Gleichheit der Staaten; 5. die Nichteinmischung; 6. die Zusammenarbeit; 7. die gewissenhafte Erfüllung der Pflichten aus der UNO-Charta[98].

Dem setzt Egorov entgegen "die Leninsche Formel der friedlichen Koexistenz von Staaten mit *entgegengesetzter* Gesellschaftsordnung", die "den Kampf zwischen Sozialismus und Kapitalismus in allen Sphären der sozialökonomischen Beziehungen" darstellt. "Sie setzt die Auseinandersetzung zwischen den Staaten mit entgegengesetzter Gesellschaftsordnung voraus, schließt aber Kriege zwischen ihnen aus. Sie ist eine besondere Form des Klassenkampfes auf dem internationalen Schauplatz"[99].

Die Politik der friedlichen Koexistenz erleichtert, nach sowjetischer Vorstellung, gerade dadurch, daß sie militärische Konfrontation weitgehend ausschließt, den Wettbewerb auf allen anderen Gebieten.

"Nicht Einstellung der globalen Klassenauseinandersetzung im Namen des Friedens", definiert Šachnazarov diese Politik, "sondern ihre Verlagerung auf die Ebene des ökonomischen Wettbewerbs und des ideologischen Kampfes unter Beachtung der Prinzipien der friedlichen Koexistenz von Staaten mit unterschiedlicher sozialer Ordnung"[100]. Und sein Kollege Zagladin ergänzt, "daß unter den Bedingungen der Enspannung die reinsten, von künstlichen Hindernissen freiesten Bedingungen für die Entwicklung der gesellschaftlichen Prozesse geschaffen werden"[101].

Sehr wichtig ist dabei, daß die Entspannungspolitik "dem Westen aufgezwungen" wurde: "Erst nach dem Verlust der absoluten militärischen Übermacht begannen die herrschenden Kreise der kapitalistischen Länder zu begreifen, daß die friedliche Koexistenz *unumgänglich* ist", schreibt Šachnazarov[102].

Da das sozialistische Weltsystem und der Klassenkampf im internationalen Maßstab sich gesetzmäßig entwickeln, besitzt der Entspannungsprozeß, aufgrund des geänderten Kräfteverhältnisses in der Welt, objektiven Charakter. So schreibt auch Brežnev in seinem Buch "Über die Außenpolitik der KPdSU und des Sowjetstaats": "Der Abbau von Spannung ist nicht nur eine Sache der handelnden Politiker. Die Aktualität und die Perspektiven der Entspannung bestehen vor allem darin, daß sie einen historisch objektiven Prozeß darstellt, der verbunden ist mit tiefgreifenden sozial-politischen Veränderungen in der Welt, dem Streben von Millionen Menschen nach Sicherheit, gerechterer gesellschaftlicher Organisation und sozialem Fortschritt"[103].

Das aber ist genau die sowjetische Absicht: "Das Problem der Erhaltung des Friedens unter den Bedingungen der anwachsenden sozialen Revolution – das ist wohl das wichtigste aller Probleme, mit denen die Menschheit heute zu tun hat", ist auch Šachnazarovs Definition[104].

So sind in der gegenwärtigen historischen Situation zwei Bewegungen zu erkennen: Einmal wächst die Einsicht in die Notwendigkeit der internationalen Kooperation, um gemeinsam die globalen Probleme, deren Lösung die Kraft eines Landes überschreitet, bewältigen zu können, andererseits tobt unbeirrt davon der Kampf der beiden sozialen Systeme weiter. Das Problem ist also, wie diese beiden Faktoren, Kooperation und Rivalität, Stabilität und Veränderungen, zu vereinen sind.

Freilich soll hier der Westen auf den Leim geführt werden. Als stemme er sich gegen die Veränderungen wie den Sturz der Obristen in Griechenland, die

148

Revolution in Protugal, wird ihm vorgeworfen, er verlange einen Garantie-schein gegen die Revolution, verlange Garantien, daß die Entspannung nicht mit revolutionären Veränderungen verbunden werde.

Es tauchen nun aber auch neue Aspekte auf. Besonders DDR-Wissenschaftler sehen die Entspannungspolitik in vielen Bereichen bedroht. Erste Befürchtun-gen über ein angebliches Ende des Entspannungsprozesses äußerte schon Doernberg[105]. Martin untersucht solche Ansätze genauer. Er stellt fest, daß auch amerikanische Politologen und Ökonomen bei der Analyse der Be-freiung Algeriens aus der französischen Kolonialherrschaft, den Niederlagen der Amerikaner in der Schweinebucht und in Vietnam zum Ergebnis kamen, daß Gewaltpolitik zu katastrophalen Folgen führte, Gewalt sich also als ein politisches Mittel herausstellt, das oft zum Gegenteil des erwünschten Erfolges führt[106] und leitet daraus zwei Schlüsse ab:

1. Die "unerbittliche Härte der Realitäten selbst" hat die imperialistischen Politiker bei der Einschätzung des internationalen Kräfteverhältnisses zu einer Revision ihrer Politik veranlaßt und zwar deshalb, weil durch den Einsatz aller Mittel ihr eigenes Herrschaftssystem gefährdet wird.
2. Der Einsatz von Gewalt wird nicht völlig ausgeschlossen, er wird nur als letztes Mittel evaluiert. Sonst sind an seine Stelle andere Einflußmittel getreten, andere Methoden der Intervention[107].

Zwischen dem aggressiven Wesen und den neuen Erscheinungsformen impe-rialistischer Politik besteht, so Martin, ein dialektisches Verhältnis, dessen Schlüsselgröße aber das internationale Kräfteverhältnis (= Kräfteverhältnis in der Welt – W.G.) ist. Vom Sozialismus auf die neue Kampfebene der friedlichen Koexistenz gezwungen, versuche der Imperialismus nun mit den verbliebenen Mitteln aus der Defensive herauszukommen.

Im Ergebnis sieht Martin die gegenwärtige Lage der "imperialistischen Staaten" durch drei Widersprüche gekennzeichnet:

1. das unvermindert aggressive Expansionsbedürfnis und der reduzierten Möglichkeiten, es zu realisieren,
2. der unverminderten Todfeindschaft gegenüber dem Sozialismus und den Zwängen zur Zusammenarbeit mit sozialistischen Staaten,
3. die sich immer mehr verstärkenden Gegensätze in ihren Beziehungen untereinander und der Notwendigkeit ihres Zusammenschlusses und einer koordinierten Strategie gegenüber den sozialistischen Staaten[108].

Man denkt an die gemeinsame Verhandlungtaktik der EG-Staaten bei den Vorbereitungen zu den KSZE-Konferenzen in Helsinki und Belgrad. Martin sieht das angesprochene Verhalten im verstärkten Wettrüsten, im Mißbrauch einzelner Teile der KSZE-Schlußakte (Sicherheit der Grenzen, Nichteinmischung in die inneren Angelegenheiten), Verstärkung der ideologischen Diversion[109].

Das heißt, die sozialistischen Staaten sehen sich mit der Tatsache konfrontiert, daß der Westen die Formel "Kampf der Ideen" aufnimmt und in seiner Berufung auf die Menschenrechte nicht unerhebliche Resonanz in den sozialistischen Staaten selbst findet. So waren in allen sozialistischen Staaten die Führungen starkem Druck von Bürgern ausgesetzt, die sich auf die Schlußakte der KSZE beriefen. Verständlich, daß z.B. Wolfram Neubert schreibt, die friedliche Koexistenz dürfe im Interesse des Friedens und des sozialen Fortschritts nicht gegen ihren eigentlichen Sinn gekehrt werden[110].

Es begann die Phase der Rechtfertigungen, der Präzisierung des Begriffs "friedliche Koexistenz". "So darf sich das Gegenseitigkeitsprinzip bei Entspannungs-, d.h. internationalen Abkommen immer nur auf zwischenstaatliche Beziehungen und niemals auf die innergesellschaftlichen Verhältnisse der beteiligten Länder beziehen"[111]. Und "die Solidarität des ersten Arbeiter- und Bauernstaates (Sowjetunion – W.G.) mit seinen Klassenbrüdern in anderen Ländern ist keine Einmischung"[112]. Deshalb darf die legitime Möglichkeit, den Klassen- und nationalen Kampf im Innern eines Landes in allen Formen, einschließlich der bewaffneten Aktion, zu führen, nicht für die zwischenstaatlichen Auseinandersetzungen anerkannt werden[113].

"Entspannung ohne Frieden" nannten Annemarie Große-Jütte und Rüdiger Jütte die von ihnen 1977 herausgegebene Arbeit[113a]. Den Kampf zweier Staatengruppen unter Führung der USA bez. der Sowjetunion von globalem Einfluß sieht Große-Jütte als "offensichtlichen" Inhalt des Ost-West-Konfliktes an, die europäische Ebene, von der dieser Konflikt seinen Ausgang nahm, betrachtet sie nur noch als einen seiner Aspekte[113b].

Entspannungspolitik bedeutete aber gerade, zwischen den Supermächten einerseits und auf dem Territorium Europas andererseits einen Mechanismus politischen Verhaltens in Gang zu setzen, der faktisch zum Abbau von – vor allem militärischer – Bedrohung führen sollte. KSZE, SALT-Verträge und MBFR-Verhandlungen beweisen diese Absicht. Dieser neu gewonnene modus vivendi in seiner facettenreichen Vielfalt sollte über Europa hinaus auch auf andere Weltregionen ausgeweitet werden. Der Sieg der von Moskau aus unterstützten Befreiungsbewegungen in Angola und Mozambik erschütterte die Entspannungseuphorie erstmals und hatte erste Rückwirkungen auf das amerikanisch-sowjetische Verhältnis. Aber erst nach der totalen Verschlechterung dieses Verhältnisses wagte es die Sowjetunion, in Afghanistan direkt militärisch zu intervenieren mit der Folge, daß in den Konfrontationskurs des amerikanischen Präsidenten, der sich im Ruf: "Keinen Schritt weiter, oder es gibt Krieg!" und den Boykottmaßnahmen äußerte, auch die Region mit einbezogen wurde, für die Entspannungspolitik wesentliche Erfolge gebracht hatte: Europa. In der Frage der Teilbarkeit oder Unteilbarkeit von Entspannung stießen die Konzeptionen der Sowjetunion und der USA voll aneinander. Die Sowjetunion, deren Koexistenz-Begriff die Unterstützung "fortschrittlicher Bewegungen" geradezu gebietet, versucht nun, angesichts der Konfrontation mit den USA, wenigstens die regional in Europa errungenen Erfolge des Abbaus von Spannung zu retten. Sie mag nur langfristig, auf die Handelsinteressen der westlichen Industrieländer bauend, eine Klimaverbesserung erwarten, in der ihr die Früchte der Veränderung des Kräfteverhältnisses in der Welt durch die Eroberung Afghanistans zufallen.

Der Fall Afghanistan aber hat auch im Westen dazu geführt, daß der ganze Komplex der Entspannungspolitik neu überdacht wird – die unterschiedlichen Interpretationen zwischen der Bundesrepublik und den USA werden dabei deutlicher artikuliert – und die Frage geprüft wird, welche Kriegsverhütungsmechanismen entwickelt werden müssen, um angesichts der Parität der beiden Supermächte auf strategisch-atomaren Sektor künftigen Konflikten zu begegnen.

4. Die militärische Entspannung

Ein wesentlicher Baustein im Gebäude der sowjetischen Strategie des Kräfteverhältnisses in der Welt stellt die militärische Entspannung dar. Mit ihr steht und fällt der Erfolg der gesamten Politik der Ära Brežnev[114]. Nun haben, neben einem allgemeinen Nachlassen der Entspannungseuphorie im Westen, im Zusammenhang mit den SALT-II und MBFR-Verhandlungen, auch der Sowjetunion normalerweise nicht unbedingt feindlich gesonnene Analytiker der sowjetischen militärischen Situation darauf hingewiesen, daß das sowjetische Rüstungspotential, allen Abrüstungsbeteuerungen zum Trotz, auf konventionellem wie atomarem Sektor unaufhörlich wuchs, daß, letzten Endes, das stets von Ost und West betonte Gleichgewicht des Schreckens von der Sowjetunion einseitig zu ihren Gunsten verändert wurde[115]. War das das Ziel der sowjetischen militärischen Entspannung?

Die Bedeutung des militärischen Faktors in der Strategie des Kräfteverhältnisses in der Welt wurde in der historischen Ableitung dieser Strategie wie im Problem der Irreversibilität bereits deutlich. Beide Kriterien kommen nun zum Tragen und bestimmen entscheidend das sowjetische Verhalten in Verhandlungen über Rüstungsbegrenzung.

Auf der Basis der politischen Entspannung, die zur friedlichen Koexistenz führte, soll die militärische Entspannung folgen als die andere Seite des gleichen Prozesses[116]. Nur durch die Ergänzung der politischen Entspannung durch die militärische kann die erstere irreversibel werden[117], wird ihr ein stabiler und unumkehrbarer Charakter verliehen[118].

Die Sorge um die Irreversibilität des bisher erreichten Kräfteverhältnisses in der Welt bestimmt aber auch eine Akzentverschiebung. Da die politische Entspannung schon soweit fortgeschritten ist, daß die Gefahr besteht, die militärische könne hinter ihr zurückbleiben, wurde von den sozialistischen Staaten, um Reversionen zu vermeiden[119], die militärische Entspannung in das "Zentrum des Kampfes" gerückt[120], zum "Schlüsselproblem der Weltpolitik"[121] erklärt.

So wird zwar, in einer historischen Rückschau, anerkannt, daß durch die Entwicklung der französisch-russischen Beziehungen, den Ostverträgen der Bundesrepublik, der KSZE, vor allem aber der Verbesserung des Verhältnisses Sowjetunion – USA, eine solide Basis für die weitere Verbesserung des internationalen Klimas in Richtung Abbau der Spannungen entstanden ist, zugleich aber wird, bipolar argumentierend, darauf verwiesen, daß die "aggressive Natur des Imperialismus sich nicht veränderte, daß dadurch noch der ganze Schrecken eines Weltkrieges erhalten bleibt, das Wettrüsten fortgeführt und sogar noch verstärkt wird"[122]. Die Umwandlung der militärischen Beziehungen in Richtung Entspannung kann deshalb nur "im Interesse des Friedens und sozialen Fortschritts der Menschheit" erfolgen[123], d.h. sofern sie das sozialistische Lager stärkt.

Entsprechend "basiert der Kurs der KPdSU in dieser Frage auf der umfassenden Berücksichtigung der Hauptgesetzmäßigkeiten der *gesellschaftlichen* Entwicklung, der Ergebnisse und Perspektiven des weltweiten revolutionären Prozesses, der durch die *Veränderungen des globalen Kräfteverhältnisses* zugunsten des Friedens und des Sozialismus weitergeführt wird"[124]. Der Strategie des Kräfteverhältnisses folgend, wird, gerade vom Gesichtspunkt der militärischen Entspannung aus, als besonders wichtig angesehen, "daß der Imperialismus sich genötigt sah, ernsthaft die Realitäten der augenblicklichen Welt zu berücksichtigen, in erster Linie die Tatsache der sowjetisch-amerikanischen atomaren Parität"[125], des dynamischen Gleichgewichts des Atomraketenpotentials beider Staaten[126].

Die Hauptanstrengungen der Sowjetunion zielen vorrangig darauf ab, ihre von der Welt anerkannte militärische Gleichwertigkeit zu stabilisieren. Das geschieht auf drei Ebenen:

1. durch vertragliche Fixierung
2. durch die "aktive Friedenspolitik", die das Sicherheitsbedürfnis des Westens verringern soll
3. durch Aufrüstung

4.1. Vertragliche Fixierung

Der Minderung der Spannung zwischen den USA und der Sowjetunion kommt vorrangige Bedeutung zu. So wurde zu Beginn der 70er Jahre durch zahlreiche bilaterale Verträge ein neues, bedeutendes Blatt in der Geschichte der internationalen Beziehungen aufgeschlagen[127]. Dazu gehören der Grundlagenvertrag über die Beziehungen zwischen UdSSR und USA von 1972, vor allem aber die Unterzeichnung von SALT I, die Absprachen von Vladivostok 1974. Entsprechend verstört mußten die Sowjets auf Carters Wahl zum Präsidenten der USA im Januar 1977 und seinen Gegenkurs reagieren, da, nach Aussage seines Vorgängers Ford, bereits 95 % des SALT II-Vertrages für die geplante Unterzeichnung am 3. Okt. 1977, d.h. bis zum Ablauf von SALT I, unterschriftsreif ausgearbeitet waren[128]. Mit Verbissenheit aber steuerten die Sowjets nach neuen Verhandlungen und der Aufnahme neuer Waffensysteme in den Vertragskomplex, die Unterzeichnung von SALT II an, die schließlich am 18. Juni 1979 in Wien erfolgte. SALT II enthielt bereits einen Rahmenplan für die Verhandlungen zu SALT III. Mit SALT II aber schrieb, wie es DIE ZEIT formulierte, Leonid Brežnev "die militärische und strategische Ebenbürtigkeit mit der Weltmacht Amerika fest"[129]. "Gleiche Sicherheit für beide Seiten" gewährleiste der Vertrag, war Brežnevs Formel[130].

Konkret wurde festgelegt:

Ab 1981	2250	Intercontinentalraketen (ICBM) oder Fernbomber mit Marschflugkörpern (SU muß etwa 270 strategische Nuklearträgerwaffen entfernen)
darin:	1320	Abwurfsysteme – Bomber oder Raketen mit mehr als 1 Sprengkopf oder Marschflugkörper (Cruise missile)
darin:	1200	Raketen mit Mehrfachspregköpfen (MIRV), ICBM und U-Boot-Raketen
=		bis zu 120 Bomber mit je 28 Cruise missile
	820	Intercontinentalraketen (ICBM) mit Mehrfachsprengköpfen (MIRV), landgestützt.

Der Bau weiterer fester Abschußrampen für ICBM ist verboten. Bis zum Ende des Vertrages 1985 darf nur 1 neuer Typ ICBM, und zwar ein leichter Typ, neu eingeführt werden.

Die Festlegung der Abschußrampen auf dem Lande kommt der sowjetischen Strategie freilich entgegen, ICBM auf U-Boote zu verlagern. So schrieb

Flottenadmiral Gorškov: "Die Seestreitkräfte werden allmählich zum Haupteinsatzmittel für Atomwaffen, mit denen der Gegner auf allen Kontinenten und Meeren bekämpft werden kann"[131].

Beide Seiten, heißt es im Schlußkommuniqué zur Unterzeichnung von SALT II, hätten einander versichert, daß sie nicht nach militärischer Überlegenheit streben oder streben werden[132]. Von Abrüstung kann dabei zwar nicht die Rede sein, aber die "Kooperative Rüstungssteuerung"[133], wie sie in den SALT-Verträgen praktiziert wird, enthält für die Sowjetunion das wichtige Moment der Vorausschau über die Rüstungsanstrengungen der anderen Weltmacht. Damit aber wird die militärische Sicherheit der Sowjetunion erhöht.

Sie ist aus diesem Grunde bereit, Absprachen über Rüstungsbeschränkung auch auf anderen Gebieten zu treffen. So hatte schon die WVO auf ihrer Sitzung im November 1978 vorgeschlagen, Verhandlungen im europäischen oder Weltmaßstab über alle Probleme eines Rüstungsstops zu führen, darunter auch über diejenigen, über die noch nicht verhandelt wurde. Das gelte auch für die Fragen einer Begrenzung und Verringerung von Teilen der Waffenpotentiale beider Seiten in Europa, die gegenwärtig der anderen Seite Sorgen bereiten[134].

Hier existiert tatsächlich, von den SALT-Verträgen wie den MBFR-Verhandlungen nicht erfaßt, der Komplex der sowjetischen Mittelstreckenraketen SS-20 mit Atomsprengköpfen, die auf Ziele in Westeuropa gerichtet sind.

Die Disparitäten auf diesem Sektor zwischen NATO und WVO – auf konventionellem Sektor ist die WVO schon überlegen – konnten bisher durch die nuklearstrategische Überlegenheit der USA ohne weiteres hingenommen werden. "In dem Maße aber", das erkannte der in diesem Problem besonders involvierte Bundeskanzler Schmidt, "in dem auf diesem Gebiet Parität hergestellt wird, treten diese Probleme deutlicher ins Bewußtsein"[135].

Der Nachrüstungsbeschluß der NATO, der die Entwicklung und Stationierung amerikanischer Mittelstreckenraketen mit Atomsprengköpfen als Gegengewicht zur sowjetischen SS-20 für die Jahre 1984/85 vorsieht, gepaart mit dem Verhandlungsangebot der zweiseitigen Reduzierung, ist die Antwort auf diese Erkenntnis.

Alle Vorschläge, die bei den Wiener MBFR-Verhandlungen von der Seite der Sowjetunion unter den Begriffen "Gleiche Sicherheit für beide Seiten" und "Gleichgewicht der Kräfte" bzw. "Parität" gemacht werden[136], sind vor dieser Problematik zu sehen. So kennzeichnet die Formulierung von Nikonov die sowjetische Absicht exakt, wenn es heißt, gegenüber den klassisch gewordenen Abkommen über Rüstungskontrolle, wie den Haager Konventionen von 1899 und 1907 und dem Genfer Protokoll von 1925, bestehe "das Neue und prinzipiell Wichtige darin, daß nur unter dem aktuellen weltweiten Kräfteverhältnis die Möglichkeit deutlich wurde, die traditionelle Vertragsform zur schrittweisen Umgestaltung der zwischenstaatlichen militärpolitischen Beziehungen zu verwenden, sie in Übereinstimmung mit den Aufgaben der Umwandlung des ganzen Systems der internationalen Beziehungen auf eine neue Basis überzuführen[137].

Zu den Ansätzen der Sowjetunion und der WVO, über die bilateralen amerikanisch-sowjetischen Verträge und Abkommen hinaus zu umfangreicheren Vereinbarungen über Rüstungsbegrenzung bzw. Minderung militärischer Konfrontation zu kommen, gehört der Vorschlag der WVO-Staaten vom November 1976, einen Vertrag darüber abzuschließen, Kernwaffen nicht als erste anzuwenden. Er war allen Unterzeichnern der Schlußakte von Helsinki zugesandt worden[138].

Dazu gehören die Vorschläge der gleichzeitigen Auflösung der Militärbündnisse NATO und WVO, der gegenseitige Verzicht auf Aufnahme neuer Mitglieder, Senkung des Militäretats[139]. Sie hätten im Ergebnis zu einseitigen Vorteilen der Sowjetunion geführt und waren deshalb nicht akzeptabel.

4.2. Friedenspolitik

Die Sowjetunion versteht es geschickt, durch eine propagandistisch gut verkaufte "aktive Friedenspolitik", besonders vor dem Hintergrund der UNO-Vollversammlung, vor allem Entwicklungsländer für ihre spezifischen Ziele zu gewinnen. Konkreten Maßnahmen weicht die Sowjetunion nämlich auch dadurch aus, daß sie utopische Vorschläge unterbreitet, so den nach allgemeiner und vollständiger Abrüstung, der durch die Verwechslung und Vermischung mit kooperativer Rüstungssteuerung zu schwerwiegenden Mißverständnissen führt[140], oder sie auf die Ebene der UNO verlegt, die sich in deklamatorischen Beschlüssen erschöpft.

So reichte die Sowjetunion zur XXXI. Tagung der UNO-Vollversammlung am 28. September 1976 ein "Memorandum zu Fragen der Einstellung des Wettrüstens und der Abrüstung"[141] ein. Darin schlägt sie vor, einen Weltvertrag über Gewaltverzicht in den internationalen Beziehungen abzuschließen. Im Gegensatz zu den Situationen vor und nach dem II. Weltkrieg seien jetzt die neuen politischen und materiellen Voraussetzungen zur Einstellung des Wettrüstens gegeben. Jetzt fordert sie:

1. Reduzierung der Kernwaffenvorräte mit dem Ziel der vollständigen Liquidierung aller Arten nuklearer Waffen und ihrer Trägermittel, gleichzei-

tige Reduzierung der konventionellen Rüstungen. Voraussetzung ist die Teilnahme *aller* Kernwaffenmächte (d.h. auch der VR China).

2. Verbot der Kernwaffenversuche. Zwei von fünf Kernwaffenmächten sind dem Moskauer Vertrag über das Verbot der Kernwaffenversuche in der Atmosphäre, im Weltraum und unter Wasser noch nicht beigetreten (Frankreich und China).

3. Erweiterung des Vertrages über die Nichtweiterverbreitung von Kernwaffen, dem rund 100 Staaten beigetreten sind.

4. Das Verbot bakteriologischer Waffen muß durch das Verbot chemischer Waffen ergänzt werden.

5. Verbot der Schaffung neuer Arten und neuer Systeme von Massenvernichtungswaffen (Strahlen-, Infraschall-, genetische Waffen, Neutronenwaffe). Hier liegt ein Vorschlag der Sowjetunion von 1975 vor.

6. Beseitigung aller ausländischen Militärstützpunkte auf fremden Territorien und Abzug der ausländischen Truppen.

7. Umwandlung des Gebietes des Indischen Ozeans und der Anliegerstaaten in eine Zone des Friedens. Das bedeutet: Abzug der amerikanischen Stützpunkte, während die Sowjetunion erklärt, sie habe nicht die Absicht, eigene Militärstützpunkte im Indischen Ozean zu errichten. Ähnliche Maßnahmen sollen auch für andere Regionen getroffen werden. Die Sowjetunion erneuert ihren Vorschlag, sie und die USA sollen aus dem Mittelmeer alle kernwaffentragenden Schiffe und U-Boote abziehen. Damit würde die Südflanke des europäischen Teils der Sowjetunion von der Bedrohung durch amerikanische Atomraketen befreit.

8. Systematische Verringerung des Budgets für Rüstungsausgaben.

9. Forderung nach einer Weltabrüstungskonferenz mit Entschließungsvollmacht. Als Zwischenetappe kann auch eine Sondertagung der UNO einberufen werden.

Die gleichen Punkte wiederholte der sowjetische Außenminister auf der Plenarsitzung der Sondertagung der UNO-Vollversammlung für Abrüstung am 26. Mai 1978. Er geht aus von einer ungefähren Gleichheit – Parität – auf militärischem Gebiet zwischen den beiden gesellschaftlichen Weltsystemen. Das werde von beiden Seiten anerkannt. Gerade deshalb sei jetzt die Möglichkeit gegeben, die Rüstungssteigerung zu stoppen und dadurch das Niveau der Rüstung zu senken, ohne das entstandene Kräfteverhältnis zu verändern. Die Sowjetunion verfolge nicht das Ziel, eine militärische Überlegenheit zu erringen[142]. Im Jahre 1982 findet eine zweite Sonder-Generalversammlung der Vereinten Nationen über Abrüstung statt[143].

Zu den Verhandlungen über SALT III möchte die Sowjetunion auch andere Kernwaffenmächte hinzuziehen. Von SALT II verspricht sich die sowjetische Regierung auch Fortschritte auf den stes verfolgten Gebieten des vollständigen Verbots der Atomwaffenversuche, der Ächtung chemischer und radiologischer Waffen und der Reduktion der militärischen Aktivitäten im Indischen Ozean[144].

Die "Friedensstrategie", d.h. der Kampf der UdSSR für eine Begrenzung der atomaren Aufrüstung und Entspannung, wie eine Arbeit aus den frühen 70er Jahren tituliert ist, bezeichnet die sowjetische Außenpolitik, die im Sinne des veränderten Kräfteverhältnisses in der Welt, als Politik des Sozialismus der imperialistischen Politik des Militarismus und der Aggression entgegenwirkt[145]. Sie geht zurück auf Brežnevs "Friedensprogramm" im Rechenschaftsbericht vor dem XXIV. Parteitag der KPdSU am 30. März 1971, der schon alle Punkte enthält, die auch heute als außenpolitische Ziele der Sowjetunion formuliert werden[146]. Der XXV. Parteitag erneuerte sie im "Programm des weiteren Kampfes für Frieden und internationale Zusammenarbeit, für die Freiheit und Unabhängigkeit der Völker"[147].

Für diese Ziele wurden auch die sogenannten Massenbewegungen mobilisiert, der Moskauer Weltkongreß der Friedenskräfte 1973, die Friedenskräfte-Bewegung überhaupt, das Brüsseler Forum für europäische Sicherheit und der Weltkongreß der Frauen in Berlin (DDR) (20.–24. Okt. 1975), aber auch die X. Weltfestspiele der Jugend und Studenten in Berlin (DDR) und der VIII. Weltgewerkschaftskongreß im Oktober 1973 in Varna (Bulgarien)[148]. Der Weltfriedensrat inszenierte im August 1977 auch eine erfolgreiche internationale Woche des Kampfes gegen die Neutronenwaffe[149].

Nachdem der sowjetische Staatspräsident zum 30. Jahrestag der Gründung der DDR im Oktober 1979 in Ost-Berlin sein Junktim an die NATO verkündet hatte, die Sowjetunion sei bereit, die Anzahl ihrer Mittelstreckenraketen in den westlichen Gebieten der UdSSR zu reduzieren – vorausgesetzt, daß durch die NATO in Westeuropa keine zusätzlichen amerikanischen Mittelstreckenraketen stationiert werden, entfaltete der Nationalrat der Nationalen Front der DDR eine Kampagne, in der die DDR-Bürger ihre Unterschrift unter eine "Willenserklärung der Deutschen Demokratischen Republik" setzen sollten[150]. Zugleich versuchte General Cernoc im sowjetischen Fernsehen, durch die Behauptung, die geplanten neuen Mittelstreckenraketen der NATO würden mit Neutronenwaffen bestückt, an die erfolgreiche Kampagne gegen die Neutronenwaffe anzuknüpfen, um damit durch Druck der öffentlichen Meinung die Entscheidung des NATO-Ministerrates über künftige Produktion und Einsatz der Pershing II-Rakete und der Cruise Missiles zu verhindern[151].

Alle diese Aktivitäten dienen dazu, ein günstiges Klima zu schaffen, um regional (Europa, Mittelmeerraum, Südostasien, Lateinamerika, Afrika) westlichen militärischen Einfluß zurückzudrängen und die bilaterale sowjetische

Sehweise: hier Sozialismus und Frieden, dort Kapitalismus und Krieg, in den allgemeinen politischen Sprachgebrauch einzuführen.

Das "Friedensprogramm" des XXIV. Parteitages der KPdSU leitete somit auch mit dem Beginn der 70er Jahre den Wendepunkt in der Weltpolitik ein, die neue Etappe in der Entwicklung der internationalen Beziehungen[152].

Der Zusammenhang von politischer und militärischer Entspannung ist deshalb dialektisch zu sehen, denn die militärische Entspannung ist ohne entsprechende politische Atmosphäre unmöglich, aber auch die erstere kann ohne konkrete Maßnahmen zur Senkung des Militärpotentials beider Systeme nicht ausreichend vertieft werden. Das aber führt, nach Lebedev, dazu, "daß man das heute auf dem Sektor der Rüstungsbeschränkung Erreichte nur in engem Zusammenhang mit dem Prozeß des grundlegenden Wandels des aktuellen Systems der internationalen Beziehungen sehen kann, ja als untrennbaren Bestandteil dieses Prozesses"[153].

4.3. Die sowjetische Aufrüstung

Weder SALT I noch die Absprachen von Vladivostok noch SALT II konnten die Aufrüstung stoppen. Die Entwicklung von SALT II zeigt im Gegenteil, in welch immensem Maße die Sowjetunion aufrüstete und die ursprünglichen Höchstgrenzen für SALT II dabei weit überschritt.

1977 stellte der Admiral a.D. Günter Poser noch sehr einsichtig den Zusammenhang zwischen dem "Friedensprogramm" und der unvermindert betriebenen Aufrüstung der Sowjetunion her, mußte aber dennoch ein relatives Gleichgewicht bei Gegenüberstellung der materiellen und ideellen Einzelpositionen des militärischen Kräfteverhältnisses zugestehen[154]. Inzwischen äußern sich aber auch vorsichtige Beobachter besorgt. Gerade da die strategischen Kräfte auf beiden Seiten sich neutralisieren, entstand ein Ungleichgewicht dadurch, daß "euro-strategische" und taktische Nuklearwaffen und Trägersysteme auf östlicher Seite keinerlei Beschränkungen unterliegen. Es geht um die SS-20 und die sowjetische Bomberflotte der TU 22 M (Backfire). Hier fordert, um einer Eskalation vorzubeugen, Alford eine "gewisse Zurückhaltung der Sowjetunion"[155].

Bereits im Dezember 1978 hatte General Haig vor der Atlantischen Versammlung in Lissabon die westlichen Staaten zu einer gemeinsamen Anspannung ihrer wirtschaftlichen, industriellen und militärischen Kräfte aufgerufen, um das Gleichgewicht aufrecht zu erhalten: "Die Tage der amerikanischen Überlegenheit sind vorbei"[156], konstatierte er. Auch die Bundesregierung äußerte sich besorgt. Bundesaußenminister Genscher schrieb im NATO-

Brief: "Wir beobachten diese dynamische Verstärkung des Potentials sowjetischer Mittelstreckenraketen mit Besorgnis"[157]. Schätzte Bundesverteidigungsminister Apel auf der Internationalen Wehrkundetagung in München das Potential der Sowjetunion weder als aggressiv noch als defensiv ein[158], so äußerte sich die Ministertagung des Verteidigungs-Planungsausschusses der NATO im Mai 1979 schon wesentlich besorgter. Die Minister sahen eine anhaltende Verstärkung der Streitkräfte des Warschauer Paktes und davon ausgehend eine Bedrohung der Sicherheit für das NATO-Gebiet. Sie stellten außerdem fest, "daß zahlreiche Tendenzen im militärischen Kräfteverhältnis auch weiterhin den Warschauer Pakt begünstigen", sowie, daß dessen militärische Stärke das zur Verteidigung erforderliche Maß übertrifft. Vor allen Dingen stelle der SS-20 Flugkörper eine qualitative Veränderung im sowjetischen Waffenarsenal dar. Außerdem werde die Einsatzfähigkeit der konventionellen Kräfte des Warschauer Paktes unvermindert verbessert. Bei den Landstreitkräften wurden Bereitschaftsstand, Beweglichkeit und Feuerkraft erhöht, bei den Seestreitkräften moderne U-Boote und neue Klassen kampfstarker Überwasserschiffe in Dienst gestellt, bei der Luftwaffe die Fähigkeit zur Durchführung von Operationen mit großer Eindringtiefe von den Heimatstützpunkten aus, mit höheren Geschwindigkeiten und geringeren Flughöhen gesteigert, moderne Flugzeuge und Waffensysteme eingeführt. Im Ergebnis entstand die Besorgnis der NATO über die "wachsende weltumspannende Kampfkraft der sowjetischen See- und Luftstreitkräfte, die es der Sowjetunion ermöglicht, ihren Einfluß außerhalb des NATO-Gebietes auszudehnen und zu steigern". Beschwichtigend jedoch wurde erklärt, die Analyse der Streitkräfte der WVO sei eine Bewertung von Möglichkeiten, nicht von Absichten[159].

Auch der Bundeskanzler äußerte sich besorgt über das sowjetische Mittelstreckenpotential, die eurostrategischen Waffen, die Europa noch zusätzlich bedrohten[160].

Die Besorgnis des Westens über die wachsende sowjetische Rüstung blieb von der sowjetischen Regierung nicht unregistriert. Die Angst vor der "sowjetischen Gefahr" zu zerstreuen sieht sie deshalb auch als ihre Aufgabe an[161].

Dieses Vorgehen ist gekoppelt mit der Ausübung von massivem Druck auf die Regierungen, wie die Schreiben Breznevs an die Regierungen der NATO-Länder vom Oktober 1979 zeigen, die die Aufforderung enthalten, vom Beschluß, die geplanten neuen Mittelstreckenwaffen der NATO zu produzieren, abzusehen. Dänemark und Norwegen wurden gleichzeitig unter Druck gesetzt, keine Stationierung anderer Streitkräfte zuzulassen. Zugleich kündigte die Sowjetunion an, sie werde gezwungen sein, die Herausforderung anzunehmen, wenn die NATO-Länder "den guten Willen" der Sowjetunion ignorierten und einer Verstärkung des Raketen- und Kernwaffenpotentials mit mittlerem Aktionsradius in Europa zustimmten[162].

Der Vorwurf Falins, ·daß die Annahme des amerikanischen Plans durch die NATO-Mitglieder die strategische Lage in Europa qualitativ verändern würde[163], läßt freilich unberücksichtigt, daß bereits die Stationierung der Backfire-Bomber und SS-20-Raketen die schon im regionalen militärischen Kräfteverhältnis bestehenden Disparitäten vergrößert und dadurch tendenziell destabilisierend wirkt. Das gilt, so Alfons Pawelczyk, insbesondere dann, wenn solche Systeme neue militärische Optionen eröffnen oder wenn sie die Grenzen bisher abgrenzbarer Optionen zu verwischen drohen[164].

4.4. Die politische Funktion militärischer Macht

Gewiß ist übergroße Ängstlichkeit gegenüber dem sowjetischen militärischen Potential unangebracht, – es ist bekannt, daß die Sowjetunion seit der Intervention nach dem I. Weltkrieg und Hitlers Überfall im II. Weltkrieg ein übersteigertes Sicherheitsbedürfnis besitzt –, reicht das aber aus, die Aufrüstung als "bürokratische Selbstperpetuierung" abzutun, wie Bertram das unternimmt?[165]

Auch die auf die Unausgewogenheit von ökonomischer und militärischer Potenz abzielende Bezeichnung der Sowjetunion als "globaler Militärmacht" (Bertram) läßt die historische Erfahrung außer acht, daß Weltreiche lange bestanden, ausschließlich gestützt auf die Anzahl und Stärke der Legionen bzw. Janitscharen. So gilt es vielmehr mit General Schmückle anzuerkennen,

1. daß die Sowjetunion eine Weltmacht ist und langfristig bleiben wird,
2. daß eine Einschränkung der Rüstung zugunsten des zivilen Bedarfs für die Sowjetregierung vielleicht wünschenswert, jedoch politisch nicht essentiell ist,
3. daß auch der Sowjetunion das Recht zusteht, ihre Rüstung so zu gestalten, wie sie glaubt, für ihre Politik zu benötigen.

Dennoch ist zu fragen, ob militärische Macht nicht auch, außerhalb des militärischen Konflikts, politisch einsetzbar ist. Für Arbatov steht diese Funktion außer Frage[166]. Rosenkranz verneint das zwar, indem er die "Abschreckungswirkung und strategische Stabilität sich eindeutig auch auf alle indirekten Einsatzformen militärischen Gewichts" erstrecken sieht[167], andererseits kommt Peer Lange, der sich intensiver in den sowjetischen Denkansatz vertiefte, zu einer differenzierteren Analyse des politischen Einsatzes militärischer Macht der Sowjetunion[168]. Ganz deutlich artikuliert de Maizière, der sich auf Grečko beruft, die militärische Macht der Sowjetunion als die Grundlage ihrer Außenpolitik. Sie wird, nach de Maizière, indirekt eingesetzt. "Allein durch die Fähigkeit zum Gewaltgebrauch wollen die Sowjets eine schwächere Gegenseite zur Erfüllung bestimmter Forderungen, zur Anpassung an ihre Politik veranlassen", schreibt er und attestiert den sowjetischen Streitkräften in der Außenpolitik ihres Landes einen "dynamischen, offensiven, expansions-orientierten Charakter", gesteht den Russen aber eine "gewisse Risikoscheu" zu[169].

Zwar irrt Lange, wenn er meint, seit 1974 ein "Abfallen der Bezugnahme auf das 'veränderte Kräfteverhältnis' und seine Auswirkungen" festzustellen – das Gegenteil ist der Fall –, außerdem das "veränderte Kräfteverhältnis in der Welt" als militärisches mißinterpretiert[170], dennoch kommt er, was den Faktor der politischen Wirkung der sowjetischen Militärmacht betrifft, zu interessanten Beobachtungen und Reflexionen. Die neuen politischen Dimensionen, die die erstmals mögliche direkte Bedrohung der USA eröffnet hat, resultieren nämlich aus der Beeinflussung des politischen Bewußtseins in den USA selbst[171], die vor allem dadurch angestrebt wurde, daß weniger in antagonistischen Klassen differenziert, als "Kreise", vor allem meinungsbildende, angesprochen wurden[172].

Der Sowjetunion geht es dabei vor allem um die Anerkennung der strategischen Parität als eines "agreed principle" durch die amerikanische Öffentlichkeit[173]. Selbst Anatolij Gromyko spricht im Ergebnis schon von einem Nachlassen des stürmischen amerikanischen Imperialismus[174].

Gestützt auf die eigene Rüstungswettbewerbsfähigkeit, die immer wieder betont wird[175], ist die Sowjetunion heute durchaus in der Lage, eine Rüstungsrunde auf dem Sektor strategischer Waffensysteme als politisches Druckmittel einzusetzen. So hatte schon Brežnev nach Abschluß der SALT I-Vereinbarung geäußert, die Sowjetunion werde die offen gebliebenen Rüstungsmöglichkeiten voll nutzen[176]. Nach Ablauf von SALT I wurde deshalb auch von sowjetischer Seite, alle für SALT II ursprünglich angestrebten Beschränkungen hinter sich lassend, zielgerichtet aufgerüstet. Durch diese Weiterentwicklung der Waffensysteme gab und gibt die Sowjetunion zu erkennen, daß sie, falls Vereinbarungen über die Kontrolle der strategischen Rüstung scheitern (SALT II bzw. SALT III), in der Lage ist, sofort neue Waffensysteme einführen zu können.

Durch diese Demonstration der Fähigkeit, eine Änderung der Kräftebalance anzustreben, wird versucht, eventuelle Rüstungsvorteile für die USA zu verhindern, "um einer möglichen Restaurierung militärischer Macht als eines wesentlichen Mittels der US-Außenpolitik entgegenzutreten"[177].

Gestützt auf die "Ratio einer die Parität dynamisch und kompensatorisch bewahrenden Rüstungshaltung" (P. Lange) kann die Sowjetunion auch auf die inneren Konflikte im Westen besser Einfluß nehmen.

Neben der bilateralen Parität strategischer Waffen gegenüber den USA gewinnen nun aber die "Grauzonenwaffen", d.h. die bisher in Verträge oder Verhandlungen nicht einbezogenen Waffen und Waffensysteme[178], an Gewicht. Durch die sowjetische Stärke auf diesem Sektor (SS-20) können nun Staaten, die z.B. wie Frankreich den Rüstungskontrollverhandlungen bisher fern blieben, "an den Verhandlungstisch gerüstet werden"[179].

Der Erfolg, den USA die Option der Nutzung militärischer Macht zu außenpolitischen Zwecken genommen zu haben, der der Stärke der Sowjetarmee zugeschrieben wird, wertete im Nachhinein die sowjetische Militärmacht zum entscheidenden Mittel der Politik auf. Verstärkt sich in der sowjetischen politischen Konzeptbildung das Kalkül militärischer Macht, so wäre diese Entwicklung freilich bedenklich. Äußerungen in diese Richtung finden sich bei Armeegeneral Hoffmann, dem Verteidigungsminister der DDR, wenn er schreibt: "Galt es bis 1945, einzelne imperialistische Staaten oder Staatengruppierungen an antisowjetischen Aggressionen zu hindern, möglichst lange Atempausen für das friedliche Gedeihen der Sowjetunion zu sichern, so ergab sich nach dem Entstehen des sozialistischen Staatensystems die Aufgabe, den Imperialismus in seiner Gesamtheit zu zügeln, die *militärische Überlegenheit* über seine Hauptkräfte zu erringen und zu halten"[180].

Es wurden aber auch sowjetische Ängste laut, "das Pendel schwinge zurück", als französische und belgische Truppen mit amerikanischer Transporthilfe in Shaba intervenierten, um den bedrohten zairischen Staatschef Mobutu zu retten[181].

Warnungen an den Westen, die militärische Parität nicht anzutasten, wie sie vor allem von den Leitern des USA- und Kanada-Instituts der AdW, Arbatov und Žurkin, aber auch von Kosygin erhoben werden[182], deuten darauf hin, daß die Sowjetunion alles daran setzen wird, Reversionen, d.h. den Verlust der militärisch-strategischen Parität (ravnovesie sil) zugunsten der USA, zu verhindern. Daß sie aber, wie Bertram befürchtet[183], angesichts wachsender innerer Schwierigkeiten ihre Zuflucht im Bereich militärischer Macht suchen wird, kann gerade durch die Bewahrung der Parität von westlicher Seite aus verhindert werden. Die Strategie des Kräfteverhältnisses in der Welt strebt ja gerade, auf der Basis der militärischen Parität mit den USA, danach, jetzt Veränderungen zugunsten des Sozialismus auf anderen Gebieten vorzunehmen.

5. Die globalstrategische Funktion der Wirtschaft

5.1. Die Entwicklung der sowjetischen ökonomischen Position

Geht man davon aus, daß die Funktion des militärischen Potentials, vor allem des atomaren und strategischen, in erster Linie in der glaubhaften Abschreckung, d.h. nur im potentiellen Einsatz besteht, so äußert sich die Qualität des ökonomischen Potentials eines Staates darin, daß es unmittelbar und permanent einsetzbar ist. Dabei kann Außenwirtschaftspolitik, das haben amerikanische, japanische und deutsche, aber auch arabische Erfahrungen gezeigt, zu einem äußerst wirksamen Instrument der Außenpolitik werden.

Für die Sowjetunion bedeutet das die Erkenntnis, daß die Erringung der militärischen Parität, – eventuell sogar einer Überlegenheit – nur die Basis bilden können, um darauf aufbauend zu versuchen, die Mechanismen des "kapitalistischen Weltmarktes" zu ihren Gunsten so zu verändern, daß das sozialistische Weltsystem letzten Endes auch auf ökonomischem Sektor das Übergewicht über die Welt des Kapitalismus erringt.

Trotz der unzweifelhaften Erfolge, die die sozialistischen Staatswirtschaften errungen haben, gelang es ihnen nicht, die behauptete Fortschrittlichkeit ihres Systems gegenüber dem der nicht-staatlichen Systeme zu beweisen. Chruščevs Visionen zuerst des "Einholens und Überholens" der USA, später des "Überholens ohne Einzuholen" zeigten um die Wende der 50er zu den 60er Jahren schon deutlich das Bemühen, in einer Dekade den sowjetischen Lebensstandard am amerikanischen Maßstab zu orientieren. Das hat sich bis heute nicht geändert. Zwar setzte auch im Ostblock eine differenzierte Entwicklung ein, vor allem in der DDR (was die Qualität der Erzeugnisse anbetrifft) und in Ungarn in der Preisbildung, inzwischen aber gelang nichtsozialistischen Ländern wie Argentinien, Brasilien, Indien, Taiwan, den sogenannten Schwellenländern, ein industrieller Aufschwung, der einerseits die Erfolge der sozialistischen Länder relativiert, andererseits eine künftige Stärkung der Länder des Kapitalismus erwarten läßt.

Wie sehr die Dominanz des Kapitalismus auf dem Weltmarkt (selbst RGW-Preise richten sich nach den Weltmarktpreisen) die sowjetischen Ökonomen bedrückt, zeigt die Äußerung Oldaks, der 1974 bekannte, wichtigste Aufgabe sei das "Aufbrechen des Wettrüstens und der Wettproduktion neuer Waren durch die bürgerliche Gesellschaft"[184]. Die Innovationsgeschwindigkeit, im Kapitalismus durch den Wettbewerb erzeugt, ist der Stein des sozialistischen Anstoßes. Anstatt den Abstand im Lebensstandard der Bevölkerungen schwinden zu lassen, wird er durch die Innovationsprozesse tendenziell erweitert.

Nun krankten im letzten Jahrzehnt aber auch die kapitalistischen Wirtschaftssysteme an Image-Verlust. Energie- und Rohstoffkrise, teilweise soziale Instabilität, offenbarten die Verwundbarkeit dieser Systeme und ihre unbedingte Abhängigkeit vom Wachstum. Diese, verbunden mit einer vorhandenen Technikfeindschaft in vielen westlichen Ländern – so ist es für den Forschungschef von Brown Boveri "eine Realität, daß das Klima in den USA heute die technische Innovation wesentlich weniger begünstigt als noch vor zehn Jahren"[185] – lassen die Sowjets hoffen, dem alten Ziel des Aufbrechens der kapitalistischen Wirtschaftsordnung einen Schritt näher zu kommen. Dabei kommt der Strategie des Kräfteverhältnisses in der Welt eine Schlüsselfunktion zu.

Wie sich Eberhard Schulz in seiner subtilen Untersuchung über "Moskau und die europäische Integration" schon auf die Arbeiten Maksimovas stützte und deren gewandelte Aussagen zum Gegenstand der Interpretation nahm[186], so müssen, angesichts der Bedeutung des Ehepaares Inozemcev-Maksimova für die Wirtschaftspolitik der Sowjetunion, auch für das Problem der Ökonomie innerhalb der Strategie des Kräfteverhältnisses in der Welt, die inzwischen neu erarbeiteten Darstellungen der Wirtschaftswissenschaftlerin herangezogen werden[187].

Daß die Politologie als eigenständige Wissenschaft in der Sowjetunion erst im Entstehen begriffen ist, zeigte der XI. Weltkongreß für Politische Wissenschaft, der im August 1979 in Moskau stattfand[188], wie die neuerdings vom IMEMO (Institut für Weltwirtschaft und internationale Beziehungen, Moskau. Direktor Prof. Inozemcev) in Angriff genommene Untersuchung zu Fragen der Theorie der internationalen Beziehungen.

Der Ökonomie kommt in einer sowjetischen politischen Theorie besondere Bedeutung zu, da die Wirtschaftsform (Planwirtschaft) als Synonym der gesellschaftlichen Struktur (Sozialismus) angesehen wird, sie demnach in der bi-lateralen Einteilung in Welt des Sozialismus und Welt des Kapitalismus die Funktion des Indikators für die gesellschaftliche Stärke und damit die Verifizierung des ideologischen Anspruchs der eigenen Gesellschaftsformation erhält.

Die Einbettung in die Strategie des Kräfteverhältnisses in der Welt verleiht der sowjetischen Beurteilung des Verhältnisses der ökonomischen Kräfte (sootnošenie ėkonomičeskich sil – Maksimova) hohe politische und strategische Bedeutung.

Analog zu der auf dem militärischen Faktor basierenden Einteilung der bisherigen Entwicklung seit der Oktoberrevolution 1917 in verschiedene Perioden, die die zunehmende Stärke der Welt des Sozialismus als historische

Kausalkette darstellte, beschreibt Maksimova die Veränderung des Verhältnisses der ökonomischen Kräfte in drei Perioden:

1. Periode: 1917 – 1945

Mit dem Sieg der sozialistischen Revolution in Rußland, damit dem Beginn der Übergangsepoche vom Kapitalismus zum Sozialismus, begann auch eine neue Periode in der Entwicklung der internationalen Wirtschaftsbeziehungen. Zwar büßte die Weltwirtschaft durch die Entstehung einer sozialistischen Wirtschaft ihren früheren Charakter ein, dennoch gehörte ihr Sowjetrußland weiterhin an, wenn es auch versuchte, die Weltwirtschaftsbeziehungen nach neuen Prinzipien umzubilden.

Gleichzeitig wandelte sich die Sozialstruktur der internationalen Wirtschaftsbeziehungen durch die Herausbildung des Übergangstyps von Beziehungen zwischen dem sozialistischen Staat Sowjetrußland und den Ländern des kapitalistischen Weltsystems. Damit, so Maksimova, entstand zum ersten Mal in der Geschichte ein internationaler Wirtschaftsverkehr, der nicht mehr durch Ausbeutung, Beherrschung und Unterordnung, sondern durch die Prinzipien des gegenseitigen Vorteils, der Gleichheit, der Respektierung der staatlichen Souveränität bestimmt wurde[189].

2. Periode: 1945 bis zum Ende der 60er Jahre

Nach dem II. Weltkrieg bestand die Weltwirtschaft schon nicht mehr nur aus der Gesamtheit der verschiedenen nationalen Wirtschaften, die prinzipiell verschiedenen Gesellschaftssystemen angehörten und durch die internationale Arbeitsteilung verbunden waren, sondern gleichzeitig schon aus der Gesamtheit der beiden ökonomischen Weltsysteme, des sozialistischen und des kapitalistischen, in deren Beziehungen sich Gegensatz, Wettbewerb und Zusammenarbeit verflochten[190].

Die Grundtendenz dieser Epoche bestand freilich darin, daß die kapitalistische Weltwirtschaft zwar ihr früheres Monopol verloren hatte, aber noch das Übergewicht (pereves) über den Sozialismus besaß, in der historischen Perspektive aber, da das Kräfteverhältnis sich zugunsten des Weltsozialismus veränderte, ihre Position stufenweise und permanent verlor.

Die Weltwirtschaft insgesamt wandelte sich aber auch. Innerhalb der sozialistischen Weltwirtschaft bildete sich ein neuer Typ internationaler Wirtschaftsbeziehungen heraus, entstand der sozialistische Weltmarkt und führte der Zusammenschluß der sozialistischen Staaten zum RGW und dessen Form der sozialistischen ökonomischen Integration zur höheren Stufe internationaler Kooperation.

Aber auch innerhalb der kapitalistischen Weltwirtschaft gab es

Veränderungen. Die Gruppe der Entwicklungsländer beanspruchte einen Sonderstatus, verlangte nach einer neuen Weltwirtschaftsordnung. Dazu entstanden die regionalen Wirtschaftsvereinigungen in Lateinamerika, im Nahen Osten, Zentralafrika und Südostasien.

Bedeutende Wandlungen stellte Maksimova auch in den Beziehungen der kapitalistischen Staaten untereinander fest: eine bisher nicht dagewesene Aktivität der Multis, die Herausbildung einer Reihe neuer internationaler Märkte auf dem Finanzsektor (Eurodollar) u.a., die Vertiefung neuer Handels-, Finanz-, wissenschaftlich-technischer Verbindungen.

Das starke Anwachsen des "staatsmonopolistischen Kapitalismus" sieht sie als charakteristisch an, besonders die Außenwirtschaftsfunktion des Staates. So wird der Staat immer mehr zum Subjekt der internationalen Außenwirtschaftsbeziehungen, die staatliche Regulierung der Wirtschaft erhält allmählich internationalen Charakter. Trotz der Integrationsprozesse, etwa der Europäischen Gemeinschaft (Evropejskoe soobščestvo) verstärkte sich der Kampf zwischen den "Zentren des Imperialismus" USA – Westeuropa – Japan[191].

3. Periode: Die 70er Jahre
Aber auch die aktuellen internationalen Wirtschaftsbeziehungen besitzen im sowjetischen Urteil Übergangscharakter. Bezeichnend sind:

– die unterschiedlichen Formen internationaler Wirtschaftsbeziehungen, die sich als Ergebnis der Zusammenarbeit wie des Kampfes der Staaten und Staatensysteme, entsprechend ihrer Sozialordnung, herausgebildet haben;
– das System wirtschaftlicher (handels-, wissenschaftlich-technischer, Produktions-, finanzpolitischer) Beziehungen zwischen Unternehmen, Wirtschaftsvereinigungen, Organisationen und Institutionen der verschiedenen Länder, Beziehungen, die auf der internationalen Arbeitsteilung und Produktionsspezialisierung gegründet sind;
– das System der Integrationsbeziehungen im Rahmen multinationaler Industriekomplexe (internationalen Körperschaften, internationalen Wirtschaftsvereinigungen), regionaler Wirtschaftskomplexe (interstaatlicher Wirtschaftsvereinigungen), aber auch zwischen diesen Komplexen und nationalen Unternehmen, Vereinigungen, dem staatlichen Apparat der einzelnen Länder;
– die Synthese von unterschiedlichen außenwirtschaftlichen Richtungen und Aktionen, die von verschiedenen Staaten und innerstaatlichen Instituten und Organisationen durchgeführt werden.

Die charakteristische Besonderheit der internationalen Wirtschaftsbeziehungen, so Maksimova, besteht heute darin, daß der Prozeß der Internationalisierung des Wirtschaftslebens, des hohen internationalen Wirtschaftsaustausches und -verkehrs sich gleichzeitig mit dem Prozeß der Vertiefung der nationalen Unabhängigkeit und Selbständigkeit der Staaten, des Kampfes für echte Souveränität, Anwachsen des nationalen Selbstbewußtseins entwickelt.

Die wichtigsten Faktoren, die auf die internationalen Wirtschaftsbeziehungen im sowjetischen Urteil einwirken und ihre innere Dynamik und Entwicklungstendenz bestimmen, sind:

1. die Produktionsform, die gesellschaftlichen Beziehungen, die im Staat herrschen und den Charakter der internationalen Arbeitsteilung beeinflussen, der reale Inhalt der Produktionsbeziehungen mit dem äußeren Markt, die Wirtschaftsbeziehungen zwischen Staaten,
2. das erreichte Entwicklungsniveau der Produktivkräfte, der Wissenschaft und Technik, der Produktionsspezialisierung. Die Entwicklung des Binnenmarktes und der Arbeitsteilung führt unvermeidlich zur Ausweitung der Außenbeziehungen, des Außenmarktes, der internationalen Arbeitsteilung, des Wirtschaftsaustausches und -verkehrs,
3. die Weltwirtschaft als Ganzes. Die internationalen Wirtschaftsbeziehungen werden von Prozessen direkt beeinflußt, die in der Weltwirtschaft wirken, – Wandlungen in der Verteilung der Rohstoffe, der Bevölkerung, der Arbeitskraft, der Zweige der materiellen und nichtmateriellen Produktion nach Ländern, Regionen, Kontinenten: Die Dynamik der Entwicklung der Produktivkräfte in der Welt, die Ausmaße und die Struktur des Gesamtbedarfs und -angebots auf dem Weltmarkt, die Veränderungen in der sozialen Struktur der Weltwirtschaft, das Kräfteverhältnis zwischen den beiden Weltsystemen, der entwickelten Länder des Kapitalismus und der Entwicklungsländer, der Hauptakteure des Imperialismus usw.
4. die Weltpolitik im hohen Sinne des Wortes, sowohl die Innen- und Außenpolitik der einzelnen Staaten wie der Staatengruppen – der sozialistischen, kapitalistischen, Entwicklungsländer, die internationalen politischen Beziehungen, die Verteilung der klassenmäßigen und sozialen Kräfte in der Welt.

Dazu kommt, daß die weltwirtschaftlichen Verbindungen selbst zu einem der wichtigsten Faktoren des Wachstums der Produktivkräfte, des wissenschaftlich-technischen und ökonomischen Wachstums der Staaten wurden.

Einerseits führen auf diese Weise die Prozesse der internationalen Arbeitsteilung, der Internationalisierung der Produktion, der Herausbildung eines Weltmarktes und einer Weltwirtschaft zur stärkeren Verflechtung der nationalen Wirtschaften eines Gesellschaftssystems, zum zunehmenden Austausch mit dem antipodischen System, andererseits gewinnt umgekehrt die Weltwirtschaft in ihrer neuen sozialen Struktur wachsende Bedeutung für das System der internationalen Wirtschaftsbeziehungen und wirkt durch sie auf die wirtschaftlichen und sozialen Prozesse im Innern der einzelnen Staaten ein[192].

Hier wird der Weltwirtschaft also, und das ist das Neue an Maksimovas Definition, schon heute starke Einflußmöglichkeit auf die innere Struktur eines Landes zugesprochen. Sie differenziert dazu: Die Basis für die Beurteilung der in der Weltwirtschaft ablaufenden Prozesse bilden die Wirtschaftsordnung – die Größe eines bestimmten Landes, einer Staatengruppe, eines Staatensystems, ihr Wirtschaftspotential, der Grad der Beteiligung an der internationalen Arbeitsteilung, das Niveau der Abhängigkeit von auswärtigen Rohstoffen usw., wie auch der sozial-politische Plan – der Charakter des Systems der Weltwirtschaft, die Art der internationalen Wirtschaftsbeziehungen (sozialistische, kapitalistische, Übergangsformen), die im Land herrschende Gesellschaftsordnung, seine Innen- und Außenpolitik, die internationale Lage insgesamt.

Neben die Ausweitung der Wirtschaftsbeziehungen zwischen den Staaten, die unterschiedlichen Gesellschaftssystemen angehören und den Einfluß, den diese Beziehungen auf die Systeme selbst wieder nehmen, tritt aber als wesentliches Element der technologische Wandel, der alle Wirtschaftsbereiche, aber auch das Kommunikations- und Nachrichtenwesen, den Dienstleistungssektor erfaßt. Diese sogenannte wissenschaftlich-technische Revolution (WTR), wie die Einführung der Computertechnologie mit ihren Folgen genannt wird, verändert den Produktionsbereich und wirkt sich auf die Binnenwirtschaft ebenso aus wie auf das gesamte System der internationalen Beziehungen. Ökonomie und Politik sind ebenso betroffen wie der Militärbereich, die Ideologie und die globalen Prozesse in der Welt; die WTR fördert die Herausbildung einer Weltzivilisation.

Besonders wichtig ist aber, daß die Entfaltung der WTR zeitlich und kausal mit den aktuellen fundamentalen sozialpolitischen Wandlungen, die den gesamten Charakter der heutigen Welt verändern, zusammenfällt. Maksimova nennt die bekannten Faktoren "Stärkung des sozialistischen Weltsystems, das prinzipiell neue Kräfteverhältnis in der Weltarena und den wachsenden Einfluß der sozialistischen Staaten auf den Gang der Ereignisse in der Welt, die Vertiefung der allgemeinen Krise des Kapitalismus und das Anwachsen des revolutionären Prozesses in der Welt, der Zusammenbruch des Kolonialismus und die zunehmende Rolle der Entwicklungsländer in Weltpolitik und Weltwirtschaft".

In zwei Gruppen unterteilt sie die Veränderungen:
1. prinzipielle, qualitative Wandlungen im gesamten System der internationalen Beziehungen, der Übergang von gefährlicher Spannung und kaltem Krieg zur friedlichen Koexistenz von Staaten unterschiedlicher Gesellschafts-

ordnung, zur internationalen Sicherheit und Entspannung; Veränderungen in den Vorstellungen selbst über die Macht der Staaten und Staatensysteme sowie ihr Kräfteverhältnis; dazu kommen die Zuspitzung der die gesamte Menschheit betreffenden globalen Probleme und ihre akut notwendige Lösung; die wachsende Forderung nach Errichtung eines Systems der internationalen Beziehungen, das den Interessen aller Völker der Erde entspricht.

2. Die Intensivierung der internationalen Verbindungen, die Ausweitung der Bereiche des internationalen Austausches (Wirtschaft und Recht, Wissenschaft und Technik, Politik und Militärwesen, Bildung und Kultur), die Teilnahme immer neuer Länder, gesellschaftlicher Bewegungen und Organisationen, der Massen (zuletzt!) am aktiven internationalen Leben.

Der militärische Bereich der WTR wird seine erstrangige Bedeutung, die er schon bisher besaß, auch weiterhin inne haben. Denn schneller und in größerem Umfang als auf dem zivilen Sektor entstehen technische Neuerungen im militärischen Produktionsbereich[193].

Andererseits hat gerade die technologische Entwicklung auf dem Rüstungssektor das Problem von Krieg und Frieden neu gestellt, denn die Vernichtungskapazität der heutigen Waffenarsenale zwingt dazu, auf die Verhinderung einer atomaren Katastrophe hinzuarbeiten.

Daß Maksimova die Analyse der ökonomischen Kräfte in die Strategie des Kräfteverhältnisses in der Welt einbettet, wird hier besonders deutlich. Denn das von Grund auf veränderte Kräfteverhältnis der beiden Weltsysteme verhindert ihrer Meinung nach, daß die "imperialistischen Kräfte" die Potenzen der militärtechnischen Revolution realisieren und die von ihnen geschaffene gigantische Militärmaschine für den Kampf gegen den Weltsozialismus in Bewegung setzen. Aus diesem Grund betraten die bürgerlichen Regierungen den Weg des Abbaus der internationalen Spannung[194].

Die Erfolge der Sowjetunion im Aufbau der atomaren Bewaffnung, des Raketenbaus, der Weltraumtechnik, ihre Fähigkeit, in kurzer Zeit sich die wichtigsten Erfolge der WTR anzueignen mit dem Ziel, die ökonomische und militärische Macht zu stärken, erlaubten es, die bisherige strategische Unverwundbarkeit der Vereinigten Staaten zu brechen, zwangen den Imperialismus, auf die Entfesselung eines neuen Weltkrieges zu verzichten. Die wirtschaftliche und militärische Stärke der UdSSR garantiert so nicht nur die Sicherheit der sozialistischen Staaten, sondern erweist sich auch als bedeutendster Faktor der internationalen Sicherheit, der Minderung der Spannung, der Vertiefung des Friedens in der ganzen Welt (Hier müssen die sowjetischen Definitionen von Spannung und Frieden zugrunde gelegt werden).

Die Bedeutung der WTR für den Kampf und den Wettkampf der beiden Weltsysteme, für die Entwicklung internationaler Beziehungen ist jedoch nicht auf den militärischen Bereich beschränkt; das Kräfteverhältnis zwischen der Welt des Kapitalismus und der Welt des Sozialismus läßt sich nämlich nicht nur in Maßstäben und der Qualität ihrer Militärpotentiale messen. Denn schon der Besitz eines solchen Potentials, das den letzten militär-technischen Anforderungen entspricht, ist ohne eine entsprechend entwickelte wirtschaftliche und wissenschaftlich-technische Basis undenkbar. Berücksichtigt man, daß die Grenzen der augenblicklichen wissenschaftlichen Entdeckungen, die auf zivilem wie militärischem Sektor gemacht werden, außerordentlich fließend sind, ist nur ein Land, das über ein mächtiges wirtschaftliches und wissenschaftlich-technisches Potential, über ein entwickeltes Bildungssystem, hochqualifizierte Spezialisten auf den unterschiedlichsten Gebieten verfügt, in der Lage, sein Militärpotential auf dem Niveau der modernen Erfordernisse zu halten.

Hier argumentiert Maksimova äußerst lehrreich. Umgekehrt nämlich wie zahlreiche westliche Beobachter der Sowjetunion äußern, erst müsse der zivile Sektor der Wirtschaft westliches Niveau erreicht haben, der Lebensstandard entsprechend entwickelt sein, dann könne man anfangen, die beiden Gesellschafts- und Wirtschaftssysteme zu vergleichen, integriert Frau Maksimova den zivilen Bereich der Wirtschaft in den militärischen und erschließt ihn durch diesen. General Schmückle interpretiert hier, wie schon gezeigt wurde, den sowjetischen Standpunkt richtig.

Denn vor diesem Beurteilungshintergrund wird auch die Akzentuierung Maksimovas verständlich, nach der heute sich der Schwerpunkt des Kampfes der beiden Weltsysteme von den militärischen auf die nichtmilitärischen Bereiche verlagert. Er äußert sich in den Formen der Achtung der Prinzipien der friedlichen Koexistenz, d.h. Konkurrenz und Kooperation in den internationalen Beziehungen.

In diesem Rahmen spielt die WTR eine wesentliche Rolle, soll sie doch den Wettkampf tragen. Die Fähigkeit der Staaten, die Ergebnisse der WTR für den ökonomischen und sozialen Fortschritt in ihrem System zu nutzen, den Wohlstand zu sichern, die geistige Entwicklung zu fördern, soll den Ausgang des Wettkampfes bestimmen. Maksimova sieht im Sozialismus als dem, im Vergleich zum Kapitalismus, entwickelteren Gesellschaftssystem die besseren Bedingungen und objektiven Voraussetzungen für einen Sieg in diesem historischen Wettstreit gerade durch die Verbindung von WTR mit dem Sozialismus gegeben.

5.2. Die Wirtschaft der Sowjetunion heute

Die Sowjetunion strebt die Errichtung einer neuen Weltwirtschaftsordnung (WWO) an; sie versteht darunter die "Umgestaltung der Internationalen Wirtschaftsbeziehungen"[195]. Die Basis dafür stellt die Stärkung der ökonomischen Kapazität des sozialistischen Weltsystems dar. Von ihr ausgehend sollen die kapitalistischen Wirtschaftsströme an die sozialistischen angekoppelt werden und in Verbindung mit den Entwicklungsländern, vor allem denen sozialistischer Orientierung, "prinzipiell neue Gesetzmäßigkeiten in die Sphäre der Weltwirtschaft ... hineingetragen werden mit dem Ergebnis der ständig zunehmenden Einengung der Sphäre der kapitalistischen Weltwirtschaft"[196].

So läuft heute ein ernster und zäher Kampf um die Grundprinzipien, nach denen der Mechanismus der Weltwirtschaft funktionieren soll, der "demokratischen, fortschrittlichen der Planung, die der sozialistischen Gesellschaft und der jetzigen Entwicklung der Produktivkräfte in der Welt entsprechen", gegen die "antidemokratischen reaktionären Prinzipien der Spontaneität und Anarchie, die dem Kapitalismus organisch anhaften"[197].

Sieht man aber heute schon, bei all ihrer Kompliziertheit und Widersprüchlichkeit der internationalen Wirtschaftsbeziehungen, diese Prozesse in größeren historischen Dimensionen, so kann man, nach Maksimova, die unbezweifelbaren Wandlungen im Mechanismus der Beziehungen erkennen und feststellen, daß die "demokratischen Prinzipien", wie Gleichberechtigung der Staaten, gegenseitiger Vorteil, Verzicht auf diskriminierende Beschränkungen sich allmählich durchsetzen dank dem zunehmenden Einfluß des sozialistischen Weltsystems, d.h. der Festigung der Position der Sowjetunion und der anderen sozialistischen Staaten in Weltwirtschaft und -politik.

Da die Boykottmaßnahmen, die Carter für den Handel mit sozialistischen Ländern verhängte, im Effekt mehr verbaler Natur sind, ist der Gesamttendenz, der Verstärkung des Handelsaustausches, zuzustimmen.

Voraussetzung für Warenaustausch ist aber eine effiziente und potente Volkswirtschaft. Deshalb betont Maksimova, die Sowjetunion nehme einen der führenden Plätze in der Weltwirtschaft ein, die wichtigsten Produktionszweige betreffend, außerdem sei die UdSSR die zweite Industriemacht der Welt. Bei der zunehmenden Bedeutung der Energieressourcen erwartet Maksimova sogar, da die Sowjetunion über sie in ausreichendem Maße verfügt, eine Steigerung der Produktion von Gütern hohen Verarbeitungsgrades und Stimuli für den Export.

Auch hier mahnen inzwischen die drastisch zurückgehenden Wachstumsraten (1979 wuchs das Nettovolkseinkommen um 2 % und, wichtiger, auch die

Investitionsplanung kann für 1980 nur eine 2 %ige Steigerung vorsehen) zur vorsichtigen Aussage.

Kritik muß auch die Hoffnung auf die territoriale industrielle Erschließung der UdSSR treffen. Zwar verfügt die Sowjetunion über genügend Reserven, aber es fehlen ihr die Investitionsmittel und die Technologie, um aus eigener Kraft in erforderlicher Weise ausreichend Energie zu produzieren. Auch die Träume der japanisch-sowjetischen Kooperation, die zum XXV. Parteitag der KPdSU 1977 noch gehegt worden waren, sind inzwischen zerplatzt.

Als Basis für die angestrebte Modernisierung der sowjetischen Wirtschaft weist Maksimova darauf hin, daß die Sowjetunion, was die Anzahl der Ingenieure und Ärzte betrifft, in der Welt die erste Stelle einnehme, die zweite bei der Anzahl der Studenten. Mit 22,7 Millionen "Spezialisten" 1975 sei das Zehnfache der Zahl von 1941 erreicht worden. Von diesem wissenschaftlichen Angebot erwartet die Wirtschaftswissenschaftlerin den Ansporn zu internationaler wissenschaftlicher Zusammenarbeit[198].

Angesichts der aktuellen Situation, daß die Sowjetunion zwar den zweiten Platz in der Produktion, aber nur den neunten im In- und Export in der Welt einnimmt, wird verständlich, in wie hohem Maße gerade von den Außenwirtschaftsbeziehungen stimulierende Einflüsse auf das Tempo und die Effektivität der Volkswirtschaft, die Qualitätsnormen der sowjetischen Produkte erwartet werden.

Gegen die Autarkisten setzt sie sich für die sowjetische ökonomische Schule ein, die 10 % des Wachstumstempos des Nationaleinkommens dem Außenhandel zuschreibt. Das aber bedeutet, daß der Gewinn durch den Außenhandel wesentlich höher liegt als die Kosten für die Entwicklung der Exportbasis betragen. Der Übergang der Sowjetunion auf die Exportspezialisierung erfordert jedoch zusätzliche Investitionen, aber auch die Konzentration auf effektive Bereiche, d.h. Einstellung der Produktion solcher Erzeugnisse, die man billiger aus dem Ausland beziehen kann. Die Sowjetunion muß ihre Exportstruktur dem aktuellen Trend in der Welt anpassen, in dem der Warenexport schneller wächst als der Rohstoffexport[199].

Das bedeutet aber auch für die Sowjetunion, daß sie vom Rohstoffexport (Öl, Gas, Kohle, Schwarz- und Buntmetalle, Holz) zum Export von Maschinen, d.h. sogenannter intelligenter Waren kommt, nach denen im Westen große Nachfrage besteht. Je schneller die Umstellung erfolgt, um so größer sind der Gewinn und die Erhöhung des technischen Niveaus. Je größer der Export, um so mehr Devisen stehen zum Import hochwertiger Maschinen zur Verfügung.

So konzentriert sich der gerade laufende 10. Fünfjahresplan auf den Import der neuesten Modelle von Werkzeugmaschinen und anderer Verarbeitungsmaschinen, um den eigenen Maschinenbestand auf moderne Verarbeitung umzurüsten. So wurde für 1 Mrd. Rubel die Automobilfabrik an der Kama gekauft, werden die Stahlrohre weiter bezogen.

Von den Waren höherer Qualitätsstufe oder besserer Form, die vom Ausland importiert werden, erwarten die sowjetischen Ökonomen eine stimulierende Wirkung für die eigene Wirtschaft.

Der Impulsgebung dient auch der Lizenzaustausch. 12 800 Lizenzen wurden verkauft, 10 000 angekauft (1971–75). Sichtbarer Ausdruck der Zusammenarbeit der wissenschaftlichen Zentren, der Wissenschaft bildete das Sojuz-Apollo-Programm. Auch die Wissenschaftskooperation soll die Effektivität der wissenschaftlichen Forschungen und deren Umsetzung in die Volkswirtschaft stimulieren.

Großen wirtschaftlichen Gewinn sollen auch die Großprojekte – riesige Investitionsprogramme und Industrieprojekte, Produktionskooperation bringen. Ihre Besonderheit liegt im riesigen Umfang, in der Komplexität, der Nutzung progressiver Technologien (Aluminiumkomplex in Bratsk, das elektrometallurgische Kombinat in Oskol'sk, der Jakutsker Kohlenkomplex, dazu der große Seehafen in der Wrangelbucht und die transeuropäische Gasleitung zur Erschließung der Gasquellen).

Bei all dem offenkundigen wirtschaftlichen Gewinn, den die Sowjetunion aus der internationalen Zusammenarbeit zieht, stellt sich für sie doch die Frage nach der Abhängigkeit von den Außenwirtschaftsbeziehungen. Sie wird, was den militärischen Bereich betrifft, eindeutig verneint. Für den zivilen Sektor, auf dem die internationale Arbeitsteilung praktiziert wird, wird darauf verwiesen, daß es sich nicht um einen einseitigen Prozeß handelt, sondern die westlichen Länder von sowjetischen Lieferungen (siehe Röhren-Gas-Geschäft Iran-Sowjetunion-ČSSR-Bundesrepublik) ebenso abhängig sind. Maksimova spricht deshalb auch von der gegenseitigen Interessiertheit der kooperierenden Staaten an diesem oder jenem Geschäft.

Für den internationalen Handel, die ökonomischen Verbindungen zwischen Staaten, die unterschiedlichen gesellschaftlichen Systemen angehören, sprechen in sowjetischen Augen die Freiwilligkeit, der gemeinsame Gewinn und die politischen Folgen der Minderung der Spannung.

Von einer prosperierenden Position der Sowjetunion im Welthandel erwartet dieser Staat auch mehr Bewegungsfreiheit nach den Etappen der Isolierung, des kalten Krieges. Bei dem Grad des Angwiesenseins auf den Import moderner Technologie aus den westlichen Industrieländern zur Stimulierung der eigenen Volkswirtschaft, dem Streben nach größerer Teilhabe am Welthandel läßt sich die politische Folgerung ziehen, daß die Sowjetunion

173

alles vermeiden möchte, das Klima der Entspannungspolitik zu belasten Wieso, muß dann aber die Frage sich stellen, wagt sie den militärischen Einmarsch nach Afghanistan?

5.3. Die Wirtschaftsbeziehungen der UdSSR mit den Ländern des Kapitalismus

Während die Politik der Entspannung, – die Beziehungen Frankreichs zur Sowjetunion in den 60er Jahren gelten als Prototyp der Beziehungen zwischen Staaten mit unterschiedlicher Gesellschaftsordnung, die Bundesrepublik folgte, der Vertrag mit den USA vom 29. Mai 1972 schrieb das Prinzip der Gleichheit fest –, die Bedingungen für eine Intensivierung der ökonomischen Zusammenarbeit schuf, etwa dadurch, daß die lästigen Restriktionen im Warenverkehr wegfielen, kann die Sowjetunion nun, bei Festschreibung der militärischen Parität, sich auf die Verbesserung ihrer ökonomischen Potenz konzentrieren.

Gegründet auf einen Komplex von bilateralen Abkommen über wirtschaftliche, industrielle und wissenschaftlich-technische Kooperation, entwickelte sich eine Form der Zusammenarbeit, die über die Grenzen tradtitioneller Verträge hinausgeht und einen langen Zeitraum ansteuert.

Die Abkommen mit Frankreich 1971, der Bundesrepublik 1973, den USA 1974, alle auf 10 Jahre abgeschlossen, sehen neben dem Austausch von Spezialisten, der gemeinsamen Errichtung von Produktionskomplexen, der Erweiterung und Modernisierung bestehender Industrieanlagen, dem Austausch von Patenten und Lizenzen auch die gemeinsame Aktivität in Drittländern vor. Gemischte Kommissionen verschiedenen Umfangs intensivieren die Zusammenarbeit. Banken und Firmen errichten Büros in den Hauptstädten der Partnerländer (1976 gab es 120 ausländische Büros dieser Art in Moskau), den diplomatischen Vertretungen werden Handelsabteilungen angegliedert. Die KSZE integriert dann die handelspolitischen Möglichkeiten in einen umfassenderen entspannungspolitischen Rahmen.

Für die Sowjetunion wichtig ist der Faktor der Langfristigkeit. Er führt zur Stabilität der hergestellten Beziehungen, bedeutet Zuverlässigkeit der Vertragspartner und zunehmende Festigkeit der Wirtschaftsbeziehungen zwischen den Staaten, die wiederum zur wirtschaftlichen und sozialen Verbesserung führt.

In den sowjetischen Augen erwiesen sich die positiven Veränderungen in den Wirtschaftsbeziehungen zwischen der UdSSR und den westlichen Ländern als Ergebnis der "umfassenden Umgestaltungen im internationalen Leben, der

Gesundung des allgemeinen Klimas in Richtung Abbau von Spannung", die Sowjetunion erhoffte sich dadurch ein Gesamtsystem internationaler Verträge und Abkommen, aber auch Zusammenarbeit auf den Gebieten des Umweltschutzes, des Transports und der Energie[200].

Die Langfristigkeit, der garantierte Gewinn, die pünktliche Schuldentilgung, das Außenhandelsmonopol tragen zur Stabilität der Wirtschaftsbeziehungen bei und stimulieren deren Ausweitung. So gab es Anfang 1978 12 000 Abkommen der europäischen RGW-Länder mit dem Westen[201].

Im laufenden 10. Fünfjahresplan soll das Tempo des Außenhandelszuwachses wieder über dem des Produktionszuwachses liegen (Steigerung um 30–35 %) und von 51 Mrd. Rubeln 1975 auf 66–69 Mrd. Rubel bis 1980 ansteigen.

Dafür aber muß die sowjetische Industrie an die Erfordernisse des Außenmarktes herangeführt werden, der Import wiederum soll vor allem durch Produkte des neuesten technologischen Standards den technischen Fortschritt im Lande selbst stimulieren.

Der Außenhandel übernimmt hier, wie Klaus Bolz formuliert, in zunehmendem Maße die Funktion des Wachstumsfaktors[202]. In dieser Funktion erhalten die Technologieimporte aus dem Westen auch eine neue Qualität[203].

Andererseits ist die Einsicht in die Notwendigkeit der Kooperation in der Sowjetunion scheinbar noch so unterentwickelt, daß Maksimova davon sprechen kann, allein die Fragestellung über industrielle Kooperation, ihren langfristigen und umfangreichen Charakter, über gemeinsame Anstrengungen in der Zusammenarbeit mit anderen Ländern stelle einen neuen, großen Schritt nach vorn dar auf dem Gebiet der Erhöhung der volkswirtschaftlichen Effektivität außenwirtschaftlicher Verbindungen.

Weitere Maßnahmen sind nötig. Reserven auf dem Konstruktionsbereich und der Projektierung müssen voll genutzt werden, Strukturverbesserungen vorgenommen werden. Das beste Beispiel dafür ist das Röhren-Gas-Geschäft zwischen Iran-Sowjetunion, ČSSR und der Bundesrepublik, das bis zum Jahre 2003 läuft.

Der sowjetische Industrieapparat selbst soll an Kooperationsabkommen beteiligt werden, muß materiell (bisher erhält die Fabrik 10 % des Exporterlöses in kapitalistische Länder als verfügbare Devisen zugeteilt) und moralisch angeregt werden auch durch Prämien für die Arbeiter. Dazu sollen die Industriebereiche, die für den Export produzieren sollen, vorrangig finanziert und materialtechnisch ausgestattet werden. Auch die Ministerien und andere Außenhandelsorganisationen, auch das Außenhandelsministerium (MVT), bedürfen der Umorganisation.

Als Ergebnis all der Anstrengungen erwartet die Sowjetunion für sich eine wachsende Rolle in der internationalen wirtschaftlichen Zusammenarbeit.

Verständlicherweise übergeht Maksimova die Abhängigkeit der Sowjetunion von Nahrungsmittelimporten (Getreide) aus dem Westen, für die massiv konvertierbare Währung eingesetzt wird. Ihrem Wesen nach handelt es sich dabei freilich um kurzfristige Abhängigkeit (bis zur nächsten Ernte), dennoch hat die Sowjetunion mit den Exportländern langfristige Lieferverträge abgeschlossen. Wenn man, worauf Knirsch hinweist[204] die Schwierigkeiten bedenkt, die eine Stabilisierung der Agrarerträge für die Sowjetunion bereitet, lassen die Langzeit-Lieferverträge auch auf größere Abhängigkeit schließen.

Knirsch weist auch darauf hin, welche Bedeutung der Technologie-Transfer aus dem Westen für die politische Macht der Sowjetunion und damit des ganzen Ostblocks besitzt. Gerade beim Auseinanderklaffen von hoher Priorität, die die Regierungen der RGW-Staaten dem raschen Wachstumstempo einräumen und dessen faktischen generellen Verlangsamung, vor allem in der Sowjetunion selbst, wird die existentielle Bedeutung eines angemessenen Wirtschaftswachstums zunehmend größer. Neben die politische Machtsicherung nach außen tritt so die Notwendigkeit der Erhaltung und Steigerung des Lebensstandards der Bevölkerung.

Die notwendigen Wachstumsimpulse können aber nur vom Westen kommen.

5.4. Sicherheitspolitische Aspekte des West-Ost-Handels

Die wachsende wirtschaftliche Stärke der Sowjetunion und ihre Repräsentanz auf den westlichen Märkten gab indes schon zur Sorge Anlaß. Die deutschen Reeder rufen nach staatlicher Hilfe gegen das wachsende Eindringen der sowjetischen Handelsflotte in den Cross-Trade, die Rheinschiffahrt warnt, nachdem sich die Passagierfahrt auf der Donau schon fest in den Händen sozialistischer Staaten befindet, vor einer entsprechenden Entwicklung nach Fertigstellung des Rhein-Main-Donau-Kanals 1981. Mit Erleichterung wurde deshalb die Einführung eines Meldesystems für alle Linienladungen im Verkehr zwischen den Häfen der Europäischen Gemeinschaft und Zentralamerikas und Ostafrikas vom Verband Deutscher Reeder (VDR) aufgenommen[205].

Darüber hinaus kommt auf den westlichen Markt jetzt ein Warenstrom zu, zu dessen Abnahme sich die nationalen Wirtschaften durch die Kompensationsgeschäfte verpflichtet haben. So überlegt die chemische Industrie schon fieberhaft, auf welche neuen Produkte sie ausweichen kann, falls die Erzeugnisse aus den sozialistischen Ländern, die mit den vom Westen erstellten

Anlagen produziert wurden, hier eintreffen. Bolz hat so nicht Unrecht, wenn er vermutet, "daß man zwar über die Veränderungen der Exportstruktur Osteuropas spricht, daß man sie sich im Grunde genommen aber nicht allzu schnell wünscht, weil damit Struktur- und Beschäftigungsprobleme in einem nicht exakt zu überschauenden Ausmaß auf uns zukommen können"[206].

Zugleich hofft er, daß eines Tages, nach Fortschritten in der Angebotsstruktur der osteuropäischen Länder, in den westeuropäischen nicht erneut der Ruf nach Schutzmaßnahmen der eigenen Märkte laut wird. Osthandel bedeutet so, vor allem für den Maschinenbau, Zeitgewinn zur Strukturanpassung.

Ernster genommen werden müssen auf jeden Fall die sicherheitspolitischen Überlegungen zum West-Ost-Handel. Die Frage der Abhängigkeit wird dabei oft aufgeworfen – Abhängigkeit von Rohstoffen, von der Rückzahlung von Krediten, von Warenlieferungen usw. – Friedemann Müller hat aber bereits auf die Ungleichgewichte in der Bedeutung der Wirtschaftsbeziehungen für beide Seiten (Ost und West) hingewiesen. So begründet er die Tatsache, daß der Ost-West-Handel im Westen nur 4 bis 6 v.H. des Außenhandels ausmacht, dagegen für den RGW über 30 v.H., eine viel höhere Empfindlichkeit im Osten[207].

Dazu kommt das Ungleichgewicht in der Handelsstruktur, denn im komplementären Handel sind 1. starke Veränderungen der terms of trade möglich, 2. besteht darin die Tendenz, Entwicklungsunterschiede zu fixieren, da das Land, das Technologie importiert, die Forschung und Entwicklung des Exporteurs mitfinanziert[208].

So beklagt sich die Ungarin Izik Hedri, es sei vorstellbar, daß bei Produktions-Kooperation zwischen Firmen aus Ost und West die anhaltende Konkurrenzfähigkeit des gemeinsam hergestellten Produktes auf den Weltmärkten nicht immer gesichert sei, da der westliche Partner inzwischen seine Technologie weiter entwickelt habe, seinen sozialistischen Partner aber an seinen neuen Ergebnissen nicht teilhaben lasse[209].

Darüber hinaus ist der RGW vom Ost-West-Handel stärker abhängig als der Westen, da seine Importe aus dem Westen nicht zu substituieren sind – im Gegensatz zu den westlichen Importen – und seine Importe wachstumsintensiv sind, er sich einen Wachstumsstillstand aber weniger leisten kann als der Westen[210].

Diese zunächst mittelfristige Abhängigkeit der Sowjetunion von westlicher Technologie muß bei ihr aber den Wunsch nach stabiler Aufrechterhaltung eines günstigen Handelsklimas erzeugen. Um diese Handelsbeziehungen nicht von der politischen Konjunktur abhängig werden zu lassen, versucht die Sowjetunion, den Westen in gesamteuropäische Infrastrukturmaßnahmen (die sowjetisch-japanischen Projekte sind vorerst gescheitert) auf den schon genannten Bereichen des Verkehrs und der Energie einzubinden. Schon allein die Aufrechterhaltung des Schuldenstandes, d.h. die Erneuerung der auslaufenden Kredite, erfordert ein anhaltendes Klima des Vertrauens. Das aber gibt dem Westen die Möglichkeit, über die Palette staatlicher Einflußnahme auf Kreditbürgschaften für Großgeschäfte, Steuerung über die Gemischten Kommissionen, wirtschaftliche Geschäfte politisch zu beeinflussen.

Doch auch sicherheitspolitische Erwägungen sind zu bedenken. Daß trotz des Embargos strategischer Güter (Coordinating Committee der NATO) im Rüstungsbereich einsetzbares Know-how oder verwendbare technologieintensive Güter transferiert werden, ist Tatsache. Andererseits ist durchaus möglich, daß die tendenzielle Schließung der technologischen Lücke das Abgrenzungsbedürfnis mindert und die notwendige Voraussetzung für eine wirkliche Systemöffnung im Sinne von Korb II der KSZE bringt[211].

Umgekehrt wird aber auch befürchtet, der Westen könne von den Energielieferungen aus dem RGW-Bereich abhängig werden. Das hat bisher eine gesamteuropäische Zusammenarbeit auf dem Energiesektor verhindert. Die Abhängigkeit hängt aber vom Verbrauch ab. 1976 importierte die Bundesrepublik 4,7 % ihres Ölverbrauchs und 8,2 % ihres Gasverbrauchs aus der Sowjetunion (die EG 3,9 % bzw. 4,3 %). Als kritische Grenze gelten aber bei Erdöl 13–15 % und bei Erdgas 15–20 %.

Solange die Substitution dieser Produkte durch andere Märkte gewährleistet ist, kann einer Abhängigkeit kurzfristig begegnet werden. Aber auch gegen längerfristige Ausfälle sind die Mitgliedsländer der Internationalen Energie-Agentur (IEA) durch das "Übereinkommen über ein Internationales Energieprogramm" geschützt, das allen Mitgliedsländern Einsparungsmaßnahmen auferlegt, sobald in einem Land längerfristig mindestens 7 % der Ölbelieferung ausfallen. Ab 12 % finden Umverteilungen zwischen den Mitgliedsländern statt. Dazu kommen die Reserven und die Einsparungsmöglichkeiten z.B. im Individualverkehr. Eine Einschränkung der westlichen Verteidigungsfähigkeit würde aber auch bei einem solchen Abbruch der ökonomischen Beziehungen, der die Sowjetunion viel tiefer treffen würde, nicht eintreten[212].

In einer Zwischenbilanz zum 10. Fünfjahresplan der sowjetischen Volkswirtschaft (1976–1980) nahmen Höhmann und Seidenstecher an, daß die weltwirtschaftliche Verflechtung der Sowjetunion bis 1980 sogar die Planziele übertreffen würde. Klar wird Brežnevs Absage an eine Wirtschaftspolitik der Autarkie erkannt. Dennoch aber kommen die beiden Autoren nicht umhin, bei aller Betonung der Bedeutung einer "zunehmenden Ausnutzung der internationalen Arbeitsteilung", wie die Sowjetunion formuliert, festzustellen, daß die Welthandelspolitik der UdSSR unter dem Primat der Außenpolitik bleibt[212a].

Auf das Scheitern des amerikanisch-sowjetischen Handelsvertrages durch das Jackson-Amendment und der deutsch-sowjetischen Zusammenarbeit im Bereich der Stromerzeugung (Atomkraftwerk in Kaliningrad), die die DDR wegen der von der Bundesregierung geforderten Stromschiene nach Berlin, wie angenommen wird, boykottierte, wird hingewiesen.

Daß aber auch die westlichen Lieferungen an die sozialistischen Länder politisches Wohlverhalten des Empfängers voraussetzen, mußte vor allem die Sowjetunion erkennen, als auf ihr Afghanistan-Engagement der amerikanische Präsident mit ihrer Exportsperre für hochwertige Güter an die sozialistischen Länder reagierte. Auch der Olympiaboykott bedeutet nicht unbedeutende finanzielle Einbußen für den Veranstalter.

Zwei Erscheinungen wurden als Folge der Afghanistan-Krise deutlich: Der Verschlechterung des politischen Klimas zum Trotz besteht ein starkes Interesse der westlichen Exporteure am Osthandel. Die Wirtschaft der Bundesrepublik, die am stärksten in den sozialistischen Ländern engagiert ist, wehrt sich deshalb auch am intensivsten gegen solche ihr oktroyierten Beschränkungen.

Andererseits aber wurde auch der Sowjetunion deutlich, daß die Aufrechterhaltung und Weiterentwicklung der sogenannten internationalen Arbeitsteilung eben doch von einem günstigen internationalen Klima abhängt. D.h. das Bestreben der Sowjetunion, an Weltwirtschaft und Welthandel aktiv teilzunehmen, bedingt doch ein Vertrauen förderndes Verhalten.

5.5. Der Handel der Sowjetunion mit Entwicklungsländern

Der sowjetische Vorwurf, der bundesdeutschen Entwicklungshilfe unterliege ein "strategischer Plan"[213], ehrte die Mitarbeiter des BMWZ sehr, wenn sie einen solchen hätten. Aber es gibt ihn nicht.

Anders die Sowjetunion. Maksimova bringt den "strategischen Plan" auf den Nenner: "Die Bedeutung ihrer (d. Sowjetunion – W.G.) wirtschaftlichen Zusammenarbeit mit Entwicklungsländern geht über den ökonomischen Rahmen weit hinaus. Sie ist ein Faktor, der auf die sozial-wirtschaftlichen und politischen Prozesse in den Ländern der Dritten Welt Einfluß nimmt, damit das Kräfteverhältnis in der Weltarena verändert und einen positiven Einfluß auf den gesamten Gang der Entwicklung der internationalen Beziehungen nimmt"[214].

Die Sowjetunion legt großen Wert darauf, daß sich ihre Entwicklungshilfe von der kapitalistischer Staaten unterscheidet. Die ökonomische Hilfe ist ausgerichtet auf die Förderung sozio-politischer Bereiche und Kräfte in den Entwicklungsländern, die bewirken sollen, daß sich Staat und Gesellschaft des befreiten Landes, entsprechend dem von den Sowjets aufgestellten Modell der sozialistischen Orientierung, in Richtung des sowjetischen Staatssozialismus entwickeln.

Angesichts der Entspannungspolitik, die die Parität der Weltsysteme vorläufig festschreibt, kommt den Entwicklungsländern eine Bedeutung zu, die hoch genug gar nicht zu veranschlagen ist. Hier nämlich läßt sich das Kräfteverhältnis noch verändern und zwar in einer zielgerichteten, langfristigen und äußerst schwer zu korrigierenden Weise.

Als in Ägypten, Somalia, Tansania[215], dem Sudan nicht alle Morgenblütenträume reiften, haben sich die Sowjets als lernfähig erwiesen und schnell eine neue Konzeption der sicheren Durchdringung eines Landes entwickelt.

Noch mehr als bisher bestimmt nun der Grad der sozialistischen Orientierung eines Entwicklungslandes die Art der Wirtschaftsbeziehungen zum sozialistischen Weltsystem. Sie orientiert sich demnach an den Kriterien

– Entwicklung des staatlichen Sektors in der Wirtschaft,
– Liquidierung des feudalistischen Grundbesitzes,
– Kampf gegen das ausländische (westliche) Kapital,
– Verstaatlichung (Nationalisierung) der Eigentums der Multis, an dessen Stelle
– nationale Kontrolle über die Bodenschätze,
– Ausbildung eigener Spezialisten (Facharbeiter, Ingenieure),
– Erstellung eines nationalen Wirtschaftsplanes.

Wirtschaftsbeziehungen besonderer Art unterhält die Sowjetunion außerdem zu den Entwicklungsländern, mit denen sie eine gemeinsame Grenze verbindet: Indien, Iran, Afghanistan, Türkei[216].

So finden sich unter den ersten zehn Ländern, in denen die Sowjetunion Projekte gebaut hat, baut oder zu bauen beabsichtigt (Stand Anfang 1976):

Afghanistan	114 (!)	Indien	68
Iran	108 (!)	Syrien	38
Irak	104	Somalia	35
Ägypten	103	Guinea	28
Algerien	91	VDR Jemen	21

Die insgesamt 954 Projekte verteilen sich wie folgt:

Entwicklungshilfe-Projekte der Sowjetunion nach Bereichen

Bereiche	Zahl der Projekte		Umfang der Hilfe gemäß Abkommen in %
	vertraglich vereinbart	davon in Betrieb	
Insgesamt	954	507	100,0
davon:			
Industrie	426	208	73,9
Landwirtschaft	138	66	7,6
Transport- u. Fernmeldewesen	88	58	7,7
Geologie u. Tiefbohrungen	63	28	5,2
Volksbildung, Kultur Gesundheitsfürsorge, Sportanlagen	215	129	4,6
Wohnungsbau, Kommunale Einrichtungen u.a.	24	18	1,0

Quelle: "Vnešnjaja torgovlja" 1976, No. 6. zit. bei: Maksimova, SSSR, S. 125

Insgesamt gehen über 95 % der sowjetischen Entwicklungshilfe, so Maksimova, auf die Bereiche Errichtung von Industrieanlagen, technische Hilfe, Energieversorgung, Landwirtschaft, Transport und Fernmeldeeinrichtungen, geologische Erkundung, d.h. sie dienen der Schaffung und Ausweitung des Produktionsbereiches und stärken damit die Volkswirtschaft des betroffenen Landes. Schwerpunkte in den Industrieanlagen bestehen auf den Gebieten der Metallurgie und des Maschinenbaus. Bekannt sind die Hüttenkomplexe in Indien, Algerien und der Türkei.

In ihrer Größenordnung und ihrer Bedeutung gehen diese Großprojekte aber über reine Wirtschaftshilfe hinaus. Sie sollen nämlich Komplexe industrieller Produktion und Verarbeitung darstellen, die für das einzelne Entwicklungsland nationale Bedeutung besitzen, d.h. von der Rohstoffgewinnung über die Verarbeitung bis zur Herstellung des Endproduktes sollen alle Gewinnungs- und Verarbeitungsvorgänge im Lande selbst stattfinden. Das führt zur Spezialisierung und verdrängt durch die Konzentration auf das Großprojekt "Disproportionen in der Volkswirtschaft" (Maksimova).

Die notwendige Energiebasis wird auch durch die Hilfe sozialistischer Staaten erschlossen. Die Nutzung von Ölvorkommen in Indien, Gas in Afghanistan, der Bau des Assuan-Staudammes in Ägypten (er soll 52 % des Strombedarfs in Ägypten decken), der Euphrat-Staudamm in Syrien (er soll den gesamten Elektrobedarf des Landes decken) sichern die notwendige Energie.

Die Industrialisierung soll mit der Entwicklung der Landwirtschaft einhergehen. Die Hälfte der Projekte dient Bewässerungssystemen, die wiederum zur Gewinnung von fruchtbarem Land beitragen. Die andere Hälfte dient der technischen Ausstattung der Landwirtschaft, in erster Linie der den Sowchosen ähnlichen Staatsbetriebe, die das – enteignete – Land großflächig mit in großer Zahl eingesetzten Maschinen bearbeiten.

Ein wesentliches Moment für die Realisierung dieser Wirtschaftshilfe in Landwirtschaft und Industrie ist die Ausbildung der Facharbeiter, Maschinisten und Ingenieure (auch Agraringenieure), der sogenannten Kader. Über 500 000 werden in den Entwicklungsländern unter Beteiligung der Sowjetunion ausgebildet, eine außerordentlich große Anzahl von Studenten aus Entwicklungsländern studiert an den Universitäten sozialistischer Staaten.

Die Vorteile der sowjetischen Wirtschaftshilfe liegen für die Entwicklungsländer darin, daß sie die Leistungen zu günstigen Krediten (das wird neuerdings von westlicher Seite stark angezweifelt) erhalten. Des weiteren erweist sich die dem Niveau der Entwicklungsländer angepaßte Technologie, die in den westlichen hochindustrialisierten Ländern oft gar nicht mehr auf dem Markt ist, als sehr segensreich, erlaubt sie doch ein Vertrautwerden mit der modernen Technik auf einer weniger komplizierten Stufe und auf einer zum Zwecke der Entwicklung günstigen arbeitsintensiven Basis.

Ein weiterer Vorteil bedeutet fürs Erste auch die Assoziation beim Wirtschaftsblock des RGW, einmal durch das reichhaltige Angbot der Mitgliedsländer, dann durch den zur Verfügung stehenden Markt für die eigenen Produkte.

Hinzu kommt als wesentliches Kriterium die Langfristigkeit von Handelsabkommen und ihr Plan-Charakter. Den Entwicklungsländern, die in Kooperation mit sozialistischen Staaten produzieren und Handel treiben, bedeutet es eine große Erleichterung zu wissen, daß die in einem bestimmten Zeitraum erzeugten Produkte auch abgenommen werden. Diesen Ländern, deren neu entstehende Industrie sich erst ihren Platz am Weltmarkt erobern muß, d.h. den harten Anforderungen an Qualität, Form, Kundendienst usw. standhalten muß, bedeutet die Abnahmegarantie die erste gesicherte Existenz quasi im Windschatten des sozialistischen Weltsystems.

Aber gerade hierin liegen auch die Nachteile dieser Anbindung. Eben das den Entwicklungsländern angepaßte Produktionsniveau, die Warenstruktur, vertieft die Kluft zum freien Weltmarkt und zwingt die Entwicklungsländer nur zu festerer, d.h. dann aber abhängiger Kooperation mit den sozialistischen Staaten. Erst in diesem Augenblick der Einengung der nationalen Verfügbarkeit über Bodenschätze und produzierte Güter kam vielen Entwicklungsländern die erneute Abhängigkeit zum Bewußtsein.

Große Schwächen zeigt auch die verstaatlichte Landwirtschaft, die ja selbst das schwächste Glied der sozialistischen Produktionspalette, in den Entwicklungsländern den Erwartungen der von feudaler Abhängigkeit befreiten Landarbeiter nach einem eigenen Stück Land widerspricht. Widerständen, die eine Gefährdung der sozialistischen Orientierung eines "Partner"-Landes bedeuten könnten, begegnen die sozialistischen Staaten heute mit aller Schärfe und Einsetzung aller Mittel, vor allem dem der Heranbildung moskautreuer Kaderparteien.

Der Sowjetunion kommt es aber gerade darauf an, anhand des Modells der sozialistischen Orientierung in den Entwicklungsländern soziale und ökonomische Strukturen entstehen zu lassen, die eine langfristige Anbindung, eventuell Integrierung (Kuba, Vietnam) in das sozialistische Wirtschaftssystem gewährleisten. Der Akzent liegt auf langfristig.

Denn auf diese Weise sichert sich das sozialistische Weltsystem die Rohstoffe der Entwicklungsländer, erringt sich einen künftigen Markt für eigene Produkte, die vielleicht sonst auf dem Weltmarkt nicht abzusetzen wären, von der handelsstrategischen Position, die zugleich eine militärstrategische ist, abgesehen.

Darüber hinaus aber bedeutet bei der bilateralen Bewertung der Gesellschaftssysteme in der Welt jedes Entwicklungsland, das dem kapitalistischen Einfluß entzogen wird, 1. eine Schwächung dieses Systems, 2. eine Stärkung des sozialistischen Weltsystems. Bei Summierung dieser Entwicklung, die sich in den letzten Jahren (Angola, Mozambik, Äthiopien, Südjemen, Afghanistan usw.) abzeichnete, entsteht aber eine gravierende Verschiebung des Kräfteverhältnisses in der Welt, die gerade dadurch relevant wird, daß auf dem klassischen Sektor der Rivalität, dem militärischen, Parität vereinbart ist.

Die sowjetische Entwicklungsländerpolitik ist also globalstrategisch äußerst bedenklich. Die westlichen, nicht-sozialistischen Staaten sehen sich daher aufgerufen, nach Möglichkeiten zu suchen, die westlich orientierten Entwicklungsländer bzw. die Nichtpaktgebundenen zu stärken. Shaba scheint hier den Wendepunkt darzustellen. Zu fragen bleibt heute, wer ist eigentlich für die nationalen Katastrophen in Vietnam, Kambodscha, Äthiopien und Laos verantwortlich? Wie weit geht im Zeitalter der Bipolarität die Selbständigkeit der nationalen Bourgeoisien, des Feudaladels oder der Priesterkasten? Wann beginnt der Westen, nationale Befreiungsbewegungen zu unterstützen, die seine Politik und letztlich die Freiheit der Entwicklungsländer langfristig stärken?

Hoffnungsvoll ist nur die Tatsache, daß die Schwellenländer unter den Entwicklungsländern, z.B. Indien ihren ärmeren Geschwistern durch eine adäquate Technologie sehr gut zu helfen beginnen. Eine Solidarität aller Entwicklungsländer wäre sehr zu begrüßen.

6. Die weltweite öffentliche Meinung

6.1. Die gesellschaftliche Ebene

"In Demokratien muß bekanntlich auch die jeweilige Außenpolitik im kontroversen Meinungsbildungsprozeß entwickelt bzw. legitimiert werden"[217], schreibt der Trierer Politologe Link; dadurch, daß die Entspannungspolitik auf diese Weise den innenpolitischen Mechanismen unterliegt, ergibt sich eine wechselseitige Bedingtheit: Einerseits wirken die innenpolitischen und gesellschaftlichen Kräfte auf die Entspannungspolitik und beeinflussen ihre Entwicklung, andererseits wirkt die Entspannung auch umgekehrt auf die innergesellschaftliche Entwicklung ein.

Die Möglichkeiten der Einflußnahme über die öffentliche Meinung auf die Regierungspolitik, die die offenen demokratischen Systeme im Unterschied zu den geschlossenen sozialistischen bieten, werden von den sozialistischen Staaten voll in ihrem Sinne genutzt.

So gehört auch in der Strategie des Kräfteverhältnisses in der Welt zu den Faktoren, die auf die internationale Lage einwirken, neben den drei bisher dargestellten des Sozialistischen Weltsystems, der Kommunistischen Weltbewegung und den Ländern sozialistischer Orientierung als vierte Kraft die weltweite öffentliche Meinung.

Die Autoren aus der Sowjetunion und den anderen sozialistischen Staaten, die sich mit dem Faktor öffentliche Meinung beschäftigt haben, tun sich freilich schwer, ihn klar zu definieren. So besteht für Šachnazarov "die Eigenart dieses Phänomens" darin, daß es nicht ständig existiert, da Klasseninteressen, nationale und andere Interessen die Herausbildung eines mehr oder weniger einheitlichen Standpunktes zu einem Problem behindern. "Aber immer und überall", meint er, "wo sich ein internationales Problem den breiten Massen der Völker der Welt in seiner ganzen Entschiedenheit zeigt, wird eine erstaunlich starke Konzentration der öffentlichen Meinung möglich"[218].

Als Beispiele führt er den Vietnamkrieg an, dessen Beendigung "zur gemeinsamsten Forderung von politischen Strömungen unterscihiedlicher Schattierung, sogar in den USA selbst, wurde", sowie die Ermordung des Präsidenten Allende und den Sturz der vom Volk verfassungsmäßig gewählten Macht in Chile, die von der Weltöffentlichkeit entschieden verurteilt wurden. Auch bei der Verurteilung der rassistischen Regimes in Südafrika, der Forderung nach einer gerechten Regelung des Nahostkonfliktes stellt Šachnazarov die Existenz einer weltweiten öffentlichen Meinung fest. Unter "gerechter Regelung" versteht er hier die Anerkennung der gesetzlichen Rechte der arabischen Völker, darunter des palästinensischen. Von der Anerkennung der staatlichen Existenz Israels durch die arabischen Völker ist dabei nicht die Rede. Entsprechend relativiert werden muß Šachnazarovs Feststellung, die weltweite öffentliche Meinung verfechte in diesen und in vielen anderen Fällen, da sie sich herausbilde, unwandelbar progressive Ziele und gerechte Interessen.

Daß es auch eine öffentliche Meinung gegen die Sowjetunion (Ungarn, ČSSR, Dissidenten, Angola, sowjetische militärische Überlegenheit in Mitteleuropa, Afghanistan) gibt, wird zwar registriert, jedoch sofort massiv dagegen polemisiert[219].

Wie Šachnazarov definiert auch Šapošnikov die "Bewegung der Öffentlichkeit" als zwar in ihrer Zielsetzung begrenzt, ihren Ausmaßen nach jedoch sehr umfassend[220]. Was die Anhänger dieser Bewegung eint, ist demnach ein "allgemein-demokratisches Programm", verstanden als der größte gemeinsame Nenner aller Organisationen und Gruppen, Arbeiter, Bauern, Geistesschaffenden und der Mittelschichten in ihrem Wunsch nach Beseitigung der Gefahr eines Weltkrieges und der Umgestaltung der internationalen Beziehungen auf der Grundlage eines dauerhaften Friedens und der friedlichen Koexistenz von Staaten mit unterschiedlicher Gesellschaftsordnung[221]. Entsprechend spiegelt, so Šapošnikov, die öffentliche Meinung den ideologischen, politischen, sozialpsychologischen und schließlich auch militärstrategischen Zustand einer Gesellschaft wider und zeigt (an), in wieweit sich diese Gesellschaft diesem oder jenem außenpolitischen Kurs anschließt oder widersetzt[222].

Wenn er schreibt, keine bürgerliche Regierung könne es sich deshalb heute leisten, in ihrer praktischen Politik die öffentliche Meinung zu übergehen, legt er deutlich die Absicht dar, über dieses Medium der öffentlichen Meinung Regierungspolitik zu beeinflussen.

Die Begriffe "friedliebende Öffentlichkeit" und "demokratische Öffentlichkeit" zeigen aber an, daß die sozialistischen Staaten nur eine öffentliche Meinung im Auge haben, die ausschließlich ihre politischen Ziele unterstützt, denn "friedliebend" und "demokratisch" sind nur andere Bezeichnungen für "sozialistisch". Diese Interpretation wird deutlicher, wenn Šapošnikov schreibt, die wichtigste Triebkraft, der Kern der friedliebenden Öffentlichkeit, seien "die wirklich demokratischen Massenorganisationen"[223]. Darunter werden aber gemeinhin nur kommunistisch gelenkte Organisationen verstanden. Konsequent aufklärend nennt auch Doernberg die "demokratische Öffentlichkeit" "keine klassenindifferente Masse", denn ihre aktivste Kraft seien die Arbeiterklasse und ihre kommunistischen Parteien[224].

Freilich verlangen die Vertreter der kommunistischen Parteien bzw. der sozialistischen Staaten keine automatische Zustimmung zu ihrer Position. "Unser Postulat beschränkt sich, schreibt Cyrankiewicz, auf eine objektive Einschätzung der Intentionen und Prinzipien der sozialistischen Strategie eines dauerhaften Friedens"[225].

Natürlich muß die Mobilisierung der Öffentlichkeit organisatorisch vorbereitet sein und ablaufen. Zu diesem Zweck wurden neben den in zahlreichen westlichen Staaten als moskauhörig diskreditierten kommunistischen Parteien "Massenorganisationen" gegründet. Als solche gelten

1. der Weltfriedensrat (Präsident: Romesh Chandra)
2. die Komitees für europäische Sicherheit und Zusammenarbeit (Vorsitzender des sowjetischen Komitees: A.P. Šitikov)

Diese Organisationen gelten in erster Linie als die der "Weltfriedensbewegung". Ihre Basis wird jedoch erweitert durch:

3. den Verband sowjetischer Freundschaftsgesellschaften und die Gesellschaften für Freundschaft mit der Sowjetunion in den europäischen Ländern
4. den Weltfrauenkongreß (20.–24. Okt. 1975 in Berlin, DDR)
5. den Weltgewerkschaftsbund.

Auf dem Weltkongreß der Friedenskräfte 1973 in Moskau wurde ein Internationales Verbindungsforum zur Koordinierung der verschiedenen Abteilungen gegründet.

Der Weltfriedensrat war schon 1950 auf dem II. Weltfriedenskongreß in Warschau geschaffen worden. Romesh Chandra bezeichnet ihn heute "als die überaus machtvolle, breiteste und größte internationale Solidaritätsbewegung unserer Zeit. Es gibt keinen Befreiungskampf, keinen Kampf gegen Imperialismus, Kolonialismus und Neokolonialismus, Rassismus und Rassendiskriminierung, in dem der Weltfriedensrat nicht eine wesentliche Rolle spielt"[226]. Dabei bemüht sich Chandra stark, "die bilaterale und multilaterale Zusammenarbeit mit solchen politischen Parteien und Massenorganisationen zu stärken, die einen großen Einfluß auf die öffentliche Meinung ausüben"[227].

Der Stolz des Rates besteht in der Fähigkeit, "Massen" zu mobilisieren. So waren für den Neuen Stockholmer Appell (der erste fand bereits 1950 statt mit 500 Millionen Unterschriften), der der Sonderabrüstungstagung der Vereinten Nationen 1978 übergeben wurde, 700 Millionen Unterschriften gesammelt worden. Die gute Organisation wurde erneut deutlich, als es nach dem chinesischen Einmarsch in Vietnam im März 1979 dem Weltfriedensrat in nur einer Woche gelang, in Helsinki die Internationale Vietnam-Solidaritätskonferenz zu organisieren sowie in vielen Ländern Aktionen zu starten und Demonstrationen zu veranstalten. Freilich müßte hier der Weltfriedensrat bemerkt haben, daß die westliche Öffentlichkeit sich nicht bedenkenlos manipulieren läßt. Gerade in Hinsicht Vietnams müßte ihm aufgefallen sein, daß nach den expansiven Aktionen Vietnams in Südostasien ein Umschwung zu Ungunsten dieses Aggressors in der öffentlichen Meinung eintrat. Schließlich kehrte sich nach der Afghanistan-Invasion die öffentliche Meinung in der Welt gegen die Sowjetunion.

Schwerpunkte der Aktivität des Weltfriedensrates sind im Augenblick Aktionen gegen die Verstärkung der Rüstung der NATO, nachdem im Februar 1979 in Berlin (DDR) eine Außerordentliche Tagung des Weltfriedensrates sich gegen die Neutronenwaffe ausgesprochen hatte. Ziel ist wohl, die Bevölkerung in den westlichen Ländern und damit die öffentliche Meinung gegen Mehrausgaben für Rüstung zu mobilisieren. Auffällig ist nur, daß, abgesehen vom utopischen Ziel der vollständigen Abrüstung, konkrete Abrüstungsvorschläge nie auch an die Adresse sozialistischer Staaten gerichtet werden. "Wir müssen, schreibt Cyrankiewicz, noch dynamischer, energischer und allgemeinverständlicher die öffentliche Meinung formen, die auf Politiker und Regierungen einzuwirken vermag, damit wichtige zwischenstaatliche und internationale Vereinbarungen den Weg zur Abrüstung bahnen, die Entspannung festigen und vertiefen, die Entwicklung einer gerechten internationalen Zusammenarbeit fördern"[228].

Dem Weltfriedensrat ist es inzwischen gelungen, zum Mitglied der leitenden Konferenz nichtstaatlicher Organisationen mit Konsultativstatus bei den Vereinten Nationen und der UNESCO zu werden[229].

In der Konzentration auf Europa als den Kontinent, auf dem die beiden Weltsysteme unmittelbar zusammentreffen, stellt sich die "Bewegung für europäische Sicherheit", untergliedert in die nationalen Komitees für europäische Sicherheit und Zusammenarbeit, die Aufgabe, "ihren Beitrag zum Kampf für die Umwandlung Europas in eine Zone des Friedens und der Zusammenarbeit ohne ausländische Truppen und Militärstützpunkte, zum Kampf für eine strenge Einhaltung aller Verträge und Abkommen zu leisten, die auf die Einschränkung und Einstellung des Wettrüstens gerichtet sind"[230].

Außerdem treten die Komitees für Reduzierung der Streitkräfte und Rüstungen ein, für Verhinderung der Bildung neuer Militärblöcke und militärischen

Gruppierungen, sowie für die gleichzeitige Auflösung der NATO und des Warschauer Vertrages.

Die Komitees halten sich zugute, vor der Konferenz von Helsinki bereits eine günstige politische Atmosphäre durch verschiedene Konferenzen erzeugt zu haben. Auch sie nehmen deshalb für sich in Anspruch, die "friedliebenden Bestrebungen der europäischen Öffentlichkeit widerzuspiegeln" und bezeichnen sich schon als "Vertreter der Öffentlichkeit für Sicherheit und Zusammenarbeit in Europa"[231].

Der Weltfrauenkongreß, der im Oktober 1975, dem Internationalen Frauenjahr, in Berlin (DDR) abgehalten wurde, wird auch in die Reihe der Friedensaktionen eingereiht.

Im September 1975 hatte das Präsidium des Verbandes Sowjetischer Freundschaftsgesellschaften den Appell "An alle Freunde der Sowjetunion im Ausland" verabschiedet, in dem es die Gesellschaften und Organisationen, die an einer Entwicklung der Zusammenarbeit mit der Sowjetunion interessiert sind, "und alle Menschen guten Willens aufrief, praktische Maßnahmen zur Verwirklichung der in Helsinki erzielten Übereinkünfte zu ergreifen"[232], worauf die europäischen Gesellschaften für Freundschaft mit der Sowjetunion "hunderte Symposien, Kolloquien, Treffen und andere Veranstaltungen" durchführten.

Das wichtigste Ziel der Weltfriedensbewegung ist ihr Eintreten für Abrüstung, d.h. die Ergänzung der politischen Entspannung durch die militärische. Militärische Entspannung aber ist ohne eine politische Atmosphäre des Vertrauens nicht möglich[233]. Diese politische Atmosphäre soll aber die Weltfriedensbewegung erzeugen. Um zu diesem Ziel zu gelangen, versuchen die Organisationen der öffentlichen Meinung, die Basis zu erweitern.

Šapošnikov als Mitglied des Präsidiums des Weltfriedensrates, Oleg Charchardin als stellvertretender Vorsitzender des sowjetischen Friedenskomitees und Stefan Doernberg als Vorsitzender des Friedenskomitees der DDR betonen aufgrund ihrer Funktion besonders die Weltfriedensbewegung, die ihren ersten Höhepunkt im Weltkongreß der Friedenskräfte 1973 gehabt habe[234].

Die Teilnehmer dieses Kongresses hatten ihr Forum charakterisiert als "Beginn der gemeinsamen nationalen und internationalen Anstrengungen um bessere Verständigung und Zusammenarbeit zwischen Männern und Frauen unterschiedlicher politischer Orientierung für Frieden"[235]. Allgemeiner gings nicht. Ziel der Vereinigung liberaler, pazifistischer oder sozialdemokratischer Organisationen sei nicht, hieß es, deren Widersprüche aufzulösen, sondern "unter den Bedingungen der Entspannung diese Widersprüche auf eine Ebene zu projizieren, die die Menschheit nicht mit einem thermonuklearen Konflikt und mit dem Untergang der menschlichen Zivilisation bedroht"[236].

Die Bestrebung der Friedenskongresse, die auf dem Gebiet der Abrüstung bzw. Einstellung des Wettrüstens gelegen hatte, so die Kongresse in Warschau (September 1975), Paris (Oktober 1975), Panama (Dezember 1975), Frankfurt/Main (Januar 1976) und Helsinki (September 1976) sowie Berlin/DDR (Februar 1979), richtet sich nun auf eine Erweiterung der Themen wie der gesellschaftlichen Basis. So sollen die Bereiche der Wirtschaft, des Umweltschutzes, der Kultur, der Wissenschaft, der Informationen und menschlichen Kontakte ebenfalls gemeinsam erörtert werden. Besonders das Problem des Umweltschutzes, des Kampfes gegen die Verschwendung von Rohstoffen wird als ein Faktor der Annäherung der Völker bewertet. Auch die Berichte an den Klub von Rom dienen der Mahnung zur Zusammenarbeit. Im Ergebnis erhoffen sich die Organisatoren, daß "verschiedene Kreise der Öffentlichkeit zur Überzeugung gelangen, daß die Lösung der Umweltprobleme mit direkten Maßnahmen zur Festigung der internationalen Sicherheit, mit dem Kampf gegen das Wettrüsten verbunden ist und die Wahrung der Biosphäre mit der Lösung der wichtigsten sozialen und politischen Fragen der Gegenwart zusammenhängt"[237].

Die Erkenntnis dieses Zusammenhangs macht denn die breite ökologische Bewegung zu einem "aktiven Teilnehmer des Kampfes der Friedenskräfte" und erweitert andererseits die Basis, "auf der die Zusammenarbeit der Friedenskräfte verschiedener Orientierung aufbaut und sich entwickelt"[238]. D.h. der Kampf gegen das AKW Brockdorf bzw. die Atommülldeponie Gorleben ist, unabhängig vom für und wider, ein gutes Mittel zur Erweiterung der Basis, indem die um den Umweltschutz besorgten Bürger quasi als ökologische Abteilung in die Weltfriedenskräfte integriert werden.

So kann Šapošnikov sagen, in den 70er Jahren erfolge die Entwicklung der internationalen Friedensbewegung der Öffentlichkeit im Zeichen der Festigung der Aktionseinheit ihrer verschiedenen Strömungen; nicht nur ihre soziale Struktur habe sich geändert, sondern auch ihre politische Basis wesentlich erweitert[239].

6.2. Die völkerrechtliche Ebene

Der sowjetische Autor Larin attestiert dem Westen, daß das veränderte Kräfteverhältnis einen Prozeß ausgelöst habe, durch den er generell anders an die Grundfrage Krieg oder Frieden herangehe. Ein globaler militärischer Konflikt werde in der bürgerlichen Literatur grundsätzlich abgelehnt, sogar lokale begrenzte Kriege erscheinen schon als Luxus[240].

Entsprechend wachse die Bedeutung der nicht-militärischen Mittel. Der ideologische Kampf werde dadurch zu einer neuen, relativ selbständigen Sphäre der internationalen Beziehungen. Und da spielen natürlich die Massenkommunikationsmittel eine große Rolle. Hier befinden sich aber die SU und die anderen sozialistischen Staaten in einem Dilemma. So schreibt Larin zwar, daß der ideologische Kampf letztendlich nicht begrenzbar ist[241], aber sein Rezensent Kleinwächter führt die anderen sowjetischen Autoren Arbatov, Tun'kin, Kolosov und Korobejnikov gegen ihn ins Feld, um zu unterstreichen, daß "die Nichtbegrenzbarkeit des ideologischen Kampfes nicht identisch damit ist, daß etwa alle seine Formen erlaubt seien"[242]. Im Ergebnis soll auch die Information zu einem Bereich zwischenstaatlicher Zusammenarbeit gestaltet und völkerrechtlich fixiert werden. Larin meint letztlich, daß "auch in dieser Sphäre Kompromisse gefunden werden können, solche vom sowjetischen Standpunkt aus begründete Kompromisse, die den Interessen des Friedens dienen, ohne die Unterschiede in den Ideologien und gesellschaftlichen Systemen zu verwischen"[243].

Auf diesem Gebiet der veröffentlichten Meinung entwickelte die SU eine eigene Strategie. Sie ist von Kleinwächter sehr gut dargestellt worden[244].

Durch den Entspannungsprozeß haben sich auch die Dimensionen des ideologischen Kampfes gewandelt. Es haben sich Kontakte zwischen Menschen und geistig-kultureller Austausch in bisher nicht gekanntem Ausmaß entwickelt. Dazu kommen die Fortschritte der Technologie in der Informationsübertragung, so daß durch Nachrichtensatelliten heute jeder Punkt der Erde zu erreichen ist. Die gegensätzlichen Ideologien prallen deshalb unmittelbarer und vielfältiger aufeinander, und immer mehr Menschen werden direkt in die ideologische Auseinandersetzung einbezogen.

Um sich diesem westlichen Informationsregen nicht wehrlos aussetzen zu müssen, strebt die SU die Ausweitung des Entspannungsprozesses auch auf die Massenkommunikationsmittel an. Sie stützt sich dabei auch auf die Schlußakte von Helsinki[245], bzw. Brežnevs Rede auf der KSZE, in der er betonte, die Massenmedien können friedlichen und vertrauensbildenden Zielen dienen.

Ein weiterer Fortschritt im Entspannungsprozeß wird jetzt abhängig gemacht von der Existenz eines entsprechenden geistigen Klimas, das man sich durch die Erarbeitung klarer Kriterien für die Arbeitsweise und Wirkung der Massenmedien zu erhalten verspricht.

"Die sowjetischen Juristen gehen davon aus", schreibt Kolosov, "daß der ideologische Kampf in den zwischenstaatlichen Beziehungen Gegenstand der völkerrechtlichen Regulierung sein kann und im gewissen Maße auch schon ist ... In diesem Fall geht es nicht um ein Abkommen in der Sphäre der

Ideologie, nicht um einen Kompromiß in ideologischen Fragen, sondern um Völkerrechtsnormen, die die Staaten verpflichten, Propaganda bestimmter Konzeptionen nicht zuzulassen und im ideologischen Kampf in der internationalen Arena nur Mittel zu nutzen, die vom Völkerrecht zugelassen sind"[246].

Ganz klar sagt Kleinwächter, daß es dabei nicht primär darum gehen kann, wieviele Informationen woher und wohin fließen, sondern vor allem darum, welche Informationen zu welchem Zweck ausgetauscht und weltweit verbreitet werden sollen[247]. D.h. die Sowjetunion möchte dadurch, daß sie die Verbreitung von Informationen völkerrechtlich geregelt sehen will, die nationalen Regierungen direkt für die von ihrem Land ausgehenden Nachrichten verantwortlich machen. Eine solche Regelung ist nur auf der Ebene der internationalen Organisationen zu erreichen. In der Tat hat die Sowjetunion hier verschiedene Vorstöße unternommen. Sie hat es dabei verstanden, als Bundesgenossen eine Reihe von Entwicklungsländer zu gewinnen, die ebenfalls dafür kämpfen, freilich aus einer anderen Motivation heraus, das Nachrichtenmonopol der westlichen Industrienationen zu brechen. So versuchte die Sowjetunion, ihnen auf der Konferenz der Nichtpaktgebundenen (August 1976) in Colombo in diesem Punkt beizuspringen. Jedoch scheint der seit 1973 praktizierte Nachrichtenpool mit Regionalzentren sich in der Praxis zu bewähren, wenn es auch von indischer Seite gegenläufige Tendenzen gegeben hat. Immerhin war bereits bei der 19. Generalkonferenz der UNESCO 1976 in Nairobi die Formel vom "free flow" durch das Wort "balanced" ergänzt worden, so daß der sowjetische Soziologe Korobejnikov schon die Schlußfolgerung zog, in den internationalen Beziehungen setze sich die Meinung durch, wonach eine Regelung auf einer anderen Grundlage als der der Freiheit der Information gefunden werden müßte[248].

Auf der Suche nach völkerrechtlich verbindlichen Abkommen zur Begrenzung der freien Information entdeckte Kleinwächter die internationale Telegraphenkonvention vom 17. Mai 1865 in Paris und die "Internationale Konvention über den Gebrauch des Rundfunks im Interesse des Friedens" vom 23. September 1936. Vergessen hat er den Hitler-Stalin-Pakt vom August 1939, der beide Seiten verpflichtete, sich gegenseitiger bis dahin geübter Propaganda und Einmischung in die inneren Verhältnisse des anderen zu enthalten.

In den Artikeln 19 und 20 der Menschenrechtskonvention vom 16. Dezember 1966 werden auch die Normen zum Schutz des Einzelnen und eines Staates formuliert, die Rassendiskriminierung in der Konvention vom 21. Dezember 1965 verurteilt, die Propaganda der Gewalt in der UNO-"Deklaration betreffend die Prinzipien des Völkerrechtes" 1970 geächtet.

Davon leitet Kleinwächter die unmittelbare Verantwortlichkeit der Staaten ab. "Indem die erwähnten Konventionen zum Beispiel dazu auffordern, entsprechende Gesetze zu verabschieden, direkt von 'Pflichten' und 'Verantwortung' reden, wird deutlich gemacht, daß sich der Staat dieser Verantwortlichkeit nicht entziehen kann, daß er verpflichtet ist, in seinem Kompetenzbereich die notwendigen Voraussetzungen zu schaffen, um einen Mißbrauch der Medien auszuschließen"[249].

Der jüngste sowjetische Vorstoß, der hier von Kleinwächter unterstützt wurde, zielte auf Vorbereitung der Mediendeklaration, die die 20. Generalversammlung der UNESCO (26. Oktober – 28. November 1978) in Paris verabschiedete. Der sowjetische Delegierte Igor Semskov sprach dabei von "Informationsimperialismus" und forderte "Entkolonisierung der Informationen". Im Entwurf zur Mediendeklaration war so zwar nicht von "Verantwortung der Staaten", aber immerhin noch von ihrer "Pflicht" die Rede, dafür zu sorgen, daß sich die Massenmedien "unter ihrer Gerichtsbarkeit" an die UNESCO-Deklaration hielten[250].

Erst nachdem die Bundesrepublik, im Einklang mit den anderen westlichen Ländern, den entscheidenden Alternativentwurf einbrachte und Bundesaussenminister Genscher mit "ungewöhnlich beherzten Worten" (Joffe) erklärte: "Mein Land würde jeden Entwurf für eine Mediendeklaration ablehnen, der die Forderung nach staatlicher Kontrolle der Informationsmedien oder nach sogenannter staatlicher Verantwortung für diese Medien enthält"[251], wurde dieser Hinweis gestrichen. Stattdessen wird an die Eigenverantwortung der Medien appelliert, denen die Beachtung einer Reihe von ethischen Grundsätzen nahegelegt wird.

Interessant ist, daß den Wissenschaftlern aus den sozialistischen Staaten sehr wohl die Kontroll- und Kritikfunktion der Presse in den parlamentarischen Demokratien bewußt ist. Wie sonst könnte z.B. Doernberg schreiben, die Öffentlichkeit übe immer mehr und mehr eine Art Kontrollfunktion bei der Verwirklichung der durch die Regierungen eingegangenen Verpflichtungen zur Fortsetzung des Entspannungsprozesses aus. Und "die Einwirkungsmöglichkeiten auf die Außenpolitik sind dabei besonders groß"[252].

Wie erwartet, versucht er, das widersprüchliche Eintreten für Informationsfreiheit durch Hinweis auf die unterschiedlichen Systeme zu erklären. Anders als in den kapitalistischen Ländern, so Doernberg, fallen in den sozialistischen die Lebensinteressen des ganzen Volkes mit der Politik der Regierung zusammen, gibt es für das Wirken der Öffentlichkeit daher keine hemmenden Faktoren.

So ist auch die "internationale Tätigkeit der KPdSU ein Anliegen des gesamten Volkes". Und "diese grundsätzliche Feststellung gilt gleichermaßen für Rolle und Wirken der Öffentlichkeit in allen sozialistischen Ländern"[253]. Es drängt sich freilich die Frage auf, wieso sich die sozialistischen Regierungen bei der apologetischen Kongruenz von öffentlicher und veröffentlichter Meinung in ihren Staaten so gegen einen freien Fluß der Informationen sperren.

Auf der anderen Seite befindet sich die Bundesregierung zwischen der Skylla der Fortsetzung des Entspannungsprozesses und der Charybdis ihrer eigenen demokratischen Legitimation, die zur Verteidigung demokratischer Grundrechte zwingt.

Gemäßigte Äußerungen von Politikern, so von Ehmcke, die Entspannungspolitik habe die ideologischen Auseinandersetzungen von den Zwängen der psychologischen Kriegsführung befreit, bzw. die ideologische Auseinandersetzung dürfe keine Rückkehr zum kalten Krieg signalisieren oder begünstigen, oder von Bölling: "Ich glaube, daß die Vorstellungen vom kritischen Journalismus bei uns und in der Sowjetunion natürlich nicht identisch sind. Aber die Unterhaltungen hier in Moskau haben mir das Gefühl gegeben, daß man durchaus bereit ist, auch kritische Berichterstattung zu akzeptieren. Wogegen man sich wehrt, das sind verzerrende und diffamierende Darstellungen. Die wollen wir ja auch nicht aus der Feder von 'anderen' lesen"[254], werden sehr wohl von reinen antisowjetischen Aussagen abgehoben.

Zusammenfassend läßt sich sagen, daß die Sowjetunion und die dem Fernsehen und Rundfunk der Bundesrepublik besonders ausgesetzte DDR die freiheitliche Struktur der westlichen Demokratien sehr wohl ausnutzen wollen, um hier eine nach ihren Maßstäben demokratische, d.h. kommunistisch geführte Öffentlichkeit der Regierung gegenüberzustellen und diese dadurch zu beeinflussen. Der Einfluß soll sich dann in erster Linie in außenpolitischen Entscheidungen (etwa der Anerkennung der DDR, Abschaffung der Meistbegünstigungsklausel) und sicherheitspolitischen (Abrüstung, kein Bau der Neutronenwaffe, keine Stationierung von Mittelstreckenraketen auf dem Gebiet der Bundesrepublik) niederschlagen.

Diese Taktik zeigt starke Parallelen zu der von China in Japan praktizierten sogenannten Volksdiplomatie, die letztlich zur Aufnahme diplomatischer Beziehungen zwischen Tokyo und Peking und zum Freundschaftsvertrag geführt hat[255].

Umgekehrt zeigen sich die sozialistischen Länder nicht als offene Gesellschaften, auf die der Westen mit ähnlicher Taktik Einfluß nehmen könnte. Die Einparteien-Staaten wollen sich ihr Informationsmonopol, das sie durch Informationsaustausch, vor allem aber die moderne Technologie der Nachrichtenübertragung gefährdet sehen, nicht nehmen lassen.

193

Gelingt es ihnen, hier ihre Positionen zu halten und Informationsaustausch mit westlichen Demokratien durch völkerrechtlich verbindliche Verträge zu regulieren, so haben sie mit diesem Faktor das Kräfteverhältnis in der Welt entscheidend zu ihren Gunsten verändert.

V. KONSEQUENZEN

1. Auswirkungen auf die Gesellschaftspolitik der Sowjetunion. Die sozialistische Lebensweise

Zwar sind die sowjetischen Gesellschaftswissenschaften gezwungen, von den westlichen Entwürfen der "nachindustriellen Gesellschaft" (Bell, Dahrendorf) und den im Westen vergleichbaren Veränderungen der soziologischen Struktur der Sowjetgesellschaft herausgefordert, ein Modell künftiger Entwicklung der Gesellschaft vorzugeben, und Gvišiani hat, von der Diskussion mit den Berichten an den Klub von Rom ausgehend, auch eine neue soziologische Methode erstellt, es ist aber dennoch nicht zu übersehen, daß gerade auch die Strategie des Kräfteverhältnisses in der Welt wesentlich dazu beiträgt, die gesellschaftspolitischen Ziele des sowjetischen Staatssozialismus neu zu definieren.

So besteht, nach dem einflußreichen K. U. Černenko, ein charakteristischer Zug der Tätigkeit der KPdSU darin, daß ihre Innen- und Außenpolitik in sich eine Ganzheit darstellen, einander fest verbunden, den gleichen Zielen gewidmet[1].

Konnte die sowjetische Führung nämlich in der Zeit des Kalten Krieges und der Überlegenheit der amerikanischen strategischen Waffen dem Volk ökonomische Opfer d.h. Konsumverzicht mit dem Argument auferlegen, es gelte, erst den Sozialismus durch forcierten Ausbau der Rüstung zu sichern, um dann in gesichertem Frieden die ökonomischen Früchte zu ernten, so entfällt heute bei behauptetem globalem Gleichgewicht der Systeme und der Irreversibilität der historischen Entwicklung, ja bei koordinierter Rüstungssteuerung (SALT I und SALT II) das Argument der Angst. Jetzt wollen die Sowjetbürger auch die Früchte ihrer Arbeit genießen. D.h. die bereits vorhandenen Bemühungen um eine Neudefinition der sowjetischen Gesellschaft, die schon nach Stalins Tod einsetzten, ihren Höhepunkt aber erst mit dem Beginn der 70er Jahre erreichten, erhalten durch die Entspannungspolitik starken Nachdruck.

Die Suche nach neuen Werten für eine spezifisch sozialistische Gesellschaft wird hier stimuliert durch die Vorgabe des kapitalistischen way of life, vor

allem den neuen Begriff der Lebensqualität, durch den gestiegenen Lebensstandard der Sowjetbürger, vor allem aber durch soziales Verhalten, das, auf
der Basis der vollindustrialisierten Gesellschaft der WTR (Wissenschaftlich-
technischen Revolution), zu Erscheinungen führt, die bisher nur der kapitalistischen Gesellschaft zugeschrieben wurden, wie Streben nach privatem
Besitz, persönlichem Glück, von Prof. Klotsch aus der DDR als "Herausbildung qualitativ neuer Bedürfnisse" bezeichnet[2].

So entstand, wie Nenašev, der stellvertretende Leiter der Abteilung Propaganda des ZK der KPdSU formulierte, für die Partei die Aufgabe dafür zu sorgen,
"daß der zunehmende Reichtum an materiellen Gütern den Menschen nicht
dazu verleitet, mit gesellschaftlichen Interessen in Widerspruch zu geraten"[3].

In zahlreichen Konferenzen versuchten die Vertreter der industriell entwikkelten sozialistischen Staaten, gemeinsam die Ziele und Werte zu formulie-
ren, auf die hin die durch die WTR gewandelte sozialistische Gesellschaft sich
entwickeln sollte. Dabei herrschte Arbeitsteilung. Die Soziologen der UdSSR
untersuchten die Lebensweise der städtischen Arbeiter, die Polen widmeten
sich unterschiedlichen sozialen Gruppen, die Ungarn untersuchten die
gesellschaftspolitische Aktivität der Arbeiter, ihrer Familienbeziehung und
den Wandel ihrer sozialen Bedürfnisse, die Bulgaren und Tschechen und
Slovaken die Bauern[4].

Der von Kosygin auf dem XXIV. Parteitag der KPdSU 1971 gebrauchte
Begriff der "sozialistischen Lebensweise" erwies sich nach diesen Diskussionen, die freilich heute noch fortdauern[5], als geeignet, alle Vorstellungen über
die neue Rolle von Individuum und Gesellschaft und ihr Spannungsverhältnis
auszudrücken[6].

Ein Höhepunkt, wenn auch bei weitem nicht der Abschluß der Diskussion,
bildeten die neue Verfassung vom 7. Oktober 1977, die im Vorwort den
Begriff der sozialistischen Lebensweise enthält[7], und ein Artikel Šachnazarovs
vom November des gleichen Jahres, in dem der Vorsitzende der sowjetischen
soziologischen Gesellschaft und stellvertretende ZK-Abteilungsleiter die bis
dahin gelaufene Diskussion zusammenfaßte und bewertete. Aufgrund der
hohen Position Šachnazarovs im ZK wurde seinem Aufsatz große politische
Bedeutung zugeschrieben[8].

Art. 20 der neuen Verfassung der UdSSR lautet:
"Entsprechend dem kommunistischen Ideal, daß 'die freie Entwicklung eines
jeden die Bedingung für die freie Entwicklung aller' ist, setzt sich der
sowjetische Staat zum Ziel, die realen Möglichkeiten dafür zu erweitern, daß
die Bürger ihre schöpferischen Kräfte, Fähigkeiten und Talente anwenden
und ihre Persönlichkeit allseitig entwickeln".

Dieser Artikel entstammt der Feder Šachnazarovs, das Zitat dem Kommunistischen Manifest. Šachnazarov zitiert diese Stelle in seinem Aufsatz wieder[9].

Die Notwendigkeit ist erkannt, daß auch in der sozialistischen Gesellschaft der Drang nach Befriedigung der Lebensbedürfnisse äußerst zugenommen hat und der je Einzelne am gesellschaftlichen Fortschritt persönlich partizipieren möchte. Angesichts des Konsum-Kultes, der Konsumentfesselung in den westlichen Industriegesellschaften, die einher gehen mit einem Zerfall traditioneller familiärer und gesellschaftlicher Bindungen, liegt die Schwierigkeit für die sozialistische Gesellschaft darin, trotz der Erfüllung der ökonomischen Bedürfnisse das Spezifische der sozialistischen Gesellschaft gerade im Gegensatz zur kapitalistischen zu entwickeln. Von der ökonomischen Seite her muß nämlich der antikommunistische Vorwurf zurückgewiesen werden, das Reich des Kommunismus liege nicht in dieser Welt, wie ihn Voslenskij feinsinnig auch erhebt, indem er Chruščevs Versprechungen der frühen 60er Jahre an den Realitäten der 70er mißt[10]. Zum anderen muß der Bevölkerung in den sozialistischen Ländern das Bewußtsein vermittelt werden, daß sie nicht nur für die Gegenwart lebt, sondern auch dafür, bewußt die Zukunft der Menschheit zu gestalten, also ihr sozialer Optimismus als Teil der Lebensweise gepflegt werden, und drittens muß den Strömungen entgegengetreten werden, die annehmen, durch die Anhäufung von gesellschaftlichem und persönlichem Reichtum würden die sozialistischen Länder unweigerlich das Modell der sogenannten Konsumgesellschaft mit allen Folgen für die Bereiche des Bewußtseins, der Psyche und Moral kopieren. Durch Umfragen, die 1976 in Leningrad und der Moldau unter Ingenieuren, Arbeitern, Studenten und örtlichen Sowjets durchgeführt wurden, etwas der Sorge enthoben, kann Šachnazarov mit dem Soziologen Rogovin darin übereinstimmen, daß das Anwachsen des materiellen Wohlstandes, der die Menschen von der psychologischen Last der elementaren Bedürfnisse befreit, immer weitere Möglichkeiten für die geistige und moralische Entfaltung der Persönlichkeit eröffnet[11].

Obwohl die Voraussetzungen zur Entstehung kleinbürgerlichen Bewußtseins, meint Šachnazarov, nämlich Privateigentum und Klassenantagonismus, im Sozialismus nicht vorhanden sind, herrscht auch in der sozialistischen Gesellschaft noch keine völlige Gleichheit aller, gibt es Klassengegensätze[12].

Gegenmodelle müssen also gerade der Herausbildung solchen kleinbürgerlichen Bewußtseins, das antikommunistischer Propaganda sich öffnen könnte, gegensteuern.

Wohl ist klar, daß der puritanische Asketismus der Gründerjahre des Sozialismus überlebt ist, inzwischen eine Konsumgesellschaft entstanden ist, die dem materiellen Wohlstand und seinen Symbolen nachjagt, das Problem besteht nach dem Ungarn Borszani eben darin, ein optimales Modell einer

Konsumgesellschaft zu entwerfen, das mit den sozialistischen Prinzipien übereinstimmt. "Wenn wir keine Autwort auf diese Frage auf der Ebene der sozialökonomischen Planung geben können, wir sie nicht in die gewünschte Richtung lenken, dann entsteht die Gefahr, daß zusätzliche und unbemerkt heranreifende Prozesse auftreten"[13].

So steht der Sozialismus vor folgenden Problemen:

a. noch sind objektive Voraussetzungen für das Auftreten kleinbürgerlichen Bewußtseins vorhanden,

b. die Gefahr solchen Auftretens nimmt durch den Einfluß des Kapitalismus zu, und zwar durch die existierende bürgerliche Lebensweise selbst, wie durch seine aktive Propaganda:

c. um die Gesellschaft vor dieser Gefahr zu schützen, ist Aufklärungsarbeit, bei all ihrem Wert, allein nicht ausreichend,

d. notwendig ist der bewußte Aufbau einer solchen Lebensweise, die im Ganzen dem Wesen des sozialistischen Aufbaus entspricht und damit gleichzeitig die Möglichkeit des Rückfalls in kleinbürgerliche Psychologie ausschließt.

Das Problem liegt nach Šachnazarov darin, daß die sozialistische Lebensweise unter Bedingungen entsteht, in denen die traditionelle bürgerliche Lebensweise in den entwickelten kapitalistischen Ländern bereits wesentlichen Modifikationen ausgesetzt ist und es überhaupt nicht einfach zu bestimmen ist, welche ihrer Züge gesetzmäßige Folgen des wissenschaftlich-technischen Fortschritts sind und welche als krankhaftes Ergebnis der bürgerlichen Ausnutzung des Volkseinkommens gewertet werden müssen.

Wichtig ist aber auch die Erfahrung, so Šachnazarov, daß sich das Verständnis darüber, was zur sozialistischen Lebensweise gehört, wandelt. Ein gutes Beispiel dafür ist das persönliche Auto. Früher wurde gegen die Abhängigkeit der Bevölkerung im Westen vom Auto polemisiert, heute stellt das "individuelle Auto" mit all seinen Kosten auch im Sozialismus eine feste Stufe in der Verwirklichung der materiellen Bedingungen für die Existenz des Menschen dar.

Die Zeit drängt jedoch. Um dem zuvorzukommen, daß sich die entstehenden Probleme ihren Lösungsweg in der Praxis selbst suchen, müssen theoretische Lösungen erarbeitet werden. Die später notwendigen Eingriffe in die entstandenen Gewohnheiten wären auch sonst zu groß. Freilich sind nicht alle Probleme theoretisch in den Griff zu bekommen, wohl aber der historische Prozeß, in dessen Verlauf sich unter dem Einfluß der vielfältigen objektiven und subjektiven Faktoren, die sich genauer Messung entziehen, die Formen entwickeln, in denen das Leben verläuft. Dazu muß, auf der Basis der kommunistischen Ideologie der Erfahrung des Weltsozialismus, die allgemein menschliche Erfahrung integriert werden, soweit sie den Idealen des Marxismus-Leninismus nicht widerspricht.

Als zentrales Problem erweist sich hier das Spannungsverhältnis zwischen dem Einzelnen und der Gesellschaft. Es muß zwangsläufig widersprüchlich sein. Šachnazarov weist darauf hin, daß es in der Vergangenheit nach den verschiedenen Seiten hin interpretiert worden war, die Fehler dem bürokratischen Eifer von Leuten zuzurechnen sind, "die die Prinzipien der revolutionären Theorie einseitig und gradlinig deuteten". Diese Möglichkeit ist aber eine Eigenschaft des Systems, denn "solche Fehler wiederholen sich und werden sich noch öfter wiederholen. Man muß sie als historisch vorübergehende Erscheinung ansehen". So offen wurde die Möglichkeit des Irrtums noch selten zugestanden.

Andererseits soll einer der wertvollsten Züge des Sozialismus, das fürsorgliche, mitfühlende Verhältnis zu den Menschen, der wohlmeinende Einfluß des Kollektivs auf das Individuum, ohne aufdringliche Einmischung in die persönlichen Angelegenheiten, bewahrt werden. Sonst nämlich werden Rückfälle in anarchistische Eigenmächtigkeit unvermeidlich, in denen all der "bourgeoise Individualismus" liege, die Mißachtung der Umwelt, gesellschaftlicher Forderungen und Gesetze.

Diese gesellschaftliche Disziplin kann wiederum nur der Zement sein, ohne den die Gesellschaft in Atomisierung, Anarchie, Chaos zerfällt. Die persönliche Freiheit aber als ihr Gegensatz ist der Quell tätiger Initiative, ohne die man der Herrschaft der Mittelmäßigkeit, Stagnation, der Verkümmerung ausgesetzt wäre.

Im Idealzustand würde der Einzelne sein individuelles Interesse am gesellschaftlichen messen. In unbegrenzter Freiheit würde der Mensch die elementaren Erfordernisse, ohne die die Gesellschaft nicht existieren kann, freiwillig beachten. Auf dem Weg dahin bleibt nun einerseits der staatliche Apparat als Kontrollinstanz bestehen, um die Einhaltung der Regeln der sozialistischen Gesellschaft zu überwachen, gleichzeitig kann man aber voraussehen, daß mit der weiteren Festigung und Entwicklung des Sozialismus die Sphäre der persönlichen Freiheit sich ausweiten wird und der Bereich der zwangsweisen Regulierung der Beziehungen zwischen der Gesellschaft und dem Menschen, zwischen Staat und Bürger abnimmt.

Dazu tritt die außenpolitische Komponente. Denn die äußeren Bedingungen können auch die Richtung und die Stärke von Korrekturen im Sozialismus beeinflussen. So haben, nach Šachnazarov, der Kalte Krieg und die Gefahr einer imperialistischen Aggression dazu geführt, daß die Lösung der sozialen

Aufgaben hinausgezögert wurde. Unter den Bedingungen der Entspannungspolitik eröffnen sich nun freilich die Möglichkeiten, die Gesetzmäßigkeiten des sozialistischen Aufbaus konsequent zu verwirklichen[14].

Bedarf es im Innern als Voraussetzung zur bewußten gesellschaftlichen Disziplin einer entwickelten politischen Kultur und eines hohen Lebensniveaus, so liegt das Stimulans für die Entwicklung des Prozesses, der zur sozialistischen Lebensweise führen soll, bei der kommunistischen Partei, da sie ja dieses Ziel in ihrem Programm der Gesellschaft vorgegeben hat.

Heute kommt es also darauf an, optimale Bedingungen zu schaffen, damit Eigeninitiative, Aktivität und Tätigkeit aller wie jedes Einzelnen gefördert werden, denn von ihnen werden in hohem Maße neue Anstöße erwartet. Die neue Bedingung für die Entwicklung des Sozialismus besteht also in der Ausweitung der Rechte und Freiheiten der Persönlichkeit. Die Losung des Kommunistischen Manifests: "Die freie Entwicklung jedes Einzelnen ist die Bedingung für die freie Entwicklung aller", die in die Verfassung aufgenommen wurde, gibt hier klar die Orientierung an. Im Gegensatz zu solchen Anschauungen, die die Priorität oder den Primat der gesellschaftlichen Interessen und des Kollektivs über die des Einzelnen setzten, stehen diese Interessen im Verhältnis der gegenseitigen Abhängigkeit zueinander, man spricht deshalb, so Šachnazarov, von ihrer optimalen Verbindung[15].

Untersucht man daraufhin die Verfassungen von 1936 und 1977, so will die neue bewußt sich durch die Betonung der sozial-ökonomischen und politischen Rechte der Bürger von ihren Vorgängern absetzen. So ist zwar in beiden Verfassungen das Recht auf Arbeit niedergeschrieben, in der neuen wird es aber durch die Garantie ergänzt, bei Berücksichtigung der gesellschaftlichen Anforderungen, den Beruf und die Art der Beschäftigung zu wählen entsprechend der Neigung, Eignung und Ausbildung. Ähnliches gilt für die Versorgung im Krankheitsfalle, bei Urlaub, Erholung. Erstmals abgesichert wurde das Recht auf Wohnung, außerdem das Recht festgeschrieben, an der Kultur zu partizipieren, sich wissenschaftlich, technisch und künstlerisch frei zu betätigen, wobei der Staat verpflichtet ist, die Bedingungen dafür zu schaffen. Wichtig ist die neue Möglichkeit, Vorschläge einzureichen, Kritik zu üben, sich zu beschweren.

Gegen die Vorwürfe aus der westlichen Presse, die neue Verfassung werde in der Praxis ebenso ausgehöhlt wie die alte, zitiert Šachnazarov Brežnevs Rede über die Verfassung:

"Wir wissen, Genossen, daß nach der Annahme der bisher gültigen Verfassung einige Jahre verdüstert waren durch ungesetzliche Repressionen, Verletzungen der Prinzipien der sozialistischen Demokratie, der Lenin'schen Normen des Partei- und Staatslebens. Das geschah gegen die Gesetze der

Verfassung. Die Partei verurteilte diese Praxis entschieden, sie darf sich niemals mehr wiederholen"[16]. Dazu wurden die Gesetze aktualisiert, Garantien gegen Verletzungen der Rechte der Bürger, Machtmißbrauch, bürokratische Pervertierungen eingebaut. "Um all diese Garantien zu verallgemeinern, so Brežnev, unterstreicht der Entwurf, daß die Beachtung der Verfassung und der Gesetze allen Staatsorganen und Beamten, gesellschaftlichen Organisationen und Bürgern zur Pflicht gemacht wird"[17]. Das ist, so Šachnazarov, eine vortreffliche Illustrierung des Marxschen Gedankens, daß "nicht die Einzelnen als Garantien gegenüber den Gesetzen dienen sollen", sondern umgekehrt "die Gesetze als Garantien gegenüber dem Einzelnen"[18].

Die Wissenschaftler sehen als Aufgabe nun vor sich, angesichts der Ergebnisse in Einzelbereichen jetzt zur komplexen Untersuchung aller Seiten der Lebensweise unterschiedlicher sozialer Gruppen vorzugehen, und zwar nach einem einheitlichen Programm. Die Erstellung dieses Programms hat jetzt Vorrang[19].

1.1. Kommentar

Die realistische Betrachtung des eigenen sozialistischen Alltags führt zur Erkenntnis, daß die sozialistische Gesellschaftsordnung als Industriegesellschaft an vergleichbaren Krankheiten leidet wie ihre westliche Schwester. Erinnert sei nur an Jugendalkoholismus, Jugendkriminalität. Interessant, daß neben der Wohlstandsmentalität, wie sie besonders in der DDR zu beobachten ist, auch erste Erscheinungen der Konsumsucht auftreten. Im Westen ist im Laufe eines mehr oder weniger kontinuierlich entstandenen Emanzipationsprozesses eine die Konsumgesellschaft übergreifende, ihr einen höheren Sinn gebende Ideologie, Moral, Soziallehre usw. ins Vergessen gedrängt worden. Ausschließlich auf dem Sozialsektor hat sich ein rudimentärer Humanismus gehalten, der vielleicht noch in der Lage ist, die Bevölkerung für Reformen zu gewinnen. Anders in der sozialistischen Gesellschaft. Sie hat diesseitige Ziele immer wieder und ausschließlich angestrebt, planmäßig vorgegeben. Angesichts der auf ökonomische Planerfüllung ausgerichteten und um einem guten Platz innerhalb des Privilegiensystems ringenden Sowjetbürger sehen Partei- und Staatsführung sich vor die Notwendigkeit gestellt, das materialisierte Verständnis von Sozialismus mit einer neuen Sinngebung auszustatten. Das Problem scheint dringend, da solche, als kleinbürgerlich deklarierte Erscheinungen wie Egoismus, Neid, Stolz auf materiellen Besitz aufzeigen, daß die Bürger versuchen, sich ihren je einzelnen individuellen Lebensbereich abzustecken, auszuformen, d.h. in einen Bereich zur Selbstverwirklichung zu gelangen versuchen, der sich dem Einfluß des Staates zwangsläufig entzieht.

Nur so ist zu verstehen, welche Brisanz der Diskussion um das Verhältnis des Einzelnen zur Gemeinschaft/Gesellschaft im Augenblick innewohnt[20]. Der Trend zur Individualisierung ist eben auch im real existierenden Sozialismus nicht aufzuhalten. In der Berufung auf die Formulierung aus dem kommunistischen Manifest und deren neue Interpretation, schließlich der Übernahme der Formulierung selbst in die Verfassung wird deutlich, daß der Forderung nach der freien Entfaltung des Einzelnen jetzt offiziell stattgegeben worden ist.

Diese Wendung hin zur richtigen Interpretation des frühen Marx macht nur deutlich, wie weit die sowjetischen Philosophen in der neuen Marx-Interpretation schon fortgeschritten sind. Nicht mehr Blanqui und Babeuf, die Apologeten des gewaltsamen Aufstandes, gelten heute als Marx-Vorläufer[21], sondern vielmehr Proudhon, Saint-Simon und Fourier mit ihren Forderungen nach einer neuen humanen Gesellschaft. Ihren Einfluß auf den frühen Marx versuchen die sowjetischen Philosophen jetzt intensiv nachzuweisen[22].

Aufgabe der Soziologen ist es, entsprechend dieser neuen Basis, die "sozialistische Lebensweise" neu zu bestimmen. Dazu gehört, das hat man inzwischen erkannt, erst einmal eine Bestandsaufnahme. Auf sie folgt die wissenschaftliche Diskussion, dann der Entwurf einer neuen sozialen Ordnung. D.h. es müssen viele schöne Formulierungen abgelegt werden, die den Zugang zur objektiven Erkenntnis der realen Situation in der Sowjetunion bisher versperrt hatten. Ein Kriterium der neu zu definierenden Lebensweise steht jedoch schon fest. Šachnazarov verwies selbst darauf: Das Bedürfnis des Einzelnen nach persönlicher Sicherheit, nach rechtlichen Normen.

Deshalb wurden die Artikel 49 und 58 in die Verfassung aufgenommen, in denen dem Bürger das Recht auf Beschwerde, Kritik an Staatsorganen gewährleistet wird.

Die Frage erhebt sich allerdings, ob der sowjetische Staat angesichts der Dominanz der KPdSU in der Lage ist, sich im Bewußtsein seiner Staatsbürger als "Rechtsstaat" zu etablieren. Nach der bisherigen historischen Erfahrung gewährleistet allein die klassische Gewaltenteilung optimalen Rechtsschutz des Einzelnen. Die Parteiorganisationen wirken zwar "im Rahmen der Verfassung der UdSSR", wie es im Artikel 6 heißt, aber eben diese Verfassung schreibt der KPdSU einen über Gesellschaft, Staat und Volk stehenden Einfluß zu. Die Abkehr von der "Diktatur des Proletariats" und Annahme des Begriffes "Volksstaat" als politischer Organisation allein kann diese Diskrepanz nicht überbrücken.

Der Einfluß äußerer Faktoren auf den Wandlungsprozeß der sozialistischen Gesellschaft wurde konstatiert. Wer würde leugnen, welche Rückwirkungen Bürgerkrieg, ausländische Invasion, diplomatische Ächtung, Zweiter Weltkrieg und Kalter Krieg auf die sowjetische Gesellschaft ausübten. Angesichts dieser die Gesellschaft ununterbrochen belastenden "äußeren Faktoren" müßte umgekehrt das Wegfallen des Bewußtseins einer Bedrohung von außen im Rahmen der gesamteuropäischen und bilateralen sowjetisch-amerikanischen Entspannung das Freisetzen ungeheurer, bisher ungenutzter positiver Energien bewirken. Alle Anzeichen scheinen in der Tat dafür zu sprechen, daß die Gesellschaft wie einzelne Gruppen, so die Intelligenz oder die Wirtschaftler oder die Nationalitäten, wie auch die einzelnen Bürger sich nach Wegfall der kollektiv ertragenen realen oder fiktiven Bedrohung von außen ihrer Identität bewußt werden mit dem Ergebnis, daß Partei und staatliche Organe, der Berücksichtigung individueller Ansprüche entwöhnt, sich schwertun, diese in Richtung des sozialistischen Aufbaues zu kanalisieren.

Mit der Weiterführung des Entspannungsprozesses und der Vertiefung der Kontakte zwischen den beiden gesellschaftlichen Systemen, wie sie sich bisher schon positiv entwickelt haben, ist mit dem weiteren Ansteigen des "individuellen Faktors" in den sozialistischen Ländern zu rechnen.

Darin liegt ein wesentlicher Grund für die Befürwortung der Entspannungspolitik durch den Westen. Sie bringt dem einzelnen Bürger der sozialistischen Staaten unmittelbar etwas ein, verbessert seine Lage nicht nur ökonomisch, sondern stärkt auch seine Position in der politischen Argumentation. Die Konzentration auf die sozialistische Lebensweise, d.h. auf die Innen- und Sozialpolitik könnte Aggressionen, die sich außenpolitisch auswirken, auffangen, bremsen, damit die sozialistischen Staaten einem berechenbareren Verhalten in der Weltstaatengemeinschaft nähern.

2. Alternative kommunistische Strategien

2.1. Jugoslawien

Daß der sowjetischen Interpretation des sozialistischen Weltsystems sich nicht alle sozialistischen Staaten anschließen, ist bereits erwähnt worden. Angesichts der Theorie des Kräfteverhältnisses ist es aber interessant zu verfolgen, in wieweit die "Abtrünnigen", nämlich Jugoslawien und China, eigene vergleichbare Theorien entworfen haben, die neben die sowjetische zu stellen sind und in wieweit dadurch der globale Anspruch der sowjetischen Theorie selbst beeinträchtigt oder sogar widerlegt wird.

Wie die sowjetische Theorie des Kräfteverhältnisses ist auch die entsprechende jugoslawische nicht allein als eine Theorie der Außenpolitik zu definieren.

Die Darstellung der eigenen jugoslawischen globalen Theorie ist gerade deshalb notwendig, weil sich die jugoslawische Außenpolitik seit dem Kominformkonflikt 1948/49 bis heute nicht allein durch die Theorie der Blockfreiheit erklären läßt, andererseits die Feststellung einer Interdependenz zur Innenpolitik nicht ausreicht[23].

Ausgangspunkt der Theorie ist auch hier ein historischer Positivismus, der postuliert, daß sich der Sozialismus als Weltprozeß entwickelt und zu einem Weltsystem heranwächst[24]. Die heutige Epoche, in der das System des Imperialismus eine erste Niederlage hinnehmen mußte, wurde durch die Oktoberrevolution und die Entstehung des ersten sozialistischen Staates eingeleitet. Der Sozialismus hat sich seitdem in verschiedenen Etappen entwickelt:

1. Die Weltwirtschaftskrise erschütterte den Kapitalismus bis auf den Grund.

2. Die Sowjetunion änderte den Charakter des II. Weltkrieges radikal in einen Befreiungskrieg. Dadurch bewirkte sie eine Stärkung der nationalen Befreiungsbewegung, der revolutionären Bewegungen der Kolonien und abhängigen Länder zum antikolonialen Kampf. Es entwickelten sich zahlreiche Volksrevolutionen, die den mächtig gewordenen nationalen Befreiungsbewegungen den Sieg brachten.

3. Die Ergebnisse des II. Weltkrieges brachten das Auftreten neuer sozialistischer Staaten und den Sozialismus als weltweiten Prozeß, die Befreiung einer großen Anzahl Kolonialvölker und den Zerfall des weltweiten Kolonialsystems. Außerdem erzeugte der Sieg der antifaschistischen Kräfte günstige Bedingungen für den Fortschritt der Völker in Richtung Sozialismus entsprechend den historischen, kulturellen und allgemein nationalen Besonderheiten jedes Landes.

Im Ergebnis waren die Kräfte des Imperialismus entscheidend geschwächt. Das drückte sich in der Charta der Vereinten Nationen aus sowie der Gründung der Weltorganisation selbst, deren Bedeutung für die Regelung internationaler Probleme und den Kampf um internationale Beziehungen, die auf demokratischen Prinzipien basieren, ständig wächst.

4. Die reaktionären imperialistischen Kräfte freilich versuchen, ihr verlorenes Monopol und ihre alten privilegierten Positionen zurückzugewinnen, den sozialen Fortschritt und das Anwachsen der antikolonialen Revolution aufzuhalten. Das führte zur Politik der Teilung der Welt in Interessensphären zwischen den Großmächten, zum Kalten Krieg, zu lokalen Kriegen, zur Bildung von Blöcken und politisch-militärischen Konfrontationen. Nur die gemeinsamen Aktionen der Friedenskräfte sowie die Angst vor einer globalen Katastrophe haben deren Ausbruch bis heute verhindert.

Das Anwachsen der Kräfte für Frieden und Fortschritt in der ganzen Welt hat die Gefahr eines Nuklearkrieges vermindert, während gleichzeitig die Großmächte ihre Beziehungen durch Verhandlungen und Verständigung regulieren mußten. Die blockfreien Länder, die seit der Belgrader Konferenz (1961) aktiv auf eine Lockerung der internationalen Spannung und die Überwindung des kalten Krieges hinarbeiten, haben zu diesem Prozeß und der Verankerung der aktiven und friedlichen Koexistenz einen wesentlichen Beitrag geleistet.

5. Im Ergebnis haben die großen Wandlungen in den internationalen Beziehungen und in der inneren Entwicklung zahlreicher Länder das Kräfteverhältnis[25] zugunsten des Friedens und des Fortschritts verändert. Der Imperialismus und die internationalen Beziehungen der Ungleichheit befinden sich in einer tiefen Krise, aus der heraus es keine Rückkehr zur früheren Weltherrschaft gibt.

Die Notwendigkeit der ökonomischen und sozialen Entwicklung der Menschheit und die Aktionen der bewußten sozialen Kräfte beschleunigen den allgemeinen Gang in Richtung Sozialismus. Auf diese Weise wird der Sozialismus mehr und mehr ein Prozeß von universellen Ausmaßen. Die Kräfte, die für eine fundamentale Transformation der internationalen Beziehungen, eine neue Verteilung der Produktivkräfte und Neuverteilung des Welteinkommens, beschleunigte ökonomische Entwicklung und nationale und soziale Befreiung kämpfen, werden von jetzt an immer stärker.

Dabei haben die sozialistischen Länder wie alle anderen sozialistischen Kräfte in der Welt eine außerordentliche Bedeutung für die weltweiten Entwicklungen in Richtung einer fortschrittlichen Veränderung in den internationalen Beziehungen. Die Verantwortung der sozialistischen Länder ist umso größer, als der Sozialismus als soziales System bisher im wesentlichen in relativ unterentwickelten Ländern errichtet wurde. Das bedeutet, daß diese Länder mit der Durchführung einer sozialistischen Revolution, d.h. dem Aufbau neuer sozialer und ökonomischer Verhältnisse, gleichzeitig eine Vielzahl von Strukturproblemen lösen müssen, die ihnen die vergangenen Epochen hinterlassen haben[26].

Bis hierher folgen die Jugoslawen der sowjetischen Periodisierung, auch wenn sie die Rolle der Blockfreien etwas in den Vordergrund stellen. Die Unterschiede zur sowjetischen Definition liegen aber im Detail. Nach jugoslawischer Auffassung beschränkt sich nämlich die ungleiche Entwicklung in der heutigen Welt nicht auf die nicht-sozialistischen Staaten, sondern erfaßt die sozialistischen ebenfalls, so daß selbst die Entwicklung des Sozialismus sich nicht gleichmäßig vollzieht[27].

Zu viele Faktoren nämlich wirken darauf ein: der Grad der Entwicklung der Produktivkräfte, die Homogenität der sozialen Kräfte, die für den Sozialismus kämpfen, der Reichtum und die Größe des Landes, seine internationale Position, die Konzeptionen, die die führenden Kräfte von den grundlegenden sozialen Prozessen entwerfen usw.

Daneben enthalten die sozialistischen Produktionsverhältnisse in mehr oder weniger großem Maße ebenfalls Elemente des Alten und des Neuen. Deshalb treten Widersprüche auch in den sozialistischen Ländern auf, wo Konflikte sowohl als Folge einer ungleichen Entwicklung wie durch das Wirken divergierender Kräfte und Interessen ausbrechen können. Die gleichen Gründe können sogar zu Konflikten zwischen den sozialistischen Ländern führen.

Um einer Verhärtung der Beziehungen unter sozialistischen Ländern zu begegnen, müssen diese sich darüber im Klaren sein, daß sie die Sache des Friedens und des Sozialismus nur fördern können, wenn sie ihre Beziehungen auf die Prinzipien der Rechtsgleichheit, Unabhängigkeit, der gegenseitigen Achtung und der Nichteinmischung in innere Angelegenheiten gründen.

Nur bei Achtung dieser Prinzipien, beim Verzicht der Glorifizierung des eigenen Weges, im Dialog und konstruktiver gegenseitiger Kritik werden die sozialistischen Länder einen ständig wachsenden Faktor in der Entwicklung der internationalen Beziehungen dieser Epoche werden.

In der breiten Front progressiver Kräfte hat sich die Arbeiterklasse, deren Einfluß stark gewachsen ist, mit den anderen fortschrittlichen sozialen Kräften zur ökonomischen und politischen Befreiung verbündet. Auch in diesen Beziehungen sind Achtung der Gleichberechtigung, Solidarität unabdingbar. Die internationalistische Solidarität besteht dabei vor allem in der erfolgreichen Unterstützung der sozialen Kräfte, die für die Freiheit und Unabhängigkeit ihrer eigenen Völker und Länder kämpfen, für die Errichtung gleichberechtigter internationaler Beziehungen, für sozialistische Ideen und Praxis. Jede Partei, jede Bewegung soll dabei völlig autonom und verantwortlich nur vor ihrer eigenen Arbeiterklasse, ihrem eigenen Volk sein.

D.h. die Jugoslawen unterstützen zwar die nationalen Befreiungsbewegungen, ordnen sie aber den nicht-pakt-gebundenen Staaten zu, deren Einfluß durch ihre Aktionseinheit, vor allem in internationalen Organisationen und Konferenzen, als im Wachsen begriffen angesehen wird. Insofern bedeutet Anti-Imperialismus, völlig im Gegensatz zur sowjetischen Bipolaritäts-Vorstellung, auch Anti-Hegemonismus. Freilich ist diese Politik der Nichtpaktgebundenheit keinesfalls mit Neutralität oder Äquidistanz zu verwechseln.

Die Widersprüche in den internationalen Beziehungen spitzen sich auf dem Gebiet der Weltwirtschaft immer mehr zu. Einen Ausweg aus dieser Situation kann es nicht geben, wenn man das System der internationalen Wirtschaftsbeziehungen nicht antastet. Auf die politische Dekolonisation muß deshalb die ökonomische Dekolonisation folgen. Eine neue Weltwirtschaftsordnung muß ausgearbeitet werden, um den Graben zwischen den reichen und armen Ländern zuschütten zu können und neue, gerechte Beziehungen zwischen den Staaten zu errichten.

Der Abbau von Spannung, Verhandlung und friedliche Regelung von internationalen Problemen stellen zwar einen positiven Prozeß dar, er ist aber noch zu begrenzt und zu labil. Das Gleichgewicht der Kräfte in globalem Maßstab, gestützt auf die militärische Stärke, kann nicht als beständige und solide Basis für den Frieden und die Sicherheit in der Welt dienen. Zwar läßt das atomare Patt das Ausbrechen eines Weltkrieges unwahrscheinlich werden, aber die lokalen und begrenzten Kriege um Einflußsphären lösen einander ab.

Deshalb muß die Entspannung, so Tito in Ost-Berlin 1976, die zur Zeit vor allem in Europa zum Ausdruck kommt, den Rahmen der Blöcke und regionalen Grenzen überschreiten. "Jugoslawien tritt also für einen universalen Charakter der Entspannung ein, da der Frieden in Europa und in der Welt genauso wie die Sicherheit und der Fortschritt unteilbar sind"[28].

2.2. China. Die Theorie über die Dreiteilung der Welt

Auch China besitzt seit April 1974 eine eigene ausformulierte Theorie des Kräfteverhältnisses[29]. In ihrer antisowjetischen Ausrichtung geht sie noch weit über die jugoslawische Theorie hinaus, indem sie der heutigen Sowjetunion völlig abspricht, ein sozialistischer Staat zu sein.

Wie die Jugoslawen, stützen sich die Chinesen vor allem auf die Dritte Welt. Ihre Implikation erhält aber wesentlich höheres politisches Gewicht durch die Tatsache, daß sie sich selbst, als Volk von fast einer Milliarde Menschen, der Dritten Welt zurechnen.

Die chinesische "Theorie über die Dreiteilung der Welt" stützt sich neben den klassischen marxistischen Vätern vor allem auf Stalin und Mao. Zwar wird die gegenwärtige Epoche (seit 1917) wiederum eingeteilt als gespalten zwischen Imperialismus und Sozialismus, aber dadurch, daß nach chinesischer Auffassung antagonistische Widersprüche auch im Sozialismus noch nicht überwunden sind (wie bei den Jugoslawen), können nicht nur die traditionellen Widersprüche zwischen den imperialistischen Staaten dargestellt, sondern auch neue zwischen sozialistischen Staaten entdeckt werden.

Konkret heißt das: Seit den frühen 60er Jahren existiert für die Chinesen das frühere sozialistische Lager nicht mehr, da die sowjetischen Führer den

Sozialismus verraten haben. Die Chinesen verstehen ihre Theorie deshalb als "neue Weltstrategie des Weltproletariats und der unterdrückten Völker" gegen den Weltimperialismus[30].

Nach dieser Theorie wird die Welt dreigeteilt in die

I. Welt: Sowjetunion und USA als Hegemonialmächte
II. Welt: Japan, Europa, Kanada als die Kräfte der Mitte
III. Welt: China, Asien, Afrika, Lateinamerika, dazu die Arbeiterbewegung der I. und II. Welt.

Die I. Welt

Von allen imperialistischen Mächten sind nur die beiden Supermächte USA und die Sowjetunion in der Lage, um die Welthegemonie zu ringen, während die anderen imperialistischen Mächte zu Ländern zweiten und dritten Grades herabgesunken sind.

Eine Supermacht zeichnet sich durch die äußerste Konzentration des Monopolkapitals aus; dieses kontrolliert den Staatsapparat und führt wirtschaftliche Ausbeutung, politische Unterdrückung und militärische Kontrolle im Weltmaßstab durch. Der Konzentrationsgrad der sowjetischen staatsmonopolistischen Wirtschaft übersteigt dabei den der USA. Sie hat in der atomaren Rüstung die USA inzwischen ein- und in der konventionellen überholt. Jetzt stellt sie überall ihre militärische Macht zur Schau und ringt weltweit mit den USA um die Vorherrschaft.

Die USA kontrollieren vor allem durch supranationale Gesellschaften die Wirtschaft und Politik vieler Länder, während sich die Aktionen der SU vor allem in der sozialistischen Gemeinschaft vollziehen. Hier läßt sie nichts unversucht, die "beschränkte Souveränität" dieser Länder weiter einzuengen und das "internationalistische Eigentum" innerhalb der Gemeinschaft durchzusetzen.

Der Waffenexport beider Supermächte ist ungeheuer. Die Sowjetunion ist nach den USA der zweitgrößte Waffenexporteur. Legitime Regierungen werden gestürzt, Truppen in anderen Ländern stationiert, so hält die SU die ČSSR, einen souveränen Staat, vollständig und unbefristet militärisch besetzt.

Von beiden imperialistischenen Supermächten ist aber die Sowjetunion die gefährlichere. Denn während die USA ihre Stellung zu weit ausgedehnt hatten und nun ihre angestammten Interessen mit allen Kräften verteidigen, gesamtstrategisch sich also in der Defensive befinden, muß die Sowjetunion offensiv vorgehen, will sie ihre Position ausbauen. Die Chinesen zitieren Brežnev 1975: "Die Verstärkung ihres Wirtschafts- und Verteidigungspotentials ermöglicht es der Sowjetunion, auf der internationalen Arena eine aktive und erfolgreiche 'Offensive' zu entfalten" und "Wenn wir jetzt unsere Außenpolitik festlegen, gibt es vielleicht keinen einzigen Fleck auf der Erde, dessen Lage wir nicht in irgendeiner Art und Weise in Betracht ziehen"[31]. Hinzu kommt eine Disproportion zwischen ökonomischer Stärke und militärischem Potential bei der Sowjetunion[32]. Sie rüstet nämlich verstärkt auf, um militärisch führend zu werden und Ressourcen und Arbeitskräfte anderer Länder auszuplündern und ihre wirtschaftliche Unterlegenheit auszugleichen.

Die sowjetische Truppenstärke ist doppelt so hoch wie die der USA, sie besitzt 400 strategische nukleare Trägerwaffen mehr als die USA (Stand 1977), nicht zu reden von den konventionellen Waffen. Sie besitzt, unter Admiral Gorškov, eine offensive Kriegsmarine mit fast gleicher Tonnage wie die der USA. Entsprechend sehen die Rüstungsausgaben aus. Der Verdacht der Gewaltanwendung und -androhung verdichtet sich. Die Chinesen erinnern an die bürokratische Clique, die über eine erheblich konzentriertere Wirtschaft als in jedem anderen Land gebietet und die gesamte Volkswirtschaft leicht auf Kriegswirtschaft umstellen kann. Die Verherrlichung des Krieges und der großrussische Chauvinismus proklamieren Expansionstradition und setzen Ziele. Der sowjetische Imperialismus ist deshalb besonders gefährlich, weil er aus der Entartung des ersten sozialistischen Staates der Welt hervorgegangen ist, also Imperialismus unter sozialistischer Maske bedeutet, d.h. Sozialimperialismus[33].

Ihre Aggression, Intervention, Subversion und Expansion verübt sie nämlich unter Slogans wie "Erfüllung der internationalistischen Pflicht", "Unterstützung der nationalen Befreiungsbewegungen", "Bekämpfung des alten und neuen Imperialismus", "Wahrung der Interessen des Friedens und der Demokratie" usw.

Die III. Welt
Im weltweiten Kampf gegen Imperialismus, Kolonialismus und Hegemonismus ist die Dritte Welt zur Hauptkraft geworden, denn das Kräfteverhältnis der Klassen in der Welt hat sich wesentlich zugunsten der ehemaligen kolonialen Völker verändert, eine Entwicklung, die mit der Oktoberrevolution eingeleitet wurde und seit dem II. Weltkrieg ständig zugenommen hat. Heute umfaßt die Dritte Welt über 70 Prozent der Weltbevölkerung und besteht aus unterjochten Nationen, unterdrückten Ländern und sozialistischen Ländern (d.h. hier: nicht von der Sowjetunion abhängige Länder – W. G.). Vor allem hat sich China aus einem halbkolonialen, halbfeudalistischen zu einem großen sozialistischen Staat entwickelt. Gemeinsam mit anderen sozialistischen Staaten, die konsequent gegen Imperialismus und Hegemonismus kämpfen (also gegen die Sowjetunion – W. G.). steht China an der Seite der Dritten Welt.

Der Kampf der Dritten Welt gegen den Imperialismus wird sich noch über einen längeren Zeitraum erstrecken. Denn nachdem die ehemaligen Kolonialherren vertrieben wurden, versuchen neue Hegemonisten, besonders die Supermächte, diese Länder wirtschaftlich unter ihre Kontrolle zu bringen, auch politisch und militärisch zu kontrollieren durch Ausbildung und militärtechnische Versorgung der Armee, um sich auf diese Weise strategische Ressourcen, strategisch wichtige Gebiete und Routen zu sichern. Bewaffnete Interventionen bilden ein Mittel dieser Politik.

30 Jahre nach dem II. Weltkrieg hat sich die Lage in der Welt jedoch so verändert, daß heute nicht mehr die Länder und Völker der Dritten Welt den Imperialismus und Hegemonismus fürchten, sondern umgekehrt diese die Länder und Völker der Dritten Welt fürchten müssen. Viele unabhängig gewordenen Länder der Dritten Welt sind nämlich inzwischen erstarkt, kooperieren und gehen Aktionsbündnisse ein. Vor allem in internationalen Organisationen treten sie gegen die Supermächte auf. Die Blockfreienbewegung, die von China ausdrücklich anerkannt wird, hat sich zu einer beachtlichen, weltweiten Kraft entwickelt, die die Interessen dieser Länder koordiniert.

Hinzu tritt ein geographisches Element. In den weitausgedehnten Gebieten Asiens, Afrikas, Lateinamerikas und Ozeaniens, in denen die über 120 Länder der Dritten Welt liegen, ist das Unterdrückungspotential der imperialistischen Länder begrenzt, dazu werden sie von divergierenden Interessen geleitet. Vor allem bindet Europa ihre Hauptkräfte.

Unterstützung erhält die Dritte Welt auch durch die Arbeiterbewegung der Ersten und Zweiten Welt, durch das Weltproletariat, dessen internationalistische Pflicht es ist, den Völkern und Ländern im Kampf gegen Imperialismus und Hegemonismus Beistand zu leisten. Ein Führungszentrum wird dabei ebenso abgelehnt wie die bewaffnete Intervention und Invasion anderer Länder durch Söldnertruppen, die die Sozialimperialisten (sprich: Sowjetunion – W. G.) als "Erfüllung der internationalistischen Pflicht des Proletariats" bezeichnen.

Die Chinesen weisen auf die sozialen und politischen Unterschiede in den einzelnen Ländern der Dritten Welt hin, ein Symptom für die ständige Veränderung der ökonomischen und politischen Verhältnisse eines Landes. Die nationaldemokratische Revolution wird auch hier als vorrangig bezeichnet.

Das sozialistische China ist Bestandteil der Dritten Welt. Es hat zwar einen langen antiimperialistischen Kampf durchgestanden und ein sozialistisches System errichtet, aber es ist noch ein Entwicklungsland und kämpft gegen den Hegemonismus der Supermächte. So gehört es durch die gemeinsamen Erfahrungen und langfristigen gemeinsamen Interessen zur Dritten Welt.

210

China selbst aber darf nie nach Hegemonie streben und muß auch die kleinen Länder als gleichberechtigt achten.

Die II. Welt

Europa, Kanada und Japan werden als die Zweite Welt bezeichnet. Diese Länder haben seit dem II. Weltkrieg ihre Abhängigkeit von den USA stark vermindern können, wenn auch angesichts der sowjetischen Bedrohung die amerikanische Funktion des Schutzschildes geblieben ist.

Für Westeuropa geht aber die größte Gefahr von der Sowjetunion aus, denn Europa ist der Brennpunkt der sowjetischen Strategie nach Weltherrschaft.

"Die Sowjetunion massiert Truppen- und Flottenkontingente in Osteuropa und in den südlichen und nördlichen Gewässern Europas und schickt sich an, Westeuropa einzukreisen. Gleichzeitig jagt die Sowjetunion das Rote Meer, den Indischen Ozean, das Kap der Guten Hoffnung entlang bis hin zur Ostküste des Südatlantiks verstärkt nach strategisch wichtigen Punkten, nimmt Europa von den Flanken her in die Zange und bedroht ernstlich die für Westeuropa lebenswichtigen Verkehrsadern"[34].

Japan ist ebenso bedroht und die antisowjetische Stimmung wächst. Auch Australien, Neuseeland und Kanada haben ihre Wachsamkeit gegenüber der sowjetischen Expansion und Infiltration erhöht.

Gegenüber den Entwicklungsländern zeigen sich die EG-Staaten zu Zugeständnissen bereit. Frankreichs Aktionen zur Rettung Zaires werden ausdrücklich begrüßt.

Nach chinesischer Beurteilung kämpfen die osteuropäischen Völker auch weiterhin gegen die sowjetische Kontrolle sowohl auf der Ebene des spontanen Protestes auf der Straße, wie in Polen 1976 gegen die Aufnahme einer Klausel in die Verfassung (wie sie die DDR-Verfassung enthält) über die Bindung an die Sowjetunion, als auch in den Wirtschaftsverhandlungen der RGW-Länder mit dem ungleichen Partner Sowjetunion. Militärischer Druck entsteht auch durch die sowjetische bewaffnete Präsenz in den osteuropäischen Staaten, die als Vorposten für die sowjetischen Kriegsvorbereitungen gegen Westeuropa und die USA dienen müssen.

Einer Annäherung der Dritten Welt an die Zweite stehen viele historisch gewachsene Hindernisse, ehemalige koloniale Abhängigkeit, entgegen. Eine Beziehung der Gleichberechtigung und des gegenseitigen Vorteils wird deshalb erst in einem langwierigen Prozeß entstehen können. Angesichts der Position der Hauptfeinde der Dritten Welt, der Sowjetunion und der USA, muß die Dritte Welt jedoch unter bestimmten Bedingungen mit der Zweiten Welt zusammengehen; auch die Zweite Welt ist, will sie der wachsenden Kriegsdrohung der Supermächte entgegnen, gezwungen, sich mit der Dritten

Welt zu verbünden. Die Länder Westeuropas sehen sich nämlich faktisch dem ernsten Problem gegenüber, ihre nationale Unabhängigkeit zu verteidigen. Nach chinesischer Auffassung muß deshalb auch das Proletariat dieser Länder im Falle eines Krieges in vorderster Reihe für die nationale Unabhängigkeit und Existenz kämpfen[35].

Aus chinesischer Sicht ergeben sich daraus die Schlußfolgerungen:

Der Hegemonismus ist sowohl Mittel zur Vorbereitung eines Krieges wie Kriegsziel selbst. Da die Rivalität zwischen den beiden Hegemonialmächten Sowjetunion und USA ständig wächst, können Konflikte letzten Endes nicht mehr friedlich beigelegt werden, sondern werden unvermeidlich zum Krieg führen.

Die von hegemonialen Bestrebungen betroffenen Länder können nur versuchen, den Kriegsbeginn hinauszuschieben, um ihr eigenes Verteidigungspotential zu stärken. Die Kriegsvorbereitungen für einen modernen Krieg erstrecken sich nicht nur auf die militärische Ebene, sondern wirken sich auch auf die Faktoren der Innen-, Finanz-, Wirtschafts- und Außenpolitik aus. Der innenpolitische Druck verschärft dabei die Widersprüche zwischen Klassen und Nationen; im Rahmen ihrer globalstrategischen Planung verletzen die Hegemonialmächte die Souveränität und Interessen anderer Länder.

Heute befindet sich der sowjetische Sozialimperialismus in der Offensive, aber darin liegt seine Niederlage, denn er verzettelt sich. Seine unverhüllte Politik der Stärke und "Kanonenbootdiplomatie" werden zunehmend bekämpft. "Obwohl die Sowjetunion mit aller Kraft aufrüstet und ihre Kriegsvorbereitungen verstärkt, bleibt ihre Kraft hinter ihren Plänen zurück, und sie ist nicht imstande, mit Europa, dem Mittleren Osten, Südasien, China und der pazifischen Region fertig zu werden"[36].

Die Schwierigkeiten und Rückschläge der beiden Supermächte zeigen aber, daß es in der augenblicklichen Situation auch möglich ist, die Verwirklichung der Kriegspläne der SU und der USA hinauszuschieben.

Der Schlüssel dazu liegt freilich nicht in Gesprächen und Abkommen, sondern im vereinten Kampf. Die Völker jedes Landes dürfen die Verletzung ihres Territoriums, ihrer Hoheitsgewässer, strategischen Gebiete und Verkehrsadern nicht zulassen und nicht dulden, daß die Supermächte mit Gewalt, unter Gewaltandrohung, sich in ihre inneren Angelegenheiten einmischen. Sie müssen gegen die Errichtung, Erweiterung von Einflußsphären auftreten, vor allem einen Geist der Unerschrockenheit entwickeln. Dazu müssen sie die Beschwichtigungspolitik noch intensiver bekämpfen, weil diese Politik den Ausbruch eines Krieges nur beschleunigt[37].

Die Entspannungsgespräche und Abrüstungsverhandlungen, auch M(B)FR haben nicht zu einer Verringerung, sondern zu einer Vermehrung der in Europa stationierten Waffensysteme geführt. Je schöner die Entspannungsmelodie gesungen wird, desto größer ist die Kriegsgefahr.

Bricht der Krieg schließlich aus, wird genau das Gegenteil dessen eintreten, was die Hegemonialmächte sich vorstellen: statt eines Überraschungsangriffs ein langwieriger Krieg der Völker gegen die Aggressoren, der zu ihrer Vernichtung führt. Zusammengefaßt: Die Haupttendenz in der Entwicklung der gegenwärtigen Weltlage liegt in der Zusammenfassung aller Kräfte in der Welt zum verstärkten Kampf gegen die beiden Hegemonialmächte.

Die öffentliche Darlegung der Dreiweltentheorie ist heute zwar verstummt, dennoch wurde sie bisher offiziell noch nicht aufgegeben. Gegenüber der sowjetischen hegemonialen Bedrohung strebt China immer noch die Einheitsfront mit USA, Westeuropa und Japan an und sieht sich seit der Afghanistan-Invasion verstärkt als moralische Führungsmacht.

Es gelang der chinesischen Führung durch die Öffnung des Landes, vor allem den Friedensvertrag mit Japan, die Aufnahme diplomatischer Beziehungen zu den USA und zur Europäischen Gemeinschaft, der sowjetischen Umklammerung zu entgehen. Im Gegenzug versuchten die Chinesen, durch Stützpunkte in Kambodscha, Pakistan, Iran und Rumänien selbst einen Riegel um die Sowjetunion anzulegen, durch die guten Beziehungen zu Japan, den USA und Europa im erweiterten Sinne. Auf jeden Fall sind sie der Gefahr des sowjetischen Druckes entgangen. In ihrem Interesse kann nur liegen, vor allem die Staaten zusammenzuführen, die territoriale Ansprüche an die UdSSR erheben, das sind neben China: Japan, Finnland und die Bundesrepublik (insofern das Gebot der Selbstbestimmung des deutschen Volkes gegen die sowjetische Hegemonie über die DDR gerichtet ist). Dazu gehört die Mahnung, keine Apeasementpolitik zu betreiben, keine "Politik des ständigen Nachgebens und Beschwichtigen", wie Hua vor seiner Europareise äußerte[38].

Deutlicher aber hatte er im Juli auf dem Volkskongreß den Gegner genannt. China strebte eine Verbindung von "Kampf gegen den Hegemonismus" mit "Kampf für den Weltfrieden" an. Die Hauptursache der wachsenden internationalen Spannungen liege aber in der "sowjetischen Globalstrategie zur Erringung der Welthegemonie"[39]. Und noch pointierter erklärte der chinesische Außenminister Huang Hua in Paris: "Die Sowjetunion hat die vietnamesische Regierung tatkräftig unterstützt, damit diese ihr Ziel – den Aufbau einer Föderation Indochinas – weiter verfolgen kann. Die Sowjetunion sieht darin eine wichtige Maßnahme für die Durchsetzung ihrer globalen Strategie".

Weiter, führte er aus, strebe die Sowjetunion danach, ihre militärischen

Kräfte in Indochina und Südostasien mit denen am Roten Meer, am Persischen Golf und im Indischen Ozean zu vereinigen, um die Überlegenheit ihrer militärischen Stellung zu sichern. Und: "Offensichtlich sind die Probleme Kambodschas und Vietnams nicht isoliert oder örtlich begrenzt. Sie bilden einen wichtigen Bestandteil der planetaren Strategie der Sowjetunion"[40].

"Die chinesische Mutation", wie Theo Sommer den neuen Kurs seit Maos Tod bezeichnet[41], war also so unbekannt nicht; neu ist nur die unmittelbare Begegnung mit dem chinesischen Parteichef und Ministerpräsidenten in Europa, d.h. die sichtbare Verwirklichung der in der Drei-Welten-Theorie angelegten Politik.

Die Interessen Chinas sind selbstverständlich nicht die der Bundesrepublik. Aber gibt es nicht auch gemeinsame Interessen? Stimmt es wirklich, daß, wie Carl-Christian Kaiser formulierte, "die Bewertung der westlichen Ost- und Entspannungspolitik durch Bonn und Peking zu weit auseinanderklaffen, als daß sich hier auch nur annähernd ein gemeinsamer Nenner finden lassen könnte"[42]?

3. Alternative Strategien des Westens

3.1. Die amerikanische Strategie

1975, nach dem verlorenen Vietnamkrieg der USA, versuchte der ehemalige stellvertretende Leiter des CIA, Ray S. Cline, angesichts der Globalstrategien der Sowjetunion und der Volksrepublik China, eine eigene US-amerikanische Globalstrategie zu entwickeln[43].

Wenn er auch bei der Darstellung der sowjetischen Globalstrategie falschen sowjetischen Interpretationen aufsitzt, so der, der Begriff der Friedlichen Koexistenz habe sich seit Lenin nicht gewandelt[44], er andererseits die chinesische Strategie mangels einer zusammenhängenden Darstellung aus verschiedenen Quellen recht gut herausdestilliert, so handelt es sich bei seiner Arbeit im Ganzen um den sehr ernst zu nehmenden Versuch, das, was man heute correlation of forces nennt, näher zu bestimmen und darüberhinaus kreativ eine eigene amerikanische globale Strategie zu entwickeln.

In diesem Bemühen, die Politik der USA aus dem Stadium des merklich geminderten Einflusses und der "strategischen Konfusion"[45] herauszuführen, wird deutlich, wie sehr die von Cline entwickelten Vorstellungen den Stempel der Anti-Strategie, der Re-Aktion tragen. Dieses Spezifikum des Re-Agierens

214

ist das Unterscheidungskriterium der amerikanischen gegenüber der sowjetischen Theorie der aktiven Veränderung.

Um die Position der USA in der Welt von heute neu bestimmen zu können, entwickelt Cline eine eigene Methode. Er teilt die Welt in 11 "politektonische Zonen" ein, übernimmt dabei den Begriff aus der Geologie, um "Bildung und Auflösung von hauptsächlich regionalen Mächtegruppierungen darzustellen, die die tatsächliche Ausgewogenheit von Einfluß und Macht in den heutigen internationalen Angelegenheiten bestimmen.

Außerdem versucht er, mit Hilfe der Formel
$$Pp = (C + E + M) \times (S + W)$$
die Macht (Power) eines Staates innerhalb einer Zone und schließlich der gesamten Zone ungefähr zu bestimmen. Dabei bedeuten:

Pp = Perceived Power
C = Critical Mass = Population + Territory
E = Economic Capability
M = Military Capability
S = Strategic Purpose
W = Will to Pursue National Strategy

Das erstaunliche Ergebnis zeigt, daß Westeuropa, nach Cline's Methode, die politektonische Zone mit der höchsten Summe der ermittelten Macht darstellt. Es bleibt eine Aufgabe für die Europäer, diese Erkenntnis zu nutzen. Sie wird freilich relativiert durch die Feststellung, daß "der Nationalstaat die entscheidende politische Einheit von Aktion und Verantwortung in unserer Ära ist"[47] und daß die moderne Welt von der Basis her bipolar (USA, SU) gegliedert ist, die Zonen I und II für die balance of power also zentrale Bedeutung besitzen[48].

Dennoch ist ersichtlich, daß der traditionellen Anlehnung Westeuropas an die USA im Rahmen der Atlantischen Gemeinschaft zentrale Bedeutung für die world balance of power zukommt, die amerikanische Position bei einer außenpolitischen Umorientierung der Westeuropäer also drastisch geschwächt würde.

Der mittlere Osten wird durch seine Ölquellen zur potentiell unruhigsten Zone der Welt. Aber auch die militanten kommunistischen Regimes in Ostasien, VR China, Nord-Korea, Vietnam versetzen ihre Nachbarn in Unruhe. Dabei sind viele der Staaten in Süd-, Südost- und Nordostasien ohne politische und ökonomische Unterstützung der USA und Europas nicht in der Lage, Pressionen von Seiten der UdSSR oder der asiatischen kommunistischen Staaten zu trotzen.

Im Ergebnis erhält er die Werte, die nur im Vergleich aussagekräftig sind: [46]

Perceived Power der einzelnen Zonen
(in Bewertungspunkten)

Zone I	USA Kanada Mexiko	62,9
Zone II	UdSSR Polen DDR ČSSR Rumänien Kuba	105,7
Zone III	VR China Vietnam Nord-Korea	46,6
Zone IV	Bundesrep. Deutschl. Frankreich Großbritannien Italien Niederlande Spanien Jugoslawien Portugal	108,8
Zone V	Iran Ägypten Saudi Arabien Türkei Israel	54,5
Zone VI	Indien Pakistan	23,8
Zone VII	Indonesien Singapur	15
Zone VIII	Japan China/Taiwan Süd-Korea	38,1
Zone IX	Brasilien Venezuela Argentinien	34,8
Zone X	Nigeria Südafrika Zaire	28
Zone XI	Australien Neuseeland	16,8
Total		531,7

Die Randzonen wie Südamerika, Zentral- und Südafrika, Australien, Neuseeland liegen zu weit ab und sind nicht mächtig genug, um die world balance of power in den 1970er Jahren zu beeinflussen. Ihre Bedeutung muß aber langfristig auch von den USA erkannt werden, die diese Nationen überzeugen müßten, die Unabhängigkeit der periphären eurasischen Nationen von kommunistischer Beherrschung zu unterstützen.

Schließlich bleibt die Machtposition der USA im Jahre 1975 (dem Jahr von Cline's Analyse) fest. Mit Schlüsselbündnissen in anderen Regionen und dem Weiterbestehen des jetzigen internationalen Handelsmodells sind die USA mit ihrem bestehenden Bündnissystem an effektiver Macht (Potential power) jedem in Frage kommenden Gegner oder einer Kombination von Gegnern überlegen. Aber die Vereinigten Staaten haben Schwierigkeiten, diese Machtposition zu halten. Es fehlt der politischen Führung der USA eine klare nationale Strategie. Das Volk der USA weiß nicht genau, wo der Feind steht, welche Gefahren er für die USA verkörpert, oder was wert ist im Ausland verteidigt zu werden. Diese Lage hat zu einem Vertrauensverfall bei den Nationen, die von den US-Sicherheitsgarantien abhängig sind, geführt, und die komplexe Struktur der Überseebündnisse der USA zerbröckelt. Das globale Kräftegleichgewicht (balance of power) ist in diesem Zusammenhang bestenfalls in grobem Gleichgewicht und in gefährlicher Weise instabil.

Die Instabilität zeigte sich in der Ölkrise, Inflation, Arbeitslosigkeit, arabisch-israelischen Spannungen mit der Konfrontation von USA und UdSSR. Die Vertreibung der Amerikaner gilt Chinesen und Nordvietnamesen als Muster für künftige Konflikte. Den wundesten Punkt der ökonomischen und soziopolitischen Stabilität Westeuropas und Japans, das Öl aus dem mittleren Osten, versucht die Sowjetunion unter ihren Einfluß zu bekommen. Solche politische und ökonomische Unruhe würde eine entscheidende Verschiebung im "Kräfteverhältnis" (correlation of forces) und ein Zerbrechen der politektonischen Schlüsselzonen nach sich ziehen. "In den strategischen Spannungen des mittleren Ostens erkennen wir das von Moskau bevorzugte Modell, Konfrontationen unter den Bedingungen der Entspannung anzustreben"[49].

Wenn die gegenwärtige ungünstige und unstabile Tendenz in der balance of power vermieden werden soll, ist es deshalb wesentlich, daß die Nationen, die augenblicklich durch kulturelle, politische, militärische und ökonomische Bande miteinander verbunden sind, erkennen, daß der Trend der Ereignisse in der Welt der Entspannung insgesamt nicht günstig ist. Sie müssen auf einen totalen Atomkrieg vorbereitet sein. Weder die UdSSR noch China beabsichtigen, das Machtgleichgewicht (balance of power) in seinem gegenwärtigen ungefähren Gleichgewicht zu belassen. Ihren Absichten muß entgegengewirkt werden.

Der Idealismus des sogenannten amerikanischen Zeitalters nach dem II. - Weltkrieg ist dahin, das Konzept der amerikanischen Verantwortung für Freiheit und Sicherheit in allen Teilen der Welt ist nicht lebensfähig. Die Containment-Freie Welt – Strategie zeigte dennoch die Möglichkeit auf, einen nicht-totalitären way of life zu verteidigen, der in Gefahr geriete, wenn die Machtbalance in der Welt (world power balance) sich entschieden zugunsten der UdSSR oder Chinas, getrennt oder gemeinsam, veränderte. Es ist äußerst wichtig, die Richtung, die die amerikanische Außenpolitik in den letzten Jahren genommen hat, zu stoppen, wenn politektonische Verschiebungen nicht verursachen, daß ganze Regionen vom gegenwärtigen Bündnissystem, das amerikanische Sicherheit und Wirtschaftswachstum ermöglicht, abdriften.

Von diesen Voraussetzungen ausgehend entwirft Cline eine neue Strategie. Er strebt an, ein Modell von Schlüsselbündnissen – etwa wie es der Attische Bund war – auf der Basis von informiertem gemeinsamem Verständnis für die bevorstehenden Probleme zu schaffen. Eine solche Gruppe müßte mächtig genug sein, um eventuelle feindliche Absichten totalitärer Gegner zu bekämpfen. Ziel der USA müßte sein, die Hauptverbündeten auszuwählen und mit denen zusammenzuwirken, mit denen sie Interessen und strategische Ziele teilten. Das letzte Ziel ist nicht imperiale Hegemonie, sondern eine gemeinsame Anstrengung, die Sicherheit und den gewünschten Weg des politischen und sozialen Lebens dieser Nationen bzw. Bürger zu schützen. Die besten und echten Bestrebungen des Volkes und jeder Gesellschaft zu wecken, ist die Aufgabe der nationalen Strategie.

Was die Vereinigten Staaten heute noch brauchen, ist ein Konsensus in der Unterstützung eines nicht-totalitären Bündnisses, das in der Lage ist, eine annähernde Gleichheit der gegenwärtigen Machtbalance in der Welt (balance of world power) zu behaupten. Dieses Bündnis könnte ungünstige Trends aufhalten. Es kann nur eine völlig freiwillige Verbindung einer Kerngruppe befreundeter Staaten sein, verpflichtet zu gegenseitig vorteilhafter Zusammenarbeit auf wirtschaftlichem Gebiet, in der Verteilung der militärischen Belastung, in der politischen Planung. Ihre Ziele würden die wesentlichen Absichten der Nordatlantischen Gemeinschaft einschließen, aber ihr Gebiet wäre geographisch umfassender und ihre Funktion nicht auf militärische Planung beschränkt.

Andere Staaten sollten nicht als Gegner, sondern als potentielle Teilnehmer der Kerngruppe angesehen werden. Auch die Nationen der 3. Welt können der Gemeinschaft beitreten, wenn sie ihre gemeinsame Strategie anerkennen. Wirtschaftshilfe für alle notleidenden Nationen auf humanitärer Basis könnte eine der stabilisierenden politischen Aktivitäten der Gemeinschaft sein.

"Oceans Alliance" schlägt Cline als Name für dieses Bündnis vor in

Berücksichtigung der atlantischen und pazifischen Seewege, die dessen Staaten verbinden. Die bestehenden Bündnissysteme der USA könnten darin integriert werden. Als neue Strategie könnte formuliert werden:

Die Vereinigten Staaten werden die Sicherheit ihrer Bevölkerung und Gesellschaft schützen, indem sie ein Bündnissystem unterhalten, das eine feindliche totalitäre Nation oder Kombination solcher Nationen davon abhält, politische oder militärische Kontrolle über Zentral-Eurasien plus jeden substantiellen Teil der eurasischen Randländer zu errichten.

In politektonische Strategie übertragen: Die UdSSR und China können völlig friedliche Beziehungen zu den USA erwarten, vorausgesetzt sie versuchen nicht, von ihrer zentralen Position (Kernland) in Eurasien aus die bedeutenden Länder, die als führende Nationen in den periphären Zonen IV bis VIII ausgewiesen sind, Westeuropa, Nordafrika und den mittleren Osten, Südasien, Südostasien und Nordostasien, zu beherrschen. Im Falle mittelbarer oder unmittelbarer Aggression gegen eine dieser führenden Nationen, die der Oceans Alliance freiwillig angehören, würden die USA politische, wirtschaftliche, logistische, und falls nötig, militärische Unterstützung gewähren in dem Umfang, wie die Umstände erfordern.

Die führenden Nationen der Kerngruppe von Oceans Alliance sind: USA, Kanada, Großbritannien, die Bundesrepublik, Frankreich, Italien, Niederlande, Israel, Japan, Taiwan, Australien, Neuseeland. Diese 12 Nationen besitzen zusammen ungefähr 40 % der gesamten Macht der 40 Nationen von höchster internationaler Bedeutung. Diese Gruppe der 12 ist bestrebt, das strategische Ziel in 4 politektonischen Zonen zu bestimmen, die mehr als 850 Millionen Menschen, 14 Millionen Quadratmeilen Land und den größten Teil der fortschrittlichen Technologie in der Welt enthalten.

Dieses Dutzend Nationen – von Asien (Japan, Taiwan) über Nordamerika bis Europa und Israel – kann Wunder vollbringen, wenn es fest zusammenarbeitet. In Begriffen der Globalstrategie und -geographie gibt es dennoch eine gefährliche Lücke an der Peripherie Eurasiens zwischen Nordostasien und Westeuropa, die durch die führenden Nationen ausgefüllt werden muß, die daran interessiert sind, die Unabhängigkeit und Freiheit ihrer eigenen Regimes von sowjetischer und chinesischer Beherrschung zu bewahren. Eine Oceans Alliance muß ihren Mitgliedern die Sicherheit geben, entlang der Routen rund um die Welt durch den Pazifik, den Indischen und Atlantischen Ozean sich bewegen und Handel treiben zu können.

Über dieses Dutzend hinaus sollten gleich feste Bündnisse mit anderen befreundeten Nationen geschlossen werden, von denen einige auch andere politische Traditionen oder soziale Strukturen haben mögen als die USA. Die strategische Macht der Oceans Alliance muß zuletzt in jeder politektonischen Zone in den eurasischen Randgebieten einen festen Punkt einschließen.

Es besteht ein großer Unterschied zwischen einem autoritären politischen Regime mit einem Blick für das Wohlergehen seiner Bürger und einem starren totalitären Staat, der innerhalb seiner Grenzen das Denken und Handeln jeder Person kontrollieren will. Die USA sollten in der Oceans Alliance Nationen aufnehmen, die im Augenblick dringende Gründe haben, politische Prozesse zu verfolgen, die sie nicht als demokratisch ausweisen, vorausgesetzt sie besitzen ausreichendes politisches Gewicht, in ihren eigenen Ländern zu herrschen, und sie ahmen nicht das sowjetische oder chinesische Modell des Totalitarismus nach. Falls Nationen substantielle Elemente der Macht besitzen, die allgemeine Unterstützung ihres Volkes genießen und mit den USA und ihren Verbündeten Handelsbeziehungen und politische Kontakte anstreben, um ihre Sicherheit und das ökonomische Wachstum zu erhöhen, gehören sie in die Kerngruppe der Oceans Alliance.

Solche Kandidaten sind: Mexiko, Spanien, Iran, Türkei, Ägypten, Saudi Arabien, Indien, Pakistan, Indonesien und Singapur, Südkorea, Brasilien, Nigeria und Süd-Afrika. Falls diese Länder der Oceans Alliance beiträten oder einem neuen Attischen Bund, würde er 26 Nationen umfassen, die 70 % der effektiven Macht der 40 wichtigsten Nationen repräsentierten. Wenn diese 26 Nationen Mitglieder würden, hätte die Alliance einen oder mehrere strategische Festpunkte in jeder politektonischen Zone, ausgenommen die Sowjetunion und die kommunistischen Zonen Asiens, II und III. Sie wären darauf ausgerichtet, die Gedanken und Unternehmungen des Volkes in einem Gebiet abzustützen, das die nichttotalitären 65 % der Weltbevölkerung umfaßt. Diese umfassende Kerngruppe der 26 gegen feindliche totalitäre Angriffe zu schützen, wäre eine klare und vernünftige nationale Strategie für die Vereinigten Staaten. Wenn alle oder die meisten dieser Nationen sich mit den USA in einem System bilateraler, aber gegenseitig unterstützender Bündnisse zusammenschlössen, viele andere Bündnisverpflichtungen bestätigten, würde das Gleichgewicht der Macht in der Welt (the world balance of power) ungeheuer an Stabilität gewinnen. Das bedeutet nicht, daß die USA versuchten, einen eingefrorenen status quo in der Weltpolitik aufrecht zu erhalten, das ist unmöglich, sondern einfach sich für eine in Ordnung verlaufende ökonomische, soziale und politische Evolution einsetzten, ohne destruktive Anfälle von Gewalt.

Entspannung verstanden als Haltung, jeden vernünftigen Schritt zu tun, um den Krieg zu verhindern, würde weitergehen. Die Führer der USA sollten aber voll erkennen und dem Volk dieses Landes erklären, daß entscheidende Konflikte am Rande des Krieges über politischen Einfluß und ökonomische Ressourcen in den Randgebieten Eurasiens solange weitergehen werden, wie die Regierungen in Moskau und Peking Revolution, Klassenkampf und Guerilla-Befreiungsbewegungen in anderen Nationen unterstützen. Die US-Verteidigungspolitik und nationale Strategie muß von dieser Gefahr ausgehen, nicht von oberflächlicher diplomatischer Atmosphäre in der Praxis der Beziehungen mit den totalitären Nationen.

Präsident Ford bewegte sich in seiner Nach-Helsinki-Rede am 19. August 1975 in Minneapolis in diese Richtung. Höflichkeit und faires Verhalten gegenüber allen Nationen sind völlig im US-Interesse. Konfrontationen würden sich nur ereignen, wenn Interventionen durch totalitäre Staaten in Gebieten auftreten, die für die führenden Nationen im US-Bündnis-System lebenswichtig sind. Die USA werden weiterhin versuchen, alle Konflikte friedlich zu lösen, aber Konfrontationen nicht ausweichen, indem sie Konzessionen auf Kosten ihrer Alliierten oder ihrer eigenen strategischen Interessen machen. Diese neue Strategie würde mehr dazu beitragen, die internationalen Beziehungen zu stabilisieren und einen realistischen modus vivendi mit den totalitären Nationen erlauben, als Scheffel von Entspannungsgerede. Sie würde auch die USA an die politischen und wirtschaftlichen Ideale zurückverweisen, an die die meisten Amerikaner glauben.

Gegenwärtig befindet sich die Macht der Vereinigten Staaten im Sinken, nicht weil sie eine schwache Nation, sondern strategisch verwirrt sind und die Zahl ihrer zuverlässigen Verbündeten abnimmt. Die USA besitzen unermeßliche Kraft. Sie haben immensen wirtschaftlichen Reichtum. Was sie brauchen, ist eine Art aufrichtiger, offener Führung, die verdient, zuhause wie im Ausland in Verfolgung einer vernünftigen Strategie ernst genommen zu werden.

Die USA müssen ihre eigenen Bemühungen in dieser Richtung lenken, um den Trend eines weiteren Abgleitens in andere Auffassungen von US-Macht aufzuhalten. Das Gegenmittel liegt in einer Renaissance wirksamer Anstrengungen zum Aufbau des Bündnisses. Nicht nur die USA und ihre Alliierten würden davon profitieren, sondern auch die Nationen, die sich am unteren Ende der gegenwärtigen Machtskala befinden, deren künftiges Schicksal in hohem Maße durch die Entwicklung des Kräftegleichgewichts (balance of power) in den 1970er Jahren und 1980er Jahren bestimmt sein wird. Die Vereinigten Staaten müssen glaubhafte Sicherheitsgarantien einer Kerngruppe von Alliierten anbieten, um die totalitäre Kontrolle Eurasiens zu verhindern. Sie müssen eine schöpferische, weitsichtige Wirtschaftspolitik führen, die den Nationen der Oceans Alliance, die miteinander durch die Seewege der Welt und ein Gespür für gemeinsame Ziele verbunden sind, zum Vorteil gereicht. Dann können die USA dem Totalitarismus als einem way of life fest und ehrenvoll begegnen und ein internationales Klima schaffen, das offen ist für freien internationalen Austausch von Wirtschaftsgütern und Dienstleistungen, politischen Pluralismus, geordneten sozialen Wandel und gewaltlose Regelung von Konflikten.

Unter Leitung von Richard Pipes wurde neben Cline's Studie in Stanford auch an einem Projekt über "correlation of forces" gearbeitet, das inzwischen abgeschlossen sein soll. Der für die sowjetische Definition dieses Begriffes zuständige Michael J. Deane kommt, nachdem er sie intensiver als Cline studiert hat, wie dieser zum gleichen Schluß: "Die USA brauchen eine Alternative zur 'Détente', wie Moskau sie definiert"[50].

Lawrence T. Caldwell stößt in seiner die Bipolarität nicht überschreitenden Untersuchung über die sowjetisch-amerikanischen Beziehungen nicht zum Kern des Problems vor, auch wenn er von der amerkanischen Bürokratie Abkehr von regionalem Denken und globale Perspektive fordert und – mehr Geduld[51].

Zu recht viel beachtet wurde dagegen Harald C. Hinton's Arbeit über das chinesisch-sowjetische Verhältnis[52], in der eine globale Analyse der amerikanischen Position vorgenommen wird und Entscheidungshilfen für Eventualfälle angeboten werden.

Zur Rückschau auf die Kissinger-Ära besann sich, zu Beginn der Carter-Administration, Coral Bell[53]. "Detente" bezeichnet sie als eine amerikanische diplomatische Strategie zu einem dreiseitigen Kräftegleichgewicht: USA-China-Sowjetunion[54], wenn sie, immerhin, auch in den Äußerungen der sowjetischen Ideologen Suslov, Timofeev und Zarodov Tendenzen zur revolutionären Veränderung, besonders in Westeuropa, erkennt[55].

Kissinger selbst bezeichnet die Nixon-Ära als eine der beängstigenden Perioden der amerikanischen Geschichte. Seine Einschätzung orientiert sich aber an der Person des Präsidenten. Nixon habe nach einer Revolution der amerikanischen Außenpolitik gestrebt, damit diese die verhängnisvollen Ausschläge zwischen Überengagement und Isolation überwinden würde. "Entschlossen in einer störrischen Einsamkeit, sah er (Nixon – W.G.) doch vor sich eine Vision ... eine neue internationale Ordnung, welche die fortlebenden Feindseligkeiten vermindern, Freundschaften stärken und den aufsteigenden Nationen neue Hoffnung geben würde"[56].

Heute fordert Kissinger, wie er vor dem Senatsausschluß am 31. Juli 1979 erklärte, diese Revolution noch vehementer: "Der Frieden, den wir meinen, muß ... auf stärkeren Fundamenten ruhen als auf dem Prinzip Hoffnung oder der Furcht vor dem atomaren Holocaust". Dieser Frieden aber erfordert ein militärisches und, so der ehemalige Außenminister, geopolitisches globales Gleichgewicht. Das zu erhalten muß Ziel der amerikanischen Außenpolitik sein.

Es geht aber nicht mehr darum, lediglich durch Konfliktvermeidung, durch Ausgleich dieses Ziel zu erreichen, denn dann wird die Drohung mit Krieg zur Waffe des Erpressers. An drei Fronten müßten die USA aktiv werden. Sie müssen:

1. ein militärisches Gleichgewicht bewahren, das jede Versuchung ausschaltet, unsere Freunde, unsere lebenswichtigen Interessen und, im Extremfall, uns selbst anzugreifen.

2. gilt diesseits der Abwehr aller Aggression das Prinzip, daß weder politischer noch militärischer Druck, weder militärische noch terroristische Erpressung den Ausschlag zur Lösung politischer Konflikte geben dürfen. Das geopolitische Gleichgewicht muß erhalten bleiben, weil sonst radikale, antiwestliche Kräfte den Eindruck hervorrufen könnten, sie hätten die Zukunft ganz allein gepachtet.

3. wenn das Gleichgewicht erst einmal gesichert ist, müssen wir bereit sein, Wege zu wirklich friedlicher Koexistenz zu erforschen. Wenn die Großmächte erst einmal gelernt haben, daß sie nicht die Vorherrschaft über den anderen erringen können, müssen sie Zurückhaltung und schließlich Zusammenarbeit praktizieren. Ein stabiles Gleichgewicht liefert die größte – vielleicht die einzige – Chance, die Massenvernichtungswaffen zu zähmen und vielleicht zu verringern.

Die Sowjetunion, die, nach Kissinger, seit 1975 einen nie dagewesenen Anschlag auf das internationale Gleichgewicht unternommen hat, muß dazu gebracht werden, endlich aufzuhören, die Zusammenarbeit zwischen Ost und West auf einem Gebiet als Sicherheitsventil zu benutzen, während sie auf einem anderen nach einseitigen Vorteilen trachtet. Moskau kann nicht beides haben: Das Schlagwort von der Entspannung und die Wirklichkeit, die darin besteht, daß das geopolitische Gleichgewicht systematisch unterminiert wird.

So forderte Kissinger den Senat auf, SALT II nur zuzustimmen, wenn, neben anderen Punkten, damit auch ein Junktim zum geopolitischen Verhalten der Sowjets einhergeht[57].

Die Bereitschaft der Amerikaner, die Sowjets mit größerem Einsatz als bisher in Schach zu halten, hatte freilich auch Brzezinski gefordert. Zeitweise wurde auch versucht, das weitere Vordringen der sozialistischen Staaten in Afrika gewaltsam aufzuhalten, so daß man schon annahm, das Pendel schwinge zurück[58]. Seit Carters Niederlage in der zweiten Kubakrise, die die "Neue Zürcher Zeitung" eine "grelle Illustration der gewandelten Machtverhältnisse, auf die in diesem Fall selbst die Etiketten 'Parität' oder 'Gleichgewicht' nicht mehr recht passen wollen", nennt[59], muß man aber fragen, ob es sich noch um die Schwäche der Führung oder schon die Amerikas handelt.

Der Anspruch, mit dem Carter und Brzezinski antraten, dem amerikanischen Volk nach der Vietnamniederlage und dem Watergateschock einen Kompaß, eine neue spirituelle Führung zu geben, in der Außenpolitik nicht die balance of power zu erhalten, sondern "dem Wandel eine positive Richtung zu geben"[60], konnte ebensowenig eingelöst werden wie die Hoffnung erfüllt, daß die Sowjetunion sich mehr kooperativ, weniger imperialauftrumpfend in der Welt bewegten[61]. So erklingt der Ruf nach "Leadership" in den USA erneut[62].

Immerhin war auch das Gespann Carter-Brzezinski, trotz des brillanten Vorgängers Kissinger, nicht ohne Glanz gestartet. Von den populären Hoffnungen auf den reinen Prediger Carter nach dem sündigen Rechtsanwalt Nixon abgesehen, umgab die neuen Herren die Aura der Trilateralen Kommission, deren Studien, wie Alfred Grosser suffissant schreibt, "bisweilen konkrete Vorschläge enthalten, zum Beispiel über Möglichkeiten einer Verdoppelung der Reisproduktion in Südostasien"[63]. Immerhin gehörten zur ersten Garde der Carter-Administration neunzehn "Trilaterale"[64].

Diese Kommission, 1975 auf Initiative David Rockefellers gegründet, in der Brzezinski bis 1977 die treibende Kraft war, konkretisierte in der Zusammenarbeit von einflußreichen Persönlichkeiten der USA, Japans und Europas strategische Überlegungen Brzezinskis. Über "Weltpolitik im technotronischen Zeitalter" hatte er nämlich schon 1970 in Hamburg gesprochen und hier die USA, Westeuropa und Japan als postindustrielle Gesellschaften bezeichnet, in denen die Macht von einer technisch-wissenschaftlichen Wissenselite ausgeübt werde; Macht werde zu einem Werkzeug der Wissenschaft. Zugleich wachse die Welt zusammen zu einem metropolitanen Weltprozeß ohne klare Begriffe; Macht kann nicht mehr uneingeschränkt eingesetzt werden, ihre äußersten Mittel können nur noch zur Drohung und Abschreckung dienen.

Diese Vorstellungen drangen noch in einem Aufsatz von 1976[65], vor allem aber im Jahr darauf durch, als Brzezinski in Bonn auf der Tagung der Trilateralen Kommission sprach und dabei die Außenpolitik der Vereinigten Staaten angesichts des weltweiten Wandels in vier Zielen umriß: Amerikas geistige Krise zu überwinden; einer kooperativen Weltgemeinschaft Gestalt zu geben; jene Konflikte zu lösen, die den Frieden bedrohen können: Panama, Nahost, südliches Afrika; schließlich die Regierungen und Völker dazu zu bringen, sich den neuen Aufgaben zu stellen: der Ausbreitung der Atomwaffen Einhalt zu gebieten, den Waffenhandel einzudämmen, das Nord-Südverhältnis zu ordnen[66].

Die Vorstellungen Ray Clines der "Oceans Alliance" flossen deutlich mit ein, wenn Brzezinski heute, ausgehend von einem Bündnis der USA, Japans und Westeuropas als atlantisch-pazifischer Gemeinschaft eine Antwort auf die kommunistische Herausforderung erwartet[67]. Das ernsteste Problem der USA besteht, nach Brzezinski, darin, daß "folgende zwei Tendenzen sich miteinander verflechten können: das Anwachsen der Sowjetmacht und der Zerfall der politischen Struktur in einigen Regionen der Welt"[68].

Ziel der Trilateralen, die einer Erweiterung offen stehen, ist, die Verteidigung der Demokratie zu organisieren, eine globale Antwort der liberalen Länder der kommunistischen Welt gegenüber zu geben im Innern wie nach außen. Zu den fünf Achsen der Außenpolitik (Verständigung mit der UdSSR, Annäherung an China, Stabilisierung im Nahen Osten, regionale Rolle Europas und Japans, Verlassen der faschistischen Regime) müssen die fünf Achsen der Verteidigung der liberalen Demokratie treten.

Es muß eine liberale Gegenideologie eingesetzt werden wie die der Bewegung der Menschenrechte, der Neuen Philosophen. Das Wirtschaftswachstum muß wieder angekurbelt werden, vor allem aber die Inflation bekämpft. Das internationale System braucht wieder einen bestimmten Zusammenhalt. Die internationalen Konferenzen, die Vierer-, Siebenergipfel können den Westen einiger, so Brzezinski, unter dem amerikanischen Hirtenstab zeigen. Was fehlt, ist die öffentliche Meinung gezielt zu beeinflussen[69].

Die "übertriebene Furcht vor dem Kommunismus" hat, so Carter, nach der Demokratisierung Indiens, Portugals, Griechenlands, Spaniens nachgelassen[70]. Aber auch er leitet die Rolle Amerikas ab von einer umfassenden Betrachtungsweise des globalen Wandels. Es ist eine neue Welt, die eine neue amerikanische Außenpolitik erfordert, sagte er, – eine Politik, die sich in ihren Werten auf eine Haltung des Anstands und in ihrem historischen Ausblick auf Optimismus gründet. Viele Anregungen Brzezinskis findet man in dieser Rede, wenige Monate nach Regierungsantritt, wieder.

Carter, inzwischen wegen seiner Haltung bei der Neutronenwaffe, der jüngsten Kubakrise schwer angegriffen, so schrieb Theo Sommer: "Amerika hat in Jimmy Carter einen Mann an der Spitze, der alle Eigenschaften besitzt, die es braucht, um Präsident zu werden, aber nur wenige, die nötig sind, um Präsident zu sein; ein Mann, der Politik als Wille und Vorstellung begreift, nicht als Frage der Erkenntnis, Entscheidung und vor allem Durchsetzung"[71], erhielt für kurze Zeit eine bessere Presse.

Seine zähen Bemühungen, Israel und Ägypten zum Frieden zu zwingen, schienen sich auszuzahlen. Dennoch sollte Lothar Ruehl mit seiner Einschätzung der Folgen Recht behalten, als Carter – bei äußerst schwacher europäischer Assistenz – den Bau der Neutronenwaffe auf unbestimmte Zeit verschoben und von den Sowjets – nichts – als Gegenleistung erhalten hatte. Lothar Ruehl hatte danach geschrieben:

"Dreierlei steht indessen heute schon fest:

1. Jede Modernisierung der Nato-Kernwaffen in Europa wird von nun an im Westen Gegenstand einer Kontroverse werden und unter den Druck der Sowjets geraten, die darauf setzen, daß die westlichen Bündnispartner unter solchem Druck schon weich werden.

2. Die amerikanische Führungsmacht unter Carter bedarf der Stützung durch die europäischen Partner, wenn sie eine klare Politik gegenüber Moskau betreiben will. Washington will Alleinverantwortung für nukleare Rüstung in Europa nicht mehr tragen.

3. Zur Diskussion steht nun die gesamte Strategie und Verteidigungsplanung der Nato in Europa. Was immer die Verhandlungen mit den Russen ergeben mögen und was immer die Nato-Regierungen dazu öffentlich erklären werden[72].

Genau das ist eingetreten.

Vollends auf einem Kurs der Re-Aktion auf das sowjetische Agieren, sogar der "Bestrafung" der Weltmacht Sowjetunion hat sich Carter seit der sowjetischen Afghanistan-Invasion festgelegt. Dabei werden eine Reihe von bis dahin aufrecht erhaltenen Prinzipien kurzerhand über Bord geworfen: Militärhilfe an Pakistan, Uran an Indien, keine Verhandlungen mit der UdSSR. Deutlicher als je zuvor traten nun auch die Eigeninteressen der Europäischen Staaten an einer Fortführung der Entspannungspolitik und damit die Unterschiede zur amerikanischen Sowjetunion-Politik zutage.

3.2. Konsequenzen für die Bundesrepublik Deutschland

Zwar sagte Bundesaußenminister Genscher, "wir wollen keine Ideologien exportieren", dennoch aber beschreibt er als außenpolitisches Programm der Bundesregierung: "Unser Ziel ist eine Welt der Partnerschaft. Das bedeutet:

1. Wir müssen, um den Frieden zu sichern, zwischen westlichen und östlichen Industrieländern über die ideologischen Gegensätze hinweg konstruktiv zusammenarbeiten.

2. Wir müssen den friedensgefährdenden und kräftevergeudenden Rüstungswettlauf beenden.

3. Wir müssen die in vielen Regionen der Welt schwelenden Konflikte auf friedlichem Wege lösen.

4. Wir müssen die Kluft zwischen armen und reichen Nationen stetig verringern. Wir müssen Hunger und Not in der Welt überwinden.

5. Wir müssen die Achtung vor den Rechten und der Würde des Menschen zum Fundament der Gerechtigkeit und der Stabilität in der Welt machen[73].

Gestützt auf die Basis der Einbettung der Bundesrepublik in die Europäische Gemeinschaft und das durch Verträge geregelte Nebeneinander mit den ostmitteleuropäischen und osteuropäischen Nachbarn, – so sagte Bundeskanzler Schmidt in der Regierungserklärung ausdrücklich: "Unsere Politik der guten Nachbarschaft gegenüber allen osteuropäischen Staaten bleibt unverändert"[74] – kann die Bundesrepublik sich heute diesen Aufgaben zuwenden, die über das rein nationale kurzfristige Interesse weit hinausgehen.

So bemüht sich die Bundesregierung in erster Linie um die Fortführung der Entspannungspolitik. "Es gibt, sagte der Kanzler in seiner Regierungserklärung, kein Nachlassen in unserem Streben, soviel Entspannung und Zusammenarbeit wie möglich zwischen West- und Osteuropa zu verwirklichen". Zugleich erklärte er das besondere Interesse an den Staaten, die keiner politischen oder militärischen Gruppierung angehören, da ihnen im Prozeß der Überwindung der Spaltung Europas wichtige Funktionen zufallen.

Im Gegensatz aber zur weltpolitischen Situation von 1962 in der Kubakrise, nach der die Sowjetunion gezwungen war, zur Strategie des begrenzten Risikos zurückzukehren und sich im Anschluß aus der antagonistischen Bipolarität zwischen Washington und Moskau eine partiell kooperative Bipolarität entwickelt hatte[75], steht die Bundesrepublik heute an einem Punkt, in dem die sowjetische Führung sich für die Niederlage von 1962 revanchieren konnte. Das ist das Ergebnis vor allem der nach der Kubakrise geänderten Militärstrategie der Sowjetunion und der darauf hin erfolgten Auf- und Umrüstung, es ist das Ergebnis aber auch des heute im Vergleich zur Situation von 1962 veränderten Kräfteverhältnisses in der Welt.

Von der heutigen Erfahrung aus erweist sich die sowjetische Strategie des Kräfteverhältnisses in der Welt, die zu Beginn der 70er Jahre entworfen wurde, als Schlüssel zum Begreifen des sowjetischen Selbstverständnisses und als exakte Beschreibung einer real eingetretenen Veränderung im Geflecht der internationalen Beziehungen.

Helmut Schmidt schrieb 1969, Strategie sei "heute weitgehend zu der Kunst geworden, Kriege zu vermeiden" und leitet davon die Angewiesenheit der Kriegsvermeidungsstrategie ab "auf eine Kontinuität des Gleichgewichts der Machtmittel". Schmidt folgerte: "Eine Strategie des Gleichgewichts tendiert zur Strategie der Aufrechterhaltung des Status quo; ... Deshalb haben die beiden nuklearen Weltmächte in den sechziger Jahren ihre gegenseitigen Einflußsphären markiert und respektiert. Sie sehen sich auf eine indirekte Strategie angewiesen: Operation auf dritten Feldern, Operation durch Verbündete, Operation mittels nichtmilitärischer, auf jeden Fall aber nichtnuklearer Machtmittel"[76].

Abgesehen von der Tatsache, daß sich für die Mitte der 80er Jahre eine atomare Überlegenheit der UdSSR abzuzeichnen scheint, die die Fähigkeit zum vernichtenden Erstschlag wesentlich erhöht, ist festzustellen, daß im globalen Maßstab die Operationen auf "dritten Feldern" auch qualitative Bedeutung erhalten können. Die Verhinderung solcher Operationen muß also mit allen Mitteln angestrebt werden, weil durch ihre Summe dann doch das Gleichgewicht zugunsten des "sozialistischen Weltsystems" verändert wird (Afghanistan).

Die Frage, die sich erhebt, ist die nach der politischen Antwort, die spezifisch die Bundesrepublik geben kann, hat sie sich doch der Friedenssicherung, wie der erste Kanzler der sozial-liberalen Koalition, Willy Brandt, in Oslo deutlich machte, verschrieben[77]. Doch Willy Brandt rief auch auf, Antworten, die wir selbst geben können, nicht anderen zu überlassen, denn "niemand kann uns da etwas abnehmen, wo wir aufgrund der realen Lage unersetzbar sind"[78].

Die Antwort kann freilich in keinem Falle darin liegen, eine "nunmehr fällige kritische Revision der Ostpolitik" zu betreiben, wie das der Politologe Hans-Peter Schwarz fordert, der von "Linksliberalen" und "Sozialisten" spricht, die "schon aus innenpolitischen Erwägungen lebhaft daran interessiert sind, die Gegensätze zu den kommunistischen Staaten abzubauen"[79]. Sie kann auch nicht darin liegen, die Gelder für die Friedensforschungsinstitute zu streichen, wie das Bayern und Niedersachsen getan haben.

Hier ist eine sachliche Analyse vonnöten, wie sie z.B. Karl Kaiser erneut unternommen hat[80].

Er stellt fest, daß sich gegenüber den Regierungen Adenauers und Brandt/-Scheels für die Regierung Schmidt/Genscher die internationale Situation in Europa, in den amerikanisch-sowjetischen Beziehungen und im weltweiten Kräfteverhältnis geändert hat.

Befreit vom doppelten Druck, einerseits eine Revision der Nachkriegsgrenzen erzwingen zu wollen, andererseits den Entspannungszug der Westmächte gegenüber Osteuropa nicht als Bremsklotz zu behindern, kann die Bundesrepublik nun, gestützt auf ihr ökonomisches Potential, die Rollen, die ihr mittlerweile im internationalen System zugewachsen sind, wahrnehmen, und zwar

– als einer der Hauptakteure im Wirtschaftssystem des Westens und der Welt,
– als Grenzstaat bei der Verteidigung Westeuropas, als wichtiger Akteur im

NATO-Bündnis und als Hauptpartner der Vereinigten Staaten bei der konventionellen Verteidigung Europas,
– als gewichtigste Volkswirtschaft und eine der Führungsmächte der Europäischen Gemeinschaft,
– als das Land, welches aufgrund seiner geostrategischen Lage, der exponierten Stellung Berlins und seiner Verbindungen zu den Ostdeutschen verpflichtet ist, als Brücke und Vermittler gegenüber Osteuropa zu wirken.

Die Potentiale ihrer führenden Position nutzt die Bundesrepublik nun zum ersten Male in vollem Umfang. Dabei erlauben ihr die vollständige Integration in den Westen und das unter amerikanischer Führung aufgebaute weltweite System sogar, unter den Bedingungen des Friedens "viele der Ziele der traditionellen kontinentalen Option" anzustreben[81].

Aufgrund der geopolitischen Lage, der Sorge um Westberlin, der Solidarität mit den Ostdeutschen, den historischen Banden zu den kleineren Nationen in Ostmitteleuropa erhält die Entspannungspolitik für die Bundesrepublik, trotz ihrer Westorientierung, eine höhere Bedeutung als für die westeuropäischen Nachbarn. Unmittelbar mit dem Warschauer Pakt konfrontiert, erhält die Verteidigungs- bzw. Sicherheitspolitik neben der Entspannung gleichen Rang. Die Schwierigkeit für die Bundesregierung, das richtige Gleichgewicht zwischen Entspannung und Verteidigung zu finden, zeigte sich in der Frage der NATO-Antwort auf die sowjetische Dominanz auf dem Gebiet der Mittelstreckenraketen. Eine passive Hinnahme der Verschlechterung der Verteidigungsposition der Alliierten untergräbt auch die deutsche Sicherheit. Damit sind Reibungsflächen unter Alliierten vorgegeben. So kann es vorkommen, daß sich die Bundesrepublik gegenüber den Vereinigten Staaten für die Wahrung europäischer Interessen gleichzeitig in den Bereichen der Verteidigung und der Entspannung einsetzen muß[82]. Hier wird erwartet, daß die Bundesrepublik, als Ordnungsfaktor in Europa, sich auch im Interesse der Evolution der europäischen Sicherheit als eine dynamische Kraft zur Förderung der Entspannung versteht[83].

Genau in diese Richtung geht, im Rahmen der MBFR-Verhandlungen, der Vorschlag des Bundeskanzlers an die Großmächte, die USA sollten 12 000, die Sowjetunion 30 000 Soldaten aus Mitteleuropa als erste Reduzierungsrate abziehen. Sehr interessant ist auch der Vorschlag, kein Staat sollte mehr als 50 Prozent der im Reduzierungsraum vorhandenen Truppen stationiert haben, d.h. die sowjetischen Truppen sollten nicht stärker sein als die Truppen der übrigen Staaten im östlichen Reduzierungsraum.

Auch die Absicht, 1000 westliche atomare Sprengköpfe aus Europa einseitig abzuziehen, würde den gleichen Effekt erzielen wie die einseitige sowjetische Reduzierung der konventionellen Streitkräfte, d.h. dieser Schritt verbessert vor allem die Atmosphäre für die bevorstehenden weiteren Verhandlungen, und die Anzahl der Atomsprengköpfe würde auch durch die geplante Nachrüstung der NATO nicht erhöht. Durch beide Entscheidungen hält der NATO-Rat sich die Option frei, innerhalb des Zeitraums von vier Jahren, d.h. bis zur Einsatzfähigkeit der neuen Raketen, über weitere Abrüstungen zu verhandeln. Scheiterten die Verhandlungen, hätte der Westen bis dahin die sowjetische Überlegenheit auf dem Gebiet der Mittelstreckenraketen eingeholt und könnte dislozieren[84].

Zwar bestimmt, nach Lothar Ruehl, weniger eine überlegene konventionelle oder sogar nuklear-taktische Angriffskapazität der Sowjetunion gegenüber Westeuropa unsere Sicherheit, sondern vielmehr "das strategische Kräfteverhältnis global und die Präsenz amerikanischer Militärmacht auf dem Kontinent als Basis der defensiven Eskalationsstrategie der NATO zum Schutz Westeuropas gegen die sowjetische Militärmacht"[85], aber gerade das strategische Kräfteverhältnis ist seit Afghanistan- und Irankrise sichtlich verändert, die amerikanische Präsenz in Europa durch das USA-Engagement im Persischen Golf instabil, so daß sogar die Sicherheit der Bundesrepublik durch die Ereignisse in der Region am Persischen Golf direkt betroffen wird. Schon wurden verstärkte sowjetische Truppenbewegungen an der Ostgrenze der Türkei beobachtet[86], der Druck auf die NATO-Flanken scheint zuzunehmen, eine stärkere Risikobereitschaft der Sowjetunion heute vorhanden zu sein.

Die Afghanistan-Iran-Krise schlug aber auch auf das Verhältnis Bundesrepublik – USA durch. Das Dilemma der deutschen Position, sowohl für Sicherheit wie für Entspannung eintreten zu müssen, trat nun mit aller Deutlichkeit hervor. Nur das Vertrauen darauf, daß die Bundesrepublik fest in die NATO eingebunden ist und einen wesentlichen Beitrag zur Sicherheit des Bündnisses leistet, erlauben es ihr, gegen innere wie äußere Kritiker, an ihrem Entspannungskonzept festzuhalten. Von dieser Position aus besteht die Chance, den Gesprächsfaden nicht abreißen zu lassen, sondern ihn aufzunehmen und letzten Endes auch die beiden Supermächte wieder an den Verhandlungstisch zu führen. Dazu gehört aber auch, sich von den massiven sowjetischen Einschüchterungsversuchen nicht beeindrucken zu lassen, sondern die eigene nationale Politik zielstrebig und konsequent zu verfolgen.

Welche Antwort steht der Bundesrepublik offen?

1. Eine adäquate Antwort des Westens auf die sowjetische Herausforderung stellt aber auch eine funktionierende Strategie der Krisenbewältigung dar. Sie müßte vorrangig bewirken, der Sowjetunion die Möglichkeit zu nehmen, in militärische Konflikte einzugreifen oder durch militärische Aktionen Konflikte zu provozieren. Das gilt besonders für den Nahost-Konflikt, Pakistan und das südliche Afrika.

Dazu gehört auch, die Rolle Chinas in der Welt nicht überzubewerten, liegt es doch im wohlverstandenen Interesse Chinas, das Einvernehmen zwischen USA und UdSSR, d.h. das bisher austarierte Gleichgewicht zu stören, um einerseits eine Koalition gegen China zu verhindern, andererseits sich selbst mehr Einfluß in der Weltpolitik zu sichern.

Alle Bestrebungen, die europäische Gemeinschaft zu stärken, die Zahl der Mitglieder zu vergrößern, die Abstimmung der politischen Bereiche, vor allem die der Verteidigung, der Abrüstung, des Handels, aber auch der Gesellschaftspolitik, sind von der Bundesregierung vorrangig zu unterstützen.

2. Die Bundesrepublik hat andererseits die große Möglichkeit, als bedeutende Wirtschaftsmacht die sozialistischen Volkswirtschaften am Weltwirtschaftssystem zu beteiligen, sie allmählich zu integrieren und damit Spannungen langfristig abzubauen. Sie kann dadurch, besonders bei den kleineren Nationen, das Vertrauen in die eigene Leistungsfähigkeit stärken, zumal die Wirtschaften der kleinen Staaten wie in Ungarn Mut zu eigenen Wegen bewiesen haben. Damit verbinden sich Hoffnungen auf ein entspannteres Verhältnis dieser Staaten zur sozialistischen Hegemonialmacht.

3. Dem Bestreben der Sowjetunion, über die kommunistische Weltbewegung und die öffentliche Meinung Einfluß auf die Politik der westlichen Demokratien zu nehmen und Druck auf die Regierungen auszuüben, kann nur Bürgernähe der politischen Entscheidungen Paroli bieten und das konkurrierende Bestreben, die soziale Lage der arbeitenden Bevölkerung zu bessern. Mitverantwortung in den Bereichen der Produktion, der Investition und der Verwaltung wird dem mündigen Bürger am ehesten gerecht und verhindert das in Notsituationen, wie Wirtschaftskrise und Arbeitslosigkeit, akute Ausbrechen sozialer Konflikte. Die Funktion der Einheitsgewerkschaft in der Bundesrepublik hat sich daher als außerordentlich stabilisierend für das Wirtschafts- und Gesellschaftssystem erwiesen.

4. Zur Systemstabilisierung, d.h. der Erhaltung des funktionierenden Weltwirtschaftssystems, gehört auch die Beseitigung von Diskriminierungen im Außenhandel, die angemessene Beteiligung der Entwicklungsländer am Wachstum der Weltwirtschaft, d.h. eine neue Weltwirtschaftsordnung muß gemeinsam mit den Entwicklungsländern erstellt werden, um der Sowjetunion die Möglichkeit zu nehmen, diese in ihr starres ökonomisches System einzubauen. Die Schwächung der freien Weltwirtschaft würde den Entwicklungsländern ebenso wenig helfen wie die einseitige Abhängigkeit vom sozialistischen Markt, ja in der sowjetischen Strategie des Kräfteverhältnisses ist für die Entwicklungsländer nur die Position etablierter Abhängigkeit vorgesehen.

5. Die Lösung der sozialen Frage steht damit nicht nur im nationalen, im

europäischen (gegenüber den unterentwickelten Regionen Irland, Sizilien, Spanien, ja Griechenlands und der Türkei) Rahmen an, sondern im Weltmaßstab, denn der Nord-Süd-Konflikt ist die soziale Frage des 20. Jahrhunderts. Eine sozialdemokratisch-liberal geführte Bundesregierung repräsentiert hier, aufgrund der Geschichte der Parteien, die sie tragen, wesentlich mehr soziale Verantwortung als etwa die Regierung Carter/Brzezinski, die den Schwerpunkt ihres Engagements vor allem in der Funktionserhaltung des internationalen Wirtschaftssystems und der demokratischen Regierungsform liegen sieht. Auch hier kann die Bundesregierung eigene Akzente setzen.

"Im politischen Bereich setzt Stabilität voraus", schreibt Alfons Pawelczyk, der Vorsitzende des Unterausschusses für Abrüstung und Rüstungskontrolle des Deutschen Bundestages, "daß beide Seiten sich mit der Existenz des anderen abfinden und mit ihm ein Auskommen suchen, bei dem Konflikte ohne Anwendung oder Androhung von Gewalt gelöst werden. Das erfordert, die Interessen der Gegenseite ernst zu nehmen und grundsätzlich als gleichberechtigt anzusehen. Die Einflußnahme des anderen ist 'legal', die Konkurrenz geschäftsmäßig"[87]. Die neue sowjetische Strategie des Kräfteverhältnisses in der Welt anhand sowjetischer Quellen darzustellen, ist deshalb nicht mit Antisowjetismus gleichzusetzen, sondern heißt, die eigene Seite mit den Geschäftsgrundlagen der anderen vertraut zu machen.

VI. ZUSAMMENFASSUNG

Im Gegensatz zum amerikanischen Begriff der "Correlation of forces" handelt es sich beim sowjetischen Begriff des "Kräfteverhältnisses in der Welt" nicht nur um eine Methode politologischer Bewertung, d.h. den Versuch, einzelne oder mehrere politische und soziale Systeme im Sinne der Komparatistik nebeneinander zu stellen und zu messen, sondern um eine aggressive Strategie, die bestrebt ist, alle irgendwie auf Veränderung abzielenden Elemente und Kräfte in der Welt zugunsten der Sowjetunion zu interpretieren und zu subsumieren.

Diese Strategie geht von der durch die SALT-Verträge de facto erzielten strategischen Parität zwischen Sowjetunion und Vereinigten Staaten aus. Den militärischen Faktor überbewertend, behaupten die Sowjets die augenblickliche Ausgewogenheit des Kräfteverhältnisses zwischen Sozialismus und dem Westen. Die festgestellte bzw. postulierte ständige Veränderung des Kräfteverhältnisses zu ihren Gunsten veranlaßt die Sowjets zur Bewertung, diese Veränderungen seien irreversibel. Jede weitere Entwicklung kann also nur zur Stärkung des Sozialismus bzw. Schwächung des Westens führen.

Die akzeptierte Parität zwischen USA und Sowjetunion auf militärstrategischem Sektor führt zu den verstärkten Versuchen, das Kräfteverhältnis nun auf den anderen Gebieten zu verändern. Die Sowjetunion stützt sich dabei auf die vier Bereiche: 1. Das sozialistische Weltsystem, 2. die kommunistische Weltbewegung, 3. die sozialistische Orientierung der Entwicklungsländer, 4. die Beeinflussung der öffentlichen Meinung in der Welt. Angestrebtes Ziel ist die Zerschlagung der intakten Weltwirtschaft, weil diese der sozialistischen Wirtschaft immer noch das Entwicklungstempo vorgibt. Die Gefahr ist dabei groß, daß die Sowjetunion auch militärische Überlegenheit anstrebt und diese, ist sie partiell errungen, auch zu politischer Pression einsetzt.

Die Betonung der eigenen Stärke kann nicht ohne Einfluß auch auf die innergesellschaftliche Situation der Sowjetunion bleiben. Die Definition der "sozialistischen Lebensweise" wird so zur innenpolitischen Entsprechung der außenpolitischen neuen Strategie.

Der sowjetischen Auffassung stehen jedoch eine Reihe von Kräften entgegen, innerhalb des sozialistischen Weltsystems ebenso wie in der blockfreien Bewegung, in der chinesischen oder jugoslawischen Globalstrategie.

Aber auch im Westen wurden Gegenstrategien entworfen, um dem globalen Ausgreifen der sozialistischen Staaten Einhalt zu gebieten. Ray Cline's "Oceans Alliance" gehört hier dazu wie der Trilateralismus Carters und Brzezinskis.

Da den Entwicklungsländern im globalen Ringen der Weltsysteme eine Schlüsselrolle zufällt, ist die freie Welt aufgerufen, sich nicht nur ihres moralischen, sondern auch ihres sozialen Anspruchs bewußt zu werden und gemeinsam mit den Entwicklungsländern eine gerechtere Welt(wirtschafts)-ordnung zu errichten. Hier wartet auch für die Bundesrepublik als ökonomischer Macht eine große Aufgabe.

Daß die sowjetische Globalstrategie als Basis für politische Entscheidungen dient, haben die Ereignisse in Afghanistan und Iran bewiesen. Sie haben das Problem ins Bewußtsein gerufen, über welche Möglichkeiten der Reaktion, angesichts militärischer Parität, eine Supermacht noch verfügt, wenn die andere das Prinzip der friedlichen Streitbeilegung verletzt. Der Fall Afghanistan hat aber auch dazu geführt, daß das sowjetische Vorgehen in diesem kleinen Land als Teil einer größeren sowjetischen Strategie erkannt wurde, es damit sofort seinen regionalen Charakter verlor und globale Bedeutung auch in der politischen Bewertung des Westens erhielt. Afghanistan und Iran müssen so als Prüfsteine erkannt werden, an denen die Sowjetunion die Gültigkeit ihrer Strategie des Kräfteverhältnisses in der Welt verifiziert.

Anmerkungen zu I. Einleitung

1 Robertson (William), D. D., Werke in 3 Bd., Bd. 2. Paris 1828, S. III
2 Schulz, Eberhard, Moskau und die europäische Integration. München-Wien 1977, S. 20
3 Opitz, Eckardt: Sergej G. Gorschkow und die sowjetische Flottenpolitik. Hamburg 1978, S. 12
4 Lange, Peer, Zur politischen Nutzung militärischer Macht. Der sowjetische Denkansatz. Berichte des Bundesinstituts für ostwissenschaftliche und internationale Studien. Köln 1978-50, S. 12; Matthies, Volker, Wird Afrika rot? Kommunismus als Bedrohungsvorstellung deutscher Afrika-Politik. In: Bley, Helmut, Rainer Tetzlaff (Hrsg.), Afrika und Bonn. Versäumnisse und Zwänge deutscher Afrika-Politik. Reinbek bei Hamburg 1978, S. 180
5 Poser, Günter, Militärmacht Sowjetunion 1977. Daten – Tendenzen – Analysen. 2./3. Auflage, München 1977, S. 113
6 Kissinger in der Senatserklärung vom 31. Juli 1979. In: Die Zeit Nr. 32, 3. Aug. 1979, S. 9
7 Maksimova, M., Vsemirnoe chozjajstvo, naučno-teoretičeskaja revoljucija i meždunarodnye otnošenija. In: Mirovaja ėkonomika i meždunarodnye otnošenija 1979, 5, S. 24 f.
8 Arbatov, G, Sovetsko-amerikanskie otnošenija segodnja. In: Pravda Nr. 215, 3. Aug. 1977, S. 4 f. Akademik Prof. Arbatov ist Direktor des USA- und Kanada-Instituts der AdW, Moskau.
9 Zwei Dokumente: Zu Helsinkis zweiter Jahreswende. In: Budapester Rundschau Nr. 32, 8. Aug. 1977, S. 3
10 Entwurf. Programm der Deutschen Kommunistischen Partei vom 19./20. November 1977 in Düsseldorf, Neuss 1978, 2. Aufl., S. 7 ff.; Programm der Deutschen Kommunistischen Partei. Beschlossen vom Mannheimer Parteitag der DKP, 20.–22. Oktober 1978. Neuss 1978, S. 10, 13 f.
11 Deane, Michael J., The Soviet Assessment of the "Correlation of World Forces"; Implications for American foreign Policy. In: Orbis, Fall 1976, S. 625–636
12 Dahm, Helmut, Das Unternehmen Afghanistan als Lehrstück der politischen und militärischen Doktrin Sowjetrußlands. Berichte des BI OST, Köln, 9-1980, III, 91 S.
13 Borcke, Astrid von, Die Intervention in Afghanistan – das Ende der sowjetischen Koexistenzpolitik? Determinanten des innersowjetischen Entscheidungsverhaltens. Berichte des BI OST, Köln, VIII, 37 S.
14 Osteuropa-Handbuch. Band Sowjetunion. Teil: Außenpolitik I, Köln-Wien 1972; Außenpolitik II, Köln-Wien 1976; Außenpolitik III, Köln-Wien 1976. Namens der Arbeitsgemeinschaft für Osteuropaforschung herausgegeben von Dietrich Geyer. Teil: Außenpolitik-III, von Dietrich Geyer und Boris Meissner. 618, 878, 334 S.
15 Hoensch, Jörg K., Sowjetische Osteuropa-Politik 1945–1975. Kronberg/Ts 1977, S. 409
16 Hoensch, Sowjetische Osteuropa-Politik, S. 410

Anmerkungen zu II. Die Theorie

1 Šachnazarov, G., K probleme sootnošenija sil v mire. In: Kommunist 1974, 3, S. 77–89; zum historischen Gebrauch des Begriffes Kräftegleichgewicht siehe: Polanyi, Karl, The Great Transformation. Politische und ökonomische Ursprünge von Gesellschaften und Wirtschaftssystemen. stw 260. Frankfurt 1978, S. 35 ff.: "Das Kräftegleichgewicht als Politik, historisches Gesetz, Prinzip und System".
2 Schachnasarow, G., Neue Faktoren in der Politik von heute, In: Gesellschaftswissenschaften (Moskau) 1977, 1 (9), S. 43–56, teilweise auch abgedruckt in: Osteuropa-archiv Sept. 1977, S. A 501 – A 506. Die politische Brisanz dieses Aufsatzes wurde von den Redakteuren

freilich unterschätzt. Zagladin gebrauchte zwar schon 1972 diesen Begriff, ohne ihn aber genau zu definieren. Zagladin, V. V., Meždunarodnoe kommunističeskoe dviženie. Očerk strategii i taktiki. Moskva 1972. Deutsche Übersetzung: Die kommunistische Weltbewegung. Abriß der Strategie und Taktik. Frankfurt am Main 1973, S. 78. Die Auffassung von Peer Lange, nach 1974 sei ein Abfallen der Bezugnahmen auf das "veränderte Kräfteverhältnis" und seine Auswirkungen zu erkennen, ist also unrichtig. Lange, P., Zur politischen Nutzung militärischer Macht, S. 32

3 Martin, Alexander, Kriterien des internationalen Kräfteverhältnisses. In: Deutsche Außenpolitik 1975, 11, S. 1688–1710 und Anm. ders., Wirkungen und Dynamik des internationalen Kräfteverhältnisses zwischen Sozialismus und Imperialismus. In: Deutsche Außenpolitik 1977, 7, S. 25–42

4 Bovin, A. E., Mirnoe sosuščestvovanie. In: B.S.É., 3. Ausgabe 1974, Bd. 16, S. 931 f.

5 Garthoff, Raymond, The Concept of the Balance of Power in Soviet Policy Making. In: World Politics Vol. IV, Nr. 1 (October 1951), S. 85–111; Zimmermann, William, Soviet Perspectives on International Relations, 1956–1967, Princeton 1969, S. 158 ff.: Sootnošenie sil, balanc sil, rasstanovka sil, gruppirovka sil, politika sily, ravnovesie, pereves sil.

6 Zimmermann, Soviet Perspectives, S. 163 f.

7 Ilyichov, L. (Il'ičev), The Sputniks and International Relations. In: International Affairs 1958, 3, S. 11

8 Siehe dazu: Tiedtke, Stephan, Die Warschauer Vertragsorganisation. München-Wien 1978, S. 112 ff.

9 Marinin, M., Nekotorye osobennosti nynešnego étapa meždunarodnych otnošenij. In: Mirovaja ėkonomika 1958, 6, S. 3

10 Brief vom 15. Juli 1968, zitiert bei: Schmidt, Helmut, Strategie des Gleichgewichts. Deutsche Friedenspolitik und die Weltmächte. 5. Aufl. Frankfurt-Berlin-Wien 1970, S. 81

11 Schmidt, Strategie, S. 83

12 Lewytzkyj, Boris, Sowjetische Entspannungspolitik heute. Stuttgart 1976, S. 64

13 Kapčenko, N., Vnešnjaja politika socializma i perestrojka meždunarodnych otnošenij. In: Meždunarodnaja žizn' 1975, 3; Sanakoev, S. und N. Kapčenko, Meždunarodnye otnošenija i process obnovlenija mira. In: Meždunarodnaja žizn' 1974, 8

14 Sanakoyev, Sh., The World Today: Problem of the Correlation of Forces. In: International Affairs 1974, 11; Tjuškevič, S., Sootnošenie sil v mire i faktory predotvraščenija vojny. In: Kommunist vooružennych sil 1974, 10

15 Sanakoyev, The World Today, S. 44

16 Šachnazarov, K probleme, S. 82

17 Šachnazarov, K probleme, S. 78

18 Šachnazarov, K probleme, S. 78

19 Martin, Kriterien, S. 1689 f.

20 Zellentin G., unter Mitarbeit von B. Kohler, Europa 1985. Gesellschaftliche und politische Entwicklung in Gesamteuropa. Bonn 1972, S. 19

21 Martin, Kriterien, S. 1690

22 Neubert, Wolfram, Die Dialektik von friedlicher Koexistenz und sozialem Fortschritt sowie ihre antikommunistische Verfälschung. In: IPW-Berichte 1978, 7, S. 16

23 Martin, Kriterien, S. 1690

24 Schachnasarow, Neue Faktoren, S. 44; Martin, Kriterien, S. 1691. Siehe auch das "Szenario" Lenins von 1905, zitiert bei: Gwischiani, D., Globale Modellierung: Komplexe Analyse der Weltentwicklung. In: Probleme des Friedens und des Sozialismus 1978, 8, S. 1103

25 Tomaschewski, D. G., Die Leninschen Ideen und die internationalen Beziehungen der Gegenwart. Berlin 1973, S. 67

26 Martin, Kriterien, S. 1693

27 Axen, H., Fragen der internationalen Lage und der internationalen Beziehungen der SED. Berlin 1974, S. 41

28 Arbatow, G. A., Ideologischer Klassenkampf und Imperialismus. Berlin 1972, S. 70
29 Deane, The Soviet Assessment, S. 630
30 Inozemcev, N., Edinstvo teorii i praktiki v Leninskoj politike mira. In: Kommunist 1975, 12, S. 46
31 Šachnazarov, K probleme, S. 79 f.
32 Schachnasarow, Neue Faktoren, S. 45–48
33 Martin, Kriterien, S. 1703–1708
34 Martin, Kriterien, S. 1704. Das gilt freilich für den Hitler-Stalin-Pakt 1939, nicht aber für das Münchner Abkommen 1938.
35 Martin, Kriterien, S. 1705
36 Martin, Kriterien, S. 1705
37 Tiedtke, Die Warschauer Vertragsorganisation, S. 78
38 Tomaschewski, Die Leninschen Ideen, S. 167
39 Martin, Kriterien, S. 1706
40 Lebedev, N. I., Novyj ėtap meždunarodnych otnošenij. Moskva 1976, S. 75; siehe auch die Rezension von Sanakoev und Ševcov, in: Kommunist 1977, 4, S. 122–124
41 Surin, Socializm i revoljucionnyj process mira. Leningrad 1972, S. 69
42 Schachnasarow, Neue Faktoren, S. 46
43 Martin, Kriterien, S. 1693
44 Šachnazarov, K probleme, S. 86
45 Martin, Kriterien, S. 1690
46 Šachnazarov, K probleme, S. 86; Martin, Kriterien, S. 1703
47 Martin, Kriterien, S. 1700
48 Martin, Kriterien, S. 1701
49 Martin, Kriterien, S. 1697
50 Martin, Wirkungen, S. 32
51 Martin, Kriterien, S. 1696
52 Sanakoyev, Sh., The World Today: Problem of the Correlation of Forces. In: International affairs 1974, 11, S. 50
53 Martin, Wirkungen, S. 31
54 Martin, Wirkungen, S. 31
55 Rede H. Kissingers am 3.2.1976 in San Franzisko. In: Blätter für deutsche und internationale Politik 1976, 3, S. 332 ff.
56 Neubert, Wolfram, Die Dialektik, S. 13 f.
57 Neubert, Die Dialektik, S. 14
58 Neubert, Die Dialektik, S. 15
59 Schachnasarow, Neue Faktoren, S. 55
60 XXV. Parteitag der KPdSU. Dokumente und Resolutionen. Moskau 1976, S. 35
61 Schachnasarow, Neue Faktoren, S. 50, Anm. 2
62 Schachnasarow, Neue Faktoren, S. 44
63 Schachnasarow, Neue Faktoren, S. 45
64 Brown, S., New Forces in World Politics. Brookings Institution, Washington 1974
65 Brown, New Forces, S. 185
66 Kaiser, Karl, Die europäische Herausforderung und die USA. Das atlantische Verhältnis im Zeitalter weltpolitischer Strukturveränderungen. München 1973
67 Kaiser, Die Europäische Herausforderung, S. 19
68 Kaiser, Die europäische Herausforderung, S. 19
69 Kaiser, Die europäische Herausforderung, S. 21
70 Kaiser, Die europäische Herausforderung, S. 22
71 Schachnasarow, Neue Faktoren, S. 52
72 Zum Umfang der sowjetischen Westforschung siehe: Ammer, Thomas, Westforschung in der UdSSR. In: Deutschland-Archiv, 1976, 9, S. 958–975; Schroeder, Friedrich-Christian, Die Westforschung des Ostens. Zunehmende Aktivität in den kommunistischen Staaten. In:

FAZ 18.9.1978, S. 9. Selbst für sowjetische Politologen ist die russischsprachige Literatur, die sich z.B. mit der amerikanischen Außenpolitik beschäftigt, schon schwer zu überblicken.
73 Gantman, V. I., (Hrsg.), Sovremennye buržuaznye teorii meždunarodnych otnošenij (Kritičeskij analiz). Moskva 1976; Zak, L. A., Zapadnaja diplomatija i vnešnepolitičeskie stereotipy. Moskva 1976; Boden, D., Das Amerikabild im russischen Schrifttum bis zum Ende des 19. Jahrhunderts. Hamburg 1968
74 Löwenthal, Richard, Hat Entspannung eine Zukunft? Über reale und scheinbare Veränderungen in der Weltpolitik. In: Die Zeit vom 2.4.1976
75 Martin, Wirkungen, S. 32 ff.
76 Pozdnjakov, Ė. A., Sistemnyj podchod i meždunarodnye otnošenija. Moskva 1976, S. 49
77 Petrovskij, V. F., Amerikanskaja vnešnepolitičeskaja mysl'. Kritičeskij obzor organizacii, metodov i soderžanija buržuaznych issledovanij v SŠA po voprosam meždunarodnych otnošenij i vnešnej politiki. Moskva 1976. Eine komprimierte Darstellung auch: Petrowski, Wladimir, Die "neue Weltstruktur": Formeln und Realitäten. In: Gesellschaftswissenschaften (Moskau), 1978, 3, S. 227–240, Petrovskij ist Mitarbeiter des USA- und Kanada-Instituts der AdW, Moskau.
78 Petrovskij, Amerikanskaja vnešnepolitičeskaja mysl', S. 177 f.

Anmerkungen zu III. Das strategische Konzept

1 Za mir, bezopasnost', sotrudničestvo i social'nyj progress v Evrope. K itogam konferencii kommunističeskich i rabočich partii Evropy. Berlin, 29–30 ijunija 1976 g. M. 1976, S. 16
2 Izvestija, 20. Juli 1976
3 Ujanowski, R. A., Der Sozialismus und die befreiten Länder. Berlin (DDR) 1973, S. 375; Martin, Wirkung, S. 27
4 D.h. die sog. "Demokratische Öffentlichkeit". Siehe: Doernberg, IPW-Berichte 1976, 5, S. 20 f.
5 Schachnasarow, G., Neue Faktoren in der Politik von heute. In: Gesellschaftswissenschaften (Moskau), 1977, 1 (9), S. 50
6 Löwenthal, R., Hat Entspannung eine Zukunft? In: Die Zeit, 2.4.1976
7 Martin, Wirkungen, S. 34
8 Martin, Wirkungen, S. 34
9 Martin, Wirkungen, S. 35
10 Martin, Wirkungen, S. 35
11 Martin, Wirkungen, S. 37
12 W. I. Lenin, Werke, 23, Berlin 1970, S. 43
13 Schachnasarow, Neue Faktoren, S. 52
14 Martin, Wirkungen, S. 33
15 Petrowski, Die "neue Weltstruktur", S. 228
16 Istorija vnešej politiki SSSR, 1917–1976, v dvuch tomach. Pod red. A. A. Gromyko, B. A. Ponomareva. T. 2: 1945–1976 gg. Moskva 1977, S. 507
17 Gromyko, Anatolij, Vnešnjaja politika SŠA, S. 263 f.
18 Istorija vnešnej politiki SSSR, 2, S. 508
19 Arbatov, G., Sovetsko-amerikanskie otnošenija segodnja. In: Pravda 3. Aug. 1977, S. 4 f.; Brežnev in Baku am 22.9.1978: "Die Imperialisten weigern sich, das Kräfteverhältnis in der Welt anzuerkennen". In: Pravda 23.9.1978
20 Butenko, A., Einige theoretische Probleme der Entwicklung des sozialistischen Weltsystems. In: Sowjetwissenschaft. Gesellschaftswissenschaftliche Beiträge 1972, H. 2; siehe auch: Tinschmidt, Alexander u.a., Der revolutionäre Umwälzungsprozeß in Mittel- und Südosteuropa nach dem zweiten Weltkrieg. In: ZfG 1977, 5, S. 538 f.

21 Tinschmidt, Der revolutionäre Umwälzungsprozeß, S. 539
22 Butenko, A., Zur Dialektik von Einheit und Interessen im sozialistischen Weltsystem. Berlin 1974, S. 19 ff.
23 Faddejew, N. W., Der Rat für Gegenseitige Wirtschaftshilfe. Berlin 1975, S. 40
24 Lukin, L. I., Pervoe desjatiletie Soveta Ėkonomičeskoj vzaimopomošči. In: Voprosy istorii 1974, 3
25 Král, V., Formování světoné socialistické soustavy v Letech 1944–1949. 2 Bde. Praha 1975; Tinschmidt, Die revolutionäre Umwälzung, S. 539
26 Butenko, Einige theoretische Probleme, S. 209
27 Sagladin, Die kommunistische Weltbewegung, S. 433
28 Schachnasarow, Neue Faktoren, S. 45 f.
29 Schachnasarow, Neue Faktoren, S. 47
30 Bovin, Mirnoe sosuščestvovanie, Sp. 931
31 Schachnasarow, Neue Faktoren, S. 47
32 Dokumente und Resolutionen. XXV. Parteitag der KPdSU. Moskau 1976, S. 6
33 Dokumente, S. 7
34 Dokumente, S. 9
35 Dokumente RGW. Über die Vertiefung und Vervollkommnung der Zusammenarbeit und Entwicklung der sozialistischen ökonomischen Integration. Berlin (DDR) 1971, 232 S.
36 Maksimova, M. M., SSSR i meždunarodnoe ėkonomičeskoe sotrudničestvo. Moskva 1977, S. 85
37 Dokumente RGW, Über die Vertiefung, S. 17 f.
38 Dokumente RGW. Über die Vertiefung, S. 16
39 Bethkenhagen, Jochen und Heinrich Machowski, Integration im Rat für gegenseitige Wirtschaftshilfe. Entwicklung, Organisation, Erfolge und Grenzen. 2. Aufl. Berlin 1976, S. 15
40 Bethkenhagen-Machowski, Integration, S. 100 u. 107
41 Maksimova, SSSR, S. 83
42 Istorija vnešnej politiki SSSR, 2, S. 372
43 Istorija vnešnej politiki SSSR, 2, S. 372
44 Sozialistische ökonomische Integration – Grundlagen und Aufgaben. Berlin (DDR) 1977, S. 89
45 Brendel, Gerhard, Hans-Joachim Dubrowsky, Zusammenarbeit – ökonomische Integration – Annäherung sozialistischer Staaten. Zu aktuellen Publikationen über den Prozeß der sozialistischen ökonomischen Integration, In: Einheit 1978, 7/8, S. 750
46 Bethkenhagen-Machowski, Integration, S. 21
47 Stehr, Uwe, Sozioökonomische Bedingungen des Außenverhaltens der RGW-Staaten. HSFK-Studien 17, 1977, S. 240
48 Bethkenhagen-Machowski, Integration, S. 25
49 Gumpel, Werner, Der Rat für Gegenseitige Wirtschaftshilfe als Instrument sowjetischer Hegemonie. In: Osteuropa 1976, 11, S. 997 f.
50 Bethkenhagen-Machowski, Integration, S. 27
51 Bethkenhagen-Machowski, Integration, S. 27
52 Stehr, Uwe, Sozioökonomische Bedingungen, S. 278
53 Stehr, Sozioökonomische Bedingungen, S. 279
54 Galtung, J., Europa – bipolar, bizentrisch oder kooperativ? In: Galtung, J./D. Senghaas, Kann Europa abrüsten? München 1973, S. 30
55 Lorenz, Richard, Sozialgeschichte der Sowjetunion. Frankfurt 1973
56 Zum Fall Rumänien siehe weiter unten.
57 Maksimova, M. M., SSSR i meždunarodnoe ėkonomičeskoe sotrudničestvo. Moskva 1977, S. 86
58 Maksimova, SSSR, S. 87
59 Maksimova, SSSR, S. 88

60 "Die langfristigen zielgerichteten Programme der Zusammenarbeit sind eine prinzipiell neue Form der gemeinsamen planerischen Tätigkeit der Mitglieder des RGW". Rybakov, O., SĖV: rubeži, poiski, problemy – celevye, dolgosročnye. In: Pravda, 22. Sep. 1978, S. 4

61 Zur territorialen Strukturpolitik neuerdings: Bogomolov, O., Strukturnaja politika i socialističeskaja ėkonomičeskaja integracija. In: Voprosy ėkonomiki 1978, 9, S. 100–110

62 In der ersten Etappe des Komplexprogrammes ist die Errichtung von Atomkraftwerken vorgesehen von insgesamt 37 Megawatt. 2 AKW zu je 4 Megawatt werden in der Sowjetunion im Rahmen des RGW-Programms gerade errichtet. Zur Beschleunigung der Entwicklung der Anlagen-Technologie wird in der Sowjetunion die Fabrik "Atommasch" gebaut. An der Zusammenarbeit ist vor allem die ČSSR, die über ausgiebige Uran-Vorkommen verfügt, interessiert. Sie erhält ebenfalls ein Zentrum des AKW-Anlagenbaus. 1976–80 fließen deshalb 8 Mill. Kronen, das sind fast 30 % der Investitionen der Schwerindustrie der ČSSR, in dieses Zentrum. Rybakov, SĖV, Pravda, 22.9.1978

63 Brunner, Prof. Dr. G., Etwas korrekter, bitte! In: Die Wirtschaft (Berlin-Ost), 30.12.1976

64 Maksimova, SSSR, S. 103

65 Maksimova, SSSR, S. 107

66 Hoensch, Sowjetische Osteuropa-Politik, S. 418

67 Schirjajew, I. S., Die sozialistische ökonomische Integration. Berlin 1973, S. 30 ff.

68 Uschakow, Alexander, Der Rat für gegenseitige Wirtschaftshilfe. In: Osteuropa-Handbuch. Sowjetunion-Außenpolitik, Teil III, S. 186

69 Prof. Dr. W. Seiffert war, bevor er 1978 in seine westdeutsche Heimat re-emigrierte, Direktor des Instituts für internationales Recht und Rechtsvergleichung an der Akademie der Wissenschaften der DDR, Potsdam-Babelsberg. Er gilt als international anerkannte Kapazität auf dem Gebiet aller Rechtsfragen, die intra- und extra-RGW-Beziehungen betreffen.

70 Seiffert, Wolfgang, Rechtsformen und besondere Wesenszüge der sozialistischen ökonomischen Integration der Mitgliedsländer des RGW. In: Rechtsfragen der Integration in Ost und West. Hrsg. Otto Wolff von Amerongen. Berlin 1976, S. 62 f.

71 Seiffert, Rechtsformen, S. 63

72 Alampijew, P. M., O. T. Bogomolow, I. S. Schirjajew. Ökonomische Integration – ein objektives Erfordernis der Entwicklung des Weltsozialismus. Berlin 1973, S. 84 ff.

73 Iwersen kommt zum Ergebnis, daß es in den RGW-Ländern weder im theoretischen Bereich noch in der Analysepraxis eine quantitativ hinreichend befriedigende Methode gibt, die als ausreichende Grundlage der Planung der internationalen Spezialisierung und Kooperation in der Produktion angesehen wird. Die Entscheidung über Spezialisierung wird also im wesentlichen entweder auf der politischen oder rein betrieblichen Ebene fallen, d.h. der Nutzen der Spezialisierung trägt starke qualitative Elemente in sich. Iwersen, Albrecht, Spezialisierung und Kooperation im Rat für gegenseitige Wirtschaftshilfe. HWWA-Report Nr. 45. Hamburg August 1977, S. 42

74 Seiffert, Rechtsformen, S. 64

75 Libansky, V., Wirtschaftliche Aspekte des Integrationsprogramms des RGW. Prag 1972 (Manuskript), S. 11, zitiert bei: Seiffert, Rechtsformen, S. 64

76 Seiffert, Rechtsformen, S. 67

77 Seiffert, Rechtsformen, S. 68

78 Krämer, H.-R., Formen und Methoden der internationalen wirtschaftlichen Integration – Versuch einer Systematik. Tübingen 1969, S. 11; Seiffert, Rechtsformen, S. 63

79 Senin, W. W., Der RGW: Die Herausbildung und Entwicklung eines neuen, sozialistischen Typs internationaler Wirtschaftsbeziehungen. In: Ergebnisse, Aufgaben, Perspektiven des RGW. Berlin (DDR) 1976, S. 39

80 Senin, Der RGW, S. 41

81 Seiffert, Rechtsformen, S. 71

82 Gralla, Erhardt, Integration und Rechtsvereinheitlichung sowie das Verhältnis zum innerstaatlichen Recht im RWG. In: Rechtsfragen der Integration und Kooperation in Ost und West, S. 186

83 Seiffert, Rechtsformen, S. 72
84 Senin, RGW, S. 41
85 Senin, RGW, S. 41
86 Senin, W. W., Sozialistische Integration. Berlin (DDR) 1972, S. 359
87 Bogomolov, Strukturnaja politika, S. 109
88 Seiffert, Rechtsformen, S. 78
89 Seiffert, Rechtsformen, S. 65
90 Siehe: Viktor Meier, Moskau stößt bei Bukarester Comecon-Tagung auf Widerstände. Angestrebte Änderungen sind nicht durchzusetzen. In: FAZ 29.6.1978
91 Kommunike o XXXII zasedanii sessii soveta ėkonomičeskoj vzaimopomošči. In: Ėkonomičeskaja gazeta (Moskva), 4.7.1978
92 Sotrudničestvo krepnet. In: Izvestija, 15.7.1978
93 Izvestija, 15.7.1978
94 Izvestija, 22.1.1977
95 Bethkenhagen-Machowski, Integration, S. 24 f.
96 Neue Zürcher Zeitung, 3.7.1978: Beitritt Vietnams zum Comecon. Moskau bietet und verspricht mehr.
97 Neue Zürcher Zeitung, 3.7.1978
98 V'etnam – novyj člen SĖV. In: Ėkonomičeskaja gazeta, 4.7.1978
99 Bethkenhagen-Machowski, Integration, S. 15 f.
100 FAZ 29.1.1977; Nachrichten für Außenhandel, 31.1.1977
101 Machowski, H., Das Spannungsfeld der osteuropäischen Integrationspolitik. Rumäniens kompromißloser Hang zur Unabhängigkeit. In: NZZ 24.7.1978
102 Sotrudničestvo krepnet. In: Izvestija, 15.7.1978
103 Frankfurter Rundschau, 1.7.1978
104 Albanien trat am 13.9.1968 aus dem Vertrag aus, dieser Austritt wird von den übrigen Mitgliedsländern jedoch nicht anerkannt; siehe: Zieger, Gottfried, Der Warschauer Pakt. Hannover 1974, S. 38.
105 Zieger, Warschauer Pakt, S. 115 ff.
106 Szawlowski, Richard, The System of the International Organizations of the Communist Countries. Leyden 1976, S. XVII ff.
107 Zieger, Warschauer Pakt, S. 121
108 Zieger, Warschauer Pakt, S. 40 f.; Tiedtke, Stephan, Die Stellung der DDR in der Warschauer Vertragsorganisation. In: Studiengruppe Militärpolitik: Die Nationale Volksarmee. Ein Anti-Weißbuch zum Militär in der DDR. Reinbek bei Hamburg 1976, S. 51 ff. Hacker, Jens, Der Warschauer Pakt. In: Osteuropa-Handbuch Sowjetunion. Außenpolitik, Teil III, S. 171
109 So erwirkte Rumänien den Abzug der letzten sowjetischen Einheiten von seinem Territorium zum 26. Juli 1958. Geierhos, Wolfgang, Zeittafel. In: Südosteuropa-Handbuch II, Rumänien. Göttingen 1977, S. 605; Tiedtke, Stephan, Die Warschauer Vertragsorganisation. Zum Verhältnis von Militär- und Entspannungspolitik in Osteuropa. München-Wien 1978, S. 80 ff.
110 Er tagte zuletzt von 16.–19. Okt. 1978 in Berlin/DDR. Izvestija, 20.10.1978
111 Zieger, Warschauer Pakt, S. 57; Szawlowski, The System, S. 24
112 Szawlowski, The System, S. 19
113 Szawlowski, The System, S. 20
114 Szawlowski, The System, S. 23
115 Szawlowski, The System, S. 25; Tiedtke, WVO, wirkt hier dürftig. S. 95 und 127 f.
116 4 % des sowjetischen Rüstungsaufkommens werden außerhalb der SU produziert, vor allem in Polen und der ČSSR. Dagegen: In $ gerechnet produzieren Großbritannien, Frankreich und die Bundesrepublik gemeinsam etwa 50 % des atlantischen Rüstungswertes. Doch importieren die USA aus Europa nur 10 % der strategischen militärischen Güter der Menge, die sie nach Europa exportieren. Quelle: General Schmückle, FAZ 24. Nov. 1977

117 Szawlowski, The System, S. 25 f.
118 Referat von L. I. Brežnev. 30. März 1971. In: Rechenschaftsbericht des ZK der KPdSU, XXIV. Parteitag der KPdSU, Moskau 1971, S. 11
119 Dokumente und Resolutionen. XXV. Parteitag der KPdSU. Moskau 1976, S. 10
120 "Neue Friedensinitiative der Warschauer Vertragsstaaten". In: Neues Deutschland, 29.11.76
121 "Für neue Ergebnisse auf dem Wege der internationalen Entspannung, für die Festigung der Sicherheit und die Entwicklung der Zusammenarbeit in Europa". Deklaration der Teilnehmer des Warschauer Vertrages. In: Neues Deutschland, 27.11.76
122 Puja, Frigyes, The National Interest and International Policy. In: The New Hungarian Quaterly Vol. XVIII, No. 66, Summer 1977, S. 48
123 Kommjunike zasedanija Komiteta ministrov inostrannych del gosudarstv-učastnikov Varšavskogo Dogovora. In: Izvestija, 27.4.78
124 Meier, Viktor, Schwere Differenzen zwischen Rumänien und dem Warschauer Pakt. In: FAZ, 27. Nov. 1978, S. 1 f.
125 Latzo, Anton, Die Bedeutung des Warschauer Vertrages und der bilateralen Freundschafts- und Beistandsverträge für die Festigung der Einheit und Geschlossenheit der sozialistischen Staatengemeinschaft in Europa. In: Quilitzsch, Siegmar und Joachim Krüger (Hg.), Sozialistische Staatengemeinschaft. Die Entwicklung der Zusammenarbeit und der Friedenspolitik der Sozialistischen Staaten. Berlin (DDR) 1972, S. 200
126 Szawlowski, The System, S. 158
127 Brzezinski, Zbigniew, Soviet Bloc: Unity and Conflict. Harvard University Press, Cambridge, Mass. 1967, 2. Aufl. 1971
128 Szawlowski, The System, S. 164
129 Siehe: Zieger, Warschauer Pakt, S. 82 f.; Tiedtke, WVO.
130 Referat von L. I. Brežnev. Rechenschaftsbericht des ZK der KPdSU. XXIV. Parteitag der KPdSU. Moskau 1971, S. 14 f.
131 FAZ, 6. Nov. 1978, S. 2
132 Wieland, Leo, Moskau und Hanoi vereinbaren Konsultationen für den Angriffsfall. In: FAZ, 6. Nov. 1978, S. 1; Wieland irrt, wenn er diesen Vertrag als nicht mit der WVO vergleichbar einstuft.
133 Wieland, Leo, Moskaus Freundschaft mit der dritten Welt. Der Vertrag mit Äthiopien. In: FAZ, 24. Nov. 1978
134 Stadlmann, Heinz. In der Nato wächst die Besorgnis. Von einer militärischen Entspannung scheint man weiter denn je. In: FAZ, 9. Aug. 1978
135 Ustinov, D. F., Sechzig Jahre auf Wacht für die Errungenschaften des großen Oktober. Rede des Verteidigungsministers der UdSSR auf der Festveranstaltung zum 60. Jahrestag der Sowjetarmee und der Seekriegsflotte. Moskau, 22. Februar 1978. Moskau 1978, S. 40
136 Stadlmann, In der Nato. FAZ 9.8.1978
137 Gorškov, Sergej G., Voenno-morskie floty v vojnach i v mirnoe vremja. In: Morskoj sbornik 1972, 2–6, 8–12, 1973, 2; deutsche Ausgabe: Gorškov, Sergej G., Die Rolle der Flotten in Krieg und Frieden. Wehrforschung aktuell Bd. 2. München 1975, 183 S.; Gorškov, S. G., Morskaja mošč gosudarstva. Moskva 1976; deutsche Ausgabe: Flottenadmiral Sergej G. Gorschkow, Seemacht Sowjetunion. Hamburg 1978, 427 S.
138 Opitz, Eckardt: Sergej G. Gorschkow und die sowjetische Flottenpolitik. Hamburg 1978, S. 3 ff.
139 Wust, Harald, Zur Sicherheit unseres Landes. In: Marineforum, Bd. 53, 1978, S. 49
140 Opitz: Gorschkow, S. 3
141 Der Spiegel 1/2, 1976, S. 58
142 Gorschkow, Seemacht, S. 275
143 Gorschkow, Seemacht, S. 291
144 Gorschkow, Seemacht, S. 402
145 Opitz, Eckardt: Sergej G. Gorschkow und die sowjetische Flottenpolitik, S. 16; zu Mahan

siehe: Hanke, Michael, Das Werk Alfred T. Mahans. Darstellung und Analyse (= Studien zur Militärgeschichte, Militärwissenschaft und Konfliktforschung, Bd. 4), Osnabrück 1974

146 Siehe: Bueb, V., Die "Junge Schule" der französischen Marine. Strategie und Politik 1875–1900 (= Militärgeschichtliche Studien, Bd. 12), Boppard 1971

147 Gorschkow, Seemacht, S. 401

148 Cline, Ray S., World Power Assessment. A Calculus of Strategic drift. Georgetown University. The Center for Strategic and International Studies. Washington, D. C., 1975, S. 135 ff.; siehe dazu das Kapitel "Alternative Strategien des Westens".

149 Gorschkow, Seemacht, S. 403

150 Gorschkow, Seemacht, S. 136; Alaska wurde 1867 an die USA verkauft – W. G.

151 Witthöft, H. J., Sowjetische Schiffahrtspolitik. In: Marine-Rundschau, Bd. 75, 1978, S. 74

152 Opitz: Gorschkow, S. 6

153 Schmückle, Gerd, Rüstung als militärischer, wirtschaftlicher, innen- und außenpolitischer Faktor. In: Internationale Politik, Konferenzprotokoll 9.–14. Okt. 1978, Haus Rissen, Internationales Institut für Politik und Wirtschaft, S. 25. General Schmückle war bis 1980 stellv. Oberkommandierender der Nato.

154 Lebahn, Axel, Sozialistische Wirtschaftsintegration und Ost-West-Handel im sowjetischen internationalen Recht. Theorie und Praxis des Offenheitsprinzips in seiner Entwicklung vom System bilateraler Handelsabkommen zur multilateralen Wirtschaftskooperation in regionalen und universalen Organisationen. (= Schriften zum Öffentlichen Recht, Band 305) Berlin 1976, S. 282

155 Lebahn, Sozialistische Wirtschaftsintegration, S. 283

156 Lebahn, Sozialistische Wirtschaftsintegration, S. 285

157 Lebahn, Sozialistische Wirtschaftsintegration, S. 288

158 Lebahn, Sozialistische Wirtschaftsintegration, S. 345

159 Lebahn, Sozialistische Wirtschaftsintegration, S. 347

160 Lebahn, Sozialistische Wirtschaftsintegration, S. 282

161 Nach den Prager Ereignissen hatte B. Meissner eine Dokumentation zur Brežnev-Doktrin herausgegeben: Meissner, B., Die "Breshnew-Doktrin". Das Prinzip des "proletarischen Internationalismus" und die "Theorie von den verschiedenen Wegen zum Sozialismus". Dokumentation. Köln 1969

162 Sagladin, W. W., Die kommunistische Weltbewegung. Abriß der Strategie und Taktik. Frankfurt/ M. 1973, S. 429

163 Sagladin, W.'W., Die Entwicklung des proletarischen Internationalismus, S. 10

164 Neuer Weg (Bukarest) 26. Nov. 1976, S. 3

165 Lebahn, Sozialistische Wirtschaftsintegration, S. 277

166 NZZ 11.8.1973

167 Meier, Viktor, Der Warschauer Pakt strebt die Verurteilung Pekings an. Aufrüstung mit westlichen Waffenlieferungen an China begründet. Die 'Ideologiekonferenz'. In: FAZ 18.12.1978, S. 5

168 Moskau fordert Verurteilung Chinas. Auf der Ideologiekonferenz in Sofija Peking der "Kriegsvorbereitung" bezichtigt. In: Süddeutsche Zeitung, 14. Dez. 1978; siehe auch: Die entscheidende Kraft für die Rettung der Zivilisation. Ein Referat von B. N. Ponomarjow auf der internationalen theoretischen Konferenz in Sofia. In: Frankfurter Rundschau, 10. und 11. Jan. 1979

169 Siehe dazu: Sikora, F., Polen, Tschechoslowakei, DDR. Sozialistische Solidarität und nationale Interessen. Köln 1977

170 Zur Situation vor der neuen Verfassung siehe: Hacker, J., Die Prinzipien des proletarischen und sozialistischen Internationalismus in der Sicht der DDR. In: Recht in Ost und West, 1973, 5, S. 185–201

171 Puja, Frigyes, The National Interest and International Policy. In: The New Hungarian Quaterly, Vol. XVIII, No. 66, S. 38

172 Neuer Weg, 26. Nov. 1976, S. 3

173 Erklärung über die ständige Entwicklung der Zusammenarbeit und brüderlichen Freundschaft zwischen der Rumänischen Kommunistischen Partei und der Kommunistischen Partei der Sowjetunion, zwischen Rumänien und der Sowjetunion. In: Neuer Weg, 26. Nov. 1976, S. 2

174 Exposé présenté par le Président Nicolae Ceausescu à la Séance commune des Comité Central du P.C.R., de la Grande Assemblée Nationale, des Conseil Suprême de developement économique et social et de L'appareil central de parti et d'état. 28.-29. mars 1977. In: Revue roumaine d'études internationales 1977, 2 (36), S. 157 ff.

175 Frenzke, Dietrich, Rumänien, der Sowjetblock und die europäische Sicherheit. Die völkerrechtlichen Grundlagen der rumänischen Außenpolitik. Berlin 1975, bes. S. 79–84

176 Dazu: Rafael, Edgar R., "Entwicklungsland" Rumänien. Zur Geschichte der "Umdefinierung" eines sozialistischen Staates. (Untersuchungen zur Gegenwartskunde Südosteuropas, 12) München 1977, 145 S.

177 Glaser, E., A. Bolintineanu, La politique étrangère de la République socialiste de Roumanie et les grands princips du droit international contemporain. In: Revue roumaine d'études internationales 1969, 1 (5), S. 43

178 zit. bei Frenzke, Rumänien, S. 81

179 Frenzke, Rumänien, S. 82

180 Frenzke, Rumänien, S. 83

181 Frenzke, Rumänien, S. 83

182 Frenzke, Rumänien, S. 89

183 Ghermani, Dionisie, Die Rumänische Kommunistische Partei. In: Südosteuropa-Handbuch II: Rumänien, hrsg. von K.-D. Grothusen. Göttingen 1977, S. 32

184 The History of the Romanian People, ed. by Andrej Otetea. Bucharest 1970, S. 527. Ganz bewußt wurde das Institut für Internationale Beziehungen im ehemaligen Hause Titulescus untergebracht.

185 Ceausescu am 28. März 1977

186 Siehe: Konferenz für Sicherheit und Zusammenarbeit, KSZE-Dokumentation, hrsg. vom Presse- und Informationsamt der Bundesregierung. Köln 1976, 3. Aufl., S. 33

187 Fischer-Galati, Stephen: Foreign Policy. In: Südosteuropa-Handbuch II, Rumänien, S. 230

188 Mit dieser Kompromißformel wurde Rumänien als "neutral und noch immer blockgebunden" von den Blockfreien anerkannt. Petković, Ranko, Die Evolution der Kriterien der Blockfreiheit. In: Internationale Politik 652, S. 12

189 Meier, Viktor, Schwere Differenzen zwischen Rumänien und dem Warschauer Pakt. In: FAZ 27. Nov. 1978, S. 1 f.

190 Neumaier, Eduard, Chinesische Westpolitik. Gewagter Tanz auf dem Balkan. Huas Besuch in Rumänien und Jugoslawien fordert Moskau heraus. In: Die Zeit, 25. August 1978, S. 4

191 Rafael, Entwicklungsland, S. 118

192 Scînteia, 1.6.1971, zitiert bei: Ghermani, Dionisie, Eine Zwischenbilanz nach Hua Kuofengs Staatsbesuchen in Rumänien und Jugoslawien. Chinas Präsenz in Südosteuropa. In: Wissenschaftlicher Dienst Südosteuropa, Heft 8/9, 1978, XXVII. Jg., S. 207

193 Rede Präsident Titos vor der SFRJ-Nationalversammlung, Belgrad 26. Nov. 1976. In: Internationale Politik 640, S. 15. Zum gleichen Zeitpunkt tagte in Bukarest der Politische Beratende Ausschuß des Warschauer Paktes.

194 Rede Titos, S. 15

195 Zitiert in der Rede von Stane Dolanc auf der genannten Sitzung, S. 17

196 Rede Titos, S. 17

197 Mit dem RGW ist Jugoslawien nur assoziiert

198 Diskussionsbeitrag von Stane Dolanc in der SFRJ-Nationalversammlung. In: Internationale Politik, Heft 640, 5. Dez. 1976, S. 17

199 Štrbac, Čedomir, Koexistenz und Internationalismus. In: Internationale Politik, Heft 654–655, 5.–20. Juli 1977, S. 11

200 Štrbac, Koexistenz, S. 13

201 Kurtović, Todo, Das Wesen des Internationalismus. In: Internationale Politik, Heft 628, 5. Juni 1976, S. 3
202 Präsident Tito über Werdegang und Zukunft der Blockfreiheit. In: Internationale Politik, Heft 632–633 vom 5.–20. Aug. 1976, S. 20; siehe auch: Petković, Ranko: Dauerhafte und integrale Orientierung der SFRJ. – Rolle Präsident Titos bei der Entwicklung der Blockfreiheit. In: Ebenda, S. 28 f.
203 Referat des Generalsekretärs des ZK, Leonid Breschnew, auf dem XXV. Parteitag der Komm. Partei der SU, 24. Febr. 1976. In: Dokumente und Resolutionen. Moskau 1976, S. 16
204 Prawda, 26. Okt. 1976
205 Die Fünfte Gipfelkonferenz blockfreier Staaten in Colombo. In: Europa-Archiv, Folge 21, 1976 (10.11.1976), S. D 561 f.
206 Petković, Ranko, Die Evolution der Kriterien der Blockfreiheit. In: Internationale Politik, Heft 652, 5. Juni 1977, S. 12
207 Rede Stane Dolanc, Sekretär des EK des ZK des BdKJ-Präsidiums, auf der Präsidiumstagung der Bundeskonferenz des Sozialistischen Bundes der Werktätigen Jugoslawiens. In: Internationale Politik, Heft 638 vom 5. Nov. 1976, S. 13
208 Petković, Ranko, Dauerhafte ..., S. 28. Siehe auch: Tadić, Bojana, Blockfreiheit und Neutralität in der zeitgenössischen Welt. In: Internationale Politik, Heft 653 vom 20. Juni 1977, S. 37–42; Kardelj, Edvard, Le socialisme et la politique de non-alignement. In: Questions actuelles du Socialisme, 1974, XXIV, No. 6–7, S. 101 ff.
209 Siehe dazu: Tadić, Blockfreiheit
210 Das Schlußkommuniqué zum Ministertreffen des Koordinationsbüros blockfreier Länder. Neu-Delhi, 7.–11. April 1977. In: Internationale Politik, Heft 653, 20. Juni 1977, S. 26
211 Sagladin, W. W. (Gesamtredaktion), Die kommunistische Weltbewegung. Abriß der Strategie und Taktik. Frankfurt a. Main 1973, S. 32
212 Sagladin, Die kommunistische Weltbewegung, S. 42 f.
213 Sagladin, Die kommunistische Weltbewegung, S. 79
214 Sagladin, Die kommunistische Weltbewegung, S. 88
215 Sagladin, Die kommunistische Weltbewegung, S. 88
216 Sagladin, Die kommunistische Weltbewegung, S. 137
217 Lenin, W. I., Briefe über die Taktik. Werke 24, S. 26
218 Sagladin, Die kommunistische Weltbewegung, S. 139
219 Lenin, W. I., Werden die Bolschewiki die Staatsmacht behaupten? Werke 26, S. 89
220 Zagladin weist darauf hin, daß die Frage der Gewaltanwendung von allen marxistisch-leninistischen Parteien bei deren internationalen Beratungen 1957, 1960 und 1969 anerkannt worden sei. Sagladin, S. 142
221 Sagladin, Die kommunistische Weltbewegung, S. 147
222 Siehe dazu: Tinschmidt, Alexander u.a., Der revolutionäre Umwälzungsprozeß in Mittel- und Südosteuropa nach dem Zweiten Weltkrieg. In: ZfG 1977, 5, S. 517–540
223 Woslenskij, Michael S., Über die Strategie und Taktik der kommunistischen Weltbewegung. Eine sowjetische Darstellung. In: Osteuropa 1974, 11–12, S. 852
224 Sagladin, Die kommunistische Weltbewegung, S. 192 f.
225 Sagladin, Die kommunistische Weltbewegung, S. 200
226 Sagladin, Die kommunistische Weltbewegung, S. 426
227 Sagladin, Die kommunistische Weltbewegung, S. 430
228 Sagladin, W. W., Die Entwicklung des proletarischen Internationalismus unter den gegenwärtigen Bedingungen. In: Neues Deutschland, 12./13. März 1977, S. 20
229 Sagladin, Die Entwicklung, S. 10
230 Sagladin, Die Entwicklung, S. 10
231 Sagladin, Die Entwicklung, S. 10
232 Brežnev, L. I., Referat des Gensek des ZK auf d. XXV. Parteitag der KPdSU, 24.2.76. In: Dokumente und Resolutionen, XXV. Parteitag der KPdSU, S. 41

233 Sagladin, Die kommunistische Weltbewegung, S. 441
234 Brežnev auf dem XXIV. Parteitag der KPdSU, Moskau/Berlin 1972, S. 29/30
235 Sagladin, Die kommunistische Weltbewegung, S. 455
236 Sagladin, Die Entwicklung, S. 9
237 Timmermann stellt Suslov, Ponomar'ev und Sarodov gegen Brežnev und Zagladin. Timmermann, Heinz, Die Konferenz der europäischen Kommunisten in Ost-Berlin. Ergebnisse und Perspektiven. In: Europa-Archiv 1976, 19, S. 605
238 Zagladin, V., Internacionalizm – znamja kommunistov. In: Pravda, 20.4.1976, S. 3
239 Suslov, M., Naša épocha – épocha toržestva marksizma-leninizma. In: Kommunist 1976, 5, S. 18
240 Suslov, Naša épocha, S. 18
241 Dokumente und Resolutionen. XXV. Parteitag der KPdSU. Moskau 1976, S. 41
242 "Für Frieden, Sicherheit, Zusammenarbeit und sozialen Fortschritt in Europa". Schlußdokument, einstimmig angenommen von der Konferenz der kommunistischen und Arbeiterparteien Europas. In: Europa und die Kommunisten, hrsg. von Prof. W. Sagladin. Frankfurt/M. 1977, S. 200
243 Rede des Generalsekretärs der Italienischen Kommunistischen Partei, Enrico Berlinguer, am 30. Juni 1976, In: Europa-Archiv 1976, 17 (10.9.1976), S. D 443
244 Rede des Generalsekretärs der Französischen Kommunistischen Partei, Georges Marchais, am 30. Juni 1976. In: Europa-Archiv 1976, 17, S. D 449
245 Timmermann, Die Konferenz, S. 600 f.
246 Timmermann, Die Konferenz, S. 602
247 Rede des Vorsitzenden des Bundes der Kommunisten Jugoslawiens, Josip Broz Tito, am 30. Juni 1976, In: Europa-Archiv 1976, 17, S. D 443
248 Berlinguer, Rede, S. D 443
249 Marchais, Rede, S. D 447 f.
250 Rede des Generalsekretärs der Kommunistischen Partei Spaniens, Santiago Carillo, am 29. Juni 1976, In: Europa-Archiv 1976, 17, S. D 440
251 Timmermann, Die Konferenz, S. 602
252 Berlinguer, Rede, S. D 444
253 Marchais, Rede, S. D 447
254 Carillo, Rede, S. D 440
255 Carillo, Rede, S. D 440
256 Tito, Rede, S. D 441
257 Carillo, Rede, S. D 441
258 Berlinguer, Rede, S. D 446
259 Europa und die Kommunisten, S. 200
260 Timmermann, Die Konferenz, S. 603
261 Europa und die Kommunisten, S. 201
262 Beschluß des ZK der RKP über die Tätigkeit der Delegation der Rumänischen Kommunistischen Partei unter Leitung des Genossen Nicolae Ceausescu auf der Konferenz der Kommunistischen und Arbeiterparteien Europas (Scînteia, 2. Juli 1976). In: Europa und die Kommunisten, S. 291
263 Meier, Viktor, Der Warschauer Pakt strebt die Verurteilung Pekings an. In: FAZ 18.12.1978, S. 5
264 Grličkov, Aleksandar, National und international. In: Sozialistische Theorie und Praxis, Jg. IV, 1977, 4, S. 12
265 Die italienische Situation des "Historischen Kompromisses" zwischen IKP und DC ist freilich durch die Stärke der DC und die Schwäche aller sozialistischen Parteien bedingt.
266 Siehe auch: Timmermann, Die Konferenz, S. 603; Steinkühler, Manfred, Eurokommunismus im Widerspruch. Analyse und Dokumentation. Köln 1977, S. 11
267 Grličkov, National, S. 18
268 Carillo, Santiago, "Eurokommunismus" und Staat. Hamburg 1977, S. 179 f.

269 Carillo, Eurokommunismus, S. 183
270 Darauf verwiesen die schärfsten Kritiker innerhalb der FKP, Jean Elleinstein und Louis Althusser in Artikeln in Le Monde, April 1978; siehe dazu: Goldenberg, Boris, Zum Problem des Eurokommunismus. Materialien und Denkanstöße. In: aus politik und zeitgeschichte B 2/79, 13. Januar 1979, S. 18 f.
271 Timmermann, Heinz, Eurokommunismus heute. Anmerkungen zur Politik von IKP, FKP und KPSp. Berichte des Bundesinstituts für ostwissenschaftliche und internationale Studien 52-1978, S. 16
272 Timmermann, Eurokommunismus heute, S. 19
273 Timmermann, Eurokommunismus heute, S. 26
274 Ghermani, Dionisie, Chinas Präsenz in Südosteuropa. China und Rumänien. In: Wissenschaftlicher Dienst Südosteuropa, Heft 8/9 1978, XXVII. Jg., S. 205
275 Leonhard, Wolfgang, Eurokommunismus, Herausforderung für Ost und West. München 1978, S. 345
276 Dokumente und Resolutionen, XXV. Parteitag der KPdSU. Moskau 1976, S. 13 f.
277 Schachnazarov, Neue Faktoren, S. 54
278 Schachnazarov, Neue Faktoren, S. 54
279 Schachnazarov, Neue Faktoren, S. 49
280 Sumbatjan, Ju. G., Socialističeskaja orientacija: suščnost', kriterii i zakonomernosti. In: Naučnye doklady vysšej školy. Naučnyj Kommunizm 1977, 3, S. 85–92; Ul'janovskij, R. A., Idei velikogo oktjabrja i sovremennye problemy nacional'no-osvoboditel'nogo dviženija. In: Novaja i novejšaja istorija 1977, 3, S. 3–25
281 z.B. auf Kovalevskij, M. N., Obščinnoe zemlevladenie, pričiny, chod i posledstvija ego razloženija. M. 1879, Nachdruck 1977. Marxens Rezeption dieser Arbeit wurde hervorragend dargestellt von Harstick, Hans-Peter: Karl Marx über Formen vorkapitalistischer Produktion. Vergleichende Studien zur Geschichte des Grundeigentums 1879–1880. Quellen und Studien zur Sozial-Geschichte, Amsterdam-Frankfurt am Main-New York 1977, 358 S.
282 Siehe dazu: Geierhos, Wolfgang: Vera Zasulič und die russische revolutionäre Bewegung. München 1977, S. 170–191
283 Brežnev, L. I., 50 let velikich pobed socializma. M. 1967, S. 44
284 Meždunarodnoe Soveščanie kommunističeskich i rabočich partij. Dokumenty i materialy. M. 1969, S..313
285 Ul'janovskij, R., Naučnyj socializm i osvobodivšiesja strany. In: Kommunist 1968, 4, S. 92–106; Brutenc, K., Ėpocha socializma i nacional'noe osvoboždenie narodov. In: Kommunist 1967, S. 91–102; Uljanowski, R. A., Der Sozialismus und die befreiten Länder. Berlin (DDR) 1973, 452 S. (= Socializm i osvoboždivšiesja strany. Moskva 1972)
286 Bonwetsch, Bernd, Oktoberrevolution. Legitimationsprobleme der sowjetischen Geschichtswissenschaft. In: Politische Vierteljahresschrift, Zeitschrift der deutschen Vereinigung für Politische Wissenschaft 1976, 2 (Juni), S. 176 f.
287 Bonwetsch, Oktoberrevolution, S. 176
288 Brutenc, K. N., Sovremennye nacional'no-osvoboditel'nye revoljucii (Nekotorye voprosy teorii), Moskva 1974, S. 18; Ul'janovskij, R. A., Genezis i razvitie marksistsko-leninskoj koncepcii nekapitalističeskogo puti. In: Novaja i novejšaja istorija 1975, 2, S. 67 u. 69
289 Zagladin, V., Revoljucionnyj process i meždunarodnaja politika KPSS. In: Kommunist 1972, 13, S. 21
290 Ponomarev, B., Aktual'nye problemy teorii mirovogo revoljucionnogo processa. In: Kommunist 1971, 15, S. 59–71
291 Dokumente und Resolutionen. XXV. Parteitag der KPdSU. Moskau 1976, S. 15 u. 35
292 Simonija, N. A., Strany Vostoka: puti razvitija. M. 1975, S. 354; Sumbatjan, Socialističeskaja orientacija, S. 86 u. 91
293 Ul'janovskij, Idei velikogo Oktjabrja
294 Uljanowski, R. A., Der Sozialismus und die befreiten Länder. Berlin (DDR) 1973, S. 373 f.

295 Uljanowski, Der Sozialismus, S. 374
296 Uljanowski, Der Sozialismus, S. 369
297 Uljanowski, Der Sozialismus, S. 352 f.
298 Uljanowski, Der Sozialismus, S. 336
299 Uljanowski, Der Sozialismus, S. 354
300 Uljanowski, Der Sozialismus, S. 293 f.
301 Uljanowski, Der Sozialismus, S. 309
302 Uljanowski, Der Sozialismus, S. 318
303 Uljanowski, Der Sozialismus, S. 319
304 Uljanowski, Der Sozialismus, S. 367
305 Uljanowski, Der Sozialismus, S. 402
306 Der revolutionäre Prozeß in den afrikanischen Ländern sozialistischer Orientierung. In: Probleme des Friedens und des Sozialismus 1978, 1, S. 79–93
307 Der revolutionäre Prozeß, S. 80 f.
308 Ul'janovskij, Idei velikogo Oktjabrja.
309 Siehe: Funkcija gosudarstva v nezavizimych stranach Afriki. Moskau 1972
310 Wir haben es hier noch mit dem Entstehungsprozeß der Nation zu tun, in dem sie als totalisierende Matrix die Verbindung von interessengebundenem wie von unmittelbaren Interessenlagen emanzipiertem ideologischem Bewußtsein darstellt. Siehe: Hildebrandt, Walter, Die Problematik der Nation als totalisierende Matrix im Kontext des Strukturpluralismus Südosteuropas, S. 233, in: Ethnogenese und Staatsbildung in Südosteuropa. Beiträge des Südosteuropa-Arbeitskreises der Deutschen Forschungsgemeinschaft zum III. Internationalen Südosteuropa-Kongreß der Association Internationale d'Etudes du Sud-Est Européen, Bukarest, 4.–10.9.1974, hrsg. von Klaus-Detlev Grothusen. Göttingen 1974
311 Der revolutinäre Prozeß, S. 84
312 Dansoko, A., J. Nkosi, A. Salim, Revolutionäre Veränderungen in Afrika. In: Probleme des Friedens und des Sozialismus 1978, 9, S. 1248; Dansoko vertritt die Afrikanische Unabhängigkeitspartei Senegals, Nkosi die Südafrikanische KP, Salim die Sudanesische KP.
313 In vielen Fällen, in denen die gewachsenen Strukturen auf dem Lande durch Kollektivierung zerschlagen wurden, kam es zu Hungerkatastrophen.
314 Dansoko u.a., Revolutionäre Veränderungen, S. 1248
315 Dansoko u.a., Revolutionäre Veränderungen, S. 1249
316 Metze-Mangold, Verena, Tansania – ein Beispiel? Nyereres Experiment der Ujamaa. In: Das Parlament Nr. 2, 13.1.1979, S. 17
317 Ostrowsky, Jürgen, Comecon auf Breitenwirkung. Entwicklungshilfe der RGW-Länder im subsaharischen Afrika. In: Das Parlament Nr. 2, 13. Januar 1979, S. 21
318 Malhotra, Joginder K., Indien und die Deutschen. Die Entwicklungshilfe beider deutscher Staaten als Versuch zur Überwindung sozioökonomischer Probleme Indiens. In: Indo-Asia 1978, 3, S. 226
319 Matthies, Volker: Wird Afrika rot? Kommunismus als Bedrohungsvorstellung deutscher Afrika-Politik. In: Bley, Helmut, Rainer Tetzlaff (Hg.), Afrika und Bonn. Versäumnisse und Zwänge deutscher Afrika-Politik. Reinbek bei Hamburg 1978, S. 180
320 Plate, Bernhard von, DDR-Außenpolitik Richtung Afrika und Araber. In: Außenpolitik 1978, 1, S. 79
321 Linde, Gerd, Das Horn von Afrika. Neue Achsen und Allianzen. Berichte des Bundesinstituts für ostwissenschaftliche und internationale Studien 31-1978, S. 25
322 Linde, Gerd, Sowjetische Politik auf der arabischen Halbinsel. Berichte des Bundesinstituts für ostwissenschaftliche und internationale Studien 44-1978, S. 8
323 IISS, London, 27.4.1978
324 Matthies, Wird Afrika rot? S. 177
325 Matthies, Wird Afrika rot? S. 181
326 Linde, Das Horn von Afrika, S. 27

Anmerkungen zu IV. Die aktuelle Umsetzung

1 Brown, S., New Forces in World Politics. Washington 1974
2 Brown, New Forces, S. 185
3 Kaiser, Karl, Die europäische Herausforderung und die USA. München 1973, S. 19
4 Lewytzkyj, Borys, Sowjetische Entspannungspolitik heute. Stuttgart-Degerloch 1976, S. 64 f.; er stützt sich auf: Kapčenko, N., Vnešnjaja politika socializma i perestrojka meždunarodnych otnošenij. In: Meždunarodnaja žizn' 1975, 3
5 Tomaševskij, D., Na puti k korennoj perestrojke meždunarodnych otnošenij. In: Mirovaja ėkonomika i meždunarodnye otnošenija 1975, 1, S. 10
6 Lebedev, N. I. Velikij Oktjabr' i perestrojka meždunarodnych otnošenij. Moskva 1978, S. 196 ff.
7 0 60-j godovščine Velikoj Oktjabr'skoj socialističeskoj revoljucii. In: Pravda 1. Feb. 1977
8 Schachnasarow, Neue Faktoren, S. 54; Martin, Konstanten und Variabeln, S. 34 f.
9 Maksimova, M., Vsemirnoe chozjajstvo, naučno-techničeskaja revoljucija i meždunarodnye otnošenija. 2. Teil: Global'nye problemy sovremennosti i ich vozdejstvie na meždunarodnye otnošenija. In: Mirovaja ėkonomika i meždunarodnye otnošenija 1979, 5, S. 21 ff.
10 "Zukunft der Menschheit". In: Einheit 1979, 7, S. 684–732
11 Siehe auch: Geierhos, Die Sowjetunion und der Club of Rome. In: Deutsche Studien 1979, 67, S. 213–230
12 Pestel, Eduard, Vorwort zu: Meadows, Denis u.a., Die Grenzen des Wachstums. Bericht des Club of Rome zur Lage der Menschheit. Reinbek bei Hamburg 1973, S. 9
13 Pestel, Vorwort, S. 9
14 Meadows, Dennis, Donella Meadows, Erich Zahn, Peter Milling, Die Grenzen des Wachstums.
15 Forrester, J. W., Der teuflische Regelkreis. Stuttgart 1972
16 Mesarović, Mihailo, Eduard Pestel, Menschheit am Wendepunkt. 2. Bericht an den Club of Rome zur Weltlage. Reinbek bei Hamburg 1977, S. 39
17 Mesarović, Pestel, S. 40
18 Mesarović, Pestel, S. 8
19 Mesarović, Pestel, S. 142
20 Mesarović, Pestel, S. 143
21 Siehe: Dokumente und Resolutionen. XXV. Parteitag der KPdSU. Moskau 1976, S. 55
22 Auf den "Richta-Report" von 1966 wird hier nicht eingegangen. Siehe dazu: Skirke, Ulf, Planvoller Fortschritt? Ein Rückblick auf den "Richta-Report" des Prager Frühlings. In: Technologie und Politik 2, Reinbek bei Hamburg 1975, S. 185–192
23 "Grenzen des Wachstums" im Kommunismus? Protokoll eines Gesprächs sowjetischer Naturwissenschaftler. In: Technologie und Politik 2, S. 135–183. Nachdruck aus: Čelovek i sreda ego obitanija. "Kruglyj stol" "Voprosov filosofii". In: Voprosy filosofii 1973, 1, S. 48–60; 2, S. 36–52; 3, S. 51–73; 4, S. 57–79
24 Harich, Wolfgang, Kommunismus ohne Wachstum? Babeuf und der "Club of Rome". Sechs Interviews mit Freimut Duve und Briefe an ihn. Reinbek bei Hamburg 1975; Harich, Wolfgang. Der "Club of Rome" wird ernst genommen. Ein Gespräch über die Einschätzung der Wachstumsfrage in der Sowjetunion und der DDR. In: Technologie und Politik 2, S. 109–133, Rudolf Bahro, Die Alternative. Zur Kritik des real existierenden Sozialismus. Köln-Frankfurt am Main 1977, ist hier noch zu erwähnen, für die offizielle DDR-Wissenschaft freilich ebenso wenig repräsentativ wie Harich.
25 Forrester, J., World Dynamics, Cambridge 1971. (Der teuflische Regelkreis)
26 Das Exekutiv-Komitee des Club of Rome; Alexander King, Saburo Okita, Aurelio Peccei, Eduard Pestel, Hugo Thiemann, Carroll Wilson, Kritische Würdigung durch den Club of Rome. In: Meadows, Die Grenzen des Wachstums, S. 166
27 Das Exekutiv-Komitee, S. 167
28 Siehe dazu das Kapitel "Naučno-techničeskaja revoljucija i problemy ukreplenija mira i

sotrudničestva. In: Gromyko, Anatolij, Vnešnjaja politika SŠA: uroki i dejstvitel'nost'. 60-70-e gody. Moskva 1978, S. 229–251. Anatolij Gromyko ist der Sohn des sowjetischen Außenministers, neuerdings Direktor des Afrika-Instituts der AdW.

29 Fedorov, E. K., Vzaimodejstvie obščestva i prirody. Leningrad 1972; deutsch: Die Wechselwirkung zwischen Natur und Gesellschaft. Berlin (DDR) 1974; Budyko, M. I., Čelovek i biosfera. In: Voprosy filosofii 1973, 1, S. 61–70; S. 66 übernimmt er Forresters und Meadows Argumentation. Hier ist auch Gelovani zu nennen, der das Modell "World 2" von Forrester erweiterte: Gelovani, V. A., V. A. Egorov, V. B. Mitrofanov, A. A. Piontkovskij, Ob odnoj zadače upravlenija v global'noj dinamičeskoj modeli Forrestera (predstavleno akademikom L. V. Kantorovičem 8. VII. 1974). In: Doklady Akademii nauk SSSR 1975, Tom 220, No. 3, S. 536–539

30 "Grenzen des Wachstums" im Kommunismus? S. 143 f.

31 "Grenzen des Wachstums" im Kommunismus? S. 147

32 "Grenzen des Wachstums" im Kommunismus? S. 148

33 "Grenzen des Wachstums" im Kommunismus? S. 140; im russischen Original wird die Form der wissenschaftlichen Einrichtung, auch die eines internationalen Zentrums, schon konkret angesprochen, Kapica stimmt dabei mit Budyko überein. "Kruglyj stol" "Voprosov filosofii". In: Voprosy filosofii 1973, 1, S. 56

34 Siehe seinen Aufsatz: Chozin, G. S., Nauka i technika, ideologija i politika (Opyt analiza evoljucii kompleksnych naučno-techničeskich proektov v SŠA). In: Voprosy filosofii 1973, 1, S. 71–82, in dem er auf S. 78 auch Meadows kurz vorstellt.

35 "Grenzen des Wachstums" im Kommunismus? S. 166–168

36 "Grenzen des Wachstums" im Kommunismus? S. 179

37 "Grenzen des Wachstums" im Kommunismus? S. 179 f.

38 Vzaimodejstvie estestvennych i obščestvennych nauk na sovremennom étape (Kruglyj stol "Voprosov filosofii"). In: Voprosy filosofii 1973, 9, S. 42–60; 10, S. 39–53

39 Vzaimodejstvie, 1973, 9, S. 59 f.

40 Vzaimodejstvie, 1973, 10, S. 44

41 Fedoseev, P. N., Social'noe značenie naučno-techničeskoj revoljucii. In: Voprosy filosofii 1974, 7, S. 12 und 14

42 Fedoseev, Social'noe značenie, S. 16

43 Fedoseev, P. N., Itogy XV Vsemirnogo filosofskogo kongressa. In: Voprosy filosofii 1973, 12, S. 16

44 Nauka i global'nye problemy sovremennosti (Kruglyj stol žurnala "Voprosov filosofii" i komissii po problemam publicistiki Moskovskoj žurnalistskoj organizacii). In: Voprosy filosofii 1974, 10, S. 47

45 Novik, I. B., Buduščee nauki i ékologičeskaja problema. In: Voprosy filosofii 1975, 1, S. 115

46 Kommoner, V., Zamykajuščijsja krug. Leningrad 1974

47 Vasilenko, L. I., Problematika "Predelov rosta" i sovremennaja nauka. In: Voprosy filosofii 1974, 11, S. 141–149

48 Kurbanov, R. O., A. A. Gorelov, Problema vzaimootnošenija obščestva i prirody. In: Voprosy filosofii 1975, 2, S. 109–113

49 Nauka i global'nye problemy sovremennosti (Kruglyj stol žurnala "Voprosov filosofii" i komissii po problemam publicistiki Moskovskoj žurnalistskoj organizacii). In: Voprosy filosofii 1974, 8, S. 102–124; 9, S. 67–83; 10, S. 46–60; 11, S. 60–81

50 Nauka i global'nye problemy, 1974, 8, S. 111

51 Nauka i global'nye problemy, 1974, 9, S. 77

52 Nauka i global'nye problemy, 1974, 10, S. 50

53 Gwischiani, D. M., Neues internationales Forschungszentrum in Wien. In: Europäische Rundschau 1973, 1, S. 21–28

54 Lapin, N. I., Problemy sociologičeskogo analiza organizacionnych sistem. In: Voprosy filosofii 1974, 7, S. 38–49

55 Das Exekutiv-Komitee, S. 173

56 Mesarovic, Mihailo, Eduard Pestel, Menschheit am Wendepunkt

57 Fedorenko, Nikolai, Globale Prognosen und reale Lösungen. Zu einigen bürgerlichen Konzeptionen der ökonomisch-mathematischen Modellierung ökologischer Prozesse. In: Probleme des Friedens und des Sozialismus 1977, 5, S. 686

58 Mesarovič, Mihailo, Eduard Pestel, Menschheit am Wendepunkt.

59 Herrera, A. u.a., World Model. Report in the Proceedings of the Seminar on the Latin American World Model at IIASA, Laxenburg 1974; Latin American World Model (preliminary report). Buenos Aires 1974

60 Kaya, Y., Y. Suzuki, Global Constraints and a New Vision for Development. In: Technological Forecasting and Social Change 1974, 6, Nr. 3, S. 277–297

61 Linnemann, H., Problems of Population Doubling. Vgl. Linnemann, H, u.a., MOIRA: A Model of International Relations in Agriculture, Paper for the Third IIASA Symposium on Global Modelling (Food and Agriculture), Laxenburg 1975

62 DEMATEL – Decision Making Trial and Evaluation Laboratory. Siehe auch: Siebker, M. und Y. Kaya, The Club of Rome Report from Tokyo: Toward a Global Vision of Human Problems. In: Technological Forecasting and Social Change 1974, 6, Nr. 3, S. 231–260

63 Tinbergen, J., u.a., Reshaping the International Order. The Club of Rome. Report from Tokyo. New York 1976

64 Laszlo, E., A Strategy for the Future: The Systems Approach to World Order. New York 1974; Laszlo, E., Goals for Mankind. New York 1977

65 Sagladin, Wadim, Iwan Frolow, Globale Probleme der Gegenwart und die Kommunisten. In: Probleme des Friedens und des Sozialismus 1978, 3, S. 363–373. Übersetzung aus: Kommunist 1976, 16, S. 93–104

66 Fedorenko, Globale Prognosen, S. 686

67 Fedorenko, Globale Prognosen, S. 686

68 Sagladin, Frolow, S. 364 ff.

69 Fedorenko, Globale Prognosen, S. 687

70 Fedorenko, Globale Prognosen, S. 687

71 Smirnov, A. D., Sistema imitacii ėkonomich rešenij. In: Ėkonomika i matematičeskie metody 1973, t. IX, vyp. 3, S. 395–406; Bel'čanskij, G. I. u.a., Metodologičeskie aspekty postroenija global'nogo modelirovanija. In: Sb. Dokladov XXIII meždunarodnogo geografičeskogo kongressa, t. 8, "Regional'naja geografija", Moskva 1976, S. 230–234. Zitiert bei: Fedorenko, Globale Prognosen, S. 687

72 Fedorenko, Globale Prognosen, S. 687 f.

73 Fedorenko, Globale Prognosen, S. 688

74 Bagrinovskij, K. A., M. Ja. Lemešev, O planirovanii ėkonomičeskogo razvitija s učetom trebovanij ėkologii. In: Ėkonomika i matematičeskie metody 1976, t. XII, vyp. 4, S. 681–691. Zitiert bei: Fedorenko, Globale Prognosen, S. 688

75 Zur schwierigen Lage des 1968 gegründeten sowjetischen Akademie-Instituts für konkrete Sozialforschung, bzw. seit 1972 "Institut für soziologische Untersuchungen" und seine Direktoren A. M. Rumjancev und M. N. Rutkevič siehe: Dahm, Helmut, Die sozialistische Lebensweise. Entstehung, Sinn und Zweck eines Leitbildes. Berichte des Bundesinstitut f. ostw. u. intern. Studien 1977, 66, s. 47

76 Siehe: Forrester, Jay W., Das intuitionswidrige Verhalten sozialer Systeme. In: Meadows, Dennis L. und Donella H., Das globale Gleichgewicht. Modellstudien zur Wachstumskrise. Reinbek bei Hamburg 1976, S. 15

77 Gwischiani, Dshermen, Theoretische Aspekte der Modellierung der sozialen Prozesse. In: Gesellschaftswissenschaften 1978, 3, S. 117; Gwischiani, Dshermen, Globale Modellierung: Komplexe Analyse der Weltentwicklung. In: Probleme des Friedens und des Sozialismus 1978, 8, S. 1098

78 Gwischiani, Theoretische Aspekte, S. 127

79 Gwischiani, Theoretische Aspekte, S. 132 f.

80 Gwischiani, Theoretische Aspekte, S. 134

81 Gwischiani, Theoretische Aspekte, S. 136
82 Gwischiani, Theoretische Aspekte, S. 137
83 "Grenzen des Wachstums" im Kommunismus? S. 168
84 "Grenzen des Wachstums" im Kommunismus? S. 180
85 Gwischiani, Theoretische Aspekte, S. 127
86 Siehe: Sagladin, Frolow, Globale Probleme der Gegenwart und die Kommunisten.
87 Gwischiani, Theoretische Aspekte, S. 129
88 Marx, K., Grundrisse der Kritik der politischen Ökonomie (Rohentwurf) 1857–1858. Berlin 1953, S. 387. Zitiert bei: Gwischiani, Theoretische Aspekte, S. 130
89 Sagladin, Frolow, Globale Probleme der Gegenwart, S. 369 f.
90 Sagladin, Frolow, Globale Probleme der Gegenwart, S. 370
91 Sagladin, Frolow, Globale Probleme der Gegenwart, S. 373
92 Siehe: Harich, Kommunismus ohne Wachstum? S. 178 f.
93 Jegorow, W. N., Friedliche Koexistenz und revolutionärer Prozeß. Berlin 1972 (aus dem russ.), S. 216
94 Bobrov, R. L., Osnovnye problemy teorii meždunarodnogo prava (Grundprobleme der Völkerrechtstheorie). Moskva 1968
95 Bovin, A. E., Mirnoe sosušĉestvovanie. In: BSÉ, Bd. 16, 1974, S. 314, Sp. 929. Bovin gebraucht hier stereotype Formulierungen, die über Egorov (Jegorow, Friedliche Koexistenz, S. 216) auf den XX. Parteitag der KPdSU 1956 zurückgehen; siehe: Rechenschaftsbericht des ZK der KPdSU an den XX. Parteitag. Berlin 1956, S. 167 ff.; siehe auch: Wettig, Gerhard, Entspannungskonzepte in Ost und West. Berichte des BOIS Köln 32-1979, 52 S.
96 Einleitung zu: Sicherheit und Zusammenarbeit in Europa. KSZE-Dokumentation. Hrsg. vom Presse- und Informationsamt der Bundesregierung. 3. Aufl. Köln Okt. 1976, S. 8
97 So die von den Jugoslawen in der KSZE angestrebte Mittelmeerkonvention; außerdem: Schneider, Eberhard, Nach der KSZE die KSA? Kollektives Sicherheitssystem als Grundmuster sowjetischer Asienpolitik. In: Beiträge zur Konfliktforschung 1977, 1, S. 29–49
98 Eżegodnik meždunarodnogo prava 1968, Moskva 1969, S. 379 f., zitiert bei Jegorow, Friedliche Koexistenz, S. 206; dieser Bereich fehlt im russischen Original: Egorov, V. N., Mirnoe sosušĉestvovanie i revoljucionnyj process. Moskva 1971
99 Jegorow, Friedliche Koexistenz, S. 206
100 Schachnasarow, Neue Faktoren, S. 46
101 Sagladin, W. W., Die Veränderungen in der Welt und die kommunistische Bewegung. In: Neues Deutschland, 23.12.1975, S. 5
102 Schachnasarow, Neue Faktoren, S. 46
103 Razrjadka – istoričeskij ob'ektivnyj process. In: Pravda, 22. Sep. 1978, S. 4
104 Schachnasarow, Neue Faktoren, S. 55
105 Doernberg, Stefan, Friedliche Koexistenz unumkehrbar machen. In: IPW-Berichte 1976, 5, S. 25
106 Bergsten, C. F., O. Kechane, J. S. Nye, International economics and international politics: a framework for analysis. In: World Politics and International Economics. Washington 1975, S. 8
107 Martin, Wirkungen und Dynamik, S. 39
108 Martin, Wirkungen und Dynamik, S. 39 f.
109 Martin, Wirkungen und Dynamik, S. 40
110 Neubert, Wolfram, Die Dialektik von friedlicher Koexistenz und sozialem Fortschritt sowie ihre antikommunistische Verfälschung. In: IPW-Berichte, Berlin 1978, 7, S. 18
111 Neubert, Die Dialektik, S. 17
112 Neubert, Die Dialektik, S. 17
113 Neubert, Die Dialektik, S. 10
113 a Große-Jütte, Annemarie, Rüdiger Jütte (Hrsg.), Entspannung ohne Frieden. Versäumnisse europäischer Politik. Mit einem Vorwort von Wolf Graf von Baudissin. Frankfurt (Main) 1977, 299 S.

113 b Große-Jütte, Annemarie, Friede und Konflikt im Ost-Westverhältnis – zur Konkretisierung eines Friedensbegriffes für Europa. In: Entspannung und Frieden, S. 68

114 Beobachter wie Legvold, der den Amerikanern eine strategische Doktrin zuschreibt, den Sowjets jedoch abspricht, sollen hier unberücksichtigt bleiben. Legvold, Robert, Strategic 'Doctrine' and SALT: Soviet and American Views. In: Survival (IISS), January/February 1979, S. 9

115 Siehe: Hubatschek, Gerhard, Hauptphasen der Strategie- und Streitkräfteentwicklung in NATO und Warschauer Pakt. In: Europäische Wehrkunde 1979, 2, S. 55; von Weizäcker, Carl Friedrich, Moskaus Rüstung: defensiv und bedrohlich. Der dritte Weltkrieg ist wahrscheinlich, doch er kann vermieden werden. In: Die Zeit Nr. 21, 18.5.79, S. 11

116 Nikonov, A., Voennaja razrjadka i perestrojka meždunarodnych otnošenij. In: Mirovaja Ėkonomika i Meždunarodnye otnošenija 1977, 6, S. 29

117 Poljanow, Nikolai, Abrüstung: eine lösungsreife Notwendigkeit. In: Entspannung und Abrüstung. Probleme und Perspektiven. Hrsg. von Alexander Kaljadin und Gerhard Kade. Wien 1976, S. 61

118 Kaljadin, Alexander, Probleme der Abrüstung in Europa. In: Probleme des Friedens, der Sicherheit und der Zusammenarbeit. Beiträge aus West- und Osteuropa. Hrsg. von Stefan Doernberg, Johan Galtung, Anatoli Gromyko und Dieter Senghaas. Schriften des Internationalen Instituts für den Frieden, Wien. Köln 1975, S. 346

119 Pawelzig, G., Dialektik der Entwicklung objektiver Systeme. Berlin 1970, S. 91, zitiert bei: Martin, Wirkungen und Dynamik, S. 40

120 Neubert, Die Dialektik, S. 12

121 Shestov, V., Disarmament – Key Problem of World Politics. In: International Affairs 1979, 3, S. 93–102

122 Nikonov, Voennaja razrjadka, S. 31

123 Nikonov, Voennaja razrjadka, S. 30

124 Nikonov, Voennaja razrjadka, S. 31

125 Zur Wandlung des Paritätsbegriffes siehe: Schilling, Walter, Militärische Parität – beim Wort genommen. In: liberal 1979, 2, S. 115

126 Nikonov, Voennaja razrjadka, S. 31

127 Efremov, A. E., Jadernoe razoruženie. Moskva 1976, S. 165 ff.; Gromyko, Anatolij, Vnešnjaja politika SŠA: uroki i dejstvitel'nost'. 60-70-e gody. Moskva 1978, S. V

128 Gromyko, Vnešnjaja politika SŠA, S. 267

129 Buhl, Dieter und Christian Schmidt-Häuer, Die Umarmung in Wien. Bei der ersten Begegnung Carters mit Breschnjew: Der Wunsch nach Entspannung verdeckte die politischen Gegensätze. In: DIE ZEIT Nr. 26, 22.6.1979, S. 4

130 Burger, Hannes, Das Gipfeltreffen Carter-Breschnew. In: Süddeutsche Zeitung, 18. Juni 1979, S. 2

131 Gorschkow, Sergej G., Flottenadmiral: Seemacht Sowjetunion. Deutsche Ausgabe hg. von Eckart Opitz. Hamburg 1978, S. 407

132 DIE ZEIT Nr. 26, 22. Juni 1979, S. 3

133 Siehe dazu: von Baudissin, Wolf Graf, Sicherheitspolitik und Entspannungsprozeß. In: Entspannung und Abrüstung. Wien 1976, S. 94 ff.

134 Warschauer Pakt will jetzt auch über Waffen der "grauen Zone" verhandeln. Hinweis auf Gesprächsbereitschaft in Moskauer Erklärung. In: FAZ 25.11.1978

135 Schmidt, Bundeskanzler: Verteidigungsfähigkeit und Rüstungsbegrenzung. In: Das Parlament Nr. 8, 24.2.1979, S. 10. Zwei Wochen nach dem SALT-II-Gipfeltreffen gab der sowjetische Chefdelegierte Tarasov bei den Wiener MBFR-Verhandlungen die Forderung der WVO auf, wonach jedes Land seine Streitkräfte "entsprechend seiner militärischen Stärke" reduzieren müsse. In: NZZ 30.6.79

136 Siehe dazu: Rachmaninov, Ju. N., Problema evropejskoj bezopasnosti: Istoričeskij opyt ee rešenija 1917–1977. Moskva 1979, S. 300 ff.

137 Nikonov, Voennaja razrjadka, S. 33

253

138 Neue Friedensinitiative der Warschauer Vertragsstaaten. In: Neues Deutschland, 29.11.76
139 Erneut auf der Tagung des Komitees der Außenminister der WVO am 14. und 15. Mai 1979 in Budapest. Die Tagung der Außenminister der Warschauer-Pakt-Staaten im Mai 1979. In: Europa-Archiv 1979, 13, S. D 329–D 332
140 von Baudissin, Sicherheitspolitik und Entspannungsprozeß, S. 94
141 Memorandum der Sowjetunion zu Fragen der Einstellung des Wettrüstens und der Abrüstung. In: Gesellschaftswissenschaften 1978, 2, S. 25–41
142 Gromyko, Andrej, Mitglied des Politbüros des ZK der KPdSU und Minister für Auswärtige Angelegenheiten der UdSSR: Weg zur Einstellung des Wettrüstens. In: Pravda, 27. Mai 1978. Deutsch in: Sozialismus: Theorie und Praxis. Sowjetpresse für Theorie und Politik im Querschnitt, 1978, 9, S. 4. Siehe auch: Gromyko, A. A., O praktičeskich putjach k prekraščeniju gonki vooruženij. Reč' na special'noj sessii General'noj Assamblei OON po razoruženiju 26 marta 1978 g. M., 1978. Auszüge in: Letopis' vnešnej politiki SSSR 1917–1978 gg. Moskva 1978, S. 362 f.
143 Dokumente zu Fragen der Rüstungssteuerung und internationalen Sicherheit. Ergebnisse der 33. Generalversammlung der Vereinten Nationen. In: Europa-Archiv 1979, 11, S. D 273
144 Neue Warnungen Moskaus an den US-Senat. Gromyko: Keine neuen Verhandlungen. In: NZZ Nr. 145. 27. Juni 1979, S. 3
145 Čerkasskij, L. Ja., Strategija mira. Moskva 1972, S. 155
146 Breschnew, Generalsekretär des ZK der KPdSU: Rechenschaftsbericht des Zentralkomitees der KPdSU an den XXIV. Parteitag der Kommunistischen Partei der Sowjetunion. Moskau 1971, S. 40 ff.
147 Dokumente und Resolutionen. XXV. Parteitag der KPdSU. Moskau 1976, S. 33 ff.
148 Proektor, D. M., u.a., Europäische Sicherheit und Zusammenarbeit: Voraussetzungen, Probleme, Perspektiven. Vorwort von A. P. Schitikow, Vorsitzender des Sowjetischen Komitees für europäische Sicherheit und Zusammenarbeit. Berlin (DDR) 1978, S. 166 ff.: "Die neuen Initiativen der gesellschaftlichen Kräfte".
149 Lebedev, Velikij Oktjabr', S. 284; Shestov, V., Disarmament – Key problem of World Politics. In: International Affairs 1979, 3, S. 101
150 Neues Deutschland 27./28. Oktober 1979, S. 1; Reaktionen ND 29. Oktober u. ff.
151 Vorwürfe aus Moskau zurückgewiesen. In: FAZ 1. November 1979, S. 4
152 Lebedev, N. I., Novyj ètap meždunarodnych otnošenij. Moskva 1976, S. 75. Siehe auch: Sanakoev, S., N. Ševcov, V bor'be za perestrojku meždunarodnych otnošenij. In: Kommunist 1977, 4, S. 122 ff.
153 Lebedev, Velikij Oktjabr', S. 286
154 Poser, Günter, Militärmacht Sowjetunion 1977. Daten – Tendenzen – Analyse. 3. Aufl. München 1977, S. 116 und 118
155 Alford, Jonathan, Der militärische Aspekt des Entspannungsprozesses in Europa. Aussichten und Probleme. In: Europa-Archiv 1979, 6, S. 161. Oberst Alford ist stellv. Direktor des IISS, London.
156 "Die Tage der amerikanischen Überlegenheit sind vorbei". Ende der Atlantischen Versammlung in Lissabon/Streit um Salt-Abkommen. In: FAZ 1. Dez. 1978, Nr. 267, S. 5
157 Europäer über sowjetische Mittelstreckenraketen besorgt. In: FAZ 27. Nov. 1978
158 Internationale Wehrkundetagung in München. In: Süddeutsche Zeitung Nr. 41, 19. Feb. 1979, S. 2
159 Kommuniqué über die Ministertagung des Verteidigungs-Planungsausschusses der NATO in Brüssel am 15. und 16. Mai 1979. In: Europa-Archiv 1979, 13, S. D 321 ff. Daß die Kampfbereitschaft erhöht wurde, schrieb auch Armeegeneral Epišev. Epišev, A., Vooruzhennye sily obščenarodnogo gosudarstva. In: Kommunist 1979, 2, S. 65
160 Wehner: Sowjetische Rüstung widerspricht der Entspannung. Schmidt: Bedrohung durch "eurostrategische Waffen". Die sicherheitspolitische Tagung der SPD in Bremen. In: FAZ 21. Mai 1979, Nr. 117, S. 1 f.

161 Kosygin, A. N., Tvorčeskaja sila velikich idej oktjabrja. Doklad tovarišča A. N. Kosygina na toržestvennom zasedanii, posvjaščennom 61-j godovščine Velikoj Oktjabr'skoj socialističeskoj revoljucii. V Kremlevskom Dvorce s'ezdov 4 nojabrja 1978 goda. In: Izvestija, 5. nojabrja 1978 g., S. 2

162 Moskau verstärkt den Druck auf die europäischen Nato-Länder. In: FAZ 17. Okt. 1979, S. 1 f.

163 Falin, Valentin, Wie buchstabiert man Abrüstung? Anfrage an den Westen. In: Vorwärts Nr. 44, 25. Okt. 1979, S. 16

164 Pawelczyk, Alfons, Sicherheits- und bündnispolitische Interessen der Bundesrepublik und Rüstungskontrolle. In: Rüstungskontrolle und Sicherheit in Europa. Hrsg. Erhard Forndran und Paul J. Friedrich, Bonn 1979, S. 235

165 Moskau zielt mit Waffen auf politische Konzessionen. In: FAZ 29.4.1977

166 Entspannungspolitik nach Helsinki – Eine Zwischenbilanz. Bergedorfer Gesprächskreis, Protokoll Nr. 55, 1976

167 Rosenkranz, Erhard, Der politische Stellenwert des militärischen Gleichgewichts. In: Kaiser Karl und Karl Markus Kreis, Hrsg., Sicherheitspolitik vor neuen Aufgaben. 2. Aufl. Bonn 1979, S. 290

168 Lange, Peer, Zur politischen Nutzung militärischer Macht. Der sowjetische Denkansatz. Berichte des Bundesinstituts für ostwissenschaftliche und internationale Studien. Köln 50-1978

169 de Maizière, Ulrich, Die Rolle von Streitkräften in der Außenpolitik. In: Europäische Wehrkunde, 1979, 1, S. 6

170 Lange, Zur politischen Nutzung, S. 32

171 Lange beruft sich auf Trofimenko, G., SŠA: Politika, vojna, ideologija, Moskva 1976, S. 12 und 209

172 So: "Bestimmte Kreise des Westens". Sanakojew, Shalwa, Europa nach Helsinki. In: Deutsche Außenpolitik, 1979, 6, S. 7

173 Lange, Zur politischen Nutzung, S. 32. Zur Bedeutung der Öffentlichkeit für außenpolitische Entscheidungen der USA siehe: Almond, Gabriel A., The American People and Foreign Policy. New York 1962; sowie: Schweigler, Gebhard, Internationalismus oder Isolationismus; Außenpolitik und öffentliche Meinung in den Vereinigten Staaten. In: Europa-Archiv 1976, 19, S. 609–618

174 Gromyko, Vnešnjaja politika SŠA, S. IV

175 Ustinow, D. F., Sechzig Jahre auf Wacht für die Errungenschaften des großen Oktober. Rede des Verteidigungsministers der UdSSR auf der Festveranstaltung zum 60. Jahrestag der Sowjetarmee und der Seekriegsflotte. 22. Februar 1978. Moskau 1978, S. 36 und 41

176 Lange, Zur politischen Nutzung, S. 33

177 Lange, Zur politischen Nutzung, S. 34

178 Der Nachrüstungsbeschluß der NATO Ende 1979 versucht, durch die Installierung von 500 Pershing II-Raketen das Gleichgewicht auf dem Sektor der Mittelstreckenraketen wiederherzustellen.

179 Lange, Zur politischen Nutzung, S. 36

180 Hoffmann, Heinz, Armeegeneral: Streitkräfte in unserer Zeit. In: Einheit 1976, 3, S. 9

181 Schiller, Ulrich, Das Pendel schwingt zurück. Carter möchte die außenpolitischen Fesseln des Kongresses abstreifen. In: Die Zeit Nr. 22, 26. Mai 1978, S. 7

182 Žurkin, V., Podopleka odnogo mifa. In: Pravda, 17.6.1978; Kosygin, Tvorčeskaja sila, S. 2

183 Bertram, Christoph, Moskaus Drang in die Dritte Welt. Frieden zwischen Ost und West, aber die Gefahr von Stellvertreterkriegen wächst. In: Die Zeit Nr. 19, 4. Mai 1979, S. 3

184 Nauka i global'nye problemy sovremennosti. Kruglyj stol žurnala "Voprosy filosofii" i komissii po problemam publicistiki Moskovskoj žurnalistskoj organizacii (vystuplenija I. T. Frolova, G. S. Chozina, P. G. Oldaka, V. S. Emel'janova, A. G. Bannikova, V. A. Anučina i dr.). In: Voprosy filosofii 1974, 8, S. 112

185 Speiser, A. P., Prof. Dr., Chef der Konzernforschung von Brown Boveri: Verändertes weltweites Kräfteverhältnis in Wissenschaft und Technik. In: Neue Zürcher Zeitung 26./27. August 1979, Fernausgabe Nr. 196, S. 9

186 Schulz, Eberhard, Moskau und die europäische Integration. Studienausgabe. München Wien 1977. Schriftenreihe des Forschungsinstituts der Deutschen Gesellschaft für Auswärtige Politik e.V. Bonn. Reihe: Internationale Politik und Wirtschaft. Band 38, S. 91 ff.

187 Maksimova, M. M., SSSR i mezdunarodnoe ekonomiceskoe sotrudnicestvo. Moskva 1977; dies., Vsemirnoe chozjajstvo, naucno-techniceskaja revoljucija i mezdunarodnye otnosenija. In: Mirovaja ekonomika i mezdunarodnye otnosenija 1979, 4, S. 12–24 und 5, S. 21–33

188 Frei, Daniel, Politische "Feldforschung" in Moskau. Zum XI. Weltkongreß für Politische Wissenschaft. In: NZZ 23. August 1979, Fernausgabe Nr. 193, S. 2

189 Maksimova, Vsemirnoe chozjajstvo, S. 15

190 Schon Stalin sprach 1952 von zwei Weltmärkten. Stalin, J., Die ökonomischen Probleme des Sozialismus in der UdSSR. Moskau 1952, S. 37, zit. bei: Jacobsen, Hanns-Dieter, Die wirtschaftlichen Beziehungen zwischen West und Ost. Strukturen, Formen, Interessen, Auswirkungen. Reinbek bei Hamburg 1975, S. 16

191 Maksimova, Vsemirnoe chozjajstvo, S. 16

192 Maksimova, Vsemirnoe chozjajstvo, S. 18 f.

193 Siehe dazu: Tiedtke, Die Warschauer Vertragsorganisation, S. 129

194 Maksimova, Vsemirnoe chozjajstvo, 1979, 4, S. 21

195 Umgestaltung der internationalen Wirtschaftsbeziehungen und die antiimperialistische Front der Völker. In: Probleme des Friedens und des Sozialismus 1979, 5, S. 606 ff.

196 Ost-Integration mit Langzeiteffekt. Moskau hofft eines Tages auch die Weltwirtschaft beeinflussen zu können. In: Handelsblatt 6.10.1976

197 Maksimova, M. M., SSSR i mezdunarodnoe ekonomiceskoe sotrudnicestvo, S. 37

198 Maksimova, SSSR, S. 45

199 Maksimova, SSSR, S. 52

200 Maksimova, SSSR, S. 147 f.; Müller, Friedemann, Gesamteuropäische Zusammenarbeit im Energiebereich. Ein neuer Ansatzpunkt für die Ost-West-Kooperation. In: Europa-Archiv 1979, 11, S. 313–322

201 Bykov, A., Socialisticeskoe sodruzestvo i mezdunarodnyj obmen technologiej. In: Mirovaja ekonomika i mezdunarodnye otnosenija, 1978, 2, S. 24–33

202 Bolz, Klaus, Einfluß langfristiger Faktoren der wirtschaftlichen Entwicklung der UdSSR auf die wirtschaftlichen Beziehungen zwischen der UdSSR und der Bundesrepublik Deutschland. In: Osteuropa-Wirtschaft 1978, 2, S. 112

203 Hardt, John P., The Role of Western Technology in Soviet Economic Plans. In: East-West Technological Co-operation. Main findings of Colloquium held 17th–19th March, 1976 in Brussels. NATO-Directorate of Economic Affairs. Bruxelles 1976, S. 319 f.

204 Knirsch, Peter, Interdependenzen im Ergebnis der Ost-West-Wirtschaftsbeziehungen. In: Osteuropa-Wirtschaft 1979, 2, S. 112

205 "Ein erster Schritt gegen die roten Flotten". Der Reederverband begrüßt das Meldesystem im Linienverkehr. In: FAZ 28.11.1978

206 Bolz, Klaus, HWWA-Institut-Hamburg. 22. Februar 1977. Einführungsreferat zum Kolloquium über "Die Situation und Entwicklungstendenzen in den Ost-West-Wirtschaftsbeziehungen", S. 25

207 Müller, Friedemann, Sicherheitspolitische Aspekte der Ost-West-Wirtschaftsbeziehungen. In: aus politik und zeitgeschichte. beilage zur wochenzeitung das parlament. B 37/77, 17. September 1977, S. 33

208 Müller, Sicherheitspolitische Aspekte, S. 34

209 Izik Hedri, Gabriella, Gedanken über mögliche Beziehungen zwischen RGW und EG. In: Europa-Archiv 1979, 10, S. 295

210 Müller, Sicherheitspolitische Aspekte, S. 36

211 Müller, Friedemann, Sicherheitspolitische Aspekte der Ost-West-Wirtschaftsbeziehungen. SWP-AZ 2126 März 1977, S. 14. Dort auch weiterführende Literatur

212 Siehe dazu: Müller, Friedemann, Gesamteuropäische Zusammenarbeit im Energiebereich. Ein neuer Ansatzpunkt für die Ost-West-Kooperation. Europa-Archiv 1979, 11, S. 321

212 a Höhmann, Hans-Herrmann, Gertraud Seidenstecher, Sowjetunion. In: Höhmann, Hans-Hermann (Hrsg.), Die Wirtschaft Osteuropas und der VR China 1970–1980. Bilanz und Perspektiven. Stuttgart-Berlin-Köln-Mainz 1978, S. 51

213 Moskau: Entwicklungshilfe Bonns "besondere Form der Aggression". Die "Sozialistit-scheskaja Industrija" unterstellt einen "strategischen Plan". FAZ 14.9.79, S. 1

214 Maksimova, SSSR, S. 132

215 Zur klassischen sowjetischen Afrikapolitik siehe: Lüders, Klaus, Tansania in der Sicht der Sowjetunion. Eine Studie zur sowjetischen Schwarz-Afrika-Politik. (Hamburger Beiträge zur Afrikakunde 23) Hamburg 1979, 280 S.

216 Maksimova, SSSR, S. 118 u. 123

217 Link, Werner, Entspannungspolitik – Bewährungsprobe westlicher Zusammenarbeit. In: aus politik und zeitgeschichte. beilage zur wochenzeitung das parlament B 37/79. 15. September 1979, S. 12

218 Schachnasarow, Georgi, Neue Faktoren in der Politik von heute. In: Gesellschaftswissenschaften 1977, 1 (9), S. 47 f.

219 Winter, Martin, Antisowjetische Verleumdungen zur Verhinderung der militärischen Entspannung. IPW-Berichte 1978, 7, S. 1–6

220 Schaposchnikow, Vitali, Die öffentliche Meinung in der Weltpolitik. In: Gesellschaftswissenschaften 1977, 2 (10), S. 65

221 Schaposchnikow, Die öffentliche Meinung, S. 65

222 Schaposchnikow, Die öffentliche Meinung, s. 67

223 Schaposchnikow, Die öffentliche Meinung, S. 65

224 Doernberg, Stefan, Friedliche Koexistenz unumkehrbar machen. In: IPW-Berichte 1976, 5, S. 21

225 Cyrankiewicz, Jósef, Was für den Frieden und den sozialen Fortschritt getan wurde und was noch zu tun ist. In: Probleme des Friedens und des Sozialismus 1978, 1, S. 11

226 Chandra, Romesh, Im Kampf für den Frieden der Welt. In: Einheit 1979, 8, S. 840

227 Chandra, Im Kampf, S. 842

228 Cyrankiewicz, Was für den Frieden, S. 11

229 Chandra, Im Kampf, S. 841

230 Schitikow, A., Vorwort. In: Europäische Sicherheit und Zusammenarbeit: Voraussetzungen, Probleme, Perspektiven. Berlin (DDR) 1978, S. 24

231 Pankow, N. A., Die Öffentlichkeit im Kampf für Sicherheit und Zusammenarbeit in Europa. In: Europäische Sicherheit und Zusammenarbeit, S. 177

232 Pankow, Die Öffentlichkeit, S. 179

233 Lebedev, Velikij Oktjabr', S. 286

234 Schachnazarow, Neue Faktoren, S. 49; Schaposchnikow, Die öffentliche Meinung, S. 69; Charchardin, Oleg, Prinzipien und Formen der Zusammenarbeit der Friedliebenden Öffentlichkeit. In: Gesellschaftswissenschaften 1977, 2 (10), S. 79; Doernberg, Friedliche Koexistenz, S. 21

235 Weltkongreß der Friedenskräfte. Dokumente. Moskau 1973, S. 27

236 Charchardin, Prinzipien, S. 82 f.

237 Schaposchnikow, Die öffentliche Meinung, S. 75

238 Schaposchnikow, Die öffentliche Meinung, S. 75

239 Schaposchnikow, Die öffentliche Meinung, S. 76

240 Larin, V., Meždunarodnye otnošenija i ideologičeskaja bor'ba. Moskva 1976, S. 144 f.

241 Larin, Meždunarodnye otnošenija, S. 49

242 Kleinwächter, Wolfgang, Rez. von Larin. In: Deutsche Außenpolitik (DDR) 1977, 11, S. 138

243 Larin, Meždunarodnye otnošenija, S. 195

244 Kleinwächter, Wolfgang, Massenmedien und internationale Beziehungen. In: Deutsche Außenpolitik 1977, 10, S. 78–92

245 Sicherheit und Zusammenarbeit in Europa. KSZE-Dokumentation, hrg. vom Presse- und Informationsamt der Bundesregierung. Köln 10/1976, 3. Aufl., S. 104 ff.
246 Kolosov, Ju., Massovaja informacija i meždunarodnoe pravo. Moskva 1974, S. 24
247 Kleinwächter, Massenmedien, S. 81
248 Korobejnikov, V., Geistig-kultureller Verkehr. Informationsaustausch und ideologischer Kampf. Moskau 1976, S. 126
249 Kleinwächter, Massenmedien, S. 87
250 Joffe, Josef, Weltnachrichtenmarkt. Genscher zieht vom Leder. Moskaus Anschlag auf die Informationsfreiheit auf dem Umweg über die Unesco. In: Die Zeit Nr. 45, 3. November 1978, S. 7
251 Die Mediendeklaration der UNESCO vom November 1978. In: Europa-Archiv 1979, 7, S. D 187
252 Doernberg, Friedliche Koexistenz, S. 21
253 Doernberg, Friedliche Koexistenz, S. 21
254 Neubert, Wolfram, Kalter Krieg auf ideologischem Gebiet – Angriff auf den Entspannungsprozeß. In: IPW-Berichte 1977, 4, S. 34 und 38
255 Siehe dazu: Cho, M. Y., Die Volksdiplomatie in Ostasien: Entstehung, Theorie und Praxis. Die Asienpolitik der Vereinigten Staaten und die Beziehungen zwischen der Volksrepublik China und Japan. Wiesbaden 1971, S. 198 ff.

Anmerkungen zu V. Konsequenzen

1 Lebedev, Velikij Oktjabr', S. 231
2 Aktuelle Probleme der gesellschaftlichen Entwicklung in den sozialistischen Ländern. (Bericht über eine Konferenz vom Dezember 1976 in Sofia). Red. K.-H. Graupner, E. Prager. Berlin (0) 1977, S. 31
3 Aktuelle Probleme, S. 32
4 Cipko, Metodologičeskie problemy, S. 172
5 Cipko berichtet über einen Kongreß in Warschau im Juni 1977: Cipko, A. S., Metodologičeskie problemy issledovanija obraza žizni v socialističeskich stranach. In: Voprosy fisolofii 1977, 11, S. 167–172. Sieha auch: Bezrukov, V. V., O nekotorych problemach socialističeskogo obraza žizni. In: Naučnyj kommunizm 1977, 2; Anufriev, E. A., Problemy izučenija socialističeskogo obraza žizni v kurse naučnogo kommunizma. In: Naučnyj kommunizm 1977, 6, S. 123–130. Über eine "Wissenschaftlich-praktische Unionskonferenz" "Die sozialistische Lebensweise und Fragen der ideologischen Tätigkeit" in Kiev wird auch in "Gesellschaftswissenschaften" 1978, 2, S. 270 berichtet.
6 Siehe dazu: Dahm, Helmut, Ideologische Leitbilder. Die "allseitig entwickelte Persönlichkeit", der "neue Mensch" und die "sozialistische Lebensweise". Berichte des Bundesinstituts für ostwissenschaftliche und internationale Studien 1977-65
7 Verfassung (Grundgesetz) der Union der Sozialistischen Sowjetrepubliken. Angenommen auf der Siebenten Außerordentlichen Tagung des Obersten Sowjets der UdSSR der neunten Legislaturperiode vom 7. Oktober 1977. Moskau 1977, S. 4
8 Er erschien erst nach Dahms Zusammenfassung: Dahm, Helmut, Die sozialistische Lebensweise. Entstehung, Sinn und Zweck eines Leitbildes. Berichte des Bundesinstituts ... 1977-66. Siehe hier auch das Quellenverzeichnis.
9 Šachnazarov, G. Ch., Razvitie ličnosti i socialističeskij obraz žizni. In: Voprosy filosofii 1977, 11, S. 23

10 Woslenskij, Michael, Der XXV. Parteitag. Wohlstand. Kommunismus. In: Osteuropa 1976, 8/9, S. 860 f.

11 Rogovin, V. Z., Nravstvennye osnovy socialističeskogo obraza žizni. Moskva 1976, S. 44

12 Erst das Aufgeben der früher postulierten konfliktfreien "sozialistischen Menschengemein-schaft", des "Menschen neuen Typs" schufen die Voraussetzung auch der wissenschaftli-chen Auseinandersetzung mit sozialen Phänomenen, deren Erscheinungsbild bisher aus-schließlich mit der bürgerlichen Gesellschaft assoziiert war.

13 Borschani, D. In: Problemy mira i socializma, 1977, 3, S. 52

14 Siehe dazu: Meždunarodnye otnošenija, politika i ličnost'. In: Ežegodnik sovetskoj associacii političeskich (gosudarstvo-vedčeskich) nauk, 1975. Moskva 1976, S. 7–11

15 Šachnazarov, Razvitie, S. 23

16 Brežnev, L. I., O proėkte konstitucii Sojuza Sovetskich Socialističeskich Respublik. Moskva 1977, S. 10

17 Brežnev, O proėkte, S. 11

18 MEW, 1, S. 140 (russ. Ausgabe)

19 Cipko, Metodologičeskie problemy. S. 172; siehe auch: Dahm, Die sozialistische Lebens-weise.

20 Schon beim Versuch der Überwindung des Stalinismus kam dieser Formel zentrale Bedeutung zu, so bei einer ZK-Sitzung im November 1965. Siehe dazu: Pomeranc, G., Nravstennij oblik istoričeskoj ličnosti (Das ethische Bild der historischen Persönlichkeit), unveröffentl. Manuskript, zit. bei Medwedew, Roy A., Die Wahrheit ist unsere Stärke. Geschichte und Folgen des Stalinismus. Frankfurt/M. 1973, S. 624

21 Siehe: Volodin, A., Utopija i istorija, Moskva 1977

22 So: Cipko, A., Ideja socializma, Moskva 1977

23 Grothusen, Klaus-Detlev, Die Außenpolitik. In: Südosteuropa-Handbuch, Bd. I. Jugosla-wien, hrsg. von K.-D. Grothusen, Göttingen 1975, S. 153 f.

24 Grličkov, Aleksandar, National and International. In: Sozialistische Theorie und Praxis 4, 1977, S. 26

25 im französischen Text: le rapport des forces

26 Josip Broz Tito, La lutte pour le développement de l'autogestion socialiste dans notre pays et le rôle de la ligue des communistes de Yougoslavie. In: Questions actuelles du Socialisme 1974, 6–7, S. 10–12

27 Tito, La Lutte, S. 12

28 Rede des Vorsitzenden des Bundes der Kommunisten Jugoslawiens, Josip Broz Tito, am 30. Juni 1976. In: Europa-Archiv 1976, 17, S. D 442

29 Auf der UN-Sonderkonferenz für Rohstoff- und Entwicklungsfragen stellte sie Deng Xiaoping am 10. April 1974 zum ersten Mal vor. Sie wurde später ausformuliert in: Die Theorie des Vorsitzenden Mao über die Dreiteilung der Welt ist ein bedeutender Beitrag zum Marxismus-Leninismus. Von der Redaktion der "Renmin Ribao" 1. Nov. 1977. Peking 1977, 91 S.; Sa Na, Tjiu Li-ben und Scheng Jung-hsing, Die zweite Welt und die Verteidigung der nationalen Unabhängigkeit. In: Peking Rundschau 5, 7. Februar 1978, S. 5–10; siehe auch: Opitz, Peter J., Die chinesische Außenpolitik seit dem Tode Mao Tse-tungs. In: aus politik und zeitgeschichte 24. Februar 1979, S. 3–20

30 Die Theorie, S. 22

31 Die Theorie, S. 36 f.

32 Bertrams Definition der Sowjetunion als globaler Militärmacht geht in diese Richtung

33 Diese chinesische Bezeichnung deckt sich nicht mit der klassischen Definition, die militärische Aktionen im Ausland meint, um dortige oder eigene soziale Bewegungen zu unterdrücken.

34 Die Theorie, S. 59

35 Sa Na u.a., Die Zweite Welt und die Verteidigung der nationalen Unabhängigkeit, S. 10

36 Die Theorie, S. 73

37 Die Chinesen führen als Beispiel für einen feigen Kompromiß die "Sonnenfeldt-Doktrin" an. Sonnenfeldt hatte die SFR Jugoslawien bereits zum sowjetischen Einflußgebiet erklärt.

38 China äußert Verständnis für die deutsche Entspannungspolitik. In: FAZ 8. Oktober 1979, S. 5

39 Hua Guofeng auf der 2. Session des 5. Volkskongresses, die vom 18. Juni bis 1. Juli 1979 in Peking tagte. "Nach dem Volkskongreß in Peking. Huas überarbeitetes Regierungsprogramm. Realistische Anpassungs- und Entwicklungspläne für China". In: NZZ 6.7.1979

40 China wünscht sich ein starkes Europa. Huang Hua warnt in Paris vor der "planetaren Strategie" Moskaus. In: FAZ 19.10.1979, S. 1

41 Sommer, Theo, Die chinesische Mutation. Hua Guofeng in Europa: Ein Zeugnis für den neuen Kurs. In: Die Zeit Nr. 44, 26. Oktober 1979, S. 1

42 Kaiser, Carl-Christian, Hua mied alle Klippen. Verzicht auf Polemik gegen Moskau. In: Die Zeit Nr. 44, 26. Oktober 1979, S. 9

43 Cline, Ray S., World Power Assessment. A Calculus of strategic Drift. Georgetown University. The Center for Strategic and International Studies. Washington, D. C. 1975

44 Cline, S. 99

45 Cline, S. 3

46 Cline, S. 130

47 Cline, S. 8

48 Cline, S. 9 f.

49 Cline, S. 132

50 Deane, S. 636

51 Caldwell, Lawrence T., Soviet-American Relations: One Half Decade Detente Problems and Issues. The Atlantic Institute for International Affairs. The Atlantic Papers 5/1975, S. 57 f.

52 Hinton, Harold C., The Sino-Soviet Confrontation: Implications for The Future. National Strategy Information Center, Inc. New York 1976, VIII, 70 S.

53 Bell, Coral, The Diplomacy of Detente. The Kissinger Era. New York 1977, 278 S.

54 Bell, The Diplomacy, S. 3

55 Bell, The Diplomacy, S. 205

56 Kissingers Memoiren – erster Teil. Die Jahre im Weißen Haus. In: NZZ 26. Sept. 1979. Fernausgabe Nr. 222, S. 3

57 Aufrüsten, um abrüsten zu können. Auszüge aus der Senatserklärung Henry Kissingers zum amerikanisch-sowjetischen Raketenabkommen. In: Die Zeit Nr. 32, 3. August 1979, S. 9–11

58 Schiller, Ulrich, USA-Afrika. Das Pendel schwingt zurück. Carter möchte die außenpolitischen Fesseln des Kongresses abstreifen. In: Die Zeit Nr. 22 vom 26. Mai 1978, S. 7

59 Schwäche Carters-Schwäche Amerikas? In: NZZ 7./8. Okt. 1979, Fernausgabe Nr. 232, S. 1

60 Dem Wandel eine Richtung geben. Präsident Carters außenpolitischer Berater Brzezinski definiert Prinzipien der amerikanischen Außenpolitik. In: Die Zeit Nr. 43 vom 14. Okt. 1977, S. 9

61 Dem Wandel, S. 10

62 Buhl, Dieter, Amerika sucht eine starke Hand. Trotz Ansehensschwund und Kennedy-Konkurrenz: Jimmy Carter gibt nicht auf. In: Die Zeit Nr. 42, 12. Okt. 1979, S. 3

63 Grosser, Alfred, Das Bündnis. Die westeuropäischen Länder und die USA seit dem Krieg. München-Wien 1978, S. 427 f.

64 Sommer, Theo, Heimliche Herrscher des Westens? In: Die Zeit Nr. 45, 28. Okt. 1977, S. 9

65 Brzezinski, Zbigniew, Auf dem Wege zu einer neuen internationalen Ordnung. In: Europa-Archiv 1976, 1, S. 1–9

66 Sommer, Heimliche Herrscher, S. 9

67 Culbert, Charles et Pierre Terrin, Les idées de Brzezinski. In: Défense de l'Occident 1979, No. 166, S. 23

68 "The New York Times Magazine" vom 31.12.1978. Siehe auch: Sanakojew, Schalwa, Europa nach Helsinki. In: Deutsche Außenpolitik 1979, 6, S. 13

69 Culbert, Les idées, S. 31

70 Rede Präsident Carters zu den Grundkonzeptionen der neuen amerikanischen Außenpolitik.

Rede vor der Universität von Notre Dame am 22. Mai 1977. In: Europa-Archiv 1977, 15, S. D 405

71 ‚Sommer, Theo, Gesucht: Auswege aus der Sackgasse. Stehen wir vor einem Frühjahr weltpolitischer Entscheidungen? In: Die Zeit Nr. 16 vom 14. April 1978, S. 1
Die Herausgeber des Buches "Entspannungspolitik in Ost und West" halten es "übrigens für angebracht, die Carter-Administration auszuklammern, deren ostpolitischer Kurs nach wie vor unklar ist, und nach Meinung kritischer Beobachter mit dem 'bâteau ivre' Rimbauds viel mehr gemein hat als mit dem auf klarem Kurs liegenden majestätisch einhersegelnden 'ship of state'. Schwarz, Hans-Peter und Boris Meissner (Hrsg.), Vorwort. In: Entspannungspolitik in Ost und West. Köln-Berlin-Bonn-München 1979, S. VIII

72 Ruehl, Lothar, Ein Lehrstück der Verworrenheit. Wird Moskau die Vorleistung des Präsidenten honorieren? In: Die Zeit Nr. 16 vom 14. April 1978, S. 3

73 Genscher, Hans-Dietrich, Deutsche Außenpolitik. Rede vor der 32. Generalversammlung der Vereinten Nationen in New York am 29. September 1977. In: Genscher, Hans-Dietrich, Deutsche Außenpolitik. Stuttgart 1977, S. 215 f.

74 Regierungspolitik 1977–80. Erläuterungen zur Regierungserklärung vom 16. Dezember 1976. Bonn 1977, S. 117

75 Schmidt, Strategie des Gleichgewichts, S. 28 f.

76 Schmidt, Strategie des Gleichgewichts, S. 17

77 Brandt, Willy, Friedenspolitik in unserer Zeit. Vortrag anläßlich der Verleihung des Friedens-Nobelpreises 1971 in Oslo am 11. Dezember 1971. In: Brandt, Willy, Der Wille zum Frieden. Perspektiven der Politik. Mit einem Vorwort von Golo Mann. Frankfurt am Main 1973, S. 322

78 Brandt, Friedenspolitik, S. 322

79 Schwarz, Hans-Peter, Die Alternative zum Kalten Krieg? Bilanz der bisherigen Entspannung. In: Entspannungspolitik in Ost und West. Hrsg. von Hans-Peter Schwarz und Boris Meissner. Köln-Berlin-Bonn-München 1979, S. 300

80 Kaiser, Karl, Die Sicherheit Europas und die Politik der Bundesrepublik Deutschland. In: Sicherheitspolitik vor neuen Aufgaben. Hrsg. von Karl Kaiser und Karl Markus Kreis. Bonn 1979, S. 415–440; ders., Die neue Ostpolitik. In: aus politik und zeitgeschichte, 27. Oktober 1979, S. 3–10

81 Calleo, David, The German Problem Reconsidered. Cambridge 1978, S. 166. zit. bei: Kaiser, Die neue Ostpolitik, S. 7

82 Kaiser, Die neue Ostpolitik, S. 10

83 Kaiser, Die Sicherheit Europas, S. 440; "Wieder einmal liegt die Last der Entscheidung bei der Bundesrepublik", schreibt Joffe. Joffe, Josef, Die Außenpolitik der Bundesrepublik Deutschland im Zeitalter der Entspannung. In: Europa-Archiv 1979, 23, S. 727

84 Schmidt: Günstige Atmosphäre für Verhandlungen schaffen. In: FAZ 16. November 1979, S. 2

85 Ruehl, Lothar, Der Nutzen militärischer Macht in Europa. In: Sicherheitspolitik vor neuen Aufgaben, S. 238

86 Die Nato rechnet mit einer höheren Risikobereitschaft Moskaus. Iran, Pakistan und die Türkei gelten als bedroht/Frühjahrstagung der Allianz in Brüssel. In: FAZ 14. Mai 1980, Nr. 112, S. 3

87 Pawelczyk, Alfons, Sicherheits- und Bündnispolitische Interessen der Bundesrepublik und Rüstungskontrolle. In: Rüstungskontrolle und Sicherheit in Europa, S. 234

LITERATURVERZEICHNIS

Abkürzungen:

BOIS   – Berichte des Bundesinstituts für Ostwissenschaftliche und Internationale Studien, Köln
BSÉ   – Bol'šaja Sovetskaja Énciklopedija
DA   – Deutschland-Archiv
EA   – Europa-Archiv
FAZ   – Frankfurter Allgemeine Zeitung
FR   – Frankfurter Rundschau
MEiMO – Mirovaja ékonomika i meždunarodnye otnošenija (Zeitschrift des IMEMO – Institut für Weltwirtschaft und Internationale Beziehungen, Moskau)
ND   – Neues Deutschland
NZZ   – Neue Zürcher Zeitung
PVS   – Politische Vierteljahresschrift
SZ   – Süddeutsche Zeitung, München
ZfG   – Zeitschrift für Geschichtswissenschaft

Aktuelle Probleme der gesellschaftlichen Entwicklung in den sozialistischen Ländern (Bericht über eine Konferenz vom Dezember 1976 in Sofia). Red. K.-H. Graupner, E. Prager. Berlin 1977
Alampijew, P.M., O.T.'Bogomolow, I.S. Schirjajew, Ökonomische Integration – ein objektives Erfordernis der Entwicklung des Weltsozialismus. Berlin 1973
Alford, Jonathan, Der militärische Aspekt des Entspannungsprozesses in Europa. Aussichten und Probleme. In: EA 1979,6, S. 157–161
Almond, Gabriel A., The American People and Foreign Policy. New York 1962
Ammer, Thomas, Westforschung in der UdSSR. In: DA 1976,9, S. 958–975
Anufriev, E.A., Problemy izučenija socialističeskogo obraza žizni v kurse naučnogo kommunizma. In: Naučnyj kommunizm 1977,6, S. 123–130
Arbatov, G.A., Ideologischer Klassenkampf und Imperialismus. Berlin 1972
Arbatov, G., Sovetsko-amerikanskie otnošenija. In: Pravda No. 215, 3. Aug, 1977, S. 4 f.
Axen, H., Fragen der internationalen Lage und der internationalen Beziehungen der SED, Berlin 1974
Bagrinovskij, K.A., M.Ja. Lemešev, O planirovanii ékonomičeskogo razvitija s učetom trebovanij ékologii. In: Ékonomika i matematičeskie metody 1976, t. XII, vyp. 4, S. 681–691
Bahro, Rudolf, Die Alternative. Zur Kritik des real existierenden Sozialismus. Köln-Frankfurt am Main 1977
von Baudissin, Wolf Graf, Sicherheitspolitik und Entspannungsprozeß. In: Entspannung und Abrüstung. Wien 1976
Beitritt Vietnams zum Comecon. Moskau bietet und verspricht mehr. In: NZZ 3.07.1978

Bel'čanskij, G.I. u.a., Metodologičeskie aspekty postroenija global'nogo modelirovanija. In: Sbornik Dokladov XXIII meždunarodnogo geografičeskogo kongressa, t. 8. "Regional'naja geografija". Moskva 1976, S. 230–234

Bell, Coral, The Diplomacy of Detente. The Kissinger Era. New York 1977, VIII, 278 S.

Bergsten, C.F., O. Kechane, J.S. Nye, International economics and international politics: a framework for analysis. In: World Politics and International Economics. Washington 1975

Berlinguer, Enrico, Rede des Generalsekretärs der Italienischen Kommunistischen Partei, Enrico Berlinguer, am 30. Juni 1976. In: EA 1976, 17

Bertram, Christoph, Moskaus Drang in die Dritte Welt. Frieden zwischen Ost und West, aber die Gefahr von Stellvertreterkriegen wächst. In: Die Zeit Nr. 19, 4. Mai 1979, S. 3

Bethkenhagen, Jochen und Heinrich Machowski, Integration im Rat für gegenseitige Wirtschaftshilfe. Entwicklung, Organisation, Erfolge und Grenzen. 2. Aufl. Berlin 1976

Bezrukov, V.V., O nekotorych problemach socialističeskogo obraza žizni. In: Naučnyj kommunizm 1977,2

Bobrov, R.L., Osnovnye problemy teorii meždunarodnogo prava. Moskva 1968

Boden, D., Das Amerikabild im russischen Schrifttum bis zum Ende des 19. Jahrhunderts. Hamburg 1968

Bogomolov, O., Strukurnaja politika i socialističeskaja ėkonomičeskaja integracija. In: Voprosy ėkonomiki 1978,9, S. 100–110

Bolz, Klaus, Einfluß langfristiger Faktoren der wirtschaftlichen Entwicklung der UdSSR auf die wirtschaftlichen Beziehungen zwischen der UdSSR und der Bundesrepublik Deutschland. (Dritte Deutsch-Sowjetische Wirtschaftstagung 21.–24. Sept. 1977). In: Osteuropa-Wirtschaft 1978,2, S. 111–120

Bolz, Klaus, HWWA-Institut Hamburg. 22. Februar 1977. Einführungsreferat zum Kolloquium über "Die Situation und Entwicklungstendenzen in den Ost-West-Wirtschaftsbeziehungen".

Bonwetsch, Bernd, Oktoberrevolution. Legitimationsprobleme der sowjetischen Geschichtswissenschaft. In: PVS 1976,2

von Borcke, Astrid, Die Intervention in Afghanistan – das Ende der sowjetischen Koexistenzpolitik? Determination des innersowjetischen Entscheidungsverhaltens. Berichte des BOIS, Köln 6–1980, VIII, 37 S.

Bovin, A.E., Mirnoe sosuščestvovanie. In: BSÉ, 3. izd. 1974, t. 16, Sp. 929–935

Brandt, Willy, Der Wille zum Frieden. Perspektiven der Politik. Mit einem Vorwort von Golo Mann. Frankfurt am Main 1973, 336 S.

Brendel, Gerhard, Hans-Joachim Dubrowsky, Zusammenarbeit – ökonomische Integration – Annäherung sozialistischer Staaten. In: Einheit 1978, 7/8, S. 749–755

Brežnev, L.I., O proekte konstitucii Sojuza Sovetskich Socialističeskich Respublik. Moskva 1977

Brežnev, L.I., 50 let velikich pobed socializma. Moskva 1967

Brežnev, L.I., Rede in Baku am 22.09.1978. In: Pravda 23.09.1978

Brown, S., New Forces in World Politics. (Brookings Institution) Washington 1974

Brunner, G., Etwas korrekter, bitte! In: Die Wirtschaft (Berlin) 30.12.1976

Brutenc, K., Ėpocha socializma i nacional'noe osvoboždenie narodov. In: Kommunist (Moskau) 1967, S. 91–102

Brutenc, K.N., Sovremennye nacional'no-osvoboditel'nye revoljucii (Nekotorye voprosy teorii). Moskva 1974

Brzezinski, Zbigniew, Soviet Bloc: Unity and Conflict. 2. Aufl. Cambridge/Mass. 1971

Brzezinski, Zbigniew, Dem Wandel eine Richtung geben. Präsident Carters außenpolitischer Berater Brzezinski definiert Prinzipien der amerikanischen Außenpolitik. In: Die Zeit Nr. 43, 14. Okt. 1977, S. 9

Brzezinski, Zbigniew, Auf dem Wege zu einer neuen internationalen Ordnung. In: EA 1976,1, S. 1–9

Budyko, M., Čelovek i biosfera. In: Voprosy filosofii 1973,1, S. 61–70

Bueb, V., Die "Junge Schule" der französischen Marine. Strategie und Politik 1875–1900 (= Militärgeschichtliche Studien, Bd. 12). Boppard 1971

Buhl, Dieter, Amerika sucht eine starke Hand. Trotz Ansehensschwund und Kennedy-Konkurrenz: Jimmy Carter gibt nicht auf. In: Die Zeit Nr. 42, 12. Okt. 1979, S. 3

Buhl, Dieter und Christian Schmidt-Häuer, Die Umarmung in Wien. Bei der ersten Begegnung Carters mit Breschnjew: Der Wunsch nach Entspannung verdeckte die politischen Gegensätze. In: Die Zeit Nr. 26, 22.06.1979, S. 4

Burger, Hannes, Das Gipfeltreffen Carter-Breschnew. In: SZ 18. Juni 1979, S. 2

Butenko, A., Einige theoretische Probleme der Entwicklung des sozialistischen Weltsystems. In: Sowjetwissenschaft. Gesellschaftswissenschaftliche Beiträge 1972, H.2

Butenko, A., Zur Dialektik von Einheit und Interessen im sozialistischen Weltsystem. Berlin 1974

Bykov, A., Socialističeskoe sodružestvo i meždunarodnyj obmen technologiej. In: MÈiMO 1978,2, S. 24–33

Caldwell, Lawrence T., Soviet-American Relations: One-Half Decade of Detente Problems and Issues. (The Atlantic Institute for International Affairs, Paris) The Atlantic Papers 1975,5, 63 S.

Calleo, David, The German Problem Reconsidered. Cambridge 1978

Carillo, Santiago, "Eurokommunismus" und Staat. Hamburg-Westberlin 1977, 184 S.

Carillo, Santiago, Rede des Generalsekretärs der Kommunistischen Partei Spaniens, Santiago Carillo, am 29. Juni 1976. In: EA 1976,17

Carter, Jimmy, Rede Präsident Carters zu den Grundkonzeptionen der neuen amerikanischen Außenpolitik. Universität Notre Dame 22. Mai 1977. In: EA 1977,15, S. D 405 – D 410

Čerkasskij, L.Ja., Strategija mira. Moskva 1972

Chandra, Romesh, Im Kampf für den Frieden der Welt. In: Einheit 1979,8, S. 839–844

Charchardin, Oleg, Prinzipien und Formen der Zusammenarbeit der Friedliebenden Öffentlichkeit. In: Gesellschaftswissenschaften (Moskau) 1977,2 (10)

China äußert Verständnis für die deutsche Entspannungspolitik. In: FAZ 8. Okt. 1979, S. 5

China wünscht sich ein starkes Europa. Huang Hua warnt in Paris vor der "planetaren Strategie" Moskaus. In: FAZ 19.10.1979, S. 1

Cho, M.Y., Die Volksdiplomatie in Ostasien. Entstehung, Theorie und Praxis. Die Asienpolitik der Vereinigten Staaten und die Beziehungen zwischen der Volksrepublik China und Japan. Wiesbaden 1971

Chozin, G.S., Nauka i technika, ideologija i politika. (Opyt analiza évoljucii kompleksnych naučno-techničeskich proéktov v SŠA). In: Voprosy filosofii 1973,1, S. 71–82

Cipko, A., Ideja socializma. Moskva 1977

Cipko, A.S., Metodologičeskie problemy issledovanija obraza žizni v socialističeskich stranach. In: Voprosy filosofii 1977,11, S. 167–172

Cline, Ray S., World Power Assessment. A Calculus of strategic drift. (Georgetown University. The Center for Strategic and International Studies) Washington, D.C. 1975, 173 S.

Culbert, Charles et Pierre Terrin, Les idées de Brzezinski. In: Défense de l'Occident 1979, No. 166

Cyrankiewicz, Jósef, Was für den Frieden und den sozialen Fortschritt getan wurde und was noch zu tun ist. In: Probleme des Friedens und des Sozialismus 1978,1

Dahm, Helmut, Ideologische Leitbilder. Die "allseitig entwickelte Persönlichkeit", der "neue Mensch" und die "sozialistische Lebensweise". BOIS, Köln 1977–65

Dahm, Helmut, Die sozialistische Lebensweise. Entstehung, Sinn und Zweck eines Leitbildes. BOIS, Köln 1977–66, 86 S.

Dahm, Helmut, Das Unternehmen Afghanistan als Lehrstück der politischen und militärischen Doktrin Sowjetrußlands. Berichte des BOIS. Köln, 9–1980. III, 91 S.

Dansoko, A., J. Nkosi, A. Salim, Revolutionäre Veränderungen in Afrika. In: Probleme des Friedens und des Sozialismus 1978,9

Deane, Michael J., The Soviet Assessment of the "Correlation of World Forces". Implications for American Foreign Policy. In: Orbis, Fall 1976, S. 625–636

Doernberg, Stefan, Friedliche Koexistenz unumkehrbar machen. In: IPW-Berichte 1976,5, S. 13–25

Dokumente zu Fragen der Rüstungssteuerung und internationalen Sicherheit. Ergebnisse der 33. Generalversammlung der Vereinten Nationen. In: EA 1979,11

Dokumente RGW. Über die Vertiefung und Vervollkommnung der Zusammenarbeit und Entwicklung der sozialistischen ökonomischen Integration. Berlin 1971, 232 S.

Dolanc, Stane, Rede auf der Präsidiumstagung der Bundeskonferenz des Sozialistischen Bundes der Werktätigen Jugoslawiens. In: Internationale Politik (Belgrad), Heft 638, 5. Nov. 1976, S. 11–19

Efremov, A.E., Jadernoe razoruženie. Moskva 1976, 302 S.

Egorov, V.N., Mirnoe sosuščestvovanie i revoljucionnyj process. Moskva 1971

Entspannungspolitik nach Helsinki – Eine Zwischenbilanz. Bergedorfer Gesprächskreis, Protokoll Nr. 55, 1976

Entwurf. Programm der Deutschen Kommunistischen Partei vom 19./20. November 1977 in Düsseldorf. 2. Aufl. Neuss 1978

Epišev, A., Vooružennye sily obščenarodnogo gosudarstva. In: Kommunist (Moskau) 1979,2, S. 59–70

Erklärung über die ständige Entwicklung der Zusammenarbeit und brüderlichen Freundschaft zwischen der Rumänischen Kommunistischen Partei und der Kommunistischen Partei der Sowjetunion, zwischen Rumänien und der Sowjetunion. In: Neuer Weg (Bukarest) 26. Nov. 1976

"Ein erster Schritt gegen die roten Flotten". Der Reederverband begrüßt das Meldesystem im Linienverkehr. In: FAZ 28.11.1978

Europäer über sowjetische Mittelstreckenraketen besorgt. In: FAZ 27. Nov. 1978

Exposé présenté par le Président Nicolae Ceausescu à la Séance commune des Comité

Central du P.C.R., de la Grande Assemblée Nationale, des Conseils Suprême de developpement économique et social et de l'appareil central de parti et d'état, 28.–29. mars 1977. In: Revue roumaine d'études internationales 1977, 2 (36), S. 157 ff.

Eżegodnik meždunarodnogo prava. Moskva 1968

Faddejew, N.W., Der Rat für Gegenseitige Wirtschaftshilfe. Berlin 1975

Falin, Valentin, Wie buchstabiert man Abrüstung? Anfrage an den Westen. In: Vorwärts Nr. 44, 25. Okt. 1979, S. 16

Fedorenko, Nikolai P., Globale Prognosen und reale Lösungen. Zu einigen bürgerlichen Konzeptionen der ökonomisch-mathematischen Modellierung ökologischer Prozesse. In: Probleme des Friedens und des Sozialismus 1977,5 (225), S. 682–689

Fedorov, E.K., Vzaimodejstvie obščestva i prirody. Leningrad 1972 (deutsch: Fedorow, Die Wechselwirkung zwischen Natur und Gesellschaft. Berlin 1974)

Fedoseev, P.N., Itogi XV Vsemirnogo filosofskogo kongressa. In: Voprosy filosofii 1973,12, S. 8–24

Fedoseev, P.N., Social'noe značenie naučno-techničeskoj revoljucii. In: Voprosy filosofii 1974,7, S. 3–17

Fischer-Galati, Stephen, Foreign Policy. In: Südosteuropa-Handbuch II: Rumänien. Hrsg. K.-D. Grothusen. Göttingen 1977

Forrester, Jay W., Das intuitionswidrige Verhalten sozialer Systeme. In: Meadows, Dennis und Donella H., Das globale Gleichgewicht. Modellstudien zur Wachstumskrise. Reinbeck bei Hamburg 1976

Forrester, J.W., World Dynamics. Cambridge/Mass. 1971 (deutsch: Der teuflische Regelkreis. Stuttgart 1972)

Frei, Daniel, Politische "Feldforschung" in Moskau. Zum XI. Weltkongreß für Politische Wissenschaft. In: NZZ Fernausgabe Nr. 193, 23. Aug. 1979, S. 2

Frenzke, Dietrich, Rumänien, der Sowjetblock und die europäische Sicherheit. Die völkerrechtlichen Grundlagen der rumänischen Außenpolitik. Berlin 1975, 249 S.

Die fünfte Gipfelkonferenz blockfreier Staaten in Colombo. Dokumente. In: EA 1976,21, S. D 559 – D 590

XXV. Parteitag der KPdSU. Dokumente und Resolutionen. Moskau 1976

"Für neue Ergebnisse auf dem Wege der internationalen Entspannung, für die Festigung der Sicherheit und die Entwicklung der Zusammenarbeit in Europa . . ." Deklaration der Teilnehmer des Warschauer Vertrages. In: ND 27.11.1976

Funkcija gosudarstva v nezavizimych stranach Afriki. Moskva 1972

Galtung, J., Europa – bipolar, bizentrisch oder kooperativ? In: Galtung, J., D. Senghaas, Kann Europa abrüsten? München 1973

Gantman, V.I., red., Sovremennye buržuaznye teorii meždunarodnych otnošenij (kritičeskij analiz). Moskva 1976

Garthoff, Raymond, The Concept of the Balance of Power in Soviet Policy Making. In: World Politics Vol. IV, Nr. 1 (October 1951), S. 85–111

Geierhos, Wolfgang, Die Sowjetunion und der Club of Rome. In: Deutsche Studien 1979,67, S. 213–230

Geierhos, Wolfgang, Vera Zasulič und die russische revolutionäre Bewegung. München 1977

Gelovani, V.A., V.A. Egorov, V.B. Mitrofanov, A.A. Piontkovskij, Ob odnoj zadače upravlenija v global'noj dinamičeskoj modeli Forrestera (Predstavleno akademikom L.V. Kantorovičem 8.VII. 1974). In: Doklady Akademii nauk SSSR 1975, tom 220, No. 3, S. 536–539

Genscher, Hans-Dietrich, Deutsche Außenpolitik. Stuttgart 1977

Ghermani, Dionisie, Chinas Präsenz in Südosteuropa. China und Rumänien. In: Wissenschaftlicher Dienst Südosteuropa, Heft 8/9, 1978, XXVII, Jg.

Ghermani, Dionisie, Die Rumänische Kommunistische Partei. In: Südosteuropa-Handbuch II: Rumänien. Hrsg. K.-D. Grothusen. Göttingen 1977

Ghermani, Dionisie, Eine Zwischenbilanz nach Hua Kuo-fengs Staatsbesuchen in Rumänien und Jugoslawien. Chinas Präsenz in Südosteuropa. In: Wissenschaftlicher Dienst Südosteuropa, Heft 8/9, 1978, XXVII, Jg.

Glaser, E., A. Bolintineanu, La politique étrangère de la République socialiste de Roumanie et les grands principes du droit international contemporain. In: Revue roumaine d'études internationales 1969,1 (5)

Goldenberg, Boris, Zum Problem des Eurokommunismus. Materialien und Denkanstöße. In: aus politik und zeitgeschichte B 2/79, 13. Januar 1979

Gorškov, Sergej G., Die Rolle der Flotten in Krieg und Frieden. München 1975, 183 S. (= Wehrforschung aktuell Bd. 2)

Gorškov, S.G., Morskaja mošč gosudarstva. Moskva 1976

Gorschkow, Sergej G., Flottenadmiral: Seemacht Sowjetunion. Hamburg 1978, 427 S.

Gorškov, Sergej G., Voenno-morskie floty v vojnach i v mirnoe vremja. In: Morskoj sbornik 1972, 2–6, 8–12; 1973, 2

Gralla, Erhardt, Integration und Rechtsvereinheitlichung sowie das Verhältnis zum innerstaatlichen Recht im RGW. In: Rechtsfragen der Integration und Kooperation in Ost und West (Hrsg. Otto Wolff von Amerongen). Berlin 1976

"Grenzen des Wachstums" im Kommunismus? Protokoll eines Gesprächs sowjetischer Naturwissenschaftler. In: Technologie und Politik 2. Reinbek bei Hamburg 1975, S. 135–183. Nachruck aus: Čelovek i sreda ego obitanija. "Kruglyj stol" "Voprosov filosofii". In: Voprosy filosofii 1973,1, S. 48–60; 2, S. 36–52; 3, S. 51–73; 4, S. 57–79

Grličkov, Aleksandar, National und International. In: Sozialistische Theorie und Praxis Jg. IV, 1977, No. 4, S. 3–38

Gromyko, A.A., O praktičeskich putjach k prekraščeniju gonki vooruženij. Reč' na special'noj sessii General'noj Assamblei OON po razoruženiju 26 marta 1978 g. Moskva 1978

Gromyko, Andrej, Wege zur Einstellung des Wettrüstens. In: Pravda 27. Mai 1978 (deutsch in: Sozialismus: Theorie und Praxis. Sowjetpresse für Theorie und Politik im Querschnitt 1978,9)

Gromyko, Anatolij, Vnešnjaja politika SŠA: uroki i dejstvitel'nost'. 60-70-e gody. Moskva 1978, VIII, 302 S.

Große-Jütte, Annemarie, Rüdiger Jütte (Hrsg.), Entspannung ohne Frieden. Versäumnisse europäischer Politik. Mit einem Vorwort von Wolf Graf von Baudissin. Frankfurt (Main) 1977, 299 S.

Große-Jütte, Annemarie, Friede und Konflikt im Ost-West-Verhältnis – zur Konkretisierung eines Friedensbegriffes für Europa. In: Entspannung ohne Frieden. Versäumnisse europäischer Politik. Frankfurt 1977, S. 68–94

Grosser, Alfred, Das Bündnis. Die westeuropäischen Länder und die USA seit dem Krieg. München-Wien 1978, 504 S.

Grothusen, Klaus-Detlev, Die Außenpolitik. In: Südosteuropa-Handbuch, Bd. I: Jugoslawien. Hrsg. K.-D. Grothusen. Göttingen 1975

Gumpel, Werner, Der Rat für Gegenseitige Wirtschaftshilfe als Instrument sowjetischer Hegemonie. In: Osteuropa 1976,11

Gwischiani, Dshermen, Globale Modellierung: Komplexe Analyse der Weltentwicklung. In: Probleme des Friedens und des Sozialismus 1978,8, S. 1098–1104

Gwischiani, D.M., Neues internationales Forschungszentrum in Wien. In: Europäische Rundschau 1973,1, S. 21–28

Gwischiani, Dshermen, Theoretische Aspekte der Modellierung sozialer Prozesse. In: Gesellschaftswissenschaften (Moskau) 1978,3, S. 116–138

Hacker, J., Die Prinzipien des proletarischen und sozialistischen Internationalismus in der Sicht der DDR. In: Recht in Ost und West 1973,5, S. 185–201

Hacker, Jens, Der Warschauer Pakt. In: Osteuropa-Handbuch Sowjetunion. Außenpolitik, Teil III, S. 163–181

Hanke, Michael, Das Werk Alfred T. Mahans. Darstellung und Analyse. (= Studien zur Militärgeschichte, Militärwissenschaft und Konfliktforschung, Bd. 4) Osnabrück 1974

Hardt, John O., The Role of Western Technology in Soviet Economic Plans. In: East-West Technological Co-operation. Main findings of Colloquium held 17th-19th March, 1976 in Brussels. NATO-Directorate of Economic Affairs. Bruxelles 1976, S. 315–328

Harich, Wolfgang, Der "Club of Rome" wird ernst genommen. Ein Gespräch über die Einschätzung der Wachstumsfrage in der Sowjetunion und der DDR. In: Technologie und Politik 2. Reinbek bei Hamburg 1975, S. 109–133

Harich, Wolfgang, Kommunismus ohne Wachstum? Babeuf und der "Club of Rome". Sechs Interviews mit Freimut Duve und Briefe an ihn. Reinbek bei Hamburg 1975

Harstick, Hans-Peter: Karl Marx über Formen vorkapitalistischer Produktion. Vergleichende Studien zur Geschichte des Grundeigentums 1879–1880. (Quellen und Studien zur Sozialgeschichte) Amsterdam-Frankfurt am Main – New York 1977, 358 S.

Hedri, Gabriella Izik, Gedanken über mögliche Beziehungen zwischen RGW und EG. In: EA 1979,10, S. 291–298

Herrera, A. u.a., World Model. Report in the Proceedings of the Seminar on the Latin American World Model at IIASA, Laxenburg 1974; Latin American World Model (preliminary report). Buenos Aires 1974

Hildebrandt, Walter, Die Problematik der Nation als totalisierende Matrix im Kontext des Strukturpluralismus Südosteuropas. In: Ethnogenese und Staatsbildung in Südosteuropa. Beiträge des Südosteuropa-Arbeitskreises der Deutschen Forschungsgemeinschaft zum III. Internationalen Südosteuropa-Kongreß der Association Internationale d'Etudes du Sud-Est Européen. Bukarest, 4.–10.9.1974. Hrsg. K.-D. Grothusen. Göttingen 1974, S. 230–253

Hinton, Harold C., The Sino-Soviet Confrontation: Implications for the Future (National Strategy Information Center, Inc.). New York 1976, VIII, 70 S.

Höhmann, Hans-Hermann/ Gertraud Seidenstecher, Sowjetunion. In: Höhmann, Hans-Hermann (Hrsg.), Die Wirtschaft Osteuropas und der VR China 1970–1980. Bilanz und Perspektiven. Stuttgart-Berlin-Köln-Mainz 1978, S. 9–58

Hoensch, Jörg K., Sowjetische Osteuropa-Politik 1945–1975. Kronberg/Ts. 1977, 512 S.

Hoffmann, Heinz, Armeegeneral, Streitkräfte in unserer Zeit. In: Einheit 1976,3

Hubatschek, Gerhard, Hauptphasen der Strategie- und Streitkräfteentwicklung in NATO und Warschauer Pakt. In: Europäische Wehrkunde 1979,2, S. 49–57

Ilyichov, L., The Sputniks and International Relations. In: International Affairs 1958,3

Inozemcev, N., Edinstvo teorii i praktiki v Leninskoj politike mira. In: Kommunist (Moskau) 1975,12

Internationale Wehrkundetagung in München. In: SZ Nr. 41, 19. Feb. 1979, S. 2

Istorija vnešnej politiki SSSR, 1917–1976, v dvuch tomach. Pod red. A.A. Gromyko, B.A. Ponomareva. T.2: 1945–1976 gg. Moskva 1977

Iwersen, Albrecht, Spezialisierung und Kooperation im Rat für Gegenseitige Wirtschaftshilfe. HWWA-Report Nr. 45. Hamburg (August) 1977, VI, 196 S.

Jacobsen, Hanns-Dieter, Die wirtschaftlichen Beziehungen zwischen West und Ost. Strukturen, Formen, Interessen, Auswirkungen. Reinbek bei Hamburg 1975

Jegorow, Waleri Nikolajewitsch, Friedliche Koexistenz und revolutionärer Prozeß. Berlin 1972, 308 S.

Joffe, Josef, Die Außenpolitik der Bundesrepublik Deutschland im Zeitalter der Entspannung. In: Europa-Archiv 1979, S. 719–730

Joffe, Josef, Weltnachrichtenmarkt. Genscher zieht vom Leder. Moskaus Anschlag auf die Informationsfreiheit auf dem Umweg über die Unesco. In: Die Zeit Nr. 45, 3. Nov. 1978, S. 7

Kaiser, Carl-Christian: Hua mied alle Klippen. Verzicht auf Polemik gegen Moskau. In: Die Zeit Nr. 44, 26. Okt. 1979, S. 9

Kaiser, Karl, Die europäische Herausforderung und die USA. Das atlantische Verhältnis im Zeitalter weltpolitischer Strukturveränderungen. München 1973

Kaiser, Karl, Die neue Ostpolitik. In: aus politik und zeitgeschichte 27. Okt. 1979, S. 3–10

Kaiser, Karl, Die Sicherheit Europas und die Politik der Bundesrepublik Deutschland. In: Sicherheitspolitik vor neuen Aufgaben. Hrsg. Karl Kaiser und Karl Markus Kreis. 2. Aufl. Bonn 1979, S. 415–440

Kaljadin, Alexander, Probleme der Abrüstung in Europa. In: Probleme des Friedens, der Sicherheit und der Zusammenarbeit. Beiträge aus West- und Osteuropa. Hrsg. Stefan Doernberg, Johan Galtung, Anatoli Gromyko und Dieter Senghaas. (Schriften des Internationalen Instituts für den Frieden) Wien-Köln 1975

Kapčenko, N., Vnešnjaja politika socializma i perestrojka meždunarodnych otnošenij. In: Meždunarodnaja žizn' 1975,3

Kardelj, Edvard, Le socialisme et la politique de non-alignement. In: Questions actuelles du Socialisme, XXIV, 1974, No. 6–7, S. 101–108

Kaya, Y., Y. Suzuki, Global Constraints and a New Vision for Development. In: Technological Forecasting and Social Change 1974,6, Nr. 3, S. 277–297

Kissinger, H., Aufrüsten, um abrüsten zu können. Auszüge aus der Senatserklärung Henry Kissingers zum amerikanisch-sowjetischen Raketenabkommen. In: Die Zeit Nr. 32, 3. August 1979, S. 9–11

Kissingers Memoiren – erster Teil. Die Jahre im Weißen Haus. In: NZZ, Fernausgabe Nr. 222, 26. Sept. 1979, S. 5

Kissinger, H., Kissinger in der Senatserklärung vom 31. Juli 1979. In: Die Zeit Nr. 32, 3. Aug. 1979

Kissinger, H., Rede in San Franzisko am 3.2.1976. In: Blätter für deutsche und internationale Politik 1976,3

Kleinwächter, Wolfgang, Massenmedien und internationale Beziehungen. In: DA 1977,10, S. 78–92

Kleinwächter, Wolfgang, Rezension von: Larin, V., Meždunarodnye otnošenija i ideologičeskaja bor'ba. Moskva 1976. In: DA 1977,11, S. 138

Knirsch, Peter, Interdependenzen im Ergebnis der Ost-West-Wirtschaftsbeziehungen. In: Osteuropa-Wirtschaft 1979, 2, S. 102–120

Kolosov, Ju., Massovaja informacija i meždunarodnoe pravo. Moskva 1974

Kommoner, V., Zamykajuščijsja krug. Leningrad 1974

Kommjunike o XXXII zasedanii sessii soveta ėkonomičeskoj vzaimopomošči. In: Ėkonomičeskaja gazeta 4.07.1978

Kommjunike zasedanija Komiteta ministrov inostrannych del gosudarstv-učastnikov Varšavskogo Dogovora. In: Izvestija 27.04.78

Kommuniqué über die Ministertagung des Verteidigungs-Planungsausschusses der NATO in Brüssel am 15. und 16. Mai 1979. In: EA 1979,13, S. D 321 – D 325

Konferenz für Sicherheit und Zusammenarbeit. KSZE-Dokumentation. Hrsg. Presse- und Informationsamt der Bundesregierung. 3. Aufl. Köln 1976

Korobejnikov, V., Geistig-kultureller Verkehr. Informationsaustausch und ideologischer Kampf. Moskau 1976

Kosygin, A.N., Tvorčeskaja sila velikich idej oktjabrja. Doklad tovarišča A.N. Kosygina na toržestvennom zasedanii, posvjaščennom 61-j godovščine Velikoj oktjabr'skoj socialističeskoj revoljucii. V Kremlevskom Dvorce s'ezdov 4 nojabrja 1978 goda. In: Izvestija 5. Nov. 1978

Kovalevskij, M. N., Obščinnoe zemlevladenie, pričiny, chod i posledstvija ego razloženija. Moskva 1879, Nachdruck 1977

Krämer, H.-R., Formen und Methoden der internationalen wirtschaftlichen Integration – Versuch einer Systematik. Tübingen 1969

Král, V., Formování světoné socialistické soustavy v Letech 1944–1949. 2 Bde., Praha 1975

Kurbanov, Rafik-Osman-ogly, A.A. Gorelov, Problema vzaimootnošenija obščestva i prirody. In: Voprosy filosofii 1975, 2, S. 109–113

Kurtović, Todo, Das Wesen des Internationalismus. In: Internationale Politik, Heft 628, 5. Juni 1976, S. 1–4

Lange, Peer, Zur politischen Nutzung militärischer Macht. Der sowjetische Denkansatz. In: Berichte des Bundesinstituts für osteuropäische und internationale Studien, 50, 1978, 49 S.

Lapin, Nikolaj I., Problemy sociologičeskogo analiza organizacionnych sistem. In: Voprosy filosofii 1974, S. 38–49

Larin, V., Meždunarodnye otnošenija i ideologičeskaja bor'ba (60-70-e gody). Moskva, 1976, 245 S.

Laszlo, E., Goals for Mankind. New York 1977

Laszlo, E., A Strategy for the Future: The Systems Approach to World Order. New York 1974

Latzo, Anton, Die Bedeutung des Warschauer Vertrages und der bilateralen Freundschafts- und Beistandsverträge für die Festigung der Einheit und Geschlossenheit der Sozialistischen Staatengemeinschaft in Europa. In: Quilitzsch, Siegmar und Joachim Krüger (Hrsg.), Sozialistische Staatengemeinschaft. Die Entwicklung der Zusammenarbeit und der Friedenspolitik der Sozialistischen Staaten. Berlin 1972

Lebahn, Axel, Sozialistische Wirtschaftsintegration im sowjetischen internationalen

Recht – Theorie und Praxis des Offenheitsprinzips in seiner Entwicklung vom System bilateraler Handelsabkommen zur multilateralen Wirtschaftskooperation in regionalen und universalen Organisationen. Berlin 1976, 495 S.

Lebedev, N.I., Novyj ėtap meždunarodnych otnošenij. Moskva 1976, 296 S.

Lebedev, Nikolaj Ivanovič, Velikij oktjabr' i perestrojka meždunarodnych otnošenij. Moskva 1978 (AN SSSR, Inst. ist.), 455 S.

Legvold, Robert, Strategic 'Doctrine' and SALT: Soviet and American Views. In: Survival, January/February 1979, S. 8–13

Lenin, W.I., Briefe über die Taktik. Werke Bd. 24

Lenin, W.I., Werden die Bolschewiki die Staatsmacht behaupten? Werke Bd. 26

Leonhard, Wolfgang, Eurokommunismus. Herausforderung für Ost und West. München 1978, 414 S.

Letopis' vnešnej politiki SSSR 1917–1978 gg. Moskva 1978

Lewytzkyj, Borys, Sowjetische Entspannungspolitik heute. Stuttgart 1976, 286 S.

Libansky, V., Wirtschaftliche Aspekte des Integrationsprogramms des RGW. Prag 1972 (Manuskript)

Linde, Gerd, Das Horn von Afrika. Neue Achsen und Allianzen. In: BOIS 31–1978, 48 S.

Linde, Gerd, Sowjetische Politik auf der arabischen Halbinsel. In: BOIS 44–1978, 36 S.

Link, Werner, Entspannungspolitik – Bewährungsprobe westlicher Zusammenarbeit. In: aus politik und zeitgeschichte B 37/79 vom 15. September 1979

Linnemann, H., u.a. MOIRA: A Modell of International Relations in Agriculture, Paper for the Third IIASA Symposium on Global Modelling (Food and Agriculture). Laxenburg 1975

Löwenthal, Richard, Hat Entspannung eine Zukunft? Über reale und scheinbare Veränderungen in der Weltpolitik. In: Die Zeit vom 2.04.1976

Lorenz, Richard, Sozialgeschichte der Sowjetunion. Frankfurt, 1. Aufl. 1973

Lüders, Klaus, Tansania in der Sicht der Sowjetunion. Eine Studie zur sowjetischen Schwarz-Afrika-Politik. (Hamburger Beiträge zur Afrikakunde 23) 280 S., Institut f. Afrikakunde, Hamburg 1979

Lukin, L. I., Pervoe desjatiletie Soveta Ėkonomičeskoj vzaimopomošči. In: Voprosy istorii 1974, 3

Machowski, H., Das Spannungsfeld der osteuropäischen Integrationspolitik. Rumäniens kompromißloser Hang zur Unabhängigkeit. In: NZZ 24.07.1978

de Maizière, Ulrich, Die Rolle von Streitkräften in der Außenpolitik. In: Europäische Wehrkunde 1979, 1, S. 3–9

Maksimova, M.M., SSSR i meždunarodnoe ėkonomičeskoe sotrudničestvo. Moskva 1977, 197 S.

Maksimova, M., Vsemirnoe chozjajstvo, naučno-techničeskaja revoljucija i meždunarodnye otnošenija. In: MĖiMO 1979, 4, S. 12–24 und 5, S. 21–33

Malhotra, Joginder K., Indien und die Deutschen. Die Entwicklungshilfe beider deutscher Staaten als Versuch zur Überwindung sozio-ökonomischer Probleme Indiens. In: Indo-Asia 1978, 3

Marchais, Georges, Rede des Generalsekretärs der Französischen Kommunistischen Partei, Georges Marchais, am 30. Juni 1976. In: Europa-Archiv 1976, 17

Marinin, M., Nekotorye osobennosti nynešnego ėtapa meždunarodnych otnošenij. In: Mirovaja ėkonomika 1958, 6

Martin, Alexander, Kriterien des internationalen Kräfteverhältnisses. In: DA 1975,11, S. 1688–1710

Martin, Alexander, Wirkungen und Dynamik des internationalen Kräfteverhältnisses zwischen Sozialismus und Imperialismus. In: DA 1977,7, S. 25–42

Marx, K., Grundrisse der Kritik der politischen Ökonomie. Berlin 1953

Matthies, Volker, Wird Afrika rot? Kommunismus als Bedrohungsvorstellung deutscher Afrika-Politik. In: Bley, Helmut, Rainer Tetzlaff (Hrsg.), Afrika und Bonn. Versäumnisse und Zwänge deutscher Afrika-Politik. Reinbek bei Hamburg 1978

Meadows, Denis, Donella Meadows, Erich Zahn, Peter Milling, Die Grenzen des Wachstums. Bericht des Club of Rome zur Lage der Menschheit. Reinbek bei Hamburg 1973

Die Mediendeklaration der UNESCO, angenommen auf der 20. Generalkonferenz am 28. November 1978 in Paris. In: EA 1979, 7, S. D 187 – D 192

Medwedew, Roy A., Die Wahrheit ist unsere Stärke. Geschichte und Folgen des Stalinismus. Frankfurt/M. 1973

Meier, Viktor, Moskau stößt bei Bukarester Comecon-Tagung auf Widerstände. Angestrebte Änderungen sind nicht durchzusetzen. In: FAZ 29.6.1978

Meier, Viktor, Schwere Differenzen zwischen Rumänien und dem Warschauer Pakt. In: FAZ 27.11.1978, S. 1f.

Meier, Viktor, Der Warschauer Pakt strebt die Verurteilung Pekings an. Aufrüstung mit westlichen Waffenlieferungen an China begründet. Die 'Ideologiekonferenz'. In: FAZ 18.12.1978, S. 5

Meissner, B., Die "Breshnew-Doktrin". Das Prinzip des "proletarischen Internationalismus" und die Theorie von den "verschiedenen Wegen zum Sozialismus". Dokumentation. Köln 1969

Memorandum der Sowjetunion zu Fragen der Einstellung des Wettrüstens und der Abrüstung. (am 28.09.1976 der XXXI. Tagung der UNO-Vollversammlung unterbreitet). In: Gesellschaftswissenschaften (Moskau) 1978,2, S. 25–41

Mesarović, Mihailo, Eduard Pestel, Menschheit am Wendepunkt. 2. Bericht an den Club of Rome zur Weltlage. Reinbeck bei Hamburg 1977

Metze-Mangold, Verena, Tansania – ein Beispiel? Nyereres Experiment der Ujamaa. In: Das Parlament Nr. 2, 13.01.1979, S. 17

Meždunarodnoe Soveščanie Kommunističeskich i rabočich partij. Dokumenty i materialy. Moskva 1969

Meždunarodnye otnošenija, politika i ličnost'. In: Ežegodnik sovetskoj associacii političeskich (gosudarstvo-vedčeskich) nauk, 1975. Moskva 1976, S. 7–11

Moskau: Entwicklungshilfe Bonns "besondere Form der Aggression". Die "Sozialistitscheskaja Industrija" unterstellt einen "strategischen Plan". In: FAZ 14.09.1979, S. 1

Moskau fordert Verurteilung Chinas. Auf der Ideologiekonferenz in Sofija Peking der "Kriegsvorbereitung" bezichtigt. In: Süddeutsche Zeitung 14. Dez. 1978

Moskau verstärkt den Druck auf die europäischen Nato-Länder. In: FAZ 17. Okt. 1979, S. 1f.

Moskau zielt mit Waffen auf politische Konzessionen. In: FAZ 29. Okt. 1977

Müller, Friedemann, Gesamteuropäische Zusammenarbeit im Energiebereich. Ein neuer Ansatzpunkt für die Ost-West-Kooperation. In: EA 1979, 11, S. 313–322

Müller, Friedemann, Sicherheitspolitische Aspekte der Ost-West-Wirtschaftsbeziehungen. SWP-AZ 2126, Ebenhausen März 1977

Müller, Friedemann, Sicherheitspolitische Aspekte der Ost-West-Wirtschaftsbeziehungen. In: aus politik und zeitgeschichte. B 37/77, 17. September 1977

Nauka i global'nye problemy sovremennosti. (26. und 27. Feb. 1974 im Zentralen Haus d. Journalisten). Kruglyj stol žurnala "Voprosy filosofii" i Komissii po problemam publicistiki Moskovskoj žurnalistskoj organizacii (vystuplenija I.T. Frolova, G.S. Chozina, P.G. Oldaka, V.S. Emel'janova, A.G. Bannikova, V.A. Anučina) u. viele andere. In: Voprosy filosofii 1974, 8, S. 102–124; 1974, 9, S. 67–83; 1974, 10, S. 46–60; 1974, 11, S. 60–81

Neubert, Wolfram, Die Dialektik von friedlicher Koexistenz und sozialem Fortschritt sowie ihre antikommunistische Verfälschung. In: IPW-Berichte, 1978, 7, S. 7–18

Neubert, Wolfram, Kalter Krieg auf ideologischem Gebiet – Angriff auf den Entspannungsprozeß. In: IPW-Berichte 1977, 4

Neue Friedensinitiative der Warschauer Vertragsstaaten. In: ND 29.11.1976

Neue Warnungen Moskaus an den US-Senat. Gromyko: Keine neuen Verhandlungen. In: NZZ Nr. 145, 27. Juni 1979, S. 3

Neumaier, Eduard, Chinesische Westpolitik. Gewagter Tanz auf dem Balkan. Huas Besuch in Rumänien und Jugoslawien fordert Moskau heraus. In: Die Zeit 25. August 1978, S. 4

Nikonov, A., Voennaja razrjadka i perestrojka meždunarodnych otnošenij. In: Mirovaja Ékonomika i Meždunarodnye otnošenija, 1977, 6, S. 28–39

Novik, Il'ja Borisovič, Buduščee nauki i èkologičeskaja problema, In: Voprosy filosofii 1975, 1, S. 110–115

O 60-j godovščine Velikoj Oktjabr'skoj socialističeskoj revoljucii. In: Pravda 1. Feb. 1977

Opitz, Eckardt, Sergej G. Gorschkow und die sowjetische Flottenpolitik (Mit einer Bibliographie). Hamburg 1978, 29 S. (Beilage zu: Gorschkow: Seemacht Sowjetunion)

Opitz, Peter I., Die chinesische Außenpolitik seit dem Tode Mao Tse-tungs. In: aus politik und zeitgeschichte. 24. Februar 1979, S. 3–20

Ost-Integration mit Langzeiteffekt. Moskau hofft eines Tages auch die Weltwirtschaft beeinflussen zu können. In: Handelsblatt 6.10.1976

Osteuropa-Handbuch. Band Sowjetunion. Teil: Außenpolitik I, Köln-Wien 1972, Außenpolitik II, Köln-Wien 1976; Außenpolitik III, Köln-Wien 1976. Namens der Arbeitsgemeinschaft für Osteuropaforschung herausgegeben von Dietrich Geyer. Teil III, von Dietrich Geyer und Boris Meissner, 618, 878, 334 S.

Ostrowsky, Jürgen, Comecon auf Breitenwirkung. Entwicklungshilfe der RGW-Länder im subsaharischen Afrika. In: Das Parlament Nr. 2, 13. Januaar 1979, S. 21

Otetea, Andrej, Hrsg., The History of the Romanian People. Bucharest 1970

Pawelcyzk, Alfons, Sicherheits- und bündnispolitische Interessen der Bundesrepublik und Rüstungskontrolle. In: Rüstungskontrolle und Sicherheit in Europa. Hrsg. Erhard Forndran und Paul J. Friedrich. Bonn 1979, S. 233–241

Pawelzig, G., Dialektik der Entwicklung objektiver Systeme. Berlin 1970

Petković, Ranko, Dauerhafte und integrale Orientierung der SFRJ. – Rolle Präsident Titos bei der Entwicklung der Blockfreiheit – In: Internationale Politik (Belgrad), Heft 632–633, 5.–20. August 1976, S. 28–29

Petković, Ranko, Die Evolution der Kriterien der Blockfreiheit. In: Internationale Politik (Belgrad), Heft 652, 2. Juni 1977, S. 7–12

Petrovskij, V.F., Amerikanskaja vnešnepolitičeskaja mysl'. Kritičeskij obzor organiza-

274

cii, metodov i soderžanija buržuaznych issledovanij v SŠA po voprosam meždunarodnych otnošenij i vnešnej politiki. Moskva 1976, 336 S.

Petrowski, Wladimir, Die "neue Weltstruktur": Formeln und Realitäten. In: Gesellschaftswissenschaften (Moskau) 1978,3, S. 227–240

Plate, Bernhard von, DDR-Außenpolitik Richtung Afrika und Araber. In: Außenpolitik 1978,1

Polanyi, Karl, The Great Transformation. Politische und ökonomische Ursprünge von Gesellschaften und Wirtschaftssystemen. Frankfurt am Main 1978

Poljanow, Nikolai, Abrüstung: eine lösungsfreie Notwendigkeit. In: Entspannung und Abrüstung. Probleme und Perspektiven. Hrsg. Alexander Kaljadin und Gerhard Kade. Wien 1976, S. 60–66

Pomeranc, G., Nravstvennij oblik istoričeskoj ličnosti. Manuskript.

Ponomarev, B., Aktual'nye problemy teorii mirovogo revoljucionnogo processa. In: Kommunist (Moskau) 1971,15, S. 59–71

Ponomarjow, B.N., Die entscheidende Kraft für die Rettung der Zivilisation. Ein Referat von B.N. Ponomarjow auf der internationalen theoretischen Konferenz in Sofia. In: FR 10. und 11. Januar 1979

Poser, Günter, Militärmacht Sowjetunion 1977. Daten-Tendenzen-Analysen. 2./3. Aufl. München 1977, 158 S.

Pozdnjakov, É.A., Sistemnyj podchod i meždunarodnye otnošenija. Moskva 1976

Proéktor, D.M., Hrsg., Evropejskaja bezopasnost' i sotrudničestvo: predposylki, problemy, perspektivy. Moskva 1976 (deutsch: Europäische Sicherheit und Zusammenarbeit. Voraussetzungen, Probleme, Perspektiven. Berlin 1978)

Programm der Deutschen Kommunistischen Partei. Beschlossen vom Mannheimer Parteitag der DKP, 20.–22. Oktober 1978. Neuss 1978

Puja, Frigyes, The National Interest and International Policy. In: The New Hungarian Quaterly vol. XVIII, No. 66, summer 1977, S. 37–48

Rachmaninov, Ju. N., Problema evropejskoj bezopasnosti: Istoričeskij opyt ee rešenija 1917–1977. Moskva 1979

Rafael, Edgar R., "Entwicklungsland" Rumänien. Zur Geschichte der "Umdefinierung" eines sozialistischen Staates. (Untersuchungen zur Gegenwartskunde Südosteuropas, 12) München 1977, 145 S.

Razrjadka – istoričeskij ob'ektivnyj process. In: Pravda 22. Sept. 1978, S. 4

Regierungspolitik 1977–1980. Erläuterungen zur Regierungserklärung vom 16. Dez. 1976. Bonn 1977

Der revolutionäre Prozeß in den afrikanischen Ländern sozialistischer Orientierung. Internationaler Meinungsaustausch. In: Probleme des Friedens und des Sozialismus 1978,1, S. 79–93

Robertson (William), D.D., Werke in 3 Bd. Paris 1828

Rogovin, V.Z., Nravstvennye osnovy socialističeskogo obraza žizni. Moskva 1976

Rosenkranz, Erhard, Der politische Stellenwert des militärischen Gleichgewichts. In: Kaiser, Karl und Karl Markus Kreis, Hrsg., Sicherheitspolitik vor neuen Aufgaben. 2. Aufl. Bonn 1979, S. 273–294

Rybakov, O., SÉV: rubeži, poiski, problemy – celevye, dolgosročnye. In: Pravda 22. Sept. 1978, S. 4

Ruehl, Lothar, Ein Lehrstück der Verworrenheit. Wird Moskau die Vorleistung des Präsidenten honorieren? In: Die Zeit Nr. 16, 14. April 1978, S. 3

Ruehl, Lothar, Der Nutzen militärischer Macht in Europa. In: Kaiser, Karl und Karl

Markus Kreis, Hrsg., Sicherheitspolitik vor neuen Aufgaben. 2. Aufl. Bonn 1979, S. 220–272

Rüstungskontrolle und Sicherheit in Europa. Hrsg. Erhard Forndran und Paul J. Friedrich. Mit einem Vorwort von Ulrich Scheuner. (Schriftenreihe des Forschungsinstituts der Deutschen Gesellschaft für Auswärtige Politik e.V. Reihe: Rüstungsbeschränkung und Sicherheit, Bd. 14) Bonn 1979, 374 S.

Sa Na, Tjiu Li-ben und Scheng Jung-hsing, Die zweite Welt und die Verteidigung der nationalen Unabhängigkeit. In: Pekting Rundschau 5, 7. Feb. 1978, S. 5–10

Šachnazarov, G., K probleme sootnošenija sil v mire. In: Kommunist (Moskau) 1974,3, S. 77–89

Šachnazarov, G.Ch., Razvitie ličnosti i socialističeskij obraz žizni. In: Voprosy filosofii 1977,11

Sagladin, W.W., Die Entwicklung des proletarischen Internationalismus unter den gegenwärtigen Bedingungen. In: ND 12./13. März 1977, S. 9–10

Sagladin, W., Hrsg., Europa und die Kommunisten. Frankfurt am Main 1977, 326 S. (Autorenkollektiv: A. Jermonski, W. Sagladin, G. Schachnasarow, N. Schischlin, J. Shilin, W. Sobakin)

Sagladin, W.W., Gesamtredaktion, Die kommunistische Weltbewegung. Abriß der Strategie und Taktik. Frankfurt am Main 1973, 494 S. (= Meždunarodnoe kommunističeskoe dviženie. Očerk strategii i taktiki. 2. Aufl. Moskva 1972)

Sagladin, W.W., Die Veränderungen in der Welt und die kommunistische Weltbewegung. In: ND 23. Dez. 1975

Sagladin, Wadim, Iwan Frolow, Globale Probleme der Gegenwart und die Kommunisten. In: Probleme des Friedens und des Sozialismus 1978,3, S. 363–373 (= Zagladin, V.V., I. Frolov, Global'nye problemy sovremennosti. In: Kommunist 1976,16, S. 93–104)

Sanakojew, Schalwa, Europa nach Helsinki. In: DA 1979,6, S. 5–14

Sanakoyev, Sh., The World today: Problem of the Correlation of Forces. In: International Affairs (Moskau) 1974,11, S. 40–50

Sanakoev, S. i N. Kapčenko, Meždunarodnye otnošenija i process obnovlenija mira. In: Meždunardonaja žizn' 1974,8

Sanakoev, Š., N. Ševcov, V bor'be za perestrojku meždunarodnych otnošenij. In: Kommunist (Moskau) 1977,4, S. 122–124

Schachnasarow, G., Neue Faktoren in der Politik von heute. In: Gesellschaftswissenschaften (Moskau) 1977,1 (9), S. 43–56

Schaposchnikow, Vitali, Die öffentliche Meinung in der Weltpolitik. In: Gesellschaftswissenschaften (Moskau) 1977,2 (10)

Schiller, Ulrich, USA – Afrika. Das Pendel schwingt zurück. Carter möchte die außenpolitischen Fesseln des Kongresses abstreifen. In: Die Zeit Nr. 22, 26. Mai 1978, S. 7

Schilling, Walter, Militärische Parität – beim Wort genommen. In: liberal 1979,2, S. 106–115

Schilling, W., Die sowjetische Einschätzung der internationalen Machtverteilung. In: Europäische Wehrkunde 38, 1979, S. 425–430

Schirjajew, I.S., Die sozialistische ökonomische Integration. Berlin 1973

Das Schlußkommuniqué zum Ministertreffen des Koordinationsbüros blockfreier Länder. Neu-Delhi, 7.–11. April 1977. In: Internationale Politik (Belgrad), Heft 653, 20. Juni 1977

Schmidt: Günstige Atmosphäre für Verhandlungen schaffen. in: FAZ 16. Nov. 1979, S. 2

Schmidt, Helmut, Strategie des Gleichgewichts. Deutsche Friedenspolitik und die Weltmächte. 5. Aufl. Frankfurt-Berlin-Wien 1970, 261 S.

Schmidt, Verteidigungsfähigkeit und Rüstungsbegrenzung. In: Das Parlament Nr. 8, 24.02.1979, S. 10

Schmückle, Gerd, Rüstung als militärischer, wirtschaftlicher, innen- und außenpolitischer Faktor. In: Internationale Politik. Konferenzprotokoll 9.–14. Okt. 1978, Haus Rissen, Internationales Institut für Politik und Wirtschaft, Hamburg

Schneider, Eberhard, Nach der KSZE die KSA? Kollektives Sicherheitssystem als Grundmuster sowjetischer Asienpolitik. In: Beiträge zur Konfliktforschung 1977,1, S. 29–49

Schroeder, Friedrich-Christian, Die Westforschung des Ostens. Zunehmende Aktivität in den kommunistischen Staaten. In: FAZ 18.09.1978, S. 9

Schulz, Eberhard, Moskau und die europäische Integration. (Unveränderte Studienausgabe. Schriften des Forschungsinstituts der Deutschen Gesellschaft für Auswärtige Politik e.V. Reihe "Internationale Politik und Wirtschaft", Bd. 38) 2. Aufl. München 1977, 267 S.

Schwäche Carters – Schwäche Amerikas? In: NZZ, Fernausgabe Nr. 232, 7./8. Okt. 1979, S. 1

Schwarz, Hans-Peter, Die Alternative zum Kalten Krieg? Bilanz der bisherigen Entspannung. In: Entspannungspolitik in Ost und West. Hrsg. H.-P. Schwarz und B. Meissner. Köln-Berlin-Bonn-München 1979

Schweigler, Gebhard, Internationalismus oder Isolationismus? Außenpolitik und öffentliche Meinung in den Vereinigten Staaten. In: EA 1976,19, S. 609–618

Shestov, V., Disarmament – Key Problem of World Politics. In: International Affairs (Moskau) 1979,3, S. 93–102

Seiffert, Wolfgang, Rechtsformen und besondere Wesenszüge der sozialistischen ökonomischen Integration der Mitgliedsländer des RGW. In: Rechtsfragen der Integration und Kooperation in Ost und West. (Hrsg. Otto Wolff von Amerongen) Berlin 1976, S. 61–78

Senin, W.W., Der RGW: Die Herausbildung und Entwicklung eines neuen, sozialistischen Typs internationaler Wirtschaftsbeziehungen. In: Ergebnisse, Aufgaben, Perspektiven des RGW. Berlin 1976

Senin, W.W., Sozialistische Integration. Berlin 1972

Sicherheit und Zusammenarbeit in Europa. KSZE-Dokumentation. Hrsg. Presse- und Informationsamt der Bundesregierung. 3. Aufl. Köln 1976

Siebker, M. und Y. Kaya, The Club of Rome Report from Tokyo: Toward a Global Vision of Human Problems. In: Technological Forecasting and Social Change 1974,6, No. 3, S. 231–260

Sikora, F., Polen, Tschechoslowakei, DDR. Sozialistische Solidarität und nationale Interessen. (Abhandlungen des BOIS, Bd. XXXI). Köln 1977, 248 S.

Simonija, N.A., Strany Vostoka: puti razvitija. Moskva 1975

Skirke, Ulf, Planvoller Fortschritt? Ein Rückblick auf den "Richta-Report" des Prager Frühlings. In: Technologie und Politik 2, Reinbek bei Hamburg 1975, S. 185–192

Smirnov, A.D., Sistema imitacii ėkonomich rešenij. In: Ėkonomika i matematičeskie metody 1973, t. IX. vyp. 3, S. 395–406

Sommer, Theo, Die chinesische Mutation. Hua Guofeng in Europa: Ein Zeugnis für den neuen Kurs. In: Die Zeit Nr. 44, 26. Okt. 1979, S. 1

Sommer, Theo, Gesucht: Auswege aus der Sackgasse. Stehen wir vor einem Frühjahr weltpolitischer Entscheidungen? In: Die Zeit Nr. 16, 14. April 1978, S. 1

Sommer, Theo, Heimliche Herrscher des Westens? In: Die Zeit Nr. 45, 28. Okt. 1977, S. 9

Sotrudničestvo krepnet. In: Izvestija 15.07.1978

Sozialistische ökonomische Integration. Grundlagen und Aufgaben. Berlin 1977

Speiser, A.P., (Chef der Konferenzforschung von Brown Boveri) Verändertes Kräfteverhältnis in Wissenschaft und Technik. In: NZZ Fernausgabe Nr. 196, 26./27. August 1979, S. 9

Stadlmann, Heinz, In der Nato wächst die Besorgnis. Von einer militärischen Entspannung scheint man weiter denn je. In: FAZ 9. Aug. 1978

Stalin, J., Die ökonomischen Probleme des Sozialismus in der UdSSR. Moskau 1952

Stehr, Uwe, Sozioökonomische Bedingungen des Außenverhaltens der RGW-Staaten. HSFK-Studien Frankfurt am Main 17/1977, 302 S.

Steinkühler, Manfred, Eurokommunismus im Widerspruch. Analyse und Dokumentation. Herausgegeben, übersetzt und eingeleitet von Manfred Steinkühler. Köln 1977, 395 S.

Štrbac, Čedomir, Koexistenz und Internationalismus. In: Internationale Politik (Belgrad), Heft 654–655, 5.–20. Juli 1977, S. 9–13

Südosteuropa-Handbuch II: Rumänien. Hrsg. K.-D. Grothusen. Göttingen 1977

Sumbatjan, Ju. G., Socialističeskaja orientacija: suščnost', kriterii i zakonomernosti. In: Naučnye doklady vysšej školy. Naučnyj kommunizm 1977,3, S. 85–92

Surin, Socializm i revoljucionnyj process mira. Leningrad 1972

Suslov, M., Naša épocha – épocha toržestva marksizma-leninizma. In: Kommunist (Moskau) 1976,5 (deutsch: Osteuropa 1976,11, S. A 593 – A 595)

Szawlowski, Richard, The System of the International Organizations of the Communist Countries. Leyden 1976, 322 S.

Tadić, Bojana, Blockfreiheit und Neutralität in der zeitgenössischen Welt. In: Internationale Politik (Belgrad), Heft 653, 20. Juni 1977, S. 37–42

"Die Tage der amerikanischen Überlegenheit sind vorbei". Ende der Atlantischen Versammlung in Lissabon/Streit um Salt-Abkommen. In: FAZ Nr. 267, 1. Dez. 1978, S. 5

Die Tagung der Außenminister der Warschauer-Pakt-Staaten im Mai 1979. In: EA 1979,13, S. D 329 – D 332

Die Theorie des Vorsitzenden Mao über die Dreiteilung der Welt ist ein bedeutender Beitrag zum Marxismus-Leninismus. Von der Redaktion der "Renmin Ribao" 1. Nov. 1977. Peking 1977, 91 S.

Tiedtke, Stephan, Die Stellung der DDR in der Warschauer Vertragsorganisation. In: Studiengruppe Militärpolitik: Die Nationale Volksarmee. Ein Anti-Weißbuch zum Militär in der DDR. Reinbek bei Hamburg 1976

Tiedtke, Stephan, Die Warschauer Vertragsorganisation. Zum Verhältnis von Militär- und Entspannungspolitik in Osteuropa. München-Wien 1978, 195 S.

Timmermann, Heinz, Eurokommunismus heute. Anmerkungen zur Politik von IKP, FKP und KPSp. BOIS Köln 1978-52

Timmermann, Heinz, Die Konferenz der europäischen Kommunisten in Ostberlin. Ergebnisse und Perspektiven. In: EA 1976,19, S. 599–608

Tinbergen, J., u.a., Reshaping the International Order. The Club of Rome Report from Tokyo. New York 1976

Tinschmidt, Alexander u.a., Der revolutionäre Umwälzungsprozeß in Mittel- und Südosteuropa nach dem Zweiten Weltkrieg. In: ZfG 1977,5, S. 517–540

Tito, Josip Broz, La Lutte pour le développement de l'autogestion socialiste dans notre pays et le rôle de la Ligue des communistes de Yougoslavie. In: Questions actuelles du Socialisme 1974, 6–7, S. 10–12

Tito, J. Broz, Präsident Tito über Werdegang und Zukunft der Bockfreiheit. In: Internationale Politik (Belgrad), Heft 632–633, 5.–20. August 1976, S. 15–21

Tito, J. Broz, Rede Präsident Titos vor der SFRJ-Nationalversammlung. Belgrad, 26. November 1976. In: Internationale Politik (Belgrad), Heft 640, 5. Dez. 1976, S. 13–15

Tito, Josip Broz, Rede des Vorsitzenden des Bundes der Kommunisten Jugoslawiens, Josip Broz Tito, am 30. Januar 1976. In: EA 1976,17

Tomaševskij, D., Aktual'nye problemy perestrojki meždunarodnych otnošenij. In: MÈiMO 1977,5, S. 139–143

Tomaschewski, D.G., Die Leninschen Ideen und die internationalen Beziehungen der Gegenwart. Berlin 1973

Tomaševskij, D., Na puti k korennoj perestrojke meždunarodnych otnošenij. In: MÈiMO 1975,1

Tjuškevič, S., Sootnošenie sil v mire i faktory predotvraščenija vojny. In: Kommunist vooružennych sil 1974,10

Trofimenko, G.A., SŠA: Politika, vojna, ideologija. Moskva 1976

Ul'janovskij, R.A., Genezis i razvitie marksistsko-leninskoj koncepcii nekapitalisti-českogo puti. In: Novaja i novejšaja istorija 1975,2

Ul'janovskij, R.A., Idei velikogo oktjabrja i sovremennye problemy nacional'no-osvoboditel'nogo dviženija. In: Novaja i novejšaja istorija 1977,3, S. 3–25

Ul'janovskij, R., Naučnyj socializm i osvobodivšiesja strany. In: Kommunist (Moskau) 1968,4, S. 92–106

Uljanowski, R.A., Der Sozialismus und die befreiten Länder. Berlin 1973, 452 S.

Umgestaltung der internationalen Wirtschaftsbeziehungen und die antiimperialistische Front der Völker. In: Probleme des Friedens und des Sozialismus 1979,5, S. 606–617

Uschakow, Alexander, Der Rat für gegenseitige Wirtschaftshilfe. In: Osteuropa-Handbuch Sowjetunion. Außenpolitik III., S. 182–193

Ustinow, D.F., Sechzig Jahre auf Wacht für die Errungenschaften des großen Oktober. Rede des Verteidigungsministers der UdSSR auf der Festveranstaltung zum 60. Jahrestag der Sowjetarmee und der Seekriegsflotte. Moskau, 22. Februar 1978. Moskau 1978, 47 S.

Vasilenko, Leonid Ivanovič, Problematika "Predelov rosta" i sovremennaja nauka. In: Voprosy filosofii 1974,11, S. 141–149

Verfassung (Grundgesetz) der Union der Sozialistischen Sowjetrepubliken. Angenommen auf der Siebten Außerordentlichen Tagung des Obersten Sowjets der UdSSR der neunten Legislaturperiode vom 7. Oktober 1977. Moskau 1977

V'etnam – novyj člen SÈV. In: Ekonomičeskaja gazeta 4.07.1978

XXIV. Parteitag der KPdSU. Moskau 1971

Nach dem Volkskongreß in Peking. Huas überarbeitetes Regierungsprogramm. Realistische Anpassungs- und Entwicklungspläne für China. In: NZZ 6.07.1979

Volodin, A., Utopija i istorija. Moskva 1977

Vorwürfe aus Moskau zurückgewiesen. In: FAZ 1. Nov. 1979, S. 4

Vzaimodejstvie estestvennych i obščestvennych nauk na sovremennom ètape. (Kruglyj stol "Voprosov filosofii", vystuplenija akademikov N.P. Fedorenko i N.P. Dubinina, členov-korrespondentov AN SSSR M.T. Iovčuka i M.E. Omel'janovskogo, professora I.T. Frolova). In: Voprosy filosofii 1973,9, S. 42–60; 10, S. 39–53

Warschauer Pakt will jetzt auch über Waffen der "grauen Zone" verhandeln. Hinweis auf Gesprächsbereitschaft in Moskauer Erklärung. In: FAZ 25.11.1978

Wehner: Sowjetische Rüstung widerspricht der Entspannung. Schmidt: Bedrohung durch "eurostrategische Waffen". Die sicherheitspolitische Tagung der SPD in Bremen. In: FAZ Nr. 117, 21. Mai 1979, S. 1 f.

von Weizäcker, Carl Friedrich, Moskaus Rüstung: defensiv und bedrohlich. Der dritte Weltkrieg ist wahrscheinlich, doch er kann vermieden werden. In: Die Zeit Nr. 21, 18.05.1979, S. 11

Weltkongreß der Friedenskräfte. Dokumente. Moskau 1973

Wieland, Leo, Moskau und Hanoi vereinbaren Konsultationen für den Angriffsfall. In: FAZ 6. Nov. 1978, S. 1

Wieland, Leo, Moskaus Freundschaft mit der dritten Welt. Der Vertrag mit Äthiopien. In: FAZ 24. Nov. 1978

Winter, Martin, Antisowjetische Verleumdungen zur Verhinderung der militärischen Entspannung. In: IPW-Berichte 1978-7, S. 1–6

Witthöft, H.J., Sowjetische Schiffahrtspolitik. In: Marine-Rundschau Bd. 75, 1978

Woslenskij, Michael, Der XXV. Parteitag. Wohlstand. Kommunismus. In: Osteuropa 1976, 8/9, S. 853–862

Woslenskij, Michael S., Über die Strategie und Taktik der Kommunistischen Weltbewegung. Eine sowjetische Darstellung. In: Osteuropa 1974,11–12, S. 844–854

Wust, Harald, Zur Sicherheit unseres Landes. In: Marineforum 53, 1978

Za mir, bezopasnost', sotrudničestvo i social'nyj progress v Evrope. K itogam konferencii kommunističeskich i rabočich partii Evropy. Berlin 29–30 ijunija 1976 g. Moskva 1976

Zagladin, V., Internacionalizm – znamja kommunistov. In: Pravda 20.04.1976, S. 3 f. (deutsch: Osteuropa 1976,11, S. A 592 f.)

Zagladin, V.V., Meždunarodnoe kommunističeskoe dviženie. Očerk strategii i taktiki. Moskva 1972

Zagladin, V., Revoljucionnyj process i meždunarodnaja politika KPSS. In: Kommunist (Moskau) 1972,13

Zak, L.A., Zapadnaja diplomatija i vnešnepolitičeskie stereotipy. Moskva 1976, 288 S.

Zellentin, G., unter Mitarbeit von B. Kohler, Europa 1985. Gesellschaftliche und politische Entwicklung in Gesamteuropa. Bonn 1972

Zieger, Gottfried, Der Warschauer Pakt. Hannover 1975, 124 S.

Zimmermann, William, Soviet Perspectives on International Relations, 1956–1967. Princeton 1969

"Zukunft der Menschheit". In: Einheit 1979,7, S. 684–732

Žurkin, V., Podopleka odnogo mifa. In: Pravda 17.06.1978

Zwei Dokumente: Zu Helsinkis zweiter Jahreswende. In: Budapester Rundschau Nr. 32, 8. Aug. 1977, S. 3

Personen- und Sachregister

287

SCHRIFTEN DER OST-AKADEMIE LÜNEBURG

Band 1:

RUDOLF J. NEUMANN: POLENS WESTARBEIT. DIE POLNISCHEN KUL-
TUR- UND BILDUNGSEINRICHTUNGEN IN DEN DEUTSCHEN OSTGE-
BIETEN. (1966), 184 Seiten, Glanzfolienbroschur, 12 DM.

Nach einer Einführung in die politischen Zusammenhänge der Kriegs- und
Nachkriegsjahre beschreibt der Autor das dichte Netz polnischer Bildungseinrichtungen und wissenschaftlicher Institute, die nach 1945 in den deutschen Ostgebie-
ten eine rege Tätigkeit entfalteten. Unter Verwertung eines reichhaltigen Materials
wird mit strenger Sachlichkeit ein verläßliches Bild der polnischen Kulturpolitik
gezeichnet. Ausführlich behandelt werden die einschlägigen wissenschaftlichen
Institute, Hochschulen und Gesellschaften; Archive, Museen und Bibliotheken;
die West-Presse-Agentur und diverse kulturpolitische Einzelaktionen. Ein Perso-
nen- und ein Sachregister beschließen den Band.

Band 2:

ECKHARD JÄGER: DIE DEUTSCH-FRANZÖSISCHEN BEZIEHUNGEN IM
SPIEGEL DER DDR-LITERATUR. LES RELATIONS FRANCO-ALLEMAN-
DES DANS LA LITTERATURE DE LA R.D.A. Bibliographie (1968), 60 Sei-
ten, 6 DM.

Mit der vorliegenden Bibliographie wurde erstmals der Versuch unternommen,
die in der DDR erschienenen Monographien, Dissertationen und Zeitschriftenarti-
kel über die Entwicklung der deutsch-französischen Beziehungen nach 1945
zusammenzustellen; die Titel sind nach 18 Sachgebieten geordnet. Die Festigung
dieser Beziehungen wurde besonders in Mitteleuropa mit großem Interesse verfolgt
und fand einen entsprechenden Niederschlag im politischen Schrifttum. Weniger
bekannt sind dabei die Publikationen, die in der DDR zu diesem Thema
erschienen sind. Gerade weil Frankreich für die DDR auf außenpolitischem
Gebiet zum interessantesten Land im westlichen Bündnissystem wurde, kommt
der Kenntnis entsprechender Publikationen erhöhte Bedeutung zu.

Band 3:

ERNST LEGAHN: SOZIALISTISCHE SEESCHIFFAHRT. VOLKSEIGENE
SEEWIRTSCHAFT. KAPITÄN UND KOLLEKTIV. Hamburg/Lüneburg:
W. Wulf (1970), 192 Seiten mit Abb., Karten und Tabellen, 18 DM (vergriffen).

Aus dem Inhalt: Die Seeverkehrswirtschaft der DDR / Seeschiffahrt / Hochseefi-
scherei / Institutionen des Seeverkehrs / Der Schiffsbetrieb und seine besonderen
Bedingungen / Ausbildung der Seeleute / Seemannsgesetze / Politische Organe
auf volkseigenen Schiffen.

Band 4:

WOLFGANG GEIERHOS: DAS KRÄFTEVERHÄLTNIS. DIE NEUE GLO-
BALSTRATEGIE DER SOWJETUNION. 296 Seiten, steif broschiert, 36 DM.

Die in den SALT-Verträgen erzielte Parität zwischen USA und UdSSR wird
historisch abgeleitet. Auf dieser Parität aufbauend postuliert die Sowjetunion eine

Veränderung des Kräfteverhältnisses zugunsten des "Sozialistischen Lagers" durch verstärkte Integration im RGW und Warschauer Pakt, Führung kommunistischer Parteien in westlichen Demokratien, "sozialistische Orientierung" der Entwicklungsländer und Beeinflussung der öffentlichen Meinung in der Welt. Die Invasion in Afghanistan wird dadurch erklärt. Darüberhinaus werden im Buch Fehlschlüsse analysiert, andere sozialistische Strategien (Jugoslawien, China) aufgezeigt und westliche Strategien dargestellt.

Band 5:

JÖRG BERNHARD BILKE: ZWISCHEN BÜRGERLICHKEIT UND REVOLUTIONÄREM ANSPRUCH. Studien zur frühen Prosa von Anna Seghers (1927–1932). Ca. 280 Seiten, ca. 32 DM (erscheint November 1980).

Die frühen Prosatexte, die die Mainzer Bürgerstochter Netty Reiling, die sich als Schriftstellerin "Anna Seghers" nannte, vor 1933 schrieb, begleiteten ihre politische Entwicklung vom Kunststudium in Heidelberg und Köln über den Eintritt in die KPD 1928 bis zur Emigration nach Paris. Durch die Interpretation, deren Kernstück die Analyse der Erzählung "Aufstand der Fischer von St. Barbara" (1928) bildet, wird deutlich, daß der rational vollzogene Übergang auf kommunistische Positionen emotional noch längst nicht abgeschlossen war, sondern noch mehrere Jahre andauerte, wobei Selbstzweifel und Rückschläge nicht ausblieben. Erst der Roman "Die Gefährten" (1932) markierte den vorläufigen Endpunkt dieser Entwicklung.

Band 6:

JÖRG BERNHARD BILKE: ANNA SEGHERS-BIBLIOGRAPHIE 1924–1980. Ca. 200 Seiten, ca. 24 DM (erscheint 1981).

Band 7:

HANS JÜRGEN GRASEMANN: DIE DDR UND DER RECHTSSTAAT. Recht und Justiz im geteilten Deutschland. Ca. 120 Seiten, ca. 18 DM (erscheint 1981).

Aus dem Inhalt: Sozialistischer Rechtsstaatsbegriff; Grundrechtstheorie und Rechtsbewußtsein; Möglichkeiten und Grenzen richterlicher Rechtsfortbildung; Sozialistischer Richter – sozialistischer Staatsanwalt; Rechtsstaat und sozialistische Gesetzlichkeit; Innerdeutsche Rechtshilfe; Fluchthilfe; Deutsche Staatsangehörigkeit und DDR-Staatsbürgerschaft.

Band 8:

ERNST LEGAHN: KOMMANDEUR UND KOLLEKTIV. DER POLITISCHE APPARAT IN DEN BEWAFFNETEN KRÄFTEN DES WARSCHAUER PAKTS. Ca. 250 Seiten mit Zeittafel und Dokumentenanhang (erscheint 1982).

Eine Untersuchung der inneren Strukturen vornehmlich der Nationalen Volksarmee und der sowjetischen Streitkräfte anhand von Dokumenten aus dem Ursprungsgebiet. Dargestellt werden weiterhin die überragende Rolle des "politischen Apparates", die Wirkung entsprechender Instrumentarien auf die Armeeangehörigen und die Abgrenzung der "Bruderarmeen" des sozialistischen Lagers. Im Mittelpunkt der Untersuchung steht die politische, militärische und rechtliche Stellung des Truppenführers.

Über dieses Buch:

Die in den SALT-Verträgen erzielte Parität zwischen USA und UdSSR wird historisch abgeleitet. Auf dieser Parität aufbauend postuliert die Sowjetunion eine Veränderung des Kräfteverhältnisses zugunsten des "Sozialistischen Lagers" durch verstärkte Integration im RGW und Warschauer Pakt, durch die Führung kommunistischer Parteien in westlichen Demokratien, durch die "sozialistische Orientierung" der Entwicklungsländer und durch Beeinflussung der öffentlichen Meinung in der Welt. Die Invasion in Afghanistan wird dadurch erklärt. Darüberhinaus werden im Buch Fehlschlüsse analysiert, andere sozialistische Strategien (Jugoslawien, China) aufgezeigt und westliche Strategien dargestellt.

Über den Autor:

Wolfgang Geierhos, geb. 1940 in Ludwigshafen/Rhein, studierte osteuropäische Geschichte, Slavistik und Romanistik in München, Paris, Moskau und Kiel und promovierte 1973 bei Georg v. Rauch in Kiel über "Vera Zasulič und die russische revolutionäre Bewegung" (gedruckt bei Oldenbourg, München 1977), arbeitete 1973–1976 als wiss. Assistent an der Universität Hamburg (Seminar für osteuropäische Geschichte), danach Tätigkeit am Internationalen Institut für Politik und Wirtschaft in Hamburg-Rissen. Seit 1979 ist der Autor wissenschaftlicher Mitarbeiter der Ost-Akademie Lüneburg.